आलोचना

समकालीन सभ्यता के संकट की महागाथा

निर्वासन

समकालीन सभ्यता के संकट की महागाथा

निर्वासन

सम्पादक

राजीव कुमार

लोकभारती प्रकाशन

लोकभारती प्रकाशन
पहली मंजिल, दरबारी बिल्डिंग,
महात्मा गांधी मार्ग, प्रयागराज-211 001
वेबसाइट : www.lokbhartiprakashan.com
ई-मेल : info@lokbhartiprakashan.com

शाखाएँ : 1-बी, नेताजी सुभाष मार्ग, दरियागंज,
नई दिल्ली-110 002

अशोक राजपथ, साइंस कॉलेज के सामने,
पटना-800 006

1, अनमोल सोराबजी सन्तुक लेन, धोबी तलाव,
मरीन लाइंस, मुम्बई-400 002

पहला संस्करण : 2024

मूल्य : ₹895

बी.के. ऑफसेट
नवीन शाहदरा, दिल्ली-110 032
द्वारा मुद्रित

SAMKALEEN SABHYATA KE SANKAT
KI MAHAGATHA : NIRVASAN
Edited by Rajeev Kumar

ISBN : 978-81-19996-08-7

सम्पादकीय

उपन्यास एक ऐसी साहित्यिक विधा है जिसने आधुनिक समय एवं समाज में मनुष्यता के समक्ष उत्पन्न संकट को उसकी समस्त जटिलताओं के साथ अभिव्यक्ति दी है। समय एवं भूगोल के परिप्रेक्ष्य में इसके स्वरूप में अन्तर रहा। यूरोप तथा पश्चिम में जहाँ इसने नये मध्यवर्ग के उभार से जुड़कर रूपाकार लिया, वहीं भारत में प्रारम्भ में देश के मुक्ति आन्दोलन के वाहक के रूप में बंकिमचन्द्र आदि की रचनाओं में प्रकट होकर इस देश के विशाल कृषक, मज़दूर, वंचित, शोषित समुदाय से जुड़ गया तथा आर्थिक, सामाजिक, राजनीतिक, लैंगिक शोषण, जड़ता और वर्जनाओं का प्रतिरोधी बना। हमारे वाङ्मय में रचे गए प्रमुख उपन्यासों ने प्रारम्भ से ही इन मुद्दों को समावेशी समग्रता के साथ अभिव्यक्ति दी है। उपान्यास के इसी स्वभाव को हिन्दी की तमाम महत्त्वपूर्ण रचनाओं में देखा जा सकता है। 'त्यागपत्र' जैसी एकाध कृति को अपवाद मान लें तो ज़्यादातर उन औपन्यासिक कृतियों का प्रभाव व्यापक एवं दीर्घकालिक रहा जिनमें विभेद अथवा एकान्तिकता की जगह व्यापकता एवं समग्रता को महत्त्व प्राप्त हुआ। केन्द्रीयता एक या एकाधिक विषय की हो सकती है। हिन्दी में 'गोदान', 'झूठा सच', 'राग दरबारी', 'शेखर एक जीवनी' जैसी कृतियाँ अपने विषय के अन्तर के बावजूद जिस एक बिन्दु पर एकमत दिखाई देती हैं वह है—अपने समय एवं समाज की मुकम्मल अभिव्यक्ति। इस सन्दर्भ में एक और तथ्य संज्ञान योग्य है कि इन सभी उपन्यासों ने समय, समाज अथवा मनुष्यता के किसी संकट जिसका स्वरूप स्थायी एवं सभ्यतागत था, को दर्ज किया है। 'गोदान' में हम पाते हैं कि कृषक समाज एक ऐसे संकट से जूझ रहा है जो उत्तरोत्तर तीक्ष्ण होता गया। किसानों की ज़मीनें छीनी गईं और वह मज़दूर बनता गया। न वह मरजाद बचा पाया न सकून की ज़िन्दगी पा सका। भविष्य के लिए वहाँ जो संकेत था आज वह सेज, राजमार्ग, मॉल के युग में विराट मेटाफर में बदल गया है।

देश विभाजन ने धर्म के नाम पर समस्त भारतीय सांस्कृतिक चेतना को स्थायी दंश दिया। हमारे मेल-मिलाप वाली तहज़ीब को उसने खंडित कर दिया।

उसने गंगा-जमुनी तहज़ीब को सदा के लिए संकटग्रस्त कर दिया। धर्मगत विद्वेष की यह खाई कभी नहीं भरी। 'झूठा सच' मानवीय परस्परता पर आए उक्त संकट का प्रत्याख्यान करता है। 'राग दरबारी' में दिखाया गया है कि स्वातंत्र्योत्तर सत्ता-तंत्र की मूल्यहीनता, लोलुपता अब क़स्बाई एवं ग्रामीण जीवन तक पसर गई है। बानगी के रूप में प्रस्तुत किये गए इन उपन्यासों ने भारतीय समाज में घर कर गए किसी न किसी बड़े संकट को दर्ज किया है। अखिलेश का उपन्यास 'निर्वासन' इसी परम्परा की एक अगली कड़ी है जो बाज़ारवादी मूल्य-दृष्टि, पूँजीवादी-विभेदकारी अतीतोन्मुखी साम्प्रदायिक दृष्टिकोण वाली सत्ता-व्यवस्था की दुरभिसंधि के मध्य मनुष्यता की यातना एवं निर्वासन को अभिव्यक्ति देता है।

पिछले दिनों में कुछ प्रभुत्वकारी परिघटनाओं ने भारतीय जनमानस को गहरे रूप से प्रभावित किया है। उनके जीवन को नियंत्रित किया है। एक ओर जहाँ सनातन जातिवादी तथा लिंगगत विभेद एवं वर्जनाएँ हमारे सभ्य सहिष्णु और विकासशील होने पर प्रश्नचिह्न लगा रही हैं वहीं धर्म और पूँजी अपने नये संस्करणों में कहीं ज़्यादा छलनाओं से भरे प्रभुत्वकारी, दमनकारी एवं विध्वंसक बन गया है। भूमंडलीकरण ने जिन वादों-नारों के साथ तीसरी दुनिया में प्रवेश किया था उसे पूरा करने में असफल रहा। तीसरी दुनिया में ही नहीं स्वयं उनके उत्स-स्थल पर भी उसकी असफलताएँ, उसके विरोधाभास प्रकट हो रहे हैं। वह समाज में ऊपरी ताम-झाम ज़रूर लेकर आया है पर विभेद को पाटने में असफल रहा। इस असफतता को ढकने के लिए उसने दक्षिणपंथ को हवा दे दी। उसे विभिन्न शिल्पों में आगे बढ़ाया। वह धार्मिक उन्माद एवं भावनात्मक शोषण के द्वारा अपनी असफलता छुपा रहा है। भूमंडलीकरण का बाज़ारवाद, धर्म की विभेदकारी एवं अतीतोन्मुख आक्रामकता तथा जातिगत दर्प एवं विद्वेष—इन तीनों के आपसी गठबन्धन एवं एकीकृत प्रहार ने हमारे देश में मनुष्यता के समक्ष घातक परिस्थिति निर्मित की है। आज का हमारा समाज इनमें से किसी एक कारक से नहीं बल्कि इनके शातिर गठबन्धन से रौंदा जा रहा है। 'निर्वासन' ने इस शातिर गठबन्धन को पहचाना है और इसके जटिल और चालाक पेचोखम को उद्घाटित किया है। पिछले वर्षों में हिन्दी के उपन्यासों में समन्वित दृष्टि का अभाव दिखाई दे रहा था उसकी पूर्ति 'निर्वासन' करता है। 'निर्वासन' यह दिखलाता है कि वंचित और हाशिए का समाज आज भी जगदम्बा की तरह भूखा है जबकि तंत्र में सम्पूर्णानन्द बृहस्पति एवं रामअजोर पांडे जैसे लोग हैं जिनकी चिन्ता 'हनुमान की गदा' और 'सतयुग प्रोजेक्ट' में है। दूसरी ओर पूँजीवाद की तमाम सफलताएँ रामअजोर पांडे जैसे लोगों के लिए कोई उपचार नहीं बन पातीं। धर्म एवं पूँजी के संश्लेषण का यह मॉडल हर किसी के लिए अन्ततः पीड़क ही साबित हो रहा है। फिर चाहे वह निम्नवर्गीय जगदम्बा हो या मध्यवर्गीय सूर्यकान्त अथवा उच्चवर्गीय रामअजोर पांडे। पूँजीवाद के वर्तमान स्वरूप की प्रभाव-व्यापकता का इतना सूक्ष्म विश्लेषण पहली बार 'निर्वासन' में उपस्थित हुआ है।

पिछले कुछ समय से उपन्यासों का जो रचनात्मक परिदृश्य है उसमें मुद्दे तो हैं पर वे खंडित एवं विभाजित हैं। उनमें समग्रता एवं संश्लिष्टता की क्षति दिखाई देती है। इस पुस्तक के एक लेख में प्रो. राजकुमार ने ठीक ही चिह्नित किया है कि—

'इस उपन्यास में सम्भवत: पहली बार पूँजीवादी आधुनिकीकरण और उसके सांस्कृतिक मूल्यों के विभिन्न वर्गों पर पड़ने वाले प्रभाव को एक आख्यान में विकसित किया गया है। प्रकारान्तर से यह उपन्यास समकालीन भारतीय समाज को समझने की एक नई दृष्टि विकसित करता है और संघर्ष-प्रतिरोध के प्रचलित मुहावरे पर नये सिरे से पुनर्विचार करने की ज़रूरत पर बल देता है।' दरअसल पूँजीवाद ने जिस तरह से अपना विजय अभियान चलाया उसमें मनुष्य एक उजबक बनकर रह गया। इसमें अन्तर्निहित होड़ ने उसे कुछ समय के लिए अवश्य थ्रिल एवं विजेता-भाव मुहैया कराया पर अन्तत: उसने अपने को रिक्त और छला हुआ महसूस किया है। सत्ता-तंत्र इस स्थिति को लपकने के लिए तैयार बैठा था। उसने (सत्ता-तंत्र) उसे (पूँजीवादी-बाज़ारवादी होड़ में शामिल व्यक्ति को) अपने विध्वंसकारी प्रोजेक्ट की ओर धकेल दिया। उसे अतीतोन्मुखी एवं पुनरुत्थानवादी बनाया। यह एक जटिल एवं संश्लिष्ट प्रक्रिया है जिसे 'निर्वासन' ने बेहतरीन रूप से अभिव्यक्ति दी है।

किसी भी समय में समाज के परिवर्तन की प्रक्रिया में, वह सकारात्मक हो अथवा नकारात्मक, एकाधिक कारकों की भूमिका होती है। तकनीकी विकास, वैज्ञानिक चेतना एवं मानवीय दृष्टिकोण उसे विकास की अगली मंज़िल की ओर अग्रसर करते हैं तो परम्परागत जड़ता, आत्मबद्ध लालसाएँ, विभेदकारी प्रवृत्तियाँ एवं विकास-प्रक्रिया की दृष्टिहीनता इसमें अवरोध पैदा करती है। अखिलेश की औपन्यासिक कृति 'निर्वासन' भारतीय समाज की विशिष्टताओं एवं विडम्बनाओं से जुड़ती है, वहीं यह उन सन्दर्भों को भी एड्रेस करती है जो भौगोलिक सीमा के पार से भारतीय समाज में उद्वेलन पैदा कर रहे हैं। यह उपन्यास पिछले कुछ वर्षों के कुछेक अपवादों को छोड़कर हिन्दी कथा परिदृश्य में पैटर्न बन चुके उस रुझान का प्रतिपक्ष है जिसमें चीजों को एक निश्चित साँचे में तयशुदा अन्त की ओर बढ़ाया जाता है। संवेदना से ज़्यादा शोर होता है। रचनाएँ समग्रता की बजाय आत्मपरकता से लबालब होती हैं और औपन्यासिक विज़न कुछेक सूचनाओं में रिड्यूस होकर रह जाता है।

'निर्वासन' की कथावस्तु का विस्तार समय एवं भूगोल के बड़े खंड में है। इसकी कथा सुल्तानपुर (उत्तर प्रदेश) के गोसाईंगंज से बरास्ते सूरीनाम अमेरिका तक पहुँचती है, जबकि समय 1857 से अद्यतन के विस्तार में फैला है। समय के इस प्रवाह में 'निर्वासन' में उन तमाम सन्दर्भों की भूमिका दर्ज की गई है जिसने भारतीय समाज को कहीं गढ़ा है तो कहीं दरकाया है। 1857 के विद्रोह के दमन के दौरान भारतीय मंशा में दहशत का स्थायी बीज बोना हो—'पड़ोस के गाँवों का

क़िस्सा यह था कि वहाँ जितने पेड़ थे उतने आदमी क़त्ल किये गए थे। हर पेड़ पर एक लाश लटक रही थी। जिन्हें देखकर गाँव के लोगों में दहशत इस क़दर फैल गई थी कि वे अपरम्पार दुख के बावजूद न बोल पा रहे थे न चीख़ पा रहे थे।' या आगे चलकर कृषक आन्दोलन, आज़ादी के बाद आपातकाल में सत्ता की क्रूरता जनित दहशत, 84 का हिन्दू-सिख दंगा, नये सिरे से साम्प्रदायिक ध्रुवीकरण एवं सत्ता पर उसका नियंत्रण हो या पूँजीवाद की नई कोटि के विजय अभियान से मानवता के समक्ष संकट से लेकर ऊपर से नीचे तक के सत्ता प्रतिष्ठानों का कुचक्र एवं भ्रष्टाचार हो—'निर्वासन' के व्यापक ताने-बाने में ऐसे तमाम सन्दर्भ गुँथे हुए हैं। दरअसल इस उपन्यास के सन्दर्भ एवं सरोकार का दायरा इतना व्यापक है कि इसे कुछ पंक्तियों के पासिंग रिमार्क्स में समेटा नहीं जा सकता है।

उपन्यास के केन्द्र में दो पात्र हैं—सूर्यकान्त जो पर्यटन निदेशालय में डिप्टी डायरेक्टर है। सूर्यकान्त को निदेशालय के नये चेयरमैन सम्पूर्णानन्द बृहस्पति की पुनरुत्थानवादी प्रवृत्तियों एवं परियोजनाओं से असहमति रखने के कारण संकट का सामना करना पड़ता है, दूसरा प्रमुख पात्र रामअजोर पांडे है। रामअजोर पांडे के बाबा भगेलू पांडे रोज़ी-रोटी की तलाश में शहर के लिए निकलते हैं पर मज़दूर निर्यात करने वाली कम्पनी के दलाल के चक्कर में आकर सूरीनाम पहुँच जाते हैं। कुम्हार जाति के भगेलू कम्पनी के डिपो में अपना उपनाम पांडे और जाति ब्राह्मण दर्ज करवाते हैं। रामअजोर इस झूठ को विरासत में ग्रहण करता है और सम्बन्धों की असफलता के बाद जाति के दर्प में जीता है। कालान्तर में रामअजोर पांडे एक सफल व्यवसायी के रूप में अमेरिका तक में अपना झंडा बुलन्द करता है। लेकिन आर्थिक समृद्धि की तमाम ऊँचाइओं को प्राप्त कर चुका रामअजोर व्यक्तिगत ज़िन्दगी में सम्बन्ध के धरातल पर बिलकुल अकेला पड़ जाता है। इससे उबरने के लिए वह पुरखों की पृष्ठभूमि तक पहुँचता है। इसी क्रम में वह अवकाश पर चल रहे सूर्यकान्त के सम्पर्क में आता है तथा सूर्यकान्त को अपने पुरखों के परिवार की तलाश का दायित्व सौंपता है। सूर्यकान्त किसी हद तक तलाश भी लेता है, लेकिन रामअजोर भ्रमवश जिस जाति-दर्प में डूबा हुआ है वह बीच में अभेद्य दीवार बनकर खड़ा हो जाता है। सम्पूर्णानन्द ने उसे जातिगत शुद्धता का जो तर्क दिया है उसे उसने स्वीकार कर लिया है कि 'इस देश में एक पंडित का शूद्र बन जाना या शूद्र का ब्राह्मण होना असम्भव है। यहाँ असंख्य कहानियाँ, लोकगाथाएँ, गीत, शास्त्र, मत-मतान्तर, जादू, फ़ंतासी और चमत्कार हैं पर किसी में ब्राह्मण और शूद्र एकमएक नहीं हुए। एक ब्राह्मण पेड़ में बदल सकता है या पत्थर में, वह जानवर, राक्षस, पहाड़, नदी सब कुछ हुआ है लेकिन वह शूद्र हो गया हो और शूद्र ब्राह्मण, ऐसा अजूबा कभी नहीं घटा।' इस प्रकार जाति के अवरोधों से घिरकर पांडे के निर्वासन-मुक्ति का हर द्वार स्वतः ही बन्द हो जाता है।

उपन्यास में सूर्यकान्त एवं रामअजोर पांडे—दोनों अलग-अलग स्तर पर निर्वासन की पीड़ा को झेल रहे हैं। इनकी पृष्ठभूमि में किसी प्रकार का साम्य नहीं है। परम्परागत रूढ़ि-वर्जना, साम्प्रदायिक सत्ता-तंत्र की आक्रामकता एवं परिजनों की खुली मतलबपरस्त लालसा सूर्यकान्त के लिए निर्वासन की सतत श्रृंखला रचती है, वहीं रामअजोर पांडे पूँजीवादी घटनाओं एवं दुश्चक्रों का शिकार है। विडम्बना यह है कि इन घटनाओं की तीक्ष्ण आँच से बचने के लिए वह जाति-दर्प एवं पुरखों की पृष्ठभूमि के माध्यम से छाँह ढूँढ़ता है पर यह ऐसी भूल-भुलैया है जहाँ से वास्तविक समाधान की कोई गुंजाइश नहीं बनती।

इस उपन्यास में मनुष्य के समक्ष मौजूद निर्वासन की विडम्बना की बहुस्तरीय प्रक्रिया की पहचान की गई है। जाति, धर्म, परम्परागत रूढ़ियाँ एवं वर्जनाएँ, सत्ता-तंत्र एवं बाज़ार द्वारा प्रसारित लालसाएँ इसे अपने-अपने तरीक़े से सिरज रही हैं। स्थिति की भयावहता यह है कि इन विघटनकारी तत्त्वों में आपसी तादात्म्य-सा स्थापित हो गया है। वे एक-दूसरे के पूरक बन गए हैं। इनके पूरकत्व एवं तादात्म्य में हर सकारात्मकता की हेठी हो रही है। ये विघटनकारी तत्त्व कहीं अपनी परम्परागत विद्रूपता में पूरी निकृष्टता के साथ मौजूद हैं तो वहीं सत्ता की शक्ति प्राप्त कर शातिर रूप में। कहीं यह पूरी तरह हृदयहीन एवं अमानवीय है तो अन्य जगह पर खुली निर्लज्जता के साथ मौजूद है।

उपन्यास के दोनों उल्लिखित पात्रों में से सूर्यकान्त के प्रारम्भिक निर्वासन में परम्परागत रूढ़ि वर्जनाओं की विद्रूपता का कारण बनती है। यहाँ परम्परागत विद्रूपता जातिगत वर्जना के रूप में मौजूद है। सूर्यकान्त गौरी से प्रेम-विवाह करने के पश्चात् जब उसे अपने घर ले जाता है तब उसके पिता गौरी की जाति एवं वंशावली की तहक़ीक़ात में फ़ौरन जुट जाते हैं। गौरी के इस कथन के बाद कि उसे नानी के माँ-पिता के बारे में कुछ मालूम नहीं, नाना-नानी सर्कस में करतब करते थे, सूर्यकान्त के पिता गौरी को रंडी का सम्बोधन बख़्शते हुए जाड़े की सर्द रात में दोनों को घर से बाहर निकाल देते हैं। यह घटना सूर्यकान्त के अन्दर ऐसी टूटन को जन्म देती है कि वह फिर वापस जुड़ नहीं पाता। तब भी नहीं जब वह वर्षों बाद रामअजोर पांडे के पूर्वज के परिवार की खोज के काम में अपने घर पर पहुँचता है। इस बार वह पाता है कि छोटा भाई, बहन-बहनोई सब उससे किसी लाभ-लोभ की आकांक्षा में जुड़ना चाहते हैं। पिता उम्रदराज हो गए हैं, उनकी आक्रामकता शिथिल हो चुकी है, लेकिन परिवार एवं कुटुम्बों में मतलबपरस्ती एवं लालसा ने पाँव पसारना शुरू कर दिया है। छोटा भाई शिब्बू प्रारम्भ में लखनऊ और फिर अमेरिका जाना चाहता है। इसी तरह की प्रबल लालसा बहन-बहनोई नूपुर एवं देवदत्त तेंदुलकर में भी है। और सब सूर्यकान्त को सीढ़ी बनाना चाहते हैं कि वे मार्फ़त रामअजोर पांडे इन्हें अमेरिका में सेट करवा दें। सम्बन्धों का मतलबपरस्त अध:पतन सूर्यकान्त के अन्दर विक्षोभ, वितृष्णा एवं निर्वासन की एक और परत निर्मित कर देता है।

जातिगत वर्जना द्वारा निर्वासन की घटना सिर्फ़ सूर्यकान्त की ज़िन्दगी का ही सच नहीं है, रामअजोर पांडे के जीवन की अदृश्य डोर भी इसी विडम्बना से बँधी है। जाति की वर्जना को जन्म से देखता-भोगता भगेलू (रामअजोर पांडे के दादा) इससे बुरी तरह आतंकित हैं। उसे डर है कि 'कुम्हार होकर काम चाहने के जुर्म में गिरफ़्तार न कर लिया जाए... परदेस में उनका काम-धाम के लिहाज़ से वही दर्जा हो जो गाँव की सामाजिक-जातिगत व्यवस्था में कुम्हार का होता है।' चूँकि भगेलू इस यंत्रणा से निकलना चाहता है, इसका परिणाम यह होता है कि ताज़िन्दगी भेद खुलने के डर एवं संशय से घिरा वह इस झूठ को निभाता चला जाता है। उसकी आगे आने वाली पीढ़ी के लिए यह और ख़तरनाक होता है, वह अपनी जड़ से विच्छिन्न होकर जातिगत श्रेष्ठता के दुश्चक्र में फँस जाता है।

सभ्यता के विकास-क्रम में मनुष्य ने वैज्ञानिक प्रगति एवं तकनीकी उपलब्धि की अनेकानेक ऊँचाई को प्राप्त किया है वहीं वह अतार्किक धार्मिक चेतना, विघटनकारी प्रवृत्ति, चमत्कार एवं मिथ का शिकार होता गया है। धर्म से मानवीयता का तत्त्व डाइल्यूट हो गया है। विघटन, उन्माद एवं कुचक्र ने जड़ जमा ली है। इस प्रक्रिया में सामाजिक समरसता भंग हो रही है। इतिहास एवं संस्कृति की साझी एवं समावेशी विरासत की उपेक्षा की जा रही है, क्षति पहुँचाई जा रही है। सत्ता-तंत्र बाज़ारवादी ताक़तों से कुत्सित गठजोड़ कर उन्मत्त रूप में सामने आ रहा है, बल्कि यह कहें कि वह इधर उन चिह्नों, प्रयासों एवं इनसानों को मिटा देने पर तुली है जो उनके अनुकूल नहीं हैं। 'निर्वासन' में इस पूरी प्रक्रिया को सम्पूर्णानन्द बृहस्पति की सर्वशक्तिमानता में देख सकते हैं। भवानी सिद्ध होने का दावा करने वाले तथा हनुमान की गदा को ढूँढ़ने की अभिलाषा रखने वाले बृहस्पति की सत्ता विरोधी दल के शासन के दौरान भी अक्षुण्ण है। उसने सत्ता की नब्ज़ को पकड़ लिया है। एक ओर वह उद्योगपति अनुयायी से मुख्यमंत्री को धन-लाभ कराता है, दूसरी ओर अनुयायी को मुख्यमंत्री से धन्धे की सुविधा दिलाता है। इस प्रकार सत्ता के सन्तुलन को उसने पूरी तरह से अपने पक्ष में साध लिया है। सूर्यकान्त जो कि उससे सहमत नहीं है, उसे नौकरी छोड़ देने (अवकाश पर जाने) को विवश कर देता है। सूर्यकान्त की 1857 के विद्रोह से जुड़ी 'मुक्तिपथ' योजना को ख़ारिज कर धार्मिक पर्यटन योजना का प्रस्ताव रखता है और इस योजना से असहमति रखने वाले सूर्यकान्त को उसका नोडल अधिकारी बना देता है। यह पूरी प्रक्रिया सत्ता-तंत्र की क्रूरता, नौकरशाही की दिशाहीनता, तंत्र में मौजूद पुनरुत्थानवादी शक्तियों के वर्चस्व को दर्शाती है। सत्ता-तंत्र में असहमति या वैकल्पिक विचार का कोई स्थान नहीं होता। असहमति का पुरस्कार है—यंत्रणा। सूर्यकान्त अपने वरिष्ठ से इस परियोजना से ख़ुद को दूर रखने का निवेदन करता है पर वह अवैतनिक अवकाश या इस्तीफ़े का विकल्प सुझाता है। स्थिति का विद्रूप यह है कि एक भी व्यक्ति सूर्यकान्त के पक्ष में खड़ा नहीं होता।

सत्ता के शीर्ष के आगे हर कोई नतमस्तक है। इस विद्रूप को सूर्यकान्त के निदेशक के इस वक्तव्य से समझा जा सकता है—'मुझे सफ़ाई देने की ज़रूरत नहीं है। तुम्हारी ईमानदारी और नैतिकता हम जानते हैं। मैंने अध्यक्ष जी से कहा भी लेकिन वह तुमसे काफ़ी नाराज़ रहते हैं। कहना नहीं चाहिए फिर भी बता रहा हूँ, ये शिकायतें उन्हीं के इशारे पर हैं और तुम्हें बर्खास्त करने की तैयारी है। बचने का एक ही रास्ता है उनका कहना मानो और बतौर नोडल अधिकारी धार्मिक पर्यटन की योजना में उनकी हर इच्छा को पूरा करो।'

सत्ता के कार्य-कलाप की भयावहता उपन्यास के एक अन्य प्रसंग में भी सामने आती है। यह सन्दर्भ इमरजेंसी के दौर का है। 75 में इमरजेंसी के दौरान सारे नागरिक अधिकार स्थगित कर दिये गए थे। शासन-तंत्र बेख़ौफ़ अपनी मनमानी कर रहा था। पूरी स्थिति कितनी भयावह थी इसे आततायी ढंग से लागू किये जा रहे नसबन्दी के कार्यक्रम के माध्यम से समझा जा सकता है। इस दौर का एक प्रसंग उपन्यास में कुछ यूँ आता है कि डी.एम. आवास पर सैकड़ों की तादाद में मज़दूर काम के बहाने बुलाए जाते हैं और उन्हें बधिया कर दिया जाता है। स्थिति की विद्रूपता को अखिलेश ने जिस ह्यूमर के साथ रचा है वह लेखकीय हस्तक्षेप के साथ शिल्पगत कौशल को भी सामने लाता है। वे स्थिति पर तीखा व्यंग्य करने के साथ ही अपने स्वर को अनावश्यक रूप से लाउड नहीं होने देते, इसके साथ ही वे परिस्थिति में निहित आयरनी को बख़ूबी व्यक्त करने में सफल रहे हैं—'स्वतंत्रता दिवस, गांधी जयंती के दिन विद्यालयों में खेलकूद प्रतियोगिताएँ और सांस्कृतिक कार्यक्रम हुए उनमें समस्त प्रतिभागियों का एक हाथ अपने लिंग पर था। उसी मुद्रा में लोग भाषण दे रहे थे, काव्य पाठ कर रहे थे, ऊँची कूद और भाला फेंक रहे थे। वे एक हाथ से लिंग को रक्षित किये दौड़ रहे थे। ऊँची कूद में वे उसी प्रकार दौड़ते हुए आते और छलाँग लगाते। सारे विजेता रिकॉर्ड के मामले में पिछली बार के विजेताओं से बहुत पीछे रह गए थे। लेकिन उनको इस चीज़ का ख़ेद नहीं था। वे सन्तुष्ट थे कि ऐसी परिस्थिति में जितना मुमकिन था उन्होंने किया।'

जहाँ तक धर्म का प्रश्न है वह सत्ता-तंत्र में प्रवेश कर समावेशी चिह्न, विचार और प्रयास को अपदस्थ कर ही रहा है, वह पूँजीवादी छलनाओं से उत्पन्न वैक्यूम की ओर अपने मूवमेंट को तेज़ कर अपना विस्तार कर रहा है। पिछले दो-ढाई दशक में भूमंडलीकरण के नाम पर कॉरपोरेट पूँजी ने जिस नई शैली के आक्रामक बाज़ारवाद एवं अन्तहीन भोगवाद को जन्म दिया है उसमें मानवीय सम्बन्धों की गरिमा पूर्णतः ध्वस्त हो गई है। एक जटिल दुश्चक्र-सा निर्मित हो गया है। पूँजी की इस नवीन संस्कृति के शीर्ष पर पहुँचकर भी रामअजोर पांडे अन्ततः अकेला एवं हताश है, वहीं शिब्बू एवं तेंदुलकर के अन्दर इस दौड़ में प्रवेश की लालसा हिलोर मार रही है। मामला यहीं तक सीमित नहीं है। गोसाईंगंज का हर युवा इसी फ़िराक़ में है।

हर किसी के सपने में एक अमेरिका उछल रहा है। हर कोई अपने सपने के अमेरिका को लपक लेना चाहता है।

उपन्यास में रामअजोर पांडे नई आर्थिक प्रक्रिया के चरम पर मौजूद निपट अकेलेपन का भोक्ता है। दरअसल भूमंडलीकरण और बाज़ारवाद ने लालसा की जो अन्तहीन शृंखला रची है उसमें सम्बन्धों का भी कमोडिटीफ़िकेशन हो गया है। रामअजोर पांडे की पहली पत्नी जोएन बच्चा नहीं चाहती। पहले वह गर्भपात करा लेती है। फिर पांडे को भी छोड़ देती है। दूसरी पत्नी अलग होने में जोएन से भी ज़्यादा फुर्ती दिखाती है। इसका असर यह होता है कि पांडे की नज़र में सम्बन्ध कमोडिटी बनकर रह जाता है—'बाद में उसने जिन औरतों से रिश्ते बनाए उन्हें वे छोड़ देंगी इस ख़ौफ़ से वह ख़ुद उन्हें छोड़कर नया सम्बन्ध कायम करने की दिशा में अग्रसर हो जाता था। स्वयं उसकी कम्पनियों में अनेकानेक सुन्दर कमनीय लड़कियाँ, स्त्रियाँ थीं जिनमें से कई को पांडे ने अपनाया और अलग किया था।' सम्बन्धों में सेटबैक सिर्फ़ स्त्री के मामले में ही नहीं है, जिस कीथ को वह अपना उत्तराधिकारी बनाना चाहता था वह इस्तीफ़ा देकर दूसरी कम्पनी में चला जाता है। बाज़ारवाद में मानवीय सम्बन्धों का किस प्रकार वस्तुकरण हो रहा है इस प्रक्रिया को 'निर्वासन' में बारीकी से उकेरा गया है। इस उपन्यास की यह महत्त्वपूर्ण विशिष्टता है।

पूँजीवादी प्रक्रिया के द्वारा छले जाने का एहसास पांडे को बाबा के अतीत की ओर आकर्षण पैदा करता है। यहाँ पर समझना ज़रूरी है कि रामअजोर द्वारा बाबा की तलाश अपने जड़ की ओर लौटना नहीं है, बल्कि वह एक सुरक्षित खोह की तलाश में है जहाँ ख़ालीपन के दहशत से निजात मिले। ख़ालीपन को ढकने के लिए वह जाति-दर्प को ढोता रहता है और आगे चलकर सम्पूर्णानन्द के सतयुग प्रोजेक्ट के स्वप्न के साथ हो लेता है। दरअसल असंयमित भौतिक लालसा जिस निस्सारता को जन्म देती है धर्म का व्यापारी उसे भरने का भ्रम पैदा करता है। इस प्रकार पूँजी, सत्ता और धर्म का दुश्चक्र जारी रहता है।

बाज़ारवाद-उपभोक्तावाद के हाथों छला गया रामअजोर पांडे कोई अलहदा नज़ीर नहीं है। सूर्यकान्त को शिब्बू एवं तेंदुलकर की लालसा एवं मतलबपरस्ती से इसी छल का एहसास होता है। और चाचा का परिवार तो पूरी तरह इसके गिरफ़्त में है जिससे आजिज़ आकर चाचा विद्रोही बन जाता है। अपने ही कम्पाउंड में अपने ही परिवार से अलग रहने लगता है। प्रतिक्रिया में बाज़ारवादी सुविधाओं का त्याग कर देता है। स्वाभाविक एवं मानवीय विकास से उलट वर्तमान पूँजीवादी हृदयहीन दौड़ पर चाचा की टिप्पणी क़ाबिलेग़ौर है—'...तेज़ दौड़ते हुए हिरन सबको सुन्दर लगते हैं लेकिन क्या शिकारी के ख़ौफ़ से भागते हुए हिरन भी वैसे ही सुन्दर होते हैं। असलियत यह है कि ये जो लोग भाग रहे हैं—स्पीड में, शिकारी के डर से दौड़ लगा रहे हैं। ये और बात है कि इन्हें ये बात पता नहीं है।'

'निर्वासन' अपने कालखंड के रुझानों, जटिलताओं एवं विरोधाभासों को समग्रता में अभिव्यक्ति देता है। हर वह सन्दर्भ ऊपरी स्तर पर वह चाहे सामान्य अथवा मामूली लगता हो, अगर वह युग के किसी बड़े बदलाव को अपने अन्दर धारण किये हुए है, उपन्यास में उसे दर्ज किया गया है। बानगी के रूप में कॉमरेड कोमल की दुकान का ख़ात्मा। बाज़ारवाद नितान्त निजी सम्बन्धों या पारिवारिक सम्बन्धों में ही उद्वेलन नहीं लाया है उसने सामाजिक सम्बन्धों के ख़ात्मे का प्रयास भी निरन्तर जारी रखा है। उपन्यास में हम पाते हैं कि सामाजिक पब्लिक स्फीयर दिनोदिन नष्ट होता जा रहा है। कॉमरेड कोमल की दुकान की जगह प्रॉपर्टी डीलर का दफ़्तर खुलना इसी का प्रतीक है। पूँजीवादी शक्तियाँ लोगों को एक दूसरे से काटने के लिए कितने सूक्ष्म स्तर पर कार्य कर रही हैं इसे अखिलेश ने अख़बारों के बढ़ते स्थानीय संस्करणों के माध्यम से समझाया है—'दिलचस्प दशा तैयार हो रही थी। दैनिक अख़बारों के नये-नये संस्करण निकलने लगे थे, नतीजतन उनके ज़रिये 40-50 किलोमीटर दूर बसे शहरों, क़स्बों और गाँवों के समाचार मिलने बन्द हो गए थे। 60 किलोमीटर दूर का कोई इलाक़ा बाढ़ से बरबाद हो जाता था और यह इलाक़ा चैन की नींद सोता था।'

उपन्यास की एक महत्त्वपूर्ण विशिष्टता जीवन की रागात्मकता का स्वीकार है। इसे दादी की सौन्दर्य चेतना, सूर्यकान्त-गौरी एवं नूपुर-देवदत्त तेंदुलकर के गहन-रागात्मक प्रेम में देखा जा सकता है। इसकी एक और विशिष्टता यथार्थ की स्थूलता का अतिक्रमण है। गौरी इच्छानुसार अपना रूप बदल लेती है। उपन्यास में डिटेलिंग प्रचुर है पर उसका अनावश्यक प्रयोग नहीं है। विषय के वर्णन में हर जगह कलात्मकता का निर्वाह किया गया है। उपन्यास के कई संरचनागत प्रयोग भी ध्यान आकर्षित करते हैं, जैसे बीच-बीच में पात्रों का हस्तक्षेप। उपन्यास का वर्तमान एवं अतीत में आवाजाही के साथ भविष्य में भी झाँकना, जिसे '2048' उपन्यास के माध्यम से अंजाम दिया गया है। उपन्यास में अखिलेश की उपमान सृजन क्षमता एवं भाषा की व्यंजकता देखते बनती है—'नूपुर संसार की उन चुनिन्दा स्त्रियों में थी जो अपने पति के मस्तिष्क और दृश्य में लगातार एक रहस्य की तरह बनी रहती है। जिनका शरीर सुन्दरता और भेद का ऐसा कथासरित्सागर होता है जिसमें प्रसाधन की कोई कथा पूरी होने के पूर्व नई कथा की सृष्टि कर देती है।'

इस प्रकार समय एवं मनुष्य के समक्ष दरपेश संकट के साथ मानवीय राग-विराग का संश्लिष्ट रूप 'निर्वासन' में मौजूद है। भारतीय समाज की परम्परागत जड़ता, पूँजी एवं धर्म की विभेदक आक्रामकता का यहाँ प्रत्याख्यान किया गया है। भूमंडलीकरण एवं धार्मिक विद्वेष के नये उठान के बीच आज हम बिलकुल बदले हुए समाज में जी रहे हैं। पूँजी और धर्म समाज के जीवन में गहरी पैठ बना चुका है

और हमारे सम्बन्धों के ढाँचे को इसने तहस-नहस कर दिया है। जैसा कि ऊपर संकेत किया गया। इस आर्थिक प्रक्रिया और धार्मिक ढाँचे ने जाति-लिंग-अर्थ की विषमता का कोई उपचार तो नहीं ही किया बल्कि अपनी आक्रामक, विभेदकारी एवं पीड़क शक्ल के साथ एक बड़े प्रश्न के रूप में मनुष्यता के ऊपर आरोपित हो गया। 'निर्वासन' इस कुत्सित गठबन्धन का प्रत्याख्यान करता है। चूँकि यह उपन्यास समस्या के किसी भी पहलू को ओझल नहीं होने देता बल्कि उनकी संश्लिष्ट अभिव्यक्ति करता है इस कारण से इसका महत्त्व व्यापक हो जाता है। यह उपन्यास अर्थ, धर्म, जाति, तंत्र और प्रभुत्व से खंडित समाज के किसी एक छोर को नहीं, बल्कि इसे समन्वित रूप से समेटता है। ध्यातव्य है कि सम्प्रति देश-दुनिया में इस बाज़ारवादी आर्थिक नीति एवं दक्षिणपंथी सांस्कृतिक गठन का कोई प्रतिरोधी आश्वस्तकारी मॉडल कार्यरूप लेता दिखाई नहीं दे रहा है, और इस मॉडल का विरोधाभास हमारे सामने है, जिसे भविष्य में बने रहने की आशंका है ऐसे में इस संकट के और गहराने की आशंका है। अत: 'निर्वासन' का महत्त्व और ज़रूरत बनी रहेगी।

पिछले कुछ वर्षों से हम देख रहे हैं कि धर्म और पूँजी का तांडव बढ़ता जा रहा है। उसने जिस सांस्कृतिक मूल्य-दृष्टि को प्रसारित किया है उसके तले समाज एवं परिवार की संरचना में तनाव एवं बिखराव आ रहा है। उपन्यास में जैसे चाचा का परिवार टूट रहा है या गौरी लांछित हो रही है या सूर्यकान्त घर एवं कार्यस्थल से बाहर धकेल दिया जा रहा है या बलवंत कौर ग़ायब हो जा रही है या शिब्बू एवं देवदत्त लबालब लालसा एवं पलायन की मानसिकता से भर गए हैं—यह सब अपवाद नहीं है। चलन बन गया है। जगदम्बा जैसों के भूख का कोई समाधान सत्ता-तंत्र के पास नहीं है, उस ओर उनका रुझान ही नहीं है। उनके पास एक युक्ति है—उन्माद का प्रसार, धार्मिक भावना का दोहन, उनके पास अस्त्र के रूप में एन.आर.आई. धन है। यही आज का यथार्थ है, यही भविष्य की हक़ीक़त है। ऐसे में 'निर्वासन' हमारे आज के समाज की तस्वीर ही नहीं बल्कि एक ऐसा लेंस है जिसके मार्फ़त हम भविष्य की तस्वीर भी देख सकते हैं। यह इसे सार्वकालिक महत्त्व की कृति बनाता है। 'हनुमान की गदा' की खोज और 'सतयुग प्रोजेक्ट' जैसा दृश्य यथार्थ रूप ले रहा है। अपने भविष्य की पहचान का जो विज़न इस उपन्यास में अन्तर्निहित है वह हाल के वर्षों में आए उपन्यासों में प्राय: दुर्लभ है।

पिछले कुछ वर्षों में इस उपन्यास के कई संस्करण आए हैं तथा पाठकों की इसमें लगतार रुचि बनी हुई है। उपन्यास को शोध-कार्य में शामिल किया जा रहा है। ऐसे में उपन्यास के विभिन्न पक्षों को उद्घाटित करने वाला एक पुस्तक की आवश्यकता थी। इसे ध्यान में रखते हुए इस पुस्तक को प्रस्तुत किया जा रहा है।

एक महत्त्वपूर्ण कृति की यह विशिष्टता होती है कि उसे विभिन्न दृष्टिकोणों से परखा जा सकता है। उसकी कई व्याख्याएँ हो सकती हैं, और हर व्याख्या-विश्लेषण से आगे उसे और नये आयामों/सन्दर्भों में परखने की राह निकलती है। इस पुस्तक के लेखों में अखिलेश के उपन्यास 'निर्वासन' के विभिन्न पहलुओं की विवेचना की गई है। वस्तुस्थितियों, प्रतिरोध के विभिन्न पहलुओं तथा जीवन के धूसर रंग के साथ चटख रंग जैसे विभिन्न आयामों पर लेखकों ने कलम चलाई है, उन्हें विवेचित-विश्लेषित किया है। कहीं उपन्यास के सौन्दर्य पक्ष का उद्घाटन है तो कहीं इसमें अन्तर्निहित दुश्चिन्ताओं का विश्लेषण। कहीं मानवता के ऊपर आए संकट का वर्णन है तो साथ ही इन सबके बीच जीवन के सुन्दर क्षणों की पहचान भी है। किंचित पृथुल काया वाले इस उपन्यास को लेखकों ने गहरी आत्मीयता के साथ पढ़ा है तथा अपनी प्रखर अन्तर्दृष्टि के साथ अपनी बातें रखी हैं। लेखों में उन लघु सन्दर्भों को भी रेखांकित किया गया है जो कम विस्तार के बावजूद किसी गहरे सन्देश का बायस हैं। मुख्य प्रश्नों का बहुस्तरीय विवेचन तो है ही। मैं इस पुस्तकीय आयोजन में शामिल सभी भागीदार लेखकों का हृदय से आभारी हूँ। उम्मीद है कि यह पुस्तक 'निर्वासन' के पाठकों के समक्ष इस उपन्यास में अन्तर्निहित आयामों के विविध पक्षों के उद्घाटन में सहायक होगी। साथ ही शोध-छात्रों की जिज्ञासाओं का भी समाधान हो सकेगा।

—राजीव कुमार

क्रम

'निर्वासन' इनसानी सामाजिकता का ब्योरा है

—कृष्णा सोबती

स्वतंत्रता प्राप्ति के बाद भारतीय लोकतंत्र की महान नाम पट्टिका की सुनहरी पताका जिन नागरिक महत्त्वाकांक्षाओं को जाग्रत करती है उसके ठीक विपरीत हमारे समाज की बारीक बुनतर जातीयता की व्याधियों से अब भी ग्रस्त है। इस संस्कारिता के व्यावहारिक ग्राफ़ को अखिलेश ने 'निर्वासन' में जिस चुप्पे कौशल से उद्घाटित किया है, वह भारतीय नागरिक समाज और हमारे समाजशास्त्रियों के लिए विशेष दस्तावेज़ है।

हमारी आज की तात्कालिकता में गुँथा 'निर्वासन' अप्रत्याशित और अकाट्य रूपों में पनपती संकीर्णता की गम्भीर स्थिति की ओर संकेत करता है। अखिलेश की उदासीन सी दीखने वाली बौद्धिक गहराई देश की राष्ट्रीयता पर उभरी शिराओं की ओर पाठक का ध्यान बँटाती है।

राजनीतिक दलों में बेहिचक उभरा अपराधीकरण लोकतांत्रिक अस्मिता और मानवीय अधिकारों की सम्पन्नता को चुनौती देता है। भारतीय इतिहास की मनगढ़ंत वैचारिकता क्या लोकतांत्रिक सिद्धान्तों को नया स्वरूप देने में सफल हो सकती है? हिन्दुत्व की नई सात्त्विक विचारधारा में बदली जा सकती है? क्या हमारी संसदीय प्रणाली को एक रंग, एक विचार सूत्र में बदला जा सकता है? भारत जैसे विशाल देश में धर्म, सम्प्रदाय के विभिन्न जमावड़े अपने-अपने विश्वासों में बँधे हुए हैं। हमारा संविधान सभी को एक सा जीवन व्यतीत करने की सम्भावनाएँ प्रदान करता है। अखिलेश इसकी सार्थकता और निरर्थकता पर अपनी ओर से कोई टिप्पणी नहीं करते, इतना ही इशारा कि विभिन्नताएँ भारत की रीढ़ हैं। इसे धर्म, सम्प्रदाय और भाषा के नाम पर क्यों बाँटा जाए। यह विभाजन लोकतंत्र का दुश्मन सिद्ध होगा।

विचारधाराएँ नई हों या पुरानी, नया और पुराना समय अलग-अलग मुखड़ों में दिखेगा। जो अब नई कतरन से अपना बनाया जा रहा है वह भी आज की देहरी के बाहर है। जिसे पराया करार दिया जा रहा है वह भी तवारीख़ में जुड़ा है।

राजनीतिक बड़बोलापन हो या साधारण नागरिक के जीवन सरोकार, व्यवस्था में धार्मिक साम्प्रदायिक बाँट करना राष्ट्रीय हित के ख़िलाफ़ है।

लेखकों की वैचारिक घनिष्ठता समाज की नई-पुरानी राजनीतिक, धार्मिक, सांस्कृतिक प्रवृत्तियों पर आँख रखती है।

'निर्वासन' इसी इनसानी सामाजिकता का ब्योरा है। इसमें अपनी धरती पर उभरा नया-पुराना समय, दोनों एक साथ महसूस किये जा सकते हैं। इक़बाल के शब्दों में दोहराया जा सकता है—

जिन्हें मैं ढूँढ़ता था, आसमानों में ज़मीनों में,
वो निकले मेरे ज़ुल्मतख़ाना-ए-दिल के मकीनों में।

मानवीय सरोकारों का निर्मम 'निर्वासन'

—वीरेन्द्र यादव

सर्वाधिक राजनीतिक उपन्यास वह उपन्यास होता है जिसमें राजनीतिक थीम या मंतव्य नहीं होते लेकिन जो सम्पूर्ण बृहत् को रचने के लिए हर कुछ को देखने और हर एक को समझने के लिए प्रयत्नशील होता है। इस प्रकार जो उपन्यास इस असम्भव कार्य को सम्पन्न कर सकता है उसका केन्द्रबिन्दु अत्यन्त गहरा होता है। **—ओरहान पामुक**

कथाकार अखिलेश के उपन्यास 'निर्वासन' को पढ़ते हुए तुर्की उपन्यासकार ओरहान पामुक का उपरोक्त कथन यदि शिद्दत से याद आया तो इसलिए कि अपने समूचे कथ्य में यह उपन्यास भारतीय समाज की जिस निर्वासन गाथा को समेटे हुए है उसका केन्द्रबिन्दु अतल गहराई में अवस्थित है। डेढ़ शताब्दी पूर्व से लेकर वर्तमान समय तक विस्तृत इस उपन्यास का कथानक निर्वासन की जिस त्रासदी को समेटे हुए है उसका विस्तार भौतिक निर्वासन से लेकर आत्मिक निर्वासन तक है। यहाँ निर्वासन और पलायन जिस एक बिन्दु पर एकाकार होते हैं वह एक साथ निर्मम और कारुणिक है। उपन्यास के भगेलू प्रजापति लगभग डेढ़ शताब्दी पूर्व दुर्भिक्ष की यातना से त्रस्त होकर अपने घर-गाँव से पलायन नहीं करते बल्कि निर्वासित होते हैं। कबीर के पद 'अब न बसूँ इहि गाउँ गुसाईं' के तर्ज़ पर वे गाँव छोड़ने के लिए विवश होते हैं। मेहनत-मजूरी करने घर से बाहर निकले भगेलू को नियति जिस तरह से अनजाने ही 'गिरमिटिया' बनाकर समुद्र पार सूरीनाम भेज देती है वह निर्धन भारतीयों के माल-मवेशी समझे जाने की औपनिवेशिक शोषण प्रक्रिया का पता देती है। उपन्यासकार जिस रचना कौशल से भगेलू कुम्हार को भगेलू पांडे में रूपान्तरण का कथासूत्र विन्यस्त करता है वह इस शोषण गाथा को औपनिवेशिक शोषण तक सीमित न रखकर देशज शोषण संरचना तक विस्तृत कर देता है। बकौल उपन्यासकार भगेलू ने अपने कुम्हार जाति के होने का सच इसलिए नहीं छिपाया था कि मन में "वर्णाश्रम व्यवस्था के ऊँचे पायदान पर पहुँचने की कोई आकांक्षा थी उनके मन में।

क्योंकि वर्णाश्रम में यह कभी सम्भव ही नहीं था और न किसी के भीतर ऐसी हसरत पैदा होने की गुंजाइश थी। यह भी सही नहीं होगा कि बाबा के अन्दर झूठ बोलने की लत थी क्योंकि उनके जैसे सामाजिक स्तर के इनसान सार्वजनिक रूप से झूठ बोलने की हिम्मत दिखाने की औक़ात ही नहीं रखते थे।" (पृ. 56) जिस समाज में झूठ बोलने की औक़ात भी वर्ण और जाति से निर्धारित होती हो वहाँ जातिभेद और जातिदंश के सच को कुछ विद्वानों द्वारा महज़ 'औपनिवेशिक ज्ञानकांड' तक सीमित करने के हठ का प्रतिविमर्श भी यहाँ तलाशा जा सकता है।

दरअसल यह 'निर्वासन' गाथा जिस संश्लिष्ट सामाजिक प्रक्रिया को समेटे हुए है वह एकरैखिक होते हुए भी चक्रीय है। लगभग डेढ़ शताब्दी पूर्व जहाँ भगेलू ने अपनी कुम्हार होने की जातीय पहचान इसलिए छिपाई थी कि कहीं वे निम्न जाति के होने के कारण शहर में रोज़गार के अवसर से वंचित न हो जाएँ। वहीं इतने लम्बे अन्तराल के बाद उन्हीं भगेलू पांडे के पोते रामअजोर पांडे की समस्या यह है कि उसके नाम के साथ जो पांडे लगा है उससे उसके कुल की जड़ों की तलाश बाधित हो जाती है। कारण यह कि उसके बाबा जब गाँव-देश छोड़कर जाने को विवश हुए थे उन दिनों "...अकाल पड़ा था तब सवर्ण जातियों से... कोई भी गाँव गोसाईंगंज से विस्थापित नहीं हुआ था। काम-धन्धा, रोज़गार के चक्कर में फ़ैज़ाबाद या पास के किसी दूसरे शहर तक नहीं गया था, शायद इसकी ज़्यादा ज़रूरत नहीं पड़ी थी। उस दौर में गाँव से विस्थापन, पलायन करने वाले अधिसंख्य लोग पिछड़ी और अस्पर्श्य जातियों के थे। चमार, तेली, यादव, कुम्हार, धोबी, नाई, केवट जातियों के लोगों का कोई ऐसा घर नहीं था जिसका कम से कम एक सदस्य कमाई के सिलसिले में गाँव छोड़ने के लिए मजबूर न हुआ हो।" (पृ. 305-06) भगेलू कुम्हार के निर्वासन से लेकर भगेलू पांडे के पोते रामअजोर पांडे का बरास्ते सूरीनाम अमेरिका बसना और वापस भारत में आकर अपनी जड़ों के तलाशने का कथासूत्र समेटे यह उपन्यास जिस तरह पश्चिमी आधुनिकता और दिशाविहीन अन्धविकास का क्रिटीक प्रस्तुत करता है वह कई नवीनताओं को लिये हुए है। जिन दिनों विकास की डोर पर जीडीपी की पतंग लहराई जा रही हो और विकास मॉडल के नाम पर सत्ताएँ बन-बिगड़ रही हों, इस उपन्यास में अन्तर्निहित विकास बनाम विनाश का विमर्श स्वयमेव नई अर्थवत्ता ग्रहण कर लेता है।

अपनी समूची संरचना और प्रस्तुति में यह औपन्यासिक वृत्तान्त विडम्बनाओं, विरोधाभासों और विद्रूपताओं के समुच्चय से अपना पाठ निर्मित करता है। यहाँ आधुनिक तकनीक में रचे-पगे पूँजी विनिवेश की प्राइवेट पब्लिक पार्टनरशिप (पीपीपी) के नये व्यापार कौशल और मार्केटिंग का वृत्तान्त है तो विकास के उस मॉडल का प्रति-विमर्श भी जिसके चलते यह देश "संसार की दूसरी सबसे तेज़ उभरती अर्थव्यवस्था बन गया जिसके पास महान उपभोक्ता बाज़ार है लेकिन

वरुणा एक्सप्रेस और उन छोटे-छोटे स्टेशनों की सूरत में कोई तब्दीली नहीं हुई थी।" (पृ. 335-36) यहाँ वरुणा एक्सप्रेस और छोटे स्टेशन उस अँधेरे के भारत के प्रतीक हैं जहाँ सकल घरेलू उत्पाद के 'ट्रिकल डाउन' होने की प्रतीक्षा अभी भी शेष है। उपन्यास के 'बतर्ज़ हिन्द स्वराज' शीर्षक अध्याय में चाचा-भतीजा संवाद के माध्यम से कथाकार ने इसे विकास बनाम विनाश के तर्क-प्रतितर्क से विमर्शकारी भी बनाया है। उपभोक्तावादी विकास ने घर-परिवार और सम्बन्धों के बीच जिस निष्ठुरता, स्वार्थपरता और बेगानेपन को अपनी गिरफ़्त में लिया है उसका संजाल ग्लोबल है। यह अनायास नहीं है कि उपन्यास के कथानक का एक अहमबिन्दु इस विडम्बना में अन्तर्निहित है कि भगेलू कुम्हार का पोता रामअजोर पांडे जहाँ अमेरिका के सुख-वैभव और भौतिकता के बंजर से त्रस्त होकर भारत में अपने पुरखों की जड़ों की तलाश के लिए बेचैन है वहीं उपन्यास का चाचा अपने घर-परिवार के सुखवाद से इतना विकर्षित कि वह आत्मनिर्वासन और अकेलेपन का वरण करता है क्योंकि उसी के शब्दों में "उसके अपने ख़ुदग़र्ज और जंगली हो गए। जज़्बातों से शून्य हो गए। इन्हें बस पैसा, और अधिक पैसा चाहिए। ख़ुश रहने के लिए नहीं, दूसरों को पीछे छोड़ देने के लिए या दूसरों की भेड़चाल में शामिल हो जाने के लिए पैसा चाहिए। मुझे महसूस हुआ कि इन्हें पैसे के आक्रमण से बचाना होगा; और मैंने वही किया। मैं मानता हूँ कि दौलत की दासता आदमी को आदमी नहीं रहने देती। देखो मैंने सादगी का रास्ता अपनाया और ख़ुश हूँ।" (पृ. 222-23) इस औपन्यासिक पात्र की दृष्टि में उचित ही "मौजूदा सभ्यता तो अपने आप में एक आभासी संसार है जिसमें बाशिन्दों के साथ एक कपटलीला हो रही है। वे समझते हैं कि वे पा रहे हैं लेकिन दरअसल वे खो रहे हैं। जिसे वे अमीरी, सुख, सुरक्षा जान रहे हैं वह असल में दारिद्र्य, दुख और ख़तरा है। जो बहुत चमकीला है वह बहुत बदरंग है। उलटबाँसी ही आज का यथार्थ है..." (पृ. 312)

उपन्यास के पात्र चाचा से भिन्न नहीं हैं भतीजे सूर्यकान्त का विलगाव, उसकी विडम्बना तो और भी मारक है। अमेरिकावासी रामअजोर पांडे के कुल की तलाश के सिलसिले में एक बार फिर उसका घर जाना तो होता है लेकिन घरवापसी नहीं हो पाती। कारण यह कि जिस घर, परिवार, परिवेश और शहर की यादों को वह सहेजने आया था वह सब 'अमेरिका पांडे' की छूत से संक्रमित हो चुका था। "पहले भाई अब बहनोई अमेरिका जाने की आस लगाये (उससे) फ़रियाद कर रहे थे।" यहाँ यह विडम्बना ग़ौरतलब है कि जो अमेरिका स्वयं अमरीकियों के लिए दशकों पूर्व दु:स्वप्न बन चुका हो वह भारत के एक क़स्बाई शहर के बाशिन्दों तक के लिए आज दिवास्वप्न सरीखा हो। स्वाभाविक ही था कि उसे 'सब दूसरे लगे'। वह जिस 'याद' की तलाश में आया था वह उड़नछू हो चुकी थी। लोभ, अनउपार्जित सम्पन्नता और किसी भी क़ीमत पर सफलता का समुद्र मानो उसके गिर्द दहाड़ें मार रहा हो।

इससे मुक्त होने की प्रक्रिया में लौटती यात्रा में उसने घरवालों द्वारा दिये गए उस थैले को फेंककर उन स्मृतियों का तर्पण करने का उपक्रम भी किया जो अनचाहे ही उसका पीछा नहीं छोड़ रही थीं। सूर्यकान्त की इस मनोदशा का वर्णन अत्यन्त निस्संगता के साथ उपन्यास में कुछ यूँ है—"उसने हाथ के थैले को ऊपर उठाया। जैसे उसमें सामान नहीं, शवदाह के बाद की अस्थियाँ हों जिन्हें उसको किसी पवित्र नदी में विसर्जित करना है। और यह मृतक के प्रति उसका अन्तिम कर्तव्य है जिसे पूरा करने पर उसके दाय, ऋण और भार से उसे मुक्त हो जाना है।" (पृ. 336)

उपन्यास में सूत्रधार की भूमिका का निर्वहन कर रहे सूर्यकान्त की यह मनोदशा उसका कोई निजी अस्तित्ववादी संकट न होकर उस सभ्यता का संकट है जिसकी पहचान प्रेमचन्द ने लगभग आठ दशक पूर्व 'महाजनी सभ्यता' के रूप में करते हुए लिखा था कि "कुलीनता और शराफत, गुण और कमाल की कसौटी पैसा, और केवल पैसा है। जिसके पास पैसा है, वह देवता स्वरूप है, उसका अन्त:करण कितना ही काला क्यों न हो...यह हवा इतनी ज़हरीली हो गई है कि उसमें जीवित रहना कठिन होता जा रहा है।" सूर्यकान्त के चाचा ने इस ज़हरीली हवा से बचने का उपक्रम घर-परिवार से आत्म-निर्वासन में तलाश लिया तो उसकी अपनी समस्या यह है कि उसके भाई, बहन, बहनोई से लेकर दोस्त और आला हुक्काम तक इस ज़हरीली हवा में ख़ुद तो मुदित-मगन हैं ही उसे भी इस वायुमंडल के इच्छुक भोक्ता के रूप में ही देखना चाहते हैं। इससे मुक्ति के प्रयास में वह अपनी नौकरी तक दाँव पर लगा देता है लेकिन 'ज़हरीली हवा' उसका इस तरह पीछा करती है कि जितना वह इससे दूर होना चाहता है उतना ही उसे वह अपने वात्याचक्र में उलझाये रखना चाहती है।

कहना न होगा कि यदि निर्वासन इस उपन्यास का बीज-पद है, तो जैसा पूर्व उल्लिखित है, विडम्बना इसका सहजात। यह विडम्बना ही तो है कि जिस 'ज़हरीली हवा' से मुक्त होने के लिए सूर्यकान्त अपने विभाग के चेयरमैन जिन सम्पूर्णानन्द 'बृहस्पति' से दूर भागता है वह उपन्यास के अन्त में 'हिन्दू संस्कृति' के उद्धारक के रूप में उसके समक्ष पुन: अपनी सर्वव्यापी उपस्थिति के साथ अवतरित हो जाते हैं। और विस्मयकारी यह भी कि अमेरिका (रामअजोर) पांडे भी उनके साथ होते हैं जिनके पुरखों के वंशजों की तलाश के बहाने सूर्यकान्त सम्पूर्णानन्द 'बृहस्पति' से छुटकारा चाहता था। ऐसे में उसका यह सोचना उचित ही था कि "कैसा अभिशाप है कि नये और पुराने दोनों से ही उसका मन उचाट हो गया था और दोनों ही बरदाश्त बाहर लगने लगे हैं। एक ओर उम्रदराज़ सम्पूर्णानन्द और पांडे हैं तो दूसरी ओर युवा शिब्बू, तेंदुलकर। जैसे ये अपने वक़्त की जोड़ियाँ उस पर घात लगाये हों। और दोनों से उसका बचाव यही था कि उनके प्रति उसके अन्दर से भावनाओं का लोप हो गया था। उसे लगा कि उसके भीतर बेगानापन और ऊब का ऐसा

अपरम्पार घना क्षेत्र बन गया है जो...इस भूमंडलीकृत संसार से भी कमतर क़तई नहीं है।" (पृ. 352)

उपन्यास के सम्पूर्णानन्द 'बृहस्पति' और अमेरिका पांडे के बीच जिस 'महान हिन्दू संस्कृति' की डोर बँधी है वह उस विद्रूप को उजागर करती है जो धर्म और संस्कृति को वैश्विक धन्धे में तब्दील कर देती है। यह अनायास नहीं है कि 1857 की 'मुक्तिपथ' योजना के बदले 'सतयुग प्रोजेक्ट' के रूप में आध्यात्मिक-धार्मिक पर्यटन योजना के उन्नायक सम्पूर्णानन्द ने 'जहाँ देश की पाँच सौ एक मस्जिदों के मूल रूप में मन्दिर होने का सिद्धान्त प्रतिपादित किया था' वहीं वे अयोध्या में 6 दिसम्बर, 1992 के बाबरी मस्जिद ध्वंस के विजय उन्माद में भी शामिल थे। लेकिन 'निर्वासन' की विषयवस्तु में सम्पूर्णानन्द 'बृहस्पति' जिस राजनीतिक व्याधि के लक्षण के रूप में प्रस्तुत हुए हैं वह दलगत सीमाओं से परे और पार है। भिन्न विचारधारा व सोच की सरकार में भी उनका दख़ल और दबदबा आज की उस राजनीतिक पतनशीलता का परिचय देता है जहाँ सब कुछ स्वार्थों के 'मेल्टिंग पाट' में बे-चेहरा हो गया है। यहाँ राजनीति, अध्यात्म और धन्धा एक ही घाट के सहयात्री हैं। दरअसल यह लिखते हुए अखिलेश उस अनैतिक रीढ़ विहीनता को लक्षित करते हैं जो राजनीति, धर्म से लेकर व्यक्तिगत सम्बन्धों तक विष-बेल की तरह व्याप्त है।

सचमुच 'निर्वासन' समूचे वर्तमान भारतीय समाज और समय की कथात्मक आलोचना है। घर,परिवार, दलित, स्त्री, नाते-रिश्ते, नौकरी, राजनीति, शहर-गाँव, पशु, प्रकृति सब इसकी गिरफ़्त हैं। इसकी कथात्मक प्रस्तुति के लिए अखिलेश कथन की प्रविधि न अपनाकर विवरणों का सहारा लेते हैं। उपन्यास आलोचना की यदि जार्ज लुकाच की 'नैरेट ऑर डिसक्राइब' की बहस का सहारा लेकर कहा जाए तो अखिलेश विवरण के कथाकार हैं। यहाँ यह याद करना दिलचस्प है कि लुकाच 'पॉलिटिकली इनकरेक्ट' बाल्ज़ाक और टालस्टाय की विवरणात्मक प्रविधि को 'पॉलिटिकली करेक्ट' एमिल ज़ोला की कथन प्रविधि पर तरजीह देते थे, जबकि सैद्धान्तिक रूप से वे 'नैरेशन' को 'डिसक्रिप्शन' से अधिक प्रभावी और गतिमान मानते थे। कुछ पाठकों को जहाँ-तहाँ 'निर्वासन' के विवरण अतिलेखन लग सकते हैं। अभ्यस्त रुचि के आस्वादपरक पाठकों के लिए यह रसभंग भी हो सकता है। लेकिन ये थिर या प्रयोजनविहीन ब्योरे नहीं हैं। इन्हीं विवरणों में अनुस्यूत है बदलते समय की पहचान और आहट। उदाहरण के लिए उपन्यास का सूत्रधार जब अपने गृहनगर सुल्तानपुर वापस आता है तो वह देखता है कि "सैलून, मेडिकल स्टोर, कपड़े आदि की दुकानों में इमरजेंसी लाइट या जेनरेटर का इन्तज़ाम था। आगे जब सब्ज़ी मंडी आई तो वहाँ सड़क की दोनों पटरियों पर बैठकर लोग सब्ज़ियाँ बेच रहे थे। दुकानों पर सब्ज़ियों के ढेर के बीच मोमबत्तियाँ जल रही थीं। रात के अन्धकार में वे सैकड़ों मोमबत्तियाँ उत्सव का आभास दे रही थीं। भवनों में दीपावली मनाई जाती है,

नदियाँ भी दीपमालाओं से सजती हैं, यहाँ ऐसा आभास हो रहा था कि धरती दीपमुखी हो गई थी।" (पृ. 149) दरअसल दमकते भारत में एक क़स्बाई शहर का यह विवरण उस अँधेरे के भारत का पता देता है जहाँ बिजली कटौती दस घंटे से कम नहीं होती। इसी तरह सड़क पर पसरे गाय, भैंस, साँड़ के ऊँघने, बैठने, लेटने, सोने के विवरण के बहाने उपन्यासकार उन परिवर्तनों को लक्षित करता है जो आज के ग्रामीण इलाक़ों का बदलता यथार्थ है। दरअसल यह अखिलेश की औपन्यासिक प्रविधि है कि वे लेखकीय कथन का कम से कम उपयोग करके जहाँ कथन ज़रूरी है उसे पात्रों की ही जुबानी प्रस्तुत करते हैं जैसाकि इस उद्धरण से देखा जा सकता है, "रिक्शावान ने बताया कि गाँवों में छोटी जाति वाले खेतिहर भी ट्रैक्टर से खेत की जुताई कराते हैं इसलिए बैल बेकार की चीज़ हो गए हैं। यही हाल गाय-भैंसों का है। देसी वाली सेर भर से ज़्यादा दूध नहीं देती तो उनको बैठाकर कोई क्यों खिलाएगा? क्योंकि अब उनके बच्चों की भी कोई क़ीमत नहीं रह गई। उन्हें कसाई को देने में कई बार ममता तो कई बार धरम राह रोकता है, इसलिए उनको गाँव से खदेड़ दिया जाता है। भागकर वे दूसरे गाँव जाते हैं, वहाँ से भी खदेड़ दिये जाते हैं। आख़िरकार शहर में भटकने, पिटने, मार खाने, जलील होने के लिए चले आते हैं।" (पृ. 149)

'निर्वासन' का निर्वासन सर्वव्यापी और सर्वग्रासी है, इनसानों और पशुओं की ही तरह यहाँ पक्षी और प्रकृति भी निर्वासित है। सूर्यकान्त अपने शहर में वापस होकर लक्षित करता है कि "अब छत पर गौरैया दाना चुगने नहीं आती, मुँडेरों पर कौवे आवाज़ नहीं देते, कोयलें वृक्षों की डालों पर कूकतीं नहीं और कबूतर रोशनदानों में फड़फड़ाकर गुटरगूँ नहीं करते या गुटरगूँ करके फड़फड़ाने नहीं लगते। कहाँ गए ये पक्षी?....क्या इन्होंने अपने प्रति आदमज़ाद की बेमुरौवती बेरहमी से आजिज़ होकर आत्मनिर्वासन चुन लिया है?... हम केवल कबूतरों को मुम्बई में गेटवे ऑफ़ इंडिया, दिल्ली में ऐतिहासिक इमारतों के आसपास देखते हैं...यदि वे एक सुन्दर दृश्य की रचना न करते, उन महान स्मारकों की शोभा न बढ़ाते तो शायद इन महान पर्यटन स्थलों की रखवाली में उन्हें गोली मार दी जाती। कबूतरों को गोली मारी जाती और अगली सुबह उन्हें बुहार दिया जाता।" (पृ. 146-47)

वैश्वीकृत पूँजीवाद की यह ऐसी बदरंग सचाई है जो असुन्दर और अशक्त होने के कारण दृश्य ओझल होने को अभिशप्त है। अमेरिकी समाज के सन्दर्भ में इसे रेखांकित करते हुए फिलिप स्लेटर ने अपनी पुस्तक 'दि परस्यूट ऑफ़ लोनलीनेस' में लगभग पाँच दशक पूर्व लिखा था, "सामाजिक समस्याओं को लेकर हमारा नज़रिया उनकी दृश्यमानता को कम करने का है : निगाह से दूर दिमाग़ से बाहर।" (पृ. 17)

उपन्यास में इसी असुन्दरता की बलि चढ़ गई कॉमरेड कोमल की वह चाय की दुकान "जहाँ बेंचें, टुटही मेज़ें और भट्टी रहती थी जिसका कोयला वह पंखी

हौंक-हौंक कर लाल किया करते थे और जिस पर चढ़ी केतली में पानी खौलता रहता था वहाँ अब एक प्रॉपर्टी डीलर का दफ़्तर खुल गया था।" (पृ. 200)

सूर्यकान्त के क़स्बाई ज़िले में कॉमरेड कोमल की चाय की दुकान का प्रॉपर्टी डीलर के दफ़्तर में तब्दील होना उस दुकान पर होने वाली 'पूँजीवाद, समाजवाद, तानाशाही और साम्राज्यवाद' की गरमागरम बहसों का असुन्दर और अदृश्य हो जाना ही नहीं है बल्कि यह उपन्यासकार द्वारा एक ध्रुवीय दुनिया की पदचाप और विकलांग विकास की आहट का दर्ज किया जाना भी है। उपन्यास के पात्र चाचा की ज़ुबानी सुन्दरता की अवधारणा को कथाकार कुछ यूँ प्रश्नांकित करता है—"सुन्दरता तभी जन्म लेती है जब उसमें इनसान, पशु-पक्षी किसी का भी जीवन भीतर से ख़ुशी पाए। इसलिए वही ख़ूबसूरत है जो भीतर से भी ख़ूबसूरत है। तुम्हारे ये राष्ट्रीय राजमार्ग जो करोड़ों वृक्षों का वध करके बने हैं ये कैसे सुन्दर हो सकते हैं। ये गाड़ियों और अमीरों की सुविधा के लिए बनाए गए हैं। मॉल सामान बेचने के लिए हैं। तुम्हारा ये औद्योगिक विकास, सेज वग़ैरह फलाना-ढिमाका जो किसानों की ज़मीन छीनकर तैयार हो रहे हैं, बाँध, बिजली परियोजनाएँ जो इलाक़े की पूरी की पूरी आबादी को बेघर, विस्थापित करके प्रकट हो रही है—सुन्दर कैसे हो सकती है?"

लम्बी समयावधि का विस्तार लिये इस उपन्यास में व्यक्तिगत का राजनीतिक होना और राजनीतिक का व्यक्तिगत होना न किसी विमर्श द्वारा संचालित है और न किसी लेखकीय कौशल का प्रदर्शन। स्वातंत्र्योत्तर भारतीय राजनीतिक समय में आपातकाल और 1984 के सिख विरोधी दंगे महज़ राजनीतिक हादसे न होकर भारतीय समाज के लिए एक बड़े दु:स्वप्न सरीखे भी हैं। अखिलेश इस त्रासद घटनाक्रम को जिस खिलंदड़े अन्दाज़ में रचनात्मक बनाते हैं वह उनका अपना मुहावरा है। आपातकाल की भयावहता को नसबन्दी अभियान के माध्यम से प्रहसनात्मक बनाते हुए वे युवाओं द्वारा एक हाथ लिंग पर रखने का जो बिम्ब रचते हैं वह एक साथ कामिक और त्रासद है। इस कामदी में यह तथ्य विस्मृत नहीं होता कि आपातकाल महज़ एक राजनीतिक परिघटना न होकर एक ऐसी मानवीय त्रासदी भी थी जिसने लाखों लोगों की नौकरी तो संकट में डाली ही उन्हें जबरिया 'नसबन्दी' का शिकार बनाकर पुंसत्व विहीनता के अभिशाप से भी लांछित किया था। उपन्यास के इस और 'संजय का सिर ज़रा क़ायदे से मूँड़ो' सरीखे प्रसंग डेविड सेल्बोर्न की पुस्तक 'ऐन आई टू इंडिया' का स्मरण करा जाता है जिसमें आपातकाल अपनी पूरी भयावहता के साथ उपस्थित है। इसी तरह 1984 के दंगों में चाचा-बलवंत कौर के प्रेम-प्रसंग के कथासूत्र के बहाने एक क़स्बाई नगर में सिखों की दुकानों के लूटे जाने और उनके ज़िन्दा जलाये जाने का प्रसंग बहुसंख्य समाज की अराजक हिंसा के साथ राज्य की संलिप्तता का जो साक्ष्य प्रस्तुत करता है वह 'पर्सनल इस पॉलिटिकल' की ही पुष्टि करता है।

यूँ तो अखिलेश खिलंदड़े और प्रसन्न मुहावरे के रचनाकार हैं। वे बीभत्स को भी कामिक में विन्यस्त कर अर्थवान बनाने का हुनर रखते हैं। जगदम्बा प्रजापति का अधोवायु प्रसंग इसका एक उदाहरण है। लेकिन वे मनोहर श्याम जोशी की तर्ज़ पर 'हैप्पी नैरेटर ऑफ़ ट्रेजेडी' भी नहीं है। अखिलेश का प्रसन्न मुहावरा अक्सर उसी तरह त्रासद होता है जिस तरह उन्नीसवीं शताब्दी के ढलते वर्षों के 'निर्वासन' के एक त्रासद प्रसंग में ख़ुशी की लहर का होना। सन्दर्भित प्रसंग कुछ यूँ है—"आदमी के पास अपनी भूख-प्यास मिटाने के लिए आहार और जल नहीं था फिर वह जानवरों की फ़िक्र कैसे करता...गाय-बैल पहले-पहल मरे तो भूख से बेहाल दलित बस्ती में ख़ुशी की लहर फैली थी कि अन्न के अभाव के वक़्त में मांस खाने को मिलेगा।" (पृ. 50-51) गहन मंतव्यों से युक्त इस उपन्यास के कुछ वाक्यांश अपने अर्थगाम्भीर्य के चलते देर तक स्मृतियों में बजते रहते हैं। जैसे—'सबको माफ़ कर देना चाहिए सिवा ख़ुद के', 'पहले पिता की ताक़त से वह पराजित हुआ था और अब उसे उनकी निर्बलता ने हरा दिया', 'रोशनी का स्रोत केवल श्मशान थे या चाँद', 'औरत, जाति और धर्म—इन तीनों के नाम पर बुजदिल, नरमदिल, नेकदिल भी ख़ौफ़नाक बन जाता है', 'एक भूगोल मटियामेट हो जाता था मगर उस पर कोई तब्सिरा नहीं करता था', 'इतिहास ने अमूमन वर्तमान को ज़्यादा लहूलुहान किया है' आदि। अखिलेश सजग व सतर्क कथाकार हैं, वे अपने औपन्यासिक कथ्य को एकरसता और एकरैखिकता से बचाने के लिए पात्रों द्वारा ही लेखक को प्रश्नांकित करने का दिलचस्प उपक्रम करते हैं। हिन्दी के कई उपन्यासों में लेखक तो प्रकट होते रहे हैं लेकिन पात्रों का यह हस्तक्षेप नया और पहली बार है।

अपनी समग्रता में 'निर्वासन' अपने समय के सम्पूर्ण यथार्थ का उपन्यास है। हाल के वर्षों में हिन्दी के अधिकांश उपन्यास इन अर्थों में सीमित यथार्थ के उपन्यास रहे हैं कि इनमें किसी एक कालावधि, विशेष मुद्दे, प्रवृत्ति या विमर्श की केन्द्रीयता रही है लेकिन 'निर्वासन' एक साथ कुलीन पितृसत्ता, वर्णाश्रमी वर्चस्व और उपभोक्तावादी संस्कृति का प्रत्याख्यान है। अखिलेश का यह उपन्यास दलित हरहू राम से लेकर अमेरिका पांडे और गाँव गोसाईंगंज से लेकर महानगरीय यथार्थ का जिस तरह से विस्तार लिये हुए है वह एक साथ स्थानिक और वैश्विक है। अच्छा यह है कि बेदख़लियों की यह कथा रोज़मर्रा के अनुभवों, अपने इर्द-गिर्द मौजूद जीते-जागते लोगों, घर-परिवार के घात-प्रतिघातों और बदलते समय के पदचापों को सुनते हुए जिस तरह से रची-बुनी गई है वह अलग और नई है। अर्थहीनता को अर्थ देते, निस्सार को सारवान बनाते, उपस्थित में अनुपस्थित को लक्ष्य करते और भोगवाद का प्रतिपक्ष पेश करते हुए अखिलेश का यह औपन्यासिक हस्तक्षेप लेखक की सामाजिक भूमिका का भी निर्वहन है। कहना न होगा कि 'निर्वासन' इस दौर के उपन्यासों में एक महत्त्वपूर्ण और स्वागतयोग्य उपलब्धि है।

बहुरि नहिं आवना ये देस

—राजकुमार

अखिलेश ने अपने उपन्यास 'निर्वासन' में उत्तर-औपनिवेशिक भारतीय समाज का आख्यान रचा है। उत्तर-औपनिवेशिक भारतीय समाज के अलग-अलग वर्गों-समुदायों का आख्यान रचने का दावा करने वाले उपन्यासों से यह इस रूप में भिन्न है कि इसमें किसी एक वर्ग को नहीं, बल्कि सभी वर्गों/समुदायों को प्रभावित करने वाली गतिकी (डायनेमिक्स) को लक्षित करने का उद्यम किया गया है। हिन्दी में इधर लिखे गए ज़्यादातर उपन्यासों में विभिन्न वर्गों-समुदायों की समस्याओं-विडम्बनाओं को उजागर करने की कोशिश तो की गई लेकिन इस गतिकी को समझकर भारतीय जीवन की समग्रता को उद्घाटित करने के प्रयास कम ही हुए। जबकि सचाई ये है कि उत्तर-औपनिवेशिक भारतीय समाज के प्राय: सभी वर्ग, कभी स्वेच्छा से और कभी मजबूरी में, पूँजीवादी आधुनिकीकरण और उसके साथ आने वाले सांस्कृतिक मूल्यों से कमोबेश संचालित-प्रभावित हो रहे हैं। इस प्रक्रिया को ही जॉर्ज लुकाच ने चेतना के वस्तुकरण/पदार्थीकरण की संज्ञा दी थी। इस उपन्यास में सम्भवत: पहली बार पूँजीवादी आधुनिकीकरण और उसके सांस्कृतिक मूल्यों के विभिन्न वर्गों पर पड़ने वाले प्रभाव को एक आख्यान में विन्यस्त किया गया है। प्रकारान्तर से यह उपन्यास समकालीन भारतीय समाज को समझने की एक नई दृष्टि विकसित करता है और संघर्ष-प्रतिरोध के प्रचलित मुहावरे पर नये सिरे से पुनर्विचार करने की ज़रूरत पर बल देता है। उपन्यास की समूची कथा इस रूप में चलती है कि भारतीय समाज के विभिन्न वर्गों और उनके जीवन-मूल्यों की एक झाँकी दिख जाए।

उपन्यास का मुख्य पात्र सूर्यकान्त ऊपरी तौर पर एक सफल मध्यवर्गीय व्यक्ति है, जिसे अच्छी-ख़ासी सरकारी नौकरी मिली हुई है। उसने आधुनिक मध्यवर्गीय जीवन की सारी सुख-सुविधाएँ अर्जित कर ली है। पूँजीवादी आधुनिकता के निकष पर उसे सफल कहा जा सकता है। ऊपरी तौर पर सफल दिखने वाला ये व्यक्ति वास्तव में अनेक प्रकार की आशंकाओं और दुश्चिन्ताओं से ग्रस्त है। सड़क दुर्घटना की चिन्ता, लाइलाज बीमारी की आशंका और घर में पत्नी और बच्चों

के असुरक्षित होने का डर तो उसे सताता ही है, दक्षिणपंथी सरकार आ जाने के कारण उसे अपनी नौकरी भी ख़तरे में पड़ गई लगती है। उपन्यास की शुरुआत ही उसकी नौकरी पर मँडरा रहे संकट के कारण एक नई नौकरी की तलाश से होती है। दूसरी नौकरी मिलनी तो उसे मुश्किल लगती है, लेकिन अपने पत्रकार मित्र बहुगुणा के सहारे उसकी भेंट रामअजोर पांडे/अमेरिका पांडे से अवश्य हो जाती है। अमेरिका पांडे के बाबा गिरमिटिया मज़दूर के रूप में सूरीनाम पहुँच गए थे, लेकिन रामअजोर पढ़ाई-लिखाई कर अमेरिका चले गए और वहाँ उन्होंने अपनी कम्पनी बनाकर अकूत धन कमाया। रामअजोर ने शादियाँ तो कीं लेकिन वे टिकीं नहीं। इन सदमों से रामअजोर उबर तो गए लेकिन आगे किसी स्त्री से कोई स्थायी सम्बन्ध बनाने का इरादा ही छोड़ दिया। वे समझ गए कि आधुनिक जीवन में कुछ भी स्थायी नहीं होता! स्थायित्व के पीछे भागना मूर्खता है। रामअजोर के न तो कोई परिवार है, न कोई सन्तान है। एक युवक को पुत्रवत मानते हुए उसे अपना वारिस बनाना चाहा, लेकिन वह भी उन्हें छोड़कर दूसरी कम्पनी में चला गया। वे अकेले हैं। यद्यपि सूर्यकान्त और रामअजोर पांडे पूँजीवादी मूल्यों के अनुसार सफल व्यक्ति हैं, लेकिन वास्तव में उनका जीवन अनेक प्रकार की दुश्चिन्ताओं, उलझनों और विडम्बनाओं से ग्रस्त है। अपने जीवन की उपलब्धियों से वे सुखी और सन्तुष्ट क़तई नहीं। रामअजोर पांडे को तो रुपये-पैसे, नौकरी-चाकरी की कोई कमी नहीं; कमी है तो एक भरे-पूरे जीवन और मानवीय सम्बन्धों की। मुश्किल ये है कि भरे-पूरे जीवन तथा मानवीय सम्बन्धों को पैसे के ज़रिये ख़रीदा नहीं जा सकता। असल में, सूर्यकान्त और रामअजोर पांडे पूँजीवादी भौतिक सफलता के दो आरोही सोपान हैं। जिस भरे-पूरे और सुखी जीवन की चाह में ऐसी ऊर्ध्वमुखी यात्रा की जाती है, विडम्बना यह है कि 'गन्तव्य' पर पहुँचने पर ये चाहत मृगमरीचिका ही साबित होती है। जॉर्ज लुकाच ने अपनी पुस्तक 'टॉमस मान एंड हिज एज' में इस तरह के ऊपरी तौर पर सफल चरित्रों का विश्लेषण करते हुए दिखाया है कि वास्तव में ये बहुत टूटे हुए-बिखरे हुए अशान्त चरित्र हैं।

वास्तव में आधुनिकता ऐसा लड्डू है, जिसको खाने वाला भी पछताता है और न खाने वाला तो ललचाता-पछताता है ही। सूर्यकान्त और रामअजोर पांडे यह लड्डू खाकर पछताने वाली प्रजाति के प्राणी हैं। किन्तु आधुनिकता के आकर्षण का जादू इतना दुर्निवार है कि हर कोई उसे खाने को लालायित दिखाई पड़ता है। यह आकर्षण इतना मोहक और सम्मोहनकारी है कि अवसर मिलने पर इसका स्वाद चखने से कोई भी चूकना नहीं चाहता। वो पछताता है, लेकिन खाने के बाद।

आधुनिकता की चमत्कारी, मोहिनी शक्ति इस बात में निहित है कि जितने लोगों को उसे चखने का सौभाग्य प्राप्त होता है, उसके मुक़ाबले कई गुना ऐसे लोग होते हैं,

जिन्हें ऐसे सुअवसर वास्तव में कम ही मिल पाते हैं। लेकिन ऐसे अवसर मिलने के सपने वे ख़ूब देखते रहते हैं। इस तरह के सपने देखने वालों की संख्या भारतीय समाज में बहुत ज़्यादा है। 'निर्वासन' उपन्यास की एक उल्लेखनीय विशेषता ये है कि इसमें दोनों तरह के लोगों के जीवन और स्वप्न को सूरीनाम, अमेरिका, लखनऊ, एक छोटे शहर (सुल्तानपुर) और गाँव के सन्दर्भ में रचा गया है। भारतीय सामाजिक जीवन की समग्रता का एक ही उपन्यास में रूपायन इसलिए सम्भव हो पाया है, क्योंकि उपन्यासकार ने यथार्थवादी, आधुनिकतावादी और उत्तर-आधुनिकतावादी उपन्यासों की ख़ूबियों को मिलाकर एक नये ढंग का भारतीय उपन्यास रच डाला है। फ़िलहाल इस विस्तार में न जाकर, ये जानना दिलचस्प होगा कि जब अमेरिका पांडे के परिवार की तलाश के बहाने कहानी का सिलसिला लखनऊ से सुल्तानपुर और फिर गाँव की ओर मुड़ जाता है तो क्या दिखाई पड़ता है। मेरा ख़याल है कि उपन्यास में यहीं से वो सघनता आनी शुरू होती है, जिसके लिए इसे लम्बे समय तक याद रखा जाएगा। उल्लेखनीय है कि यह सिर्फ़ अमेरिका पांडे के परिवार की तलाश के लिए की गई यात्रा नहीं है, बल्कि उपन्यास के नायक सूर्यकान्त की लम्बे अरसे बाद घर वापसी का भी सफ़र है : 'मैं पांडे जी के परिवार को ढूँढ़ने आया था या अपने खो चुके परिवार को फिर से पाने?' यह उन जीवन-स्मृतियों से नये सिरे से गुज़रने का भी सफ़र है, जो उसके मौजूदा जीवन से लगभग निर्वासित हो गई हैं, अँधेरे में ढकेलकर दबा दी गई हैं। ऐसा नहीं कि उनका अस्तित्व ही मिट गया हो, बात सिर्फ़ ये है कि उन्हें दरकिनार कर दिया गया है। कारण चाहे जितना भी वाजिब क्यों न रहा हो, लेकिन सचाई यही है कि ज़िन्दगी के बड़े सच से मुँह मोड़े बिना, उसे निर्वासित किये बिना, सफलता की ऊर्ध्वमुखी यात्रा सम्भव न थी। सूर्यकान्त को इस निर्वासित कर दी गई सचाई से इस सफ़र के दौरान दो-चार होना होगा। इस सचाई का एक चित्र लेखक ने बहुत ख़ूबसूरती से इस तरह खींचा है :

> *ये सब थे छोटे-छोटे क़स्बाई अर्द्धक़स्बाई जगहों पर बने हुए तुच्छ स्टेशन जहाँ वरुणा एक्सप्रेस जैसी ट्रेनें रुकती नहीं थीं। ऐसी ट्रेनें वहाँ के प्लेटफ़ॉर्म पर खड़े मैले-फटे लोगों को अपमानित करती हुई अपनी फर्राटा रफ़्तार से चली जाती थीं। ऐसे ही सुल्तानपुर तब अपमानित होता था जब कोई ट्रेन वहाँ बिना रुके, हल्का-सा ठिठके बग़ैर दौड़ती चली जाती थी। कुछ ऐसी गाड़ियाँ भी थीं जो सुल्तानपुर से भी अधिक बड़े स्टेशनों की ओर आँख उठाकर देखती तक नहीं थीं, अपने अहंकार में उनकी खुद्दारी को रौंदती हुई बढ़ जाती थीं। ठीक इसी पद्धति से जब कोई पैसेंजर या फ़ास्ट पैसेंजर ट्रेन छुटभैया स्टेशनों पर रुकती है तो वहाँ के लोग अकड़ जाते हैं और घमंड से उन गाँवों पर निगाह डालते हैं, जहाँ न रेलवे स्टेशन होता है, न बस अड्डा।*

कहने की ज़रूरत नहीं होनी चाहिए कि रफ़्तार आधुनिकता का रूपक है। जो जितनी तेज़ रफ़्तार पर सवार है, वो उतना ही सफल है। अमेरिका पांडे हवाई जहाज़ में सफ़र कर सकते हैं इसलिए वे तेज़ रफ़्तार गाड़ियों से सफ़र करने वाले लोगों से भी ज़्यादा सफल हैं। लेकिन क्या ये वास्तव में सफल हैं? या रफ़्तार के मारे हैं! यदि ये वास्तव में सफल-सुखी-सन्तुष्ट होते तो पीछे छूट गए जीवन, सम्बन्धों और जगहों की स्मृतियाँ उन्हें इस क़दर न कचोटतीं! सूर्यकान्त के सफ़र का निमित्त तो रामअजोर के परिवार को खोजने के बहाने बना, लेकिन कौन जानता है कि सूर्यकान्त ने मन-ही-मन ये सफ़र कितनी बार तय किया होगा। सफ़र के दौरान सूर्यकान्त सोचता है—'क्या मेरे घर छोड़ने के बाद भी रोज़ वरुणा के समय पर दरवाज़ा खुला रखा जाता होगा। भीतर घर की फर्शें उसके क़दमों की प्रतीक्षा करती होंगी...।' ऐसे ख़याल उसे न मालूम कितनी बार आए होंगे! कभी दबे पाँव, चुपचाप, शक्ल-ओ-सूरत इख़्तियार किये बिना, उसे गहरी उदासी में डुबोते हुए; तो कभी एक उद्दाम आवेग की तरह, अचानक, सारे संयम और समझदारी को धता बताते हुए। सबसे गहरा दुख तो वो होता है, जिसकी कोई शक्ल-ओ-सूरत नहीं होती, जिसका ठीक-ठीक कारण पहचान पाना मुश्किल होता है। निर्वासन की विडम्बना यह है कि समय बीतने के साथ दुखों का स्वरूप अमूर्त होता चला जाता है और अन्ततः वे दुख हमारे व्यक्तित्व में घुल-मिल जाते हैं। उनका स्वतंत्र अस्तित्व ही मिट जाता है। सूर्यकान्त तो फिर भी भाग्यशाली है कि उसे ऐसा सुयोग मिल गया, लेकिन अमेरिका पांडे के बाबा भगेलू के दुख के बारे में क्या कहें, जो कलपते, तड़पते और रोते रह गए, लेकिन कभी भी अपने बाल-बच्चों का मुँह दोबारा नहीं देख सके। इस तरह सोचें तो इस उपन्यास के अलग-अलग कथासूत्र भी एक दूसरे को छूते हुए, परस्पर जुड़ते हुए और कई बार टकराते हुए पाठक के अनुभव और संवेदना को कई आयामों से झकझोरते और समृद्ध करते हैं। इसीलिए इस उपन्यास का ध्वन्यार्थ बहुआयामी है, घटनाक्रम के इकहरेपन में उसे निःशेष नहीं किया जा सकता।

आगे की कहानी उन लोगों की है, जिन्हें रफ़्तार की सवारी करने का अवसर कम मिलता है या प्रायः नहीं मिलता। जिनको ऐसे सफ़र का अवसर कम मिलता है, वे अपनी कल्पनाओं में उतना ही अधिक इस तरह की यात्राएँ करते रहते हैं। रफ़्तार की सवारी करने की बेकरारी इनके वास्तविक जीवन को इसीलिए बहुत गर्हित, तुच्छ और त्याज्य बना देती है। वास्तविक जीवन से ज़्यादा ये काल्पनिक जीवन जीने लगते हैं। काल्पनिक जीवन का फंदा अपने गले में डाले वे हर ऐसे व्यक्ति की तरफ़ दौड़ते हैं, जिसके सहारे उन्हें लगता है कि उनके सपने यथार्थ में तब्दील हो सकते हैं। सूर्यकान्त जब अपने घर पहुँचता है तो औरों की तो छोड़िए, ख़ुद सूर्यकान्त के परिवार वाले, उसे इसी उम्मीद से देखते हैं। आइए आप भी देखिए इस तरह का एक दृश्य—

शिब्बू—"ये भी रहने की कोई जगह है? सबसे बड़ी बात यहाँ आगे बढ़ने का कोई चांस नहीं है।"

सूर्यकान्त—"ये तो है। गाँव वालों को लगता है शहर चलो, शहर वाले को बड़े शहर में चांस दिखता है। बड़े शहर वाला बहुत बड़े शहर का इरादा रखता है और बहुत बड़े शहर वाला विदेश में बसना चाहता है। यही दस्तूर है आज का कोई अपनी जगह पर नहीं टिकना चाहता।"

"भैया सीधी बात कहता हूँ।" शिब्बू ने चाय की चुस्की ली—"मुझे एक दिन अमीर आदमी बनना है चाहे जैसे।"

सूर्यकान्त—"क्या करोगे इतना पैसा ?"

शिब्बू—"और ज़्यादा कमाने के लिए इनवेस्टमेंट करूँगा।"

सूर्यकान्त आनन्द लेते हुए—"तब तो वह और बढ़ जाएगा फिर क्या करोगे?"

शिब्बू—"उससे और कमाऊँगा।"

उसकी बहन नूपुर थोड़ा चिढ़ाते हुए—"सब ख़ुद ही रख लोगे या अपनी दीदी को भी कुछ दोगे।"

यह 'नये चाल की ज़िन्दगी' ख़रीद लेने की चाहत है। और 'नये चाल की ज़िन्दगी' ख़रीदने के लिए कुछ बेचना और कुछ छोड़ना भी पड़ता है। किन्तु जो छूट जाता है, वह स्मृतियों से बँध जाता है। जो छूट गया है या छोड़ दिया गया है या निर्वासित कर दिया गया है, उसकी प्रेत-छाया से क्या मुक्ति सम्भव है? इस तरह की मुक्ति की क्या कोई मानवीय सार्थकता भी हो सकती है? सूर्यकान्त के चाचा की गाँव में ज़मीन-जायदाद थी, जिसे बेचकर उन्होंने सुल्तानपुर में ही अच्छा सा घर बनवा लिया और कार ख़रीद ली। इस तरह वे 'नये चाल की ज़िन्दगी' ख़रीदने में कामयाब हुए! लेकिन सूर्यकान्त के साथ अमेरिका पांडे का परिवार खोजने के दौरान चाचा को रात को ख़ूब रुलाई आई। फफक-फफक कर चुपचाप रोते रहे। उन्हें क्यों रुलाई छूट रही है, समझ में नहीं आया। इस दुख का मर्म समझ पाने और बता पाने लायक उनकी मनःस्थिति तीन दिन बाद हुई—

"गोसाईंगंज जाने के बाद लगातार मुझको अजीब सा एहसास होता रहा कि मेरा बहुत कुछ छूट गया है और उस छूटे हुए पर मुझे बहुत प्यार उमड़ रहा था। यह भी एहसास हो रहा था कि समूची कायनात में मैं अकेला हो गया हूँ।"

'नई चाल की ज़िन्दगी' ख़रीद लेने और धारा के साथ बहते चले जाने की विडम्बना का एहसास उस व्यक्ति को ज़्यादा गहराई से होता है, जिसने किसी मजबूरी में नहीं, बल्कि अपनी मर्ज़ी से हवा के रुख़ के साथ बहने से इनकार कर दिया हो। चाचा ऐसे ही चरित्र हैं।

गेटे के महान नाटक 'फ़ाउस्ट' के केन्द्रीय पात्र मेफिस्टोफिलीज के एक कथन के वज़न पर कहें तो आधुनिकता के विमर्श में सबसे मूल्यवान वस्तु रफ़्तार है,

धारा के साथ बहते चले जाना है। महत्त्वपूर्ण प्रक्रिया है, परिणाम नहीं। असल में परिणाम के बारे में सवाल पूछना ही वर्जित और ग़लत है। इस तरह के सवाल पूछने की जुर्रत करने वाला आधुनिकता की नज़र में या तो नादान, मासूम और भोला है या पागल-विक्षिप्त। इसीलिए आधुनिकता को सही सवाल ग़लत लगते हैं और ग़लत उत्तर सही। कबीर के ढब पर कहने दीजिए—'साँच कहूँ तो मारन धावे, झूठे जग पतियाना।' रफ़्तार के मारे हुए तो बहुत हैं, सच कहें तो कौन नहीं है। अन्तकाल निकट आने पर तो सभी पछताते हैं, लेकिन उससे पहले ही जग पर हँसने वाले, सचाई को कहने वाले कम ही होते हैं। कबीर की तरह चाचा भी एक ऐसे चरित्र हैं, जिनको सुनने और गुनने वाले अब कहाँ मिलते हैं—"क्यों नहीं इस तरह उत्पादन बढ़ाओ कि स्वाद बचा रहे या बेहतर हो जाए। संसार की हर प्रिय वस्तु का रूप, रस, गंध, स्पर्श बचाते हुए तरक़्क़ी की मंज़िलें हासिल हों, ऐसी कोशिश नहीं होनी चाहिए?"

किन्तु आधुनिकता के विमर्श में अन्तर्निहित हिंसा, वर्चस्व और अमानवीयता के सम्मुख इस तरह की चिन्ताएँ वायवीय, अव्यावहारिक और आदर्शवादी ही ठहरेंगी। आधुनिकता के विमर्श में कोई अतीत नहीं होता, सिर्फ़ वर्तमान होता है। पहले कहा जाता था कि आधुनिकता का ही भविष्य है, लेकिन अब इस बात पर लोग सन्देह करने लगे हैं। क्योंकि आधुनिकता का विमर्श जिस रास्ते पर दुनिया को खींचे लिये जा रहा है, वह मानव-सभ्यता के विकास का रास्ता नहीं, विनाश का रास्ता लग रहा है। इस बहस में फ़िलहाल न भी पड़ें तो भी ये सच है कि रफ़्तार पर सवार होकर बहुत दूर निकल आने के बाद वापस मुड़कर उस बिन्दु की तलाश की हूक तो कभी-कभार उठ सकती है, लेकिन इस तरह की वापसी सही मायने में कभी मुमकिन होती नहीं। इस सफ़र में आगे बढ़ने के दौरान इनसान चाहे-अनचाहे इतना बदल जाता है कि उसकी चेतना में वापसी की सिर्फ़ लहर ही आ सकती है। यही नहीं, वह मुकाम जहाँ से वह रास्ता भटक गया था और जहाँ पहुँचकर उसे सही रास्ता खोज लेने का ख़याल आ सकता था—आधुनिकता द्वारा उपलब्ध कराई गई 'नये चाल की ज़िन्दगी' ख़रीद लेने की ख़्वाहिश में—इस दौरान इतना बदल चुका होता है कि वहाँ पहुँचकर अन्ततः वह किंकर्तव्यविमूढ़ होने के सिवा और कुछ नहीं कर पाता। असल में, सबसे कठोर, निर्मम और निर्दय निर्वासन का एहसास इसी क्षण होता है, क्योंकि अब मधुर स्मृतियों की छाँव भी छिन चुकी होती है। वापसी के सफ़र से गुज़र रहे सूर्यकान्त द्वारा लखनऊ लौटने के दौरान अपने चाचा को किये गए ई-मेल का यह अंश इस प्रसंग में द्रष्टव्य है—"जब तक अपने बिछुड़े हुए लोगों, जगहों की अच्छी यादें भीतर मौजूद रहती हैं तब तक कोई भटकन सम्पूर्ण भटकन नहीं होती है। इस तरह से देखो तो इस बार मैं पहली बार बेघरबार होकर प्रवास पर जा रहा हूँ। विस्थापन में आपकी जड़ें आपके भीतर पैठ बनाए रहती हैं

लेकिन अब मेरे अन्दर का वह सारा तबाह हो चुका है। मर चुका है।... यह एक ऐसा विध्वंस है जिसकी बुनियाद पर कोई सृजन नहीं होना है।"

'निर्वासन' की यह ऐसी मन:स्थिति है, जिसमें न तो कोई रास्ता आगे जाता है, न पीछे। इसी मन:स्थिति में सूर्यकान्त सोचता है—'नये और पुराने दोनों से ही उसका मन उचाट हो गया है और दोनों ही बरदाश्त बाहर लगने लगा है।... वह फड़फड़ाने लगा था और उसकी इच्छा होने लगी कि वह कुछ देर के लिए अपने जीवन की समस्त स्मृतियों से आज़ाद हो जाए।'

सृजन या नवोन्मेष की सम्भावना सीधे रास्ते में तो नहीं बची है; भटकाव में, 'रास्ते' से भटक गए लोगों में शायद बची रह गई है—'हर भटकाव से किसी नये अनुभव का दर्शन होता है। दुनिया के निर्माण में जितनी भूमिका अपने रास्ते पर चलकर मंज़िल पाने वालों की है उससे कम भटक जानेवालों की नहीं है।' भटकाव के महत्त्व का एहसास सामाजिक विकास की वैज्ञानिक निश्चयात्मकता को भी प्रश्नांकित करता है—"निश्चयपूर्वक की अवधारणा ही भ्रामक होती है। यहाँ तक कि विज्ञान और गणित के महान सूत्रों, समीकरणों और परिभाषाओं की अमरता के बारे में भी निश्चयपूर्वक कोई भविष्यवाणी अथवा टिप्पणी नहीं की जा सकती।" असल में, सच की खोज का रास्ता इतना बेढब है कि 'सचाई के एकदम पास अगर कोई आएगा तो वह नितान्त झूठ का भेष धारण कर लेती है। इसीलिए हर कोई—बड़ा से बड़ा सन्त, फ़क़ीर, औलिया और ऋषि बहुत हुआ तो सचाई के क़रीब जा सके हैं।'

सूर्यकान्त विद्यार्थी जीवन से ही मेफ़ेयर रजिस्टर पर अपना रोज़नामचा दर्ज करता रहा है। लखनऊ पहुँचकर मेफ़ेयर रजिस्टर पर लिखने के लिए बैठता तो है, लेकिन पूरी रात बैठा रहकर भी एक शब्द नहीं लिख पाता। क्योंकि यह ऐसा सफ़र है, जो आदमी को अन्तत: खोखला और बंजर बना देता है।

'असलियत यह है कि जो लोग भाग रहे हैं—स्पीड में, शिकारी के डर से दौड़ लगा रहे हैं। ये और बात है कि इन्हें ये बात पता नहीं है। ये जानते नहीं कि इनका आखेट हो रहा है।... आसमान में उड़ता पक्षी और बन्दूक़ से निकली हत्यारी गोली की रफ़्तारों को एक ही तराजू में नहीं तौल सकते तुम।'

स्पष्ट है कि इस उपन्यास में नये अर्थात् आधुनिकता के विमर्श की गहरी आलोचना तो है ही, साथ-साथ पुराने के प्रति कोई अन्धश्रद्धा भी नहीं है। इसीलिए इस उपन्यास में भारतीय संस्कृति और ज्ञानमीमांसा की किसी हिन्दूवादी/पुनरुत्थानवादी परिकल्पना की भी गहरी आलोचना की गई है। यहाँ तक कि अमेरिका पांडे की तरह अपने पूर्वजों के अतीत को दोबारा शौक़ की तरह जीने की भी आलोचना की गई है। यहाँ भारतीय संस्कृति और ज्ञानमीमांसा के आयामों को बहुत गहरे और संवेदनात्मक स्तर पर, आधुनिकता द्वारा उठाए गए सवालों को सामने रखकर,

पहचानने का उद्यम किया गया है। इसीलिए कुल और जाति की बुनियाद पर किसी व्यक्ति और विशेष रूप से स्त्री का महत्त्व निर्धारित करने वाली प्रवृत्ति को तवज्जो नहीं दी गई है। उल्लेखनीय है कि सूर्यकान्त की पत्नी गौरी इसी तरह की एक पात्र है। लेकिन इस उपन्यास की गौरी से भी ज़्यादा महत्त्वपूर्ण स्त्री-पात्र दादी हैं। दादी भारतीय पारिवारिक-सामाजिक जीवन के उन मानवीय मूल्यों का जीवित उदाहरण हैं, जिनकी जगह आधुनिक जीवन-मूल्यों में छीजती चली जा रही है। दादी के चरित्र के ज़रिये हम उन चिरन्तन चुनौतियों से भी रूबरू होते हैं, जिनका सम्बन्ध केवल किसी काल विशेष से नहीं होता। जैसे—यौवन और वार्द्धक्य, जन्म और मृत्यु। दादी अपने को वृद्ध होते नहीं देखना चाहतीं। क्योंकि वृद्ध होते चले जाना, मृत्यु के क़रीब पहुँचते जाना भी है। लेकिन बुढ़ौती तो आनी ही है, बुढ़ौती आनी है तो मौत भी आनी है और उसकी आहटें भी आसपास सुनाई पड़नी हैं। उपन्यासकार ने दादी के 'जीवनसंघर्ष' को इस तरह रचा है कि उनका चरित्र उपन्यास में भले ही ज़्यादा पन्ने न घेरता हो, फिर भी हमारी स्मृति को बहुत गहरे तक प्रभावित करता है।

असल में, आधुनिकता का विमर्श मनुष्य को सामाजिक रूढ़ियों और अन्धविश्वासों से ही नहीं मुक्त करता, उसके अन्दर दबी पड़ी शैतानी ताक़तों और हैवानी ख़्वाहिशों को भी खुला छोड़ देता है। उन्मुक्त हुई इस भयावह और विनाशकारी ऊर्जा पर लगाम लगा पाना ख़ुद इनसान के लिए नामुमकिन हो जाता है। मार्शल बर्मन ने लिखा है कि 'धन-दौलत, रफ़्तार, सेक्स और शक्ति-सत्ता का सम्बन्ध सिर्फ़ पूँजीवादी समाज से नहीं है। बीसवीं सदी के सामूहिकतावादी समाजवादी रहस्यमयता और तीसरी दुनिया के अनेक लोकप्रियतावादी 'मिथॉलजीज' में भी इनकी नियामक भूमिका रही है।' इसलिए यह कहना बिलकुल सही है कि 'जिस ज्ञान के आँखों में आँसू नहीं और माथे पर पसीना नहीं, वह ज्ञान नहीं; ज्ञान का मायामृग है।' कहने की ज़रूरत नहीं कि आधुनिकता का ज्ञान ऐसा ही मायामृग है। ये सिर्फ़ सूर्यकान्त की नियति नहीं है। अमेरिका पांडे की भी नियति यही है। यहाँ ये ज़िक्र करना ज़रूरी है कि अमेरिका पांडे वास्तव में जाति से ब्राह्मण नहीं, शूद्र हैं। भले ही रवीन्द्रनाथ ठाकुर के गोरा की तरह उन्हें स्वयं नहीं मालूम कि वे वास्तव में क्या हैं! अखिलेश ने बड़े लेखकीय कौशल के साथ यहाँ ये दिखा दिया है कि रफ़्तार की सवारी करने वाले की जाति, धर्म और संस्कृति से उसकी 'नियति' पर कोई उल्लेखनीय फ़र्क़ नहीं पड़ता। सूर्यकान्त और अमेरिका पांडे की नियति थोड़े बहुत अन्तर के साथ अन्ततः एक जैसी ही है। प्रकारान्तर से लेखक ने आधुनिकता के तर्कों के सहारे दलित-मुक्ति का सपना देखने वाले विमर्श की विडम्बनाओं को भी उजागर कर दिया है।

निर्वासन उपन्यास की चर्चा अधूरी रह जाएगी, यदि हम अमेरिका पांडे के गाँव के घटनाक्रम को छोड़ दें। इस प्रसंग की चर्चा इसलिए ज़रूरी है क्योंकि भारतीय

समाज के सबसे 'अविकसित' तबक़े पर आधुनिकता के पड़ने वाले प्रभाव का क़िस्सा यहाँ आकर पूरा होता है। ये ऐसा तबक़ा है, जिस पर आधुनिकता का प्रभाव सबसे कम है। रफ़्तार की सवारी करने का मौक़ा उसे कम ही मिला है, लेकिन रफ़्तार की सवारी की हसरत उसके दिल में भी हिलोरें मार रही हैं। इसीलिए वह रफ़्तार पर सवार लोगों की ओर ललचाई निगाहों से देखता है और ऐसा अवसर पाने के लिए कोई भी क़ीमत चुकाने को तैयार है। असल में, जब किसी सभ्यता का पतन होता है तो वहाँ मानवीय मूल्यों का इस क़दर ह्रास हो जाता है कि लोग कुछ पाने के लिए किसी भी हद तक जाने के लिए तैयार दिखते हैं। भारतीय सभ्यता फ़िलहाल संकट के इसी दौर से गुज़र रही है। ग़लत/अनैतिक कर्म करने से रोकने वाले विश्वास-संस्कार टूट चुके हैं और क़ानून का राज अभी कायम नहीं हो पाया है। इसीलिए सूर्यकान्त का पत्रकार मित्र बहुगुणा, गाँव का प्रधान और स्थानीय नेता ही नहीं, गाँव की विभिन्न जातियों के लोग भी अमेरिका पांडे को अपने ही वंश का साबित कर उसकी धन-दौलत हड़पने की फ़िराक़ में हैं। सभी के पास अपनी-अपनी कहानियाँ हैं, जिनके ज़रिये वे साबित करना चाहते हैं कि अमेरिका पांडे उन्हीं के ख़ानदान के हैं। उत्तर-आधुनिक औपन्यासिक तकनीक का इस्तेमाल करते हुए उपन्यासकार ने समूचे वृत्तान्त को बहुत ही दिलचस्प अन्दाज़ में रचा है। फ़र्क़ ये है कि उत्तर-आधुनिक उपन्यासों में आख्यान की बहुलता के बीच से किसी एक सच की तलाश को ही ग़ैर-ज़रूरी और ग़लत उद्यम मान लिया गया है; जबकि इस उपन्यास में सच का दावा करने वाले विभिन्न क़िस्सों के बीच 'सच' तिरोहित नहीं हो जाता, सच के पहचान की गुंजाइश बची रहती है।

उपन्यास की आख्यान कला का बुनियादी ढाँचा ऊपर से देखने पर तो यथार्थवादी उपन्यासों जैसा लगता है लेकिन इसकी टेकनिक में अनेक परत और पेच हैं। कहीं उपन्यास के भीतर कोई उपन्यास चलता हुआ लगता है तो कहीं उपन्यासकार की बात को काटते हुए पात्र स्वयं ही आ धमकते हैं और अपना पक्ष प्रस्तुत करने लगते हैं। कहीं डायरी के सहारे कहानी का कोई सर्वथा नया आयाम उद्‌घाटित होता है तो कहीं ई-मेल के ज़रिये कहानी को आगे बढ़ाया गया है। यही नहीं, कई बार तो प्राय: दो सम्बद्ध पात्र किसी बिन्दु पर आकर परस्पर इस तरह जुड़ जाते हैं; जैसे एक क़िस्से की दो कड़ियाँ हों। कई बार वे एक दूसरे के पूरक लगते हैं तो कभी-कभी वे वैकल्पिक दृष्टि के उद्‌घाटक की तरह सामने आते हैं।

इस उपन्यास का आख्यान यथार्थवादी उपन्यासों की तरह रेखीय क्रम में नहीं चलता है, आगे-पीछे होता रहता है। प्रसंग के अनुसार नये क़िस्से उठाए जाते हैं, लेकिन बहुत मुमकिन है कि वो क़िस्सा किसी दूसरे प्रसंग से मिलकर पूरा हो। इस दृष्टि से विचार करें तो इस उपन्यास की आख्यान-संरचना सरल नहीं है। लेकिन इसके बावजूद उपन्यासकार ने समूचे आख्यान को इस तरह विन्यस्त किया है कि

उसकी सारी कड़ियाँ जुड़ती चली जाती हैं। पाठक को उपन्यास पढ़ने और समझने में कोई दिक़्क़त पेश नहीं आती।

देखिए, आख्यान-कला की बात चली तो बात कहाँ से कहाँ पहुँच गई। बात तो गाँव की छिड़ी थी। तो आइए, दोबारा लौटते हैं गाँव की ओर। यहाँ हमारी भेंट जगदम्बा से होती है। जगदम्बा चलने-फिरने से लाचार हैं और उनकी याददाश्त कमज़ोर पड़ गई है। कभी अचानक कुछ याद आ जाता है लेकिन याददाश्त कमज़ोर पड़ जाने के कारण वे बात पूरी नहीं कर पाते। कहानी की अगली कड़ी उन्हें कब याद आएगी, याद भी आएगी तो ठीक से याद आएगी कि नहीं, इसका कोई ठिकाना नहीं। असल में स्मृति और विस्मृति, जीवन और मृत्यु के बीच झूलते जगदम्बा उस ग्रामीण संस्कृति के प्रतीक हैं, जिसका विनाश इस दौर में चहुँओर दिखाई पड़ रहा है। ग्रामीण जीवन से सम्बन्धित बहुत सारे गप्प, क़िस्से और वृत्तान्तों से यहाँ पाठक का सामना होता है। यहीं हमें यह मालूम होता है जगदम्बा के पिता बलेसर ने बाबा रामचन्द्र के द्वारा चलाए गए अवध किसान आन्दोलन में भाग लिया था। ये ध्यान दिलाने की ज़रूरत नहीं होनी चाहिए कि बाबा रामचन्द्र गिरमिटिये के रूप में फ़िजी चले गए थे और वहाँ से वापस आने के बाद ही उनके मन में किसान आन्दोलन शुरू करने का ख़याल आया। प्रकारान्तर से लेखक ने यहाँ निर्वासन की उन वैकल्पिक परिणतियों की ओर भी संकेत कर दिया है, जिनके सूत्रधारों में बाबा रामचन्द्र ही नहीं, गांधी, टैगोर, नेहरू और यहाँ तक कि अम्बेडकर का नाम भी शामिल किया जा सकता है। सबाल्टर्न अन्दाज़ में दर्ज किये गए इन ब्योरों के बीच यहाँ जानबूझकर कोई संगत बैठाने की कोशिश नहीं की गई है—

"एक ख़ास सत्य के निर्माण में अनेक छोटी-छोटी सचाइयों का ख़ून-पसीना शामिल रहता है। इसलिए किसी इनसान, स्थान अथवा घटना का यथार्थ जानने की ज़रूरत आन पड़े तो उसे महायथार्थ के रूप में नहीं, छोटे-छोटे खंडों में बाँटकर देखना चाहिए। एक मधु का छत्ता जाने कितने फूलों के परागकण से तैयार होता है। उसमें नामालूम कितनी मधुमक्खियों की मेहनत शामिल रहती है।... यथार्थ को पहचानना नहीं, जानना है तो उसको मुकम्मिल में नहीं, उसके अनगिनत टुकड़ों में बारीकी से देखो।"

वस्तुत: सारे इतिहास सत्ता विमर्श का हिस्सा होते हैं और सत्ता के स्वार्थों को औचित्य प्रदान करने के लिए लिखे जाते हैं। इतिहास की इस भूमिका को सूर्यकान्त ने अपनी पत्नी को किये गए ई-मेल में इस तरह स्पष्ट किया है—"दरअसल सारे इतिहास एक तरह से गढ़ंत ही होते हैं, जिसमें कुछ सच्चे नामों, स्थानों, तिथियों की मदद से सत्ता अपनी क्षमता और ज़रूरत के अनुसार किसी गढ़ंत को ही रचती है। तुमको—जिसका अपना कोई इतिहास नहीं है—कुछ झूठे नामों, स्थानों और तारीख़ों का इस्तेमाल करते हुए एक सत्य निर्मित करना चाहिए। इतिहास से बेदख़ल किये गए लोगों का अपना इंतक़ाम लेने का यही सही तरीक़ा होता है।"

अपनी मर्ज़ी के मुताबिक़ इतिहास रच लेने से न तो मौजूदा समस्याओं का समाधान हो जाता है और न ही सचाई बदल जाती है। सबसे पहले तो मौजूदा सभ्यता को ही गहराई से समझना होगा, उसकी गहराई को समझे बग़ैर सुझाये गए समाधान मृगमरीचिका ही साबित होंगे—"मौजूदा सभ्यता तो अपने आप में एक आभासी संसार है, जिसमें बाशिन्दों के साथ एक कपटलीला हो रही है। वे समझते हैं कि कुछ पा रहे हैं लेकिन दरअसल वे खो रहे हैं। जिसे वे अमीरी, सुख, सुरक्षा जान रहे हैं, वह असल में दारिद्र्य, दुख और ख़तरा है...उलटबाँसी ही आज का यथार्थ है।"

इस उपन्यास में मौजूदा सभ्यता की आलोचना ही नहीं है, बल्कि उसके विकल्प की झलक भी मौजूद है—"देखो तो दुनिया की सुन्दरता इसी में है कि मौसम को, नदी को, जंगल को, दिन और रात को मिटाओ नहीं और बरबाद मत करो; बस उसमें इनसान के लिए थोड़ी गुंजाइश और हिफ़ाज़त का रास्ता निकाल लो। लेकिन हो क्या रहा है, लोग मौसम, नदी, जानवर, वृक्ष सभी को तबाह कर रहे हैं। इस दुस्साहस ने इतनी नाबरदाश्तगी और हिंसा पैदा कर दी है कि जो बेज़ुबान और कमज़ोर हैं उनका क़त्ल करने में लोगों का दिल नहीं काँपता है।"

अखिलेश का उपन्यास 'निर्वासन' पारम्परिक ढंग का यथार्थवादी उपन्यास नहीं है। यह आधुनिकतावादी या उत्तर-आधुनिकतावादी ढंग का भी उपन्यास नहीं। यथार्थवादी, आधुनिकतावादी और उत्तर-आधुनिकतावादी उपन्यासों की ख़ूबियाँ सँजोये असल में यह भारतीय ढंग का उपन्यास है। पश्चिम में अस्तित्ववादी दौर में लिखे गए उपन्यासों के बेगानेपन और निर्वासन से इसका नाम के सिवा शायद ही और कोई साम्य हो। यह कोई अमूर्त क़िस्म का निर्वासन नहीं है, यह बहुत ही वास्तविक, कारुणिक विडम्बनापूर्ण और दुखदायी निर्वासन है। इस निर्वासन की लीला-भूमि इमरजेंसी के बाद का भारत है। यहाँ निर्वासित सिर्फ़ वही नहीं है, जिसे किसी कारण देश से बाहर जाना पड़ा है; निर्वासित वह भी है, जो भारत में रहने के बावजूद, अपने घर-परिवार, रिश्ते-नातों और सहज, किन्तु ज़्यादा मानवीय जीवन-शैली से बिछुड़ता चला गया है। उपनिवेशवाद का अभिशाप झेल चुके समाज को क़दम-क़दम पर निर्वासन का सामना करना पड़ता है। सूत्र-रूप में कहें तो यह उपन्यास औपनिवेशिक आधुनिकता/मानसिकता के कारण पैदा होने वाले निर्वासन की महागाथा है, जहाँ व्यक्ति अपने समाज में ही और अपने स्वत्व से भी निर्वासित हो जाने का दंश झेलता है। यहाँ तक कि जो कहीं नहीं गया, वहीं रह गया, जहाँ वह पला-बढ़ा था, भूमंडलीकरण के दौर में पली-बढ़ी पीढ़ी के साथ ताल-मेल न बिठा पाने के कारण, वह घर में ही निर्वासित हो जाता है। विडम्बना यह है कि जो निर्वासित नहीं हो पाए, वे तड़पते रहते हैं कि काश उनको भी निर्वासित होने का मौक़ा मिल जाता।

उन्नीसवीं-बीसवीं सदी ने पहले मज़दूरों और फिर किसानों को सामाजिक क्रान्ति के संवाहक के रूप में चिन्हित किया। साठ के दशक में बेरोज़गारों, छात्रों और हाशिए के लोगों की सामाजिक परिवर्तन के कर्ता-धर्ता के रूप में पहचान की गई। किन्तु आधुनिकता के सांस्कृतिक मूल्यों से इक्कीसवीं सदी में उस वर्ग का मोह-भंग हो रहा है, जिसे मध्यवर्ग कहते हैं; वही मध्यवर्ग जो अभी तक आधुनिकता का सहयोगी और लाभार्थी माना जाता था। आधुनिकता-प्रसूत मूल्यों के लिए यह ख़तरे की घंटी है। पूँजीवादी संस्कृति की नाभि में पलने वाले इस असन्तोष और मोह-भंग को उद्घाटित करने के कारण यह उपन्यास राजनीतिक-वैचारिक दृष्टि से भी महत्त्वपूर्ण हो गया है। जॉर्ज लुकाच ने चेतना के दो रूपों का ज़िक्र किया है : वास्तविक चेतना और सम्भाव्य चेतना। लुकाच के मुताबिक़ सम्भाव्य चेतना को छूने वाला उपन्यास वास्तविक चेतना के इर्द-गिर्द मँडराने वाले उपन्यास से श्रेष्ठ है। कहने की ज़रूरत नहीं कि 'निर्वासन' उस सम्भाव्य चेतना को छूने वाला उपन्यास है, जिसकी अभी सिर्फ़ कुछ आहटें आसपास सुनाई पड़ रही हैं।

आधुनिकता के सांस्कृतिक मूल्यों में अन्तर्निहित विडम्बनाओं का उद्घाटन करने वाला अपने तरह का हिन्दी में लिखा गया यह पहला उपन्यास है। यह उपन्यास सफलता और उपलब्धियों के प्रचलित मानकों को ही नहीं समस्याग्रस्त बनाता, जीव-जगत् के बारे में प्राय: सर्वमान्य सिद्ध सत्यों को भी प्रश्नांकित करता है। साथ ही, यह उपन्यास अतीत में किसी सुगम-सरल और भावुकतापूर्ण वापसी की भी वकालत नहीं करता। असल में, इस उपन्यास की शुरुआत ही जाति-प्रथा का दंश झेलने वाले व्यक्ति के गिरमिटिया के रूप में निर्वासन से होती है और उपन्यास के नायक का घर पितृसत्तात्मक मूल्यों के कारण छूटता है। वस्तुत: उपन्यास के समूचे रचाव में ही जाति-प्रथा, पितृ-सत्ता और साम्प्रदायिकता की आलोचना विन्यस्त है। यह उपन्यास आधुनिकता के मूल्यों की ही नहीं, भारतीयता की उस अवधारणा की भी आलोचना करता है, जिसमें जाति-प्रथा, पितृ-सत्ता और हिन्दू-साम्प्रदायिकता को गौरवान्वित किया जाता है।

पिछले वर्षों में समाजवैज्ञानिक/विमर्शात्मक 'सत्य' से अनुशासित उपन्यास ज़्यादा लिखे गए हैं। लम्बे अरसे के बाद एक ऐसा उपन्यास आया है, जिसमें समाजवैज्ञानिक सच की उपेक्षा तो नहीं की गई है, किन्तु उसे अन्तिम सच भी नहीं माना गया है। साहित्य की शक्ति और सामर्थ्य का बोध कराने वाले इस उपन्यास में ऐसा बहुत कुछ है जो किसी वैचारिक अनुशासन में नहीं मिलेगा। इसीलिए साहित्य के पाठकों के साथ-साथ समाज के अध्येताओं के लिए भी यहाँ बहुत कुछ ऐसा है जो उपलब्ध समाजवैज्ञानिक सच को भी पुनर्परिभाषित करने की सामर्थ्य रखता है।

'निर्वासन' : औपनिवेशिक त्रासदी का उत्तर-औपनिवेशिक प्रहसन

—राजेश जोशी

मैं जिस सुल्तानपुर में बचपन से धूल-मिट्टी खाता रहा, वहीं हूँ लेकिन मैं बिछड़ने की तकलीफ़ कम नहीं सह रहा हूँ। मेरा पूरा समय ही लोप हो गया है। मेरे सारे अपने, मेरा हर परिचय मुझसे छिटककर बहुत दूर जा गिरा है या मैं उनसे बेदख़ल पाताल में पटक दिया गया हूँ। हर विस्थापन में वापसी होती है, लौटने की गुंजाइश या उसका सपना रहता है मगर मैं जो विस्थापन भुगत रहा हूँ उसमें लौटना बिलकुल नहीं है, लगातार दूर होते जाना है। मुझे अहसास हो गया था कि मैं इस विदाई को रोक नहीं सकता इसलिए जो मेरे हाथ में था वह मैंने किया—मैंने अपने छूटे हुए समय का एक कल्पित समय बनाया और उसी में जा बसा। इसमें जोखिम यह था कि जब मैं अपने इस मिथ्या समय से निकलकर बाहर मौजूद वास्तविक समय में आता तो मेरा आत्मविश्वास टूटने लगता। अत: मैं यथार्थ समय से कटकर अपने निर्वासन में रहने लगा।

निर्वासन और इस आख्यान के लगभग सूत्रधार-सूर्यकान्त के चाचा के आत्मनिर्वासन का यह आख्यान निर्वासन की औपनिवेशिक दौर की एक बड़ी त्रासदी के उत्तर-औपनिवेशिक प्रहसन में बदल जाने का भी आख्यान है। भतीजे की त्रासदी इससे भी ज़्यादा मर्मान्तक और भयानक है। उसके पास तो एक कल्पित समय भी नहीं है। रामअजोर पांडे के पुरखों का अतीत खोजने की इस प्रक्रिया में वह जिस अनुभव से गुजरा है उसने उसके भीतर बहुत कुछ को तहस-नहस कर दिया है, उसकी अन्दरूनी दुनिया एक खँडहर बनकर रह गई है। मुझे लगता है यह उपन्यास एक कॉमिक-त्रासदी है या त्रासद-कामेडी। अतीत का मोह या अतीत के मोह की दक्षिणपंथी राजनीति इस प्रहसन को अपने ढंग से परफ़ार्म करने में जुटी है।

वह हर चीज़ का एक अलग पाठ तैयार कर रही है। हर पुराने पाठ को बदल रही है। सम्पूर्णानन्द बृहस्पति उसके लिए भावी सतयुग का स्वप्न रच रहे हैं। प्रौद्योगिकी और ज्योतिष के नये युग्म तैयार हो रहे हैं और ज्योतिष नये बाज़ार और नई अर्थनीति के साथ जुड़कर दिलचस्प कॉमिक में रूपान्तरित हो रहा है। अखिलेश के इस उपन्यास की शायद यह सबसे महत्त्वपूर्ण बात है कि वह निर्वासन के एक ही पक्ष पर आँख टिकाकर निर्वासन के इस पूरे विमर्श को इकहरा नहीं बनाता। वह इतिहास और वर्तमान के अनेक कोनों कुचालों में झाँकने और उन्हें दर्ज करने की कोशिश करता है। वह उस निर्वासन से जिसमें कम-से-कम लौटने की गुंजाइश थी, लौटने का सपना था, निर्वासन की उस आत्यन्तिक स्थिति तक जाता है जहाँ लौटने की सारी सम्भावनाएँ समाप्त हो गई हैं। यहाँ सूर्यकान्त के चाचा द्वारा वास्तविक समय के भीतर अपने बचे हुए समय का एक कल्पित समय बना लिया गया है और वह आत्म-निर्वासित होकर उस समय में रहने लगा है। यह कहना मुश्किल है कि किस-किस ने इस तरह अपने एक कल्पित समय की संरचना बना ली है और कौन-कौन अपने समय से निर्वासित होकर अपने कल्पित समय में रह रहा है। कभी-कभी तो यह भी लगता है कि चाचा ही नहीं वो पात्र भी जिन्हें लगता है कि वो एक वास्तविक समय में रह रहे हैं, अपने द्वारा निर्मित एक काल्पनिक समय में रह रहे हैं। लेकिन इस तरह अपने कल्पित समय में रहना सबके लिए त्रासद ही है यह मानना मुश्किल है मुझे लगता है, कुछ के लिए यह सुविधा का समय भी है...लाभ का समय भी।

दो

अखिलेश के इस उपन्यास को उन समकालीन उपन्यासों के साथ रखना मुश्किल है जो किसी एक ही विमर्श के इर्द-गिर्द मँडराते रहते हैं या किसी एक जाति, एक समूह या एक सामाजिक समस्या के समाजशास्त्रीय अध्ययन का आख्यान बनकर रह जाते हैं। यह एक ऐसा उपन्यास है जिसमें मुख्य आख्यान की लीलाभूमि में कई उपाख्यान बीच-बीच में आकर अपने लिए स्पेस बना लेते हैं और इस तरह एक समय के भीतर कई अलग-अलग समय चहलक़दमी करते नज़र आते हैं। मुझे लगता है कथा कहने की यह बहुत प्राचीन पद्धति रही है कि कथा की मूल भूमि एक ऐसी लोकतांत्रिक स्पेस को निर्मित करती है जिसमें अन्य आख्यानों-उपाख्यानों और उनमें दर्ज अलग अलग समय की लीलाओं के लिए स्थान बना रहता है या बनाया जाता है। अखिलेश ने लिखा है कि "एक ख़ास सत्य के निर्माण में अनेक छोटी छोटी सचाइयों का ख़ून-पसीना शामिल रहता है इसलिए किसी इनसान, स्थान अथवा घटना का यथार्थ जानने की ज़रूरत आन पड़े तो उसे महायथार्थ के रूप में नहीं छोटे-छोटे खंडों में बाँटकर देखना चाहिए। एक मधु का छत्ता जाने कितने फूलों के परागकण से

तैयार होता है और उसमें नामालूम कितनी मधुमक्खियों की मेहनत शामिल रहती है।" कहा जा सकता है कि कथा का वास्तविक आन्तरिक लोकतंत्र इसी तरह अर्जित किया जा सकता है।

अखिलेश की भाषा में गद्य का ठेठ ठाठ भी है और काव्यात्मक कौशल की बारीकियाँ भी। बहुत रोचकता और पठनीयता भी। उसमें प्ले करने की भरपूर गुंजाइश है और अखिलेश इसका पूरा उपयोग भी करता है।

अखिलेश उपन्यास के लगभग शुरुआती हिस्से में ही एक ऐसी दिलचस्प प्रविधि को शामिल कर देते हैं जिससे पूरा आख्यान, जिसे सहभागिता मूलक लोकतंत्र (पार्टिसिपेटरी डेमोक्रेसी) की तर्ज़ पर ऐसा आख्यान कहा जा सकता है जिसमें 'पात्र स्वयं उपस्थित होकर अपनी बात रखेंगे और कथाकार के अज्ञान, असमर्थता, अयोग्यता, अपर्याप्तता, अशुद्धि को दूर करेंगे। उचित ही। कथाकार को छोड़िए, वह बहुत मामूली चीज़ है, ईश्वर भी अपनी रची हुई सृष्टि में जब अन्याय और अन्यान्य गड़बड़ियाँ करने लगता है तो उसकी सृष्टि के, रचना के प्रमुख चरित्र यानी कि मनुष्यगण हस्तक्षेप करके उसे दुरुस्त करते हैं। इस प्रकार किसी भी रचना के किरदारों की सचाई सामने लाने का, सचाई को सुन्दर एवं कलापूर्ण बनाने का पूरा इख़्तियार है लेकिन कई बार पात्र ख़ुद कथा कहने के चक्कर में भूलभुलैया में फँस जाते हैं—ढेर सारे गड़बड़झालों को जन्म देने लगते हैं। यहाँ तक कि झूठ बोलने से बाज़ नहीं आते हैं। तब कथाकार को हस्तक्षेप करते हुए कथा की कमान अपने हाथ में लेनी पड़ती है...' इस तरह इस आख्यान में वाद-प्रतिवाद के अनेक अवसर मौजूद हैं। किसी पात्र को जब लगता है कि कहीं कथाकार उनके बारे में झूठ बोल रहा है, अतिशयोक्ति कर रहा है या उनकी किसी नैसर्गिक आदत का विद्रूप बना रहा है तो वे बीच में कूदकर लेखक की बात का प्रतिवाद करता नज़र आ सकता है। अपनी सचाई को या बात के पीछे छिपी वास्तविक घटना या कारण को बता सकता है। इस तरह किसी भी घटना या चरित्र के चरित्र की दूसरी परतों को खोलने का भी अवसर इस प्रवधि द्वारा उपलब्ध हो जाता है। शायद इस प्रवधि के कारण ही निर्वासन के सभी पात्र चाहे ऊपरी तौर पर सरल से लगें लेकिन कहीं ज़्यादा जटिल चरित्र हैं। हाँ, यह अधिकार हालाँकि कथाकार ने अपने पास सुरक्षित रखा है कि उसे भी जब यह लगता है कि पात्र झूठ बोलने पर आमादा है तो वह हस्तक्षेप करते हुए कथा की कमान अपने हाथ में ले लेता है।

तीन

मुझे लगता है कि स्मृति दो तरह से काम करती है। कभी वह एक ताक़त है जो अपने अतीत से सिर्फ़ मुक्त ही नहीं करती बल्कि संघर्ष का माद्दा भी पैदा करती है और

संघर्ष के रास्तों पर ले भी जाती है और कभी वह एक ऐसे अतीत राग में बदल जाती है जो प्रतिक्रियावादी सोच की ओर उन्मुख कर देती है। अखिलेश का निर्वासन इन दोनों ही स्मृति पक्षों को छूता है। रामअजोर पांडे के दादा एक ऐसे गिरमिटिया थे जो लौट नहीं सके। वहीं वह और उनके वंशज अपने अतीत की स्मृति को सँजोये रहे। अपने पीछे छूट गए लोगों के हिस्से का भोजन निकालकर रखते रहे। और उनकी सन्ततियाँ जिन्होंने बाद में काफ़ी रुपया-पैसा कमा लिया और अपने बुढ़ापे में अपनी जड़ों की तलाश में वापस भी लौटे तो इसलिए नहीं कि उन्हें सचमुच अपनी जड़ों से कोई वास्तविक लगाव बचा था अगर वह लगाव होता तो उनका पोता अपने बाबा के रहते भी लौट सकता था। उसके लिए यह सम्भव था,वह तब भी इतना सक्षम था कि लौट सके। चाचा के पत्र में इन सारी बातों की जानकारी है। लेकिन अपनी जड़ों की सुधि उसे तब आई जब वह ख़ुद बूढ़ा हो चुका है। जानते हो क्यों? इसलिए कि वह संसार में अकेला है और मौत के पास है। अपनों की चाह तभी सबसे अधिक होती है जब ज़िन्दगी में कोई अपना नहीं रह जाता। इस तरह का अतीत मोह रामअजोर पांडे को अन्ततः महान हिन्दू संस्कृति और भावी सतयुग के स्वप्न की दक्षिणपंथी राजनीतिक कुटिलताओं के निकट ले जाता है। पांडे के बाबा की ही तरह एक दूसरे गिरमिटिया थे बाबा रामचन्द्र। लेकिन बाबा रामचन्द्र वापस भारत आए और किसानों को लामबन्द करने के काम में लगे। अवध के ज़मींदारों के ख़िलाफ़ किसानों और खेतिहर मज़दूरों का विद्रोह हुआ जिसकी अगुवाई बाबा रामचन्द्र ने की थी।

कभी-कभी इस उपन्यास में रामअजोर पांडे की अपने पूर्वजों के गाँव और उसके वंशजों को खोजने की पूरी कवायद को पढ़ते हुए मुझे वी.एस. नायपाल के जीवनवृत्तान्त की याद आती है। उन्होंने भी बड़ी उम्र में अपने पूर्वजों के उस गाँव को जानने के लिए लन्दन में स्थित इंडियन हाईकमीशंस को अपने उस गाँव का प्रमाण पाने के लिए आवेदन किया था जिससे उनके पूर्वज कभी त्रिनिदाद ले जाए गए थे। नायपाल भी उस जगह को जानते नहीं हैं। मुझे लगता है कि इसका मनोवैज्ञानिक अध्ययन किया जाना चाहिए कि क्यों ऐसी स्मृतियाँ हमेशा एक क़िस्म की पुनरुत्थानवादी सोच में ही अपनी शरण ढूँढ़ती हैं।

सूर्यकान्त की पत्नी जब कहती है कि उसकी नानी का इतिहास उसके वर्तमान के घावों को भरने का काम करेगा। सूर्यकान्त इस विचार का सम्मान करते हुए भी महसूस करता है कि इतिहास वर्तमान के ज़ख़्मों को स्वस्थ करे, यह इतिहास और वर्तमान के रिश्ते का आदर्श रूप है। यथार्थ नहीं। निश्चय ही वर्तमान के सन्दर्भ में इतिहास को यही भूमिका निभानी चाहिए किन्तु समय गवाही देता है कि इतिहास ने अमूमन वर्तमान को ज़्यादा लहूलुहान किया है। हमारे वर्तमान के लगभग तीन दशकों का यथार्थ इसका गवाह है।

चार

मुझे लगता है कि अखिलेश कई बार किसी विद्रूप को एक मेटाफर की तरह इस्तेमाल करता है। जैसा जगदम्बा की भूख और उसका पादना...अखिलेश उसे अतिशयोक्ति की हद तक ले जाकर उसे एक ऐसे रूपक में बदल देता है जो पूरी स्थिति पर एक टिप्पणी बन जाता है। चाचा-भतीजा जब-जब जगदम्बा से, जो लगभग सौ की उम्र पर पहुँच गए हैं, उनसे पांडे के पूर्वजों की बात जानने की कोशिश करता है वह कामयाब नहीं हो पाता। क्योंकि जगदम्बा प्राय: अपनी भूख और पादने की क्षमता के बारे में बताने लगते हैं। यह पादना जिसका दिलचस्प वर्णन अखिलेश करता है। वह खा लेते तो बड़ी ज़ोर से पादते थे और ख़ाली पेट रहते तो बड़ी ज़ोर से पादते थे। उनकी पाद इतनी प्रचंड होती थी कि उनका जाँघिया प्राय: पीछे की ओर फटा रहता था और उनकी पाद की आवाज़ सुनकर सोते हुए बच्चे जागकर केहें-केहें रोने लगते थे। सुना जाता है कि ऐसा कई बार हुआ कि बाज़ार में सड़क पर उनके द्वारा पादे जाने पर भगदड़ मच गई! ग़ुलाम भारत में वह अपनी उपरोक्त विलक्षणता के कारण कारावास भी जा चुके थे। चाचा-भतीजे की सारी कवायद और उस औपनिवेशिक समय पर जैसे जगदम्बा का पादना एक टिप्पणी की तरह लगता है।

पाँच

1857 और उन्नीसवीं सदी का वह समय जब भारत से बहुत सारे ग़रीब मज़दूर सूरीनाम आदि मुल्कों में ले जाए गए और विगत चार दशक की लगभग हर महत्त्वपूर्ण घटना निर्वासन में दर्ज है, मसलन आपातकाल, चौरासी के हिन्दू-सिख दंगे, बाबरी मस्ज़िद और उसके साथ और बाद हिन्दुत्ववादी राष्ट्रवाद का उभार आदि। अलग-अलग समयों में घटित घटनाओं के बीच कैसे एक आन्तरिक सूत्र उन्हें जोड़ता है और उसके पीछे छिपे कार्य कारण सम्बन्ध एक समय और समाज को समझने की कुंजी हमारे हाथ में दे देते हैं, यह उपन्यास इसका दिलचस्प प्रमाण है। सच तो यह है कि इस उपन्यास को पढ़ते हुए बहुत दिन बाद ऐसा लगा कि कहीं आख्यान का वह कौशल लौट रहा है जो किसी शहर की तरह कई गलियों और सड़कों से होते हुए वापस अपने घर ले आता है। यह आख्यान सिर्फ़ एक आख्यान नहीं, आख्यानों और उपाख्यानों का एक कुनबा है और सब एक-दूसरे से जुड़े भी हैं और स्वतंत्र भी हैं। यह निर्वासन की एक कथा नहीं है, यह निर्वासन एक ऐसी तकलीफ़देह त्रासदी है, हमारे समय की, जिससे आज शायद एक बहुत बड़ा समाज लगातार गुज़र रहा है।

'त्रासदी को युग-धर्म नहीं बनाया जा सकता'— 'निवार्सन' से आत्म-पड़ताल तक

—रोहिणी अग्रवाल

आधुनिकता वह है जिसके सामने पुराना मिट जाने में बेहतरी समझे।... जो आधुनिकता पुराने को ज़बरदस्ती मिटाती है,... पुराने को बरबाद करके क़ाबिज़ होती है, वह सच्ची आधुनिकता नहीं है। जो ताक़त, छल, भरम, धन और क्रूरता के बल पर अपने को स्वीकार कराता है, वह दमनकारी होता है, आधुनिक नहीं।... नयापन वह है जो ईश्वर और मृत्यु को चुनौती दे। (पृ. 228)

इतिहास वर्तमान के ज़ख़्मों को स्वस्थ करे, यह इतिहास और वर्तमान के रिश्ते का आदर्श रूप है। निश्चय ही वर्तमान के सन्दर्भ में इतिहास को यही भूमिका निभानी चाहिए, किन्तु समय गवाही देता है कि इतिहास ने अमूमन वर्तमान को ज़्यादा लहूलुहान किया है। उसके घावों को भरने की जगह हरा किया है। (पृ. 301)

एक ख़ास सत्य के निर्माण में अनेक छोटी-छोटी सचाइयों का ख़ून-पसीना शामिल रहता है। इसलिए किसी इनसान, स्थान अथवा घटना का यथार्थ जानने की ज़रूरत आन पड़े तो उसे महायथार्थ के रूप नें नहीं, छोटे-छोटे खंडों में बाँटकर देखना चाहिए।... यथार्थ को पहचानना नहीं, जानना है तो उसको मुकम्मल में नहीं, उसके अनगिनत टुकड़ों में बारीकी से देखो। (पृ. 280)

देख रही हूँ 'निर्वासन' उपन्यास पढ़ने के लिए नहीं, गुनने के लिए रचा गया वैचारिक संवेदन है। 'पढ़ना' में जहाँ कृति के साथ अपने अन्तर्सम्बन्धों को जी लेने का भाव है, वहीं 'गुनना' में उस सम्बन्ध की लय को बनाए रखते हुए उसकी परिधि से बाहर निकलना भी। 'गुनना' पड़ताल की क्रमिक प्रक्रिया है जो पहले अपने को जाँचती है, फिर बदले हुए वक़्त के साथ अपनी भूमिका और सम्बन्ध को। 'निर्वासन'

उपन्यास दरअसल आत्म-साक्षात्कार और आत्मसन्धान की ज़रूरत के लिए क़दम बढ़ाती व्यग्रता है जो 'तिलिस्मी खोह में गिरफ़्तार' अपने ही 'कुहरीले' चेहरे और 'सकर्मक प्रेम की अतिशयता' की तलाश में 'पठार पहाड़ समंदर' कहाँ-कहाँ नहीं भटक रही है। मुक्तिबोध की अनुगूँजों का स्मरण कराते हुए यह उपन्यास अपनी धुरी से छिटका दिये गए बंजर वक़्त के पीछे चौकन्ने भाव से सक्रिय एक पूरी जमात को सामने लाता है जिसके लिए समय और समाज की प्रासंगिकता महज़ इतनी है कि उनका मनचाहा इस्तेमाल करते हुए वह 'अपने को सँवार' सके। इसलिए बाज़ार की गोद में बैठकर 'सतयुग' को धरा पर उतार देने वाले सपनों की तिजारत उसका सबसे बड़ा सुरक्षा-कवच बन जाता है। उग्र हिन्दू राष्ट्रवाद धर्म, सत्ता और पूँजी का संरक्षण पाकर अपने को खोजने की आत्मिक-नैतिक हूक नहीं बनता, हिंसा में लिपटी आत्म-प्रवंचना को वक़्त का मूल्य बना देता है। 'निर्वासन' आत्मान्वेषण और आत्म-प्रवंचना के बीच दोलायमान चेतना की जीवंतता को सतह पर ले आने का जोखिम है, अन्यथा यह तो हमारे पुरखे संस्कृत में कह ही गए हैं कि पशुओं की एक और कोटि सींग-पूँछ विहीन मनुष्य भी है।

'निर्वासन' चूँकि माइक्रो स्तर पर वक़्त की शिनाख़्त के लिए रचा गया उपन्यास है, इसलिए विरोधी युग्मों के रूप में एक-दूसरे की टकराहट में अपने-अपने भीतर के कुत्सित सच और द्वन्द्वों को परत-दर-परत खोलते पात्रों की एक पूरी गैलेक्सी को सजाया गया है। यह अखिलेश का कला-कौशल है कि पात्रों-घटनाओं-विवरणों के सहारे स्थूल धरातल पर पुरखों की खोज-यात्रा को वे अपनी 'आदमियत' की खोज की वैचारिक अन्तर्यात्रा में ढाल देते हैं। इस विचार-यात्रा के दौरान 'निर्वासन' शब्द अपने भीतर कितनी-कितनी अर्थच्छायाएँ समेटता हुआ इसके स्वरूप को बहुविध बनाता चलता है। निर्वासन क्या सिर्फ़ विस्थापन का दंड है या पलायन की पोली ज़मीन? या फिर हमारी सभ्यता की समीक्षा का एक अनिवार्य पड़ाव भी। यह मोहभंग की दिशाहारा मारक स्थिति भी है जो विज़न के अभाव में भविष्यहीनता के गर्त में डूब जाने को अभिशप्त है तो साथ ही एक नई सार्थक दुनिया गढ़ने से पहले का वैचारिक-संवेदनात्मक आलोड़न भी। अँधेरा गहराने की स्थिति आलोक के नष्ट हो जाने की घोषणा नहीं होती। अखिलेश की विशेषता है कि अपने प्रवक्ता सूर्यकान्त के साथ घटाटोप अँधेरे के भीतर उतरते हुए वे उसके हाथ में बचपन की स्मृतियों की मीठी-मद्धम आलोक-गठरी थमा देते हैं। यह समय की विकरालता से पलायन की रोचक युक्ति नहीं, समय और अपनी वृत्ति (तासीर) द्वारा व्यक्तित्व-निर्माण की क्रमिक प्रक्रिया को उसकी तमाम बारीकियों में समझने का धीरज है। साथ ही अपने भीतर रुके हुए नाद, ठहरी हुई लय, बिखरे हुए सपनों और पस्त हौसलों को देखकर अपनी ही अन्त:शक्तियों को थहाने की भूमि भी है। ज़ाहिर है इसलिए ग्रंथियों से उबरने और अपने पूर्वग्रहों को निर्ममतापूर्वक जाँचने का अवसर देती हुई इन स्मृतियों

को अखिलेश नॉस्टेल्जिया में विघटित नहीं करते, जो क्रिटीकल चैतन्य के अभाव में आत्ममुग्धता का रूप धर कर अपने को ही ईश्वरीय विराटत्व का पर्याय समझने लगती हैं, जैसे एन.आर.आई. रामअजोर पांडे की स्मृतियाँ। ग़ौरतलब है कि जब तक इन दोनों पात्रों—सूर्यकान्त और पांडे—के संस्मरणात्मक विवरणों को उनके व्यक्तित्व की रचना के बुनियादी घटकों के तौर पर नहीं पढ़ा जाएगा, तब तक इन्हें अवान्तर प्रसंग मानकर उपन्यास के कलेवर को सम्पादित करने की माँग की जाती रहेगी। चाचा-भतीजे की बचपन की स्मृतियाँ पाठक से अपने भीतर स्थित 'मैं' से साक्षात्कार करने की उर्वर ज़मीन रचती हैं, स्वयं पर लट्टू होने का रोमान नहीं। ये स्मृतियाँ रूपक बनकर पाठक को वक़्त के साथ अपनी सीमाओं और क्षमताओं से बुने सम्बन्ध के महीन धागों को समझने का विवेक देती हैं। इसलिए जितना ज़रूरी आत्मस्थ हो उठना है, उतना ही नि:संग भाव से अपने को जानना भी। यह भविष्य की पीठिका तैयार करने में व्यक्ति की भूमिका के मूल्यांकन की पहली सीढ़ी है।

1
'रोशनी के स्रोत श्मशान थे, या चाँद'

मेरे सामने पहला विपरीत-युग्म है चाचा और रामअजोर पांडे। मज़े की बात यह है कि दोनों मेरे पास अकेले-अकेले नहीं आते। चाचा को याद करती हूँ तो भतीजा सूर्यकान्त अधिकारपूर्वक साथ चला आता है, ठीक वैसे ही जैसे रामअजोर पांडे के साथ सम्पूर्णानन्द बृहस्पति। फ़र्क़ यह है कि अन्त तक आते-आते चाचा सूर्यकान्त में अगला पड़ाव पाकर अपने को सम्पूर्णता में अभिव्यक्त करते हैं, वहीं पांडे अपने विस्तार में सम्पूर्णानन्द को समेट कर आत्म-संकीर्णता के दायरे को बढ़ाता है। दोनों को आमने-सामने रखकर उलटती-पलटती हूँ तो प्राथमिक स्तर पर वैपरीत्य की बजाय समानताएँ ही ज़्यादा दिखाई पड़ती हैं। दोनों वर्तमान से पलायन कर इतिहास में पीछे लौटते हुए अपने-अपने प्रिय की स्मृति में उन्हीं के कालखंड की ज़मीन पर अपना आशियाना बना लेना चाहते हैं। चाचा के लिए वह समय प्रेयसी बलवंत कौर के अचानक लापता हो जाने—1984 का सिख क़त्लेआम से पूर्व का समय है तो पांडे के लिए अपने बाबा भगेलू पांडे के प्रवास-पूर्व समय—19वीं सदी का उत्तरार्ध—जिसे वह उनके पुश्तैनी गाँव गोसाईंगंज में पुनर्जीवित कर देना चाहता है। इसलिए चाचा के जतनपूर्वक रचे गए इस समानान्तर लोक में जहाँ आर्थिक उदारीकरण के दौर के पूर्व के भारतीय देहाती/क़स्बाई समाज की जीवन-शैली अपनी तमाम गरिमामयी अकिंचनता के साथ मौजूद है, वहीं पांडे के सपनों का गाँव (जो बाबा द्वारा बनवाई गई पेंटिंग के गाँव की अनुकृति है) सूखे और अकाल की मार से त्रस्त तद्‌युगीन यथार्थ को नज़रअन्दाज़ कर झूठ की मनोहारी तस्वीर गढ़ने लगता है। यहीं से जीवन

को देखने की दृष्टि के आधार पर दोनों तेज़ी से एक-दूसरे से अलग होने लगते हैं। चाचा में अपने आपको जाँचते रहने की प्रखर चेतना है, इसलिए वे साफ़-साफ़ देख पाते हैं कि विकास के नाम पर उपभोक्ता संस्कृति में रच-बस कर कैसे उन्होंने अपनी भरी-पूरी शख़्सियत को बाज़ार के एक नगण्य उत्पाद में तब्दील कर लिया है। इसके बाद संवेदनहीनता और सम्बन्धहीनता की जो रपटीली ढलान शुरू होती है, वह खा-खाकर 'भूखे' मर जानेवाली बेहाल विचारशून्य संस्कृति तक ले जाती है। विज्ञान और सूचना प्रौद्योगिकी पर टिकी यह संस्कृति ज्ञान को पचाकर बोध बनाने का मर्म नहीं जानती, इसलिए मायामृग की तरह लुभाती-छकाती है। चाचा स्तब्ध हैं कि यह कैसे विकास की लपलपाती आग है जो सन्तोष, सुन्दरता और सार्थकता को ही खाए जा रही है। पौराणिक ग्रंथों में तो ऐसी आग को नरक की आग कहा गया है। तो क्या आज मनुष्य के पास इतना भी विवेक नहीं रहा कि वह पूँजी और सत्ता की मिलीभगत में रची जा रही साज़िशों को समझ सके? लीक पीटने की मदहोशी से उबरते ही चाचा पाते हैं कि अपने वक़्त के साथ मिलकर वे "आगे बढ़ने की नहीं, लोगों को पीछे छोड़ने की दौड़ लगा रहे हैं" (पृ. 227), कि आजकल "जो जितना समृद्ध है, वह उतना ही अधिक हिंसक है—भीतरी और बाहरी दोनों तरह की हिंसा से लबालब"; कि "साइंस और नयेपन का उद्देश्य बस जीतना हो गया है... जीतना सही लफ़्ज़ नहीं होगा, ये सबको हराना चाहते हैं, अपना ग़ुलाम बनाना चाहते हैं। जीतने की इच्छा में हिंसा भरी होती है, पर ग़ुलाम बनाने की इच्छा में हिंसा के साथ-साथ घृणा और बेरहमी भी शामिल रहती है।" (पृ. 228) चूँकि चाचा हमारे वक़्त का क्रिटीक रचते हैं, इसलिए अदहन, सुराही, सिकहर, चटाई, हाथपंखा, बटुलियाँ, ढिबरी, सिल-लोढ़ा किसी रोमान की पूर्ति के लिए नहीं, बल्कि नई आर्थिक संस्कृति के विरुद्ध प्रतिरोध की आवाज़ बनकर आते हैं, मानो जता देना चाहते हों कि समृद्धि और ग्लैमर की आड़ में जल-जंगल और ज़मीन पर क़ब्ज़ा करने की साज़िशों से वाक़िफ़ हो गया है आदमी; कि ये चीज़ें "ग़ायब नहीं हुई हैं,... अपनी-अपनी जगह से धकेल दी गई हैं।" यह वह स्थल है जो भौतिकता की बदहवास दौड़ के इस 'फिसड्डी धावक' को जीवन के विविध आयामों पर गूढ़ चिन्तन करने की चुनौती देता है। चाचा अखिलेश की छटपटाहट और दार्शनिक निष्पत्तियों के वाहक हैं। आधुनिकता, सौन्दर्य, आह्लाद और मनुष्य की अवधारणा को लेकर अखिलेश की निजी अवधारणाएँ चाचा के गम्भीर मननशील व्यक्तित्व के ज़रिये अभिव्यक्त हुई हैं। चूँकि सौन्दर्य आह्लाद और लय के सहमेल से उत्पन्न होता है, इसलिए अखिलेश/चाचा फ्लाईओवर, राष्ट्रीय राजमार्ग, मॉल, मल्टीप्लेक्स और स्पीड को विकास नहीं मानते हैं, न सौन्दर्य के स्मारक। "ये औद्योगिक विकास, सेज़ वग़ैरह फलाना-ढिमाका जो किसानों की ज़मीन छीनकर तैयार हो रहे हैं, बाँध, बिजली परियोजनाएँ जो इलाक़े की पूरी की पूरी आबादी को बेघर, विस्थापित करके प्रकट हो रही हैं, सुन्दर कैसे हो सकती हैं?" (पृ. 225)

वे सवाल की अनुगूँज में अपना नकारात्मक उत्तर पिरोकर पुनः एक सवाल पूछते हैं जो वस्तुतः सवाल नहीं, उनका स्वप्न है कि "संसार की हर वस्तु का रूप, रंग, गंध, स्पर्श बचाते हुए तरक़्क़ी की मंज़िलें हासिल हों, ऐसी कोशिश नहीं होनी चाहिए?" और फिर उस स्वप्न में अन्दर तक डूबकर उसका ख़ुलासा करने लगते हैं—"दुनिया की सुन्दरता इसी में है कि मौसम को, नदी को, जंगल को, दिन और रात को मिटाओ नहीं...। बस, उसमें इनसान के लिए थोड़ी गुंजाइश और हिफ़ाज़त का रास्ता निकाल लो।" (पृ. 340)

चाची और बच्चों के आरोपों के कठघरे में खड़े चाचा को देखती हूँ तो लगता है अपराधी निश्चय ही एक है, लेकिन आरोपी सुविधानुसार जज, वकील, गवाह की भूमिका में बँटकर अदालती कार्यवाही को अपने पक्ष में मज़बूत कर रहा है। तब समूचा दृश्य मानस में दो बिम्बों की सृष्टि करता है। एक, जमाने की होड़ में अपनी लालसाओं की बदहवास दौड़ मिलाकर चाची और बच्चे आँखों पर पट्टी बाँधे बेतहाशा किसी अन्धे कुएँ की ओर भागे जा रहे हैं। दूसरा, चाचा चारों ओर से सूचीभेद्य अँधेरे में घिरे हैं। अभी-अभी आँख से पट्टी उतारी है, इसलिए अँधेरे में कुछ भी सूझ नहीं रहा है। टोह-टोह कर आगे बढ़ने की बजाय चाचा ने वहीं अपना अड्डा जमा लिया है। यहीं ठिठक भी जाती हूँ। चकित भी हूँ कि अपनी कहन को महीनतर करते हुए अखिलेश ने एक और विपरीत-युग्म की सृष्टि कर डाली है। गति जो ठहराव के बिन्दु में विघटित होकर चाची और बच्चों को अपना शिकार बना रही है। ठहराव जो प्रतिरोध और प्रतिबद्धता के कारण चाचा की चेतना को द्वन्द्व में ढालकर अस्सी के दशक से इक्कीसवीं सदी के पहले दशक तक निरन्तर वक़्त की पड़ताल कर रहा है।

चाचा के ठीक ध्रुवान्त पर है सूरीनाम का प्रतिष्ठित समृद्ध व्यापारी रामअजोर पांडे। लगता नहीं कि पाखंड और आत्मरति से बुने इस पात्र को गढ़ने में अखिलेश को कोई मेहनत करनी पड़ी हो। व्यापारिक चातुर्य रामअजोर पांडे की पहचान है। जीवन भर व्यावहारिक बुद्धि के निर्देशों पर चलते हुए इस निःसन्तान अ-गृहस्थ बूढ़े व्यापारी ने कुबेर को अपनी तिजोरी में बन्द कर लिया है। अब बुढ़ापे में अकेले हो जाने की भावनात्मक असुरक्षा ने उसके भीतर के 'प्रवासी' की कसक को उभार दिया है। भारत को उसने स्वयं नहीं जाना है, बाबा की स्मृतियाँ ही उसके लिए भारत का भूगोल और समय निर्मित करती हैं। अखिलेश जानते हैं नॉस्टेल्जिया में निहित भावुकता का सैलाब और वैचारिक जड़ता का रेतीला बवंडर भूगोल और इतिहास के दबाव में व्यक्तित्व के बनते-बिगड़ते रेशों की पड़ताल नहीं कर पाता। वह रोमान और हठ को अपनी 'दृष्टि' बनाकर अतीत को ही एक फ़र्ज़ी सच बना लेता है। इसलिए एक ओर बाबा की तरह 'शराब पीकर सड़क पर, नाली में लोटने' की इच्छा के ज़रिये वह स्वयं बाबा बनकर (जिसके सच न होने की ताकीद लेखक ने

स्वयं कथा में उपस्थित होकर की है) जीना चाहता है, तो दूसरी ओर हिन्दुत्व और ब्राह्मणत्व पर गर्व करते हुए अपने को श्रेष्ठ मानता है। "सूरीनाम में आर्य समाजवालों ने काफ़ी काम किया है और उन्होंने जाति-पाति के फ़र्क़ को मिटाया है, मूर्तिपूजा का विरोध किया है, लेकिन सनातन धर्म इतना दुर्बल नहीं कि ऐसे झोंके उसको हिला दें।" (पृ. 307) वैभव के ऊँचे टीले पर बैठकर कुलीन ब्राह्मण होने के दम्भ में इतराता पांडे जिस समय सर्वाधिक निरापद लगता है, ठीक उसी समय अखिलेश उसकी चूलें हिला देते हैं। पुरखों की खोज-यात्रा बार-बार एक ही बिन्दु पर रुकती है कि वह भगेलू पांडे का नहीं, भगेलू कुम्हार का पोता है। इसी के साथ सतह पर उभरती है जाति व्यवस्था की कड़ी संश्लिष्ट बुनावट जिसमें ब्राह्मणों के अवर्ण स्त्रियों के साथ नाजायज़ सम्बन्ध की एक लम्बी परम्परा बेशक जानते-बूझते दृष्टि ओझल कर दी जा रही हैं, लेकिन अपनी-अपनी जातिगत हदबन्दियों को तोड़कर दूसरी जाति में शामिल होने की कोई गुंजाइश नहीं बनी। सूरीनाम और अमेरिका में अपनी दौलत के बल पर सिक्का चलाने वाला पांडे जानता है हिन्दुस्तान में निरे पैसे के बूते ज़्यादा कुछ नहीं होगा। उसमें ब्राह्मणत्व का प्रबल तेज़ मिलाए बिना समाज के ऊँचे तबक़ों और रसूख़दारों में धाक नहीं जमाई जा सकती। भले ही वह कितना कहे "यदि इसे तुम (सूर्यकान्त) साक्ष्यों, तर्कों के ज़रिये प्रमाणित कर दोगे तो जगदम्बा प्रजापति को गले लगाने में मुझे जरा भी देरी नहीं लगेगी," पाठक जानता है हिन्दू धर्म और संस्कृति को अपनी प्राणशक्ति बनाकर जीने वाला यह शख़्स ब्राह्मणत्व को क़तई छोड़ने को तैयार नहीं। दरअसल ब्राह्मणत्व उसके लिए जाति नहीं, धर्म और संस्कृति की सत्ता को अपनी उँगलियों पर नचाने का अधिकार है। यह उसकी अदना-सी औक़ात में अधिनायक की निरंकुशता को भर देता है।

लगता है यहाँ आकर अखिलेश ने अपने पत्ते खोलने का मन बना लिया है। उपन्यास के अधिकांश को घेरती गोसाईंगंज कथा मानो पुरखों की खोज-कथा है ही नहीं, वह पांडे द्वारा उसके भारतीय मूल का विज्ञापन है ताकि अपनी 'राष्ट्रभक्ति', धर्मनिष्ठा और सांस्कृतिक अहम्मन्यता पर उठने वाले हर सन्देह को निरस्त कर सके। ठीक इसी स्थल पर सम्पूर्णानन्द बृहस्पति और पांडे की मैत्री का उद्घाटन भी किया जाता है जो वस्तुतः नाम और पहचान खोकर दोनों के एक ही चरित्र में एकमेक हो जाने की सूचना भी है।

'कितना डरावना है न, वक़्त आगे बढ़ रहा है और तुम अपना हाल किसी को सुना न सको'

ग़ौरतलब है कि आर्थिक उदारीकरण और कट्टर हिन्दू राष्ट्रवाद के विकास का समय एक ही है। अगल-बग़ल चलते हुए दोनों ने एक-दूसरे के चरित्र को छुआ है,

और ग्लैमर तथा बड़बोलेपन के साए में सिमटे झूठ को वक़्त का सबसे क़ीमती मूल्य बना दिया है। सचाई की पड़ताल धीरज और विवेक के बिना सम्भव नहीं, जबकि हड़बड़ाहट और सनसनी से इतर किसी को कुछ भाता नहीं। कथा के प्रवाह को बार-बार तोड़कर लेखक की हैसियत से कथा में प्रवेश करना अखिलेश की कथा-युक्ति से अधिक मजबूरी है जहाँ तत्त्व-चिन्तन के बहाने वे पाठक को कथा के छुपे हुए दूसरे आयाम की झलक दिखा सकें। वे पाठक को आगाह कर देना चाहते हैं कि सच और झूठ के बुनियादी अन्तर और प्रयोजन की समझ विकसित किये बिना समय और चरित्र की बारीकियों की पड़ताल नहीं की जा सकती। बेशक "संसार में सच की परख उसके उद्‌देश्य के आधार पर नहीं की जाती है। सत्य स्वयं में एक कसौटी है। किन्तु झूठ का मूल्यांकन उसके प्रयोग के पीछे निहित मंतव्य के आधार पर होता है। झूठ का इरादा यदि भला, करुणमय या परहित है तो सत्य जैसा दर्जा हासिल कर लेता है।" (पृ. 67) लेकिन यह भी तय है कि सांगठनिक ताक़त के बल पर ख़ुदग़र्ज़ी और मक्कारी से भरा गर्हित झूठ सत्य की आकर्षक पैकेजिंग में ढोल-नगाड़ों के बीच जनता में बाँट दिया जाता है। सबका विकास करने की सरकारी उद्‌घोषणाओं के नाम पर किसानों की ज़मीन लूटने की साज़िशें हों या सबका साथ लेकर चलने के दावों के मूल में सभी अल्पसंख्यक धर्मों को हिन्दू धर्म के केसरिया झंडे तले ला खड़ा करने की कवायदें—झूठ के मनोहारी वेश को छिन्न-भिन्न कर सत्य सामने आ ही जाता है। धर्म और धर्मान्धता में ज़मीन और आसमान का फ़र्क़ है। धर्म व्यक्ति को मनुष्य, प्रकृति और तीन कालखंडों में विभाजित होकर अखंड भाव से गतिमान वक़्त के साथ जोड़कर उसे निरन्तर विकसनशील संवेदन बनाता है। आत्म को पाकर 'स्व' से ऊपर उठ जाने की नैतिक ताक़त है धर्म जिसकी तिजारत नहीं की जा सकती। इसलिए तिजारती ताक़तें पहले धर्म को उन्माद में बदलती हैं, फिर हिंसा की मद्धम आँच में सीझते हुए उन्माद को सांस्कृतिक अभिमान में तब्दील कर देती है। राजसत्ता धर्मोन्माद के अश्वमेध यज्ञ के लिए ज़मीन और वातावरण तैयार करती है तो पूँजी की सत्ता अश्व की रक्षा के लिए उन्मादियों की भीड़। तब धर्म को वर्तमान से अपदस्थ कर अतीत के किसी गौरवशाली कालखंड में स्थित कर दिया जाता है और स्थूल सांस्कृतिक चिन्हों-चरित्रों-दंतकथाओं में अभिव्यक्ति पाकर वर्तमान को अनुशासित करने चला आता है। इसलिए जब अखिलेश सम्पूर्णानन्द बृहस्पति और पांडे का परस्पर विलय करते हैं, तब 'सतयुग' की परिकल्पना हाशिए के आख़िरी आदमी तक कल्याणकारी योजनाओं के लाभों को पहुँचा देने की राजनीतिक सदिच्छा बनकर नहीं आती, भरी जेबों के ऊबे-अघाए देशी-विदेशी पर्यटकों को लुभाकर अपनी 'महान संस्कृति' का परचम लहराने की होती है। संस्कृति की विकास-यात्रा में ठहराव या आवृत्ति की कोई जगह नहीं, लेकिन संस्कृतिवादियों के लिए वह

सतयुग और रामराज्य की पौराणिक अवधारणाओं से आगे नहीं बढ़ पाती जहाँ जीवन चर-अचर प्रकृति के सहमेल से बहकर नहीं आता, ज़िन्दगी से काट दिये गए किसी ख़ास लमहे में जड़वत् कर दिया जाता है। विश्व भर के सैलानियों को लुभाने के लिए चौदह करोड़ की लागत से साकार किये जानेवाले सतयुग की तस्वीर उकेरते सम्पूर्णानन्द को देख लेखक मानो अपना आपा ही खो बैठता है। प्राचीन ग्रामीण और नागर संस्कृति की एक-एक बारीकी पर धैर्यपूर्वक बात करते हुए वे समूचे प्रकरण को उपहास और परिहास में बदल डालते हैं। पर्णकुटीर, मिट्टी के घर, हर घर के सामने गले में घंटियाँ टुनटुनाते हृष्ट-पुष्ट गाय-बैल...न, अभाव सतयुग में नहीं पनपते। इसलिए कामचोरी और बेगारी जैसी समस्याएँ भी नहीं। हर व्यक्ति पूर्ण निष्ठा के साथ काम में रत..."रजक कपड़ों की धुलाई कर रहे हों, कहार पानी भर रहे हों, और कहीं-कहीं पर उनमें से कुछ नववधुओं की डोलियाँ उठाकर चल रहे हों। मोची जूते-चप्पल बना रहे हों, नाई बाल काट रहा है, कुम्भकार बर्तन गढ़ रहे हैं।... उपवनों में प्रेमीयुगल प्रेम-क्रीड़ा कर रहे होंगे और नवयुवतियाँ वृक्षों की डालों पर झूले डालकर गीत गाती हुई, खिलखिलाती हुई झूल रही होंगी... सरोवर पुष्पों से भरे होंगे और उनके जल में हंस क्रीड़ा करते हुए मिलेंगे।... इस नगर में गणिकाएँ भी होंगी जो अतीव सौन्दर्य की स्वामिनी होने के साथ नृत्य,संगीत और विशिष्ट अतिथियों को कामसूत्र पर आधरित सेक्स का ज्ञान प्रदान करने में निष्णात होंगी।" (पृ. 27)

यह वर्णाश्रम व्यवस्था को दूनी-तिगुनी ताक़त के साथ पुनर्जीवित कर देने का षड्यंत्र है, वहीं दूसरी ओर इस भयावह तथ्य से आँख मूँदने की शुतुरमुर्ग़ी वृत्ति भी कि इन्हीं 'सतयुगियों' की शह पाकर आज भी खाप पंचायतों के फ़रमान प्रेम-विवाह के नाम पर प्रेमी-युगल की बर्बर हत्या करते हैं, निर्द्वन्द्व भाव से खिलखिलाती युवतियों को पुनः अँधेरी कोठरियों में लौटा देने की मंशा के साथ एसिड अटैक और यौन हमले होते हैं; और बाबा-बापू नामधारी ऋषि-मुनियों की सन्तानें भ्रष्टाचार से लेंकर कदाचार में लिप्त हो धार्मिक आतंकवाद को प्रश्रय देती हैं। जीवन को उसके अजस्र प्रवाह से काटकर यहाँ-वहाँ जलाशयों में कमल खिलाने हेतु प्रतिनियुक्ति पर नहीं भेजा जा सकता। अखिलेश सतयुग की परियोजना के समानान्तर 'मुक्तिपथ परियोजना' के प्रस्ताव को भी हौले से विचारार्थ ठेल देते हैं। प्रथम स्वाधीनता आन्दोलन की डेढ़ सौवीं वर्षगाँठ के उपलक्ष्य में शुरू की जा सकने वाली यह योजना अपने मूल प्रारूप में किसी भी प्रकार के धर्म-वर्ण-वर्ग जातिगत भेदभाव से परे 'भारतीयता' की भावना को पुष्ट करने का प्रयास है, लेकिन 'गाँठ की पक्की' मानसिकता राष्ट्रीय एकता को मज़बूत करके अपने लिए गड्ढा नहीं खोदना चाहती। अखिलेश की विशेषता है कि सत्ता-धर्म-पूँजी के गठजोड़ की बात करते हुए वे शिद्दत से सामाजिक सौमनस्य के उस अभाव की ओर संकेत

करना नहीं भूलते जिसे मुट्ठी भर बुद्धिजीवी, कलाकार और समाजसुधारक प्रयास करके भी नहीं ला पाते। दरअसल यह उपन्यास किसी एक पात्र के निर्वासन की कथा नहीं कहता, एक पूरी पीढ़ी को समय से बेदख़ल कर दिये जाने के अभियान को प्रस्तुत करता है। कैसी विडम्बना है कि मृगतृष्णाओं का बियाबान उगाने के लिए पब्लिक प्राइवेट पार्टनरशिप (पीपीपी) के मज़बूत हाथ तुरन्त उपलब्ध होते हैं; प्रकृति में रच-बस कर जीवन जीने की आकांक्षा में चाचा को किसी का भी साथ सुलभ नहीं होता, जो हर रोज़ अपने ही मानकों को और भी कड़ा किये जा रहे हैं कि "दूसरों की ख़ुशी के लिए मिटना ही ऊँचे उठना है, दूसरों को ख़ुशी देने में ही सच्ची ख़ुशी है।" (पृ. 226)

भौतिकता के प्रलोभन में आकंठ डूबे पांडे और सम्पूर्णानन्द नैतिक-मानसिक विघटन, क्षरण और जड़ता में ही अपने वर्चस्व को बनाए रखने की सुरक्षा पाते हैं। लेकिन मैं नहीं समझ पाती कि अपने भीतर और बाहर फैले ऊसर और उर्वर की बारीक पहचान करने वाले चाचा समय की गति के साथ क़दम मिलाकर क्यों नहीं चल सके? जिस प्रकार बलवंत कौर उनके लिए बिछुड़ी प्रेमिका का नाम न रहकर हर उत्पीड़ित अस्मिता के प्रति संवेदना का विस्तार बन गई है, उससे आश्चर्य होता है कि अपने यथार्थ समय से कटकर कल्पित समय में जीने की बाध्यता क्या इस विचारशील मनस्वी को बौना बना देने की लेखकीय युक्ति नहीं?

2

'हर विस्थापन में वापसी होती है, लौटने की गुंजाइश या उसका सपना रहता है'

मनुष्य की विकास-यात्रा उसकी जीतों और उपलब्धियों का लेखा-जोखा भर नहीं होती, अपनी असफलताओं और हताशाओं से सीखा सबक़ होती है। अपने बौनेपन में भी संसार के सर्वोच्च को छू लेने की सम्भावनाएँ मनुष्य में अन्तर्निहित होती हैं। उपन्यास में एक के बाद एक पात्रों को उनकी परस्पर सम्बद्धता में रचते हुए अखिलेश जिस प्रकार उनकी इयत्ता की निजी विशिष्टताओं को अक्षुण्ण रखते हुए भी उन्हें एक मानव-शृंखला का रूप देते हैं, वह निश्चय ही पात्रों को उनके वैभव और औदार्य के साथ चित्रित करने की लेखकीय पक्षधरता की साक्षी है। इसलिए अपने लिए मुकम्मल भविष्य न गढ़ पाने की चाचा की हताशा उनकी निजी असफलता हो सकती है, लेखकीय विज़न की चूक नहीं। अलबत्ता चाचा की हूक लेखक की अपनी हूक है। इस हूक में ऐसे समय में रहने की ख़्वाहिश है "जहाँ नये-पुराने दोनों की सुन्दरताएँ एक-दूसरे को मज़बूती देती हों।" लेकिन चाचा की मजबूरी—"भविष्य में मैं जा नहीं सकता, क्योंकि अपने सपनों का भविष्य हासिल

करना इनसान के अकेले अपने बूते का नहीं होता। और मैं अतीत में आ गया। जानता हूँ कि यह पुराना समय मेरा गढ़ा हुआ है। यह सहज नहीं, बनावटी है, लेकिन क्या करता, भविष्य में गढ़ नहीं सकता था।" (पृ. 223) लेखक की मजबूरी नहीं बनती, एक और प्रयोग के लिए उर्वर ज़मीन चुनने की जिज्ञासा बन जाती है। इस बार वे सूर्यकान्त पर दाँव लगाते हैं, यह जानते-बूझते हुए भी कि चाचा से भिन्न मन:स्थिति नहीं है सूर्यकान्त की। नये-पुराने समंजन की कौन कहे, नया-पुराना दोनों एक-सी सघनता के साथ उसके भीतर वितृष्णा जगाते हैं। 'दिशाओं, लक्ष्य और जीवन-रस का बोध' खोकर 'एक बहुत बड़े मरुस्थल में अकेला खड़ा' सूर्यकान्त उन्हें राग और द्वेष के दोनों छोरों से दूर एक नि:संग साधक-सा दीख रहा है मानो चाचा के रूप में उसने ही बाज़ार की अमानुषिकताओं को झेला हो और चाचा बनकर ही अपने 'पतित' परिवार को दुरदुराने का पागलपन जिया हो। मानो समुद्र की एक अकेली लहर नहीं है सूर्यकान्त जो किनारे की रेत में धँसकर अपना वजूद खो दे, वह समुद्र की छाती को मथकर बाहर निकला हरहराता रौरव है जिसे अपने से ही ढेरों सवाल पूछने हैं और अपनी ही गहराइयों में उतरकर वक़्त के साथ एक नया रिश्ता बुनना है।

लेखक ने सूर्यकान्त को प्राय: व्यक्तियों, सम्बन्धों और द्वन्द्वों के बीच रखकर ही बुना है। नया सम्बन्ध पिछले सम्बन्ध के साथ नया तालमेल बैठाकर अपनी परिधि का विस्तार करने की प्रक्रिया में आता है। इस दौरान आक्रोश और संयम, प्रेम और घृणा के विपरीत छोरों के बीच वह स्वयं को और सम्बन्ध को साधते हुए निरन्तर आत्म-पड़ताल में मशगूल रहता है। विवाह-पूर्व गौरी के संग प्रेम की पींगें बढ़ाते हुए अपने कुटुम्ब के प्रति भावनात्मक ऐक्य को वह इस ख़ूबसूरती के साथ गौरी के भीतर पिरो देता है कि उसे कभी सूर्यकान्त के हृदय में अपने लिए ज़मीन की तंगी महसूस नहीं होती। विवाहोपरान्त गौरी के साथ रहते हुए वह तीन लड़ाइयाँ एक साथ लड़ रहा है—माता-पिता द्वारा तिरस्कृता गौरी के स्वाभिमान की रक्षा; पत्नी का अकारण अपमान करने वाले परिवार के प्रति रोष, और अपनी जड़ों से जुड़े रहने की अनिवार्यता के कारण परिवार को अपने भीतर तमाम स्निग्धता और ऊष्मा के साथ ज़िन्दा रखने की ज़िद। इस प्रकार प्रेम, विवाह और परिवार—तीनों स्तरों पर वह चाचा का विलोम है। सूर्यकान्त ने हर रिश्ते को भरपूर जिया है। चाचा बलवंत कौर को नहीं पा सके, सूर्यकान्त अपने जीवट और ज़िद के कारण अज्ञातकुलशील गौरी को पत्नी रूप में पाता है। चाचा परिस्थितियों की मार से कहीं ज़्यादा अपनी साहसहीनता के कारण अतृप्तियों को मृगमरीचिकाओं में ढालते हैं, और फिर उन रिक्तियों के व्यूह में घुसकर अपने को और भी रंक करते हैं। बलवंत कौर की हमशक्ल माधुरी को बलवंत कौर का विकल्प बनाकर अपने को भरमाना चाचा की संजीदगी और परिपक्वता को पल भर में खिलवाड़ में बदल देता है।

गौरी के साथ परस्पर आक्रान्त कर देने वाला सम्बन्ध जीते हुए भी सूर्यकान्त दोनों के स्पेस और निजता को अक्षुण्ण बनाए रखने का मर्म जानता है जो चाचा के पास नहीं है। प्यार में पजेस करने का भाव चाचा को ऐसी भूलभुलैया में ले जाता है जहाँ जाकर पता नहीं चलता कौन किसकी सवारी गाँठ रहा है। ऐसे में हर ठोकर हताशा को आक्रोश में, आक्रोश को घृणा में और घृणा को प्रतिहिंसा में बदल देती है। इसलिए पलायन चाचा के जीने की मजबूरी है; द्वन्द्व की जगह दृढ़निश्चयात्मकता परिवार के साथ सम्बन्ध की हर डोर को एक फ़ैसलाकुन अन्दाज़ में कुतरती चलती है। द्वन्द्व सूर्यकान्त के व्यक्तित्व की बुनावट की भीतरी परतों तक पैठा हुआ है। द्वन्द्व उसे हर सम्बन्ध के मूल्य और महत्त्व को समझने; अपनी भूमिका को परखने और एक नई कठिनतर शुरुआत करने की स्पष्टता और दृढ़ता देता है। वह निरन्तर अपने को अन्तर्विरोधों में घिरे पाता है, पिता के प्रति भी—"कोई भाव था जो उसे बाबू से जोड़ना चाहता था, पर वह पुराना अपमानबोध था और दीर्घजीवी घृणा थी जो उसे विरक्त कर रही थी।" (पृ. 151) और स्वयं अपने के प्रति भी कि "मैं पांडे जी के परिवार को ढूँढ़ने आया था या अपने खो चुके परिवार को फिर से पाने?... क्या मैं अपने बिछुड़े लोगों को पुनः पा सका हूँ?... कहीं मैं ख़ुद तो नहीं इतना बदल गया हूँ कि इन्हें पहचान नहीं रहा हूँ?... इन सबके लिए मैं अजनबी हो चुका हूँ?" (पृ. 315)

अपने अन्तर्विरोधों को साफ़-साफ़ देख पाना और फिर उन्हें एक परिप्रेक्ष्य देकर अपने को परखना गहरी ईमानदारी और आत्मनिष्ठा का परिचायक तो है ही, लेकिन यह भीड़ और शोरोगुल के बीच आत्मस्थ हो सकने की अद्भुत आत्मिक दृढ़ता को भी उभारता है। पूरे उपन्यास में अखिलेश सूर्यकान्त को अपने साथ बैठकर इत्मीनान से बतियाने का केवल एक अवसर देते हैं और उसी में उपन्यास के केन्द्रीय स्वर को गूँथ देते हैं कि "इस भूमंडल पर सब कुछ है। एक भरपूर गतिमान और जगमग दुनिया में सब कुछ सब कोई है, सिर्फ़ मैं ही नहीं हूँ।" (पृ. 314) यह अभिज्ञान 'निर्वासित, निष्कासित, अदना' की अकिंचनता में विलीन नहीं होता। प्रोमिथियस की तरह जीवन और मृत्यु के बीच भटकते हुए निरन्तर अपनी अनवरतता और दृढ़ता को ताज़ा करता रहता है।

चाचा के घर के पीछे दुबली सी नदी और बलुई किनारों के रेतीले विस्तार के बीच एक ओर श्मशान में चिता जल रही है, दूसरी ओर मन्दिर में आरती हो रही है। नाव खेते मल्लाह और आसमान में उड़ते परिन्दे इधर से उधर अपने-अपने गंतव्यों की ओर बढ़ रहे हैं। प्रकृति के इस विराट स्वरूप के समक्ष सूर्यकान्त अपने को बौना नहीं, शिशु समझता है—विकास की सम्भावनाओं से परिपूर्ण लचीलापन जिसमें जिज्ञासा, निश्छलता और निर्भीकता की गाढ़ी तासीर मिली है। ग़ौरतलब है कि अखिलेश तुरन्त पाठक की स्मृति में चाचा के ऐसे ही एक समानधर्मी अनुभव

को ताज़ा कर देते हैं। लेकिन जितने द्रुत वेग से वे उन स्मृतियों को बुनते हैं, उतनी ही त्वरा से चाचा-भतीजा के अनुभवगत वैषम्य को भी चित्रित कर जाते हैं। गोसाईंगंज में रात की निस्तब्ध तन्हाई में आँख खुलने पर चाचा को अपने चारों ओर जो सन्नाटा दीखता है, उसमें सृजन का गुंजन नहीं, पीछे बहुत कुछ छूट जाने का आर्तनाद है, उस बहुत कुछ छूटे हुए को जीवन में पुनः पाने की लालसा है; और अकेला-असुरक्षित होने का दुर्बल भाव भी। क्षण के हज़ारवें हिस्से में कौंध की तरह चमके इस अहसास को भीतर गुन-बुन कर अनुभव के रूप में उभारने का अवकाश लेखक ने चाचा को नहीं दिया है। दरअसल अखिलेश सूर्यकान्त पर लट्टू हैं क्योंकि उन्होंने देखा है शब्दों को सुने-सुनाए अर्थों के साथ ऊपर-ऊपर से पकड़ने वाला यह शब्द-भ्रष्ट युवक धीरे-धीरे अध्यवसाय से शब्दों को सही सन्दर्भ में रखकर देखने के धीरज के कारण अर्थ की गहराइयों में उतरने लगा है। यही नहीं, अर्थ के साथ समूचे परिदृश्य को जोड़कर और फिर उनके साथ अपना एक अन्तर्सम्बन्ध विकसित करने के कारण वह उन्हें शब्दों के खोखलेपन से मुक्त कर रंग, गंध, स्पर्श, स्वाद और रूप (बिम्ब) के ज़रिये जीने लगा है। यह अपनी संवेदना और वैचारिकता को तीक्ष्ण करने की साधना है जो खोखले बंजर शब्दों के टीले पर चढ़कर अपना परचम लहराती उत्तर-आधुनिक संस्कृति के प्रत्याख्यान की लड़ाई का साहस सँजोती है। ग़ौरतलब है कि इस ज़मीन पर खड़ा करके अखिलेश ने सूर्यकान्त के लिए अतीत या ख़ामख़याली में घुसने के सारे रास्ते बन्द कर दिये हैं। इसलिए परिवार से एक बार फिर मोहभंग हो जाने के बाद अनास्था के भँवर में फँसकर लाख कहता रहे वह कि "चाचा, यह ऐसा विध्वंस है जिसकी बुनियाद पर कोई सृजन नहीं होना है। अब मेरी अन्दरूनी दुनिया का सारा इलाक़ा जीवन भर खँडहर बना रहेगा।" (पृ. 343) असलियत यह है कि अपने किसी भी अंश पर अपना अबाध स्वामित्व वह नहीं पाता। यह बोध जकड़न से उत्पन्न जड़ता की ओर नहीं ले जाता, मुक्त होकर मुक्ति और बन्धन के सेतु पर निर्द्वन्द्व आवागमन की सुविधा देता है।

मैं जानती हूँ इतने स्थितप्रज्ञ वीतरागी कर्मयोगी के रूप में लेखक ने सूर्यकान्त को नहीं रचा है। वह औरों से भिन्न ज़रूर है, लेकिन उसकी भिन्नता बस इतनी है कि स्मृतिविहीन होने या आत्म-साक्षात्कार करने की बेचैनी से घिरकर जब-तब धरती के गुरुत्वाकर्षण से ऊपर उठने की कोशिश में जुट जाता है। लेखक उससे कोई बड़ी अपेक्षा नहीं करता, शायद इसलिए कि टूट जाने पर अपेक्षाएँ हताशा और अनास्था को कई-कई गुणा बढ़ा देती हैं। इसलिए लेखक ने उसके द्वन्द्व और आत्मान्वेषण की व्यग्रता को ऊब और अजनबीपन की लहरों के हवाले कर दिया है। "उसे लगा कि उसके भीतर बेगानापन और ऊब का ऐसा अपरम्पार घना क्षेत्रफल बन गया है जो...इस भूमंडलीकृत संसार से भी कमतर नहीं है।" (पृ. 352)

मैं लेखक की उँगली पकड़कर चलने से इनकार करती हूँ। पाठ के साथ गहरा रिश्ता बनते ही पाठक लेखक की सत्ता को अस्वीकारने लगता है। पात्र के चरित्र में अपने व्यक्तित्व की मोटी-महीन परतें पा-ढूँढ़ कर वह (पाठक) उसे अपना संसार, सक्रियता और सपने ही नहीं सौंप आता, वर्तमान का अतिक्रमण कर उसकी चुप्पियों में भविष्य का भाष्य भी लिख आता है। टूटन और थकान स्थिति का एक सच हो सकते हैं, समूचे समय को आक्रान्त कर उसे नष्ट-पस्त नहीं कर सकते। इसलिए इतिहास की तलवार से वर्तमान को लहूलुहान करती साज़िशों को देखकर भी मैं सूर्यकान्त के स्वप्न को भरपूर जी लेना चाहती हूँ। भविष्य के लिए जो इतिहास है, वह आज हमारा अपना वर्तमान है। इस इतिहास को इतनी सावधानी से हमें स्वयं निर्मित करना है कि हर दमन और उत्पीड़न के ख़िलाफ़ लड़ाई में प्रतिशोध और नफ़रत के स्थान पर वह प्रतिरोध की नैतिक ताक़त को अपना धर्म बनाए।

लेकिन क्या सचमुच सूर्यकान्त को निराशा और आत्मनिर्वासन के समंदर में फेंककर लेखक ने छुट्टी पा ली है? एक गहरे इतिहासबोध के साथ अपने समय को टटोलने की व्याकुलता में जो लेखक सत्ता के दोमुँहे चरित्र, धर्म के अध:पतन, बाज़ार-संस्कृति के ऊसर प्रसार, ग्लैमर की चकाचौंध में पसरते अँधेरों, बदहवासियों और विश्वासघातों को चीन्हता हो, और इस सबके बीच अपने निर्वासन में क़ैद होकर अपने को साबुत पा लेने की फ़िक्र में हाथ-पैर मारता इनसान भी दिखाई पड़ता हो, वहाँ कैसे अपनी कन्विक्शंस को अँगूठा दिखाकर लेखक पलायन कर सकता है? जो एक पात्र के कथन में अपना विश्वास उंडेलता हो कि "दुनिया में जो भी करो, उसकी पीठ पर मुहब्बत होनी चाहिए।" (पृ. 303) वह प्यार करने की संवेदनात्मक पहल को कैसे ऊब और बेगानेपन में ज़ाया कर सकता है?

'अमरता के वरदान और विश्रामहीनता के अभिशाप की जोड़ीदारी में सितारे उससे कोई वास्ता नहीं रखते थे'

शिब्बू और देवदत्त तेंदुलकर सूर्यकान्त के लिए अपने को पा सकने के सोपान हैं। अमेरिकामेनिया से पीड़ित ये दोनों युवा जिस उत्कंठा से प्रवास का एक मौक़ा हथिया लेने के लिए सिर-धड़ की बाज़ी लगा देने को तैयार हैं, उससे सूर्यकान्त के लिए इस सवाल का जवाब पा लेना आसान हो जाता है कि क्या प्रवास सचमुच समय से बेदख़ल कर दिये जाने की पीड़ा है, या यह अपने स्वार्थ के लिए समय से मुँह मोड़ लेने की कुत्सित साज़िश है? इस साज़िश को रचने के लिए जितने दोषी पांडे और सम्पूर्णानन्द हैं, उतने ही दोषी शिब्बू और देवदत्त सरीखे महत्त्वाकांक्षी युवक भी हैं जो ब्रेन-ड्रेन को वक़्त का मूल्य बनाकर अपनी ही जड़ों पर कुठाराघात कर रहे हैं। इसके ठीक विपरीत बाबा रामचन्द्र जैसे चिन्तकों और समाजसुधारकों का

भी उल्लेख करते हैं अखिलेश जो प्रवास से न केवल लौटते हैं, बल्कि अपनी जड़ों से बहुत दूर अवध को अपनी कर्मभूमि बना प्राकृतिक आपदाओं के साथ-साथ ज़मींदारों और सामन्तों के शोषण की मार झेलते किसानों और निम्नवर्गीय समाज में अपने अधिकारों के प्रति चेतना और क्रान्ति भी पैदा करते हैं। उल्लेखनीय है कि बाबा रामचन्द्र के लौटने का यह ठीक वही समय है जो प्रवास की न्यूनतम अवधि समाप्त होने के बाद भगेलू के सामने देश-वापसी का विकल्प रखती है, लेकिन बढ़ती सुविधाओं और बेहतर जीवन-शैली के लोभ में वह नहीं लौटता। भगेलू और रामचन्द्र को विपरीत युग्म में ढालकर अखिलेश ने उन्हें वक़्त के ताने-बाने के दो धागों के रूप में जिस प्रकार प्रस्तुत किया है, वह आज देवदत्त और जगदम्बा के रूप में कहीं ज़्यादा बेहतर रूप से अभिव्यक्ति पाता है। देवदत्त के लिए 'बाज़ार' सबसे बड़ा शब्द है—"अगर अपने को बेचने का शऊर हो तो आज की दुनिया में क्या नहीं बेचा जा सकता है। भोग, गांधी और आयुर्वेद—इन तीनों का बहुत बड़ा विश्वबाज़ार बाट जोह रहा है। भारत को और कुछ नहीं करना चाहिए, बस, इन तीनों का व्यापक पैमाने पर निर्यात करना चाहिए।" (पृ. 322) तो जगदम्बा के लिए सबसे बड़ा सच है 'भूख' जिसमें भूखा रह जाने की त्रासदी भी शामिल है जो, ज़ाहिर है, लोकतांत्रिक व्यवस्था में संसाधनों के असमान बँटवारे की ओर ज़्यादा ध्यान खींचती है। दोनों हवा पर सवार हैं, लेकिन देवदत्त के सन्दर्भ में यह हवा बड़े-बड़े कुलाबे बाँधने की है तो जगदम्बा के सन्दर्भ में 'पादने' की क्रिया बनकर सिर्फ़ अपनी बेबसी को ही विज्ञापित करती है। इन सारी परिस्थितियों के बीच जहाँ संचार-साधनों के बेहतर संजाल के बावजूद 'विचार, संस्कृतियाँ और भावनाएँ' यात्राएँ न कर पा रही हों, सूर्यकान्त का ठहरकर अपने को जाँचना, और भावुकता तथा अपेक्षा से लिपटी हर सम्बन्ध की गठरी को अपने से दूर फेंक देना एक नये बोध की सूचक है। जड़ों की खोज से ज़्यादा ज़रूरी है अपनी मनुष्यता की जड़ों की खोज जहाँ न किसी भावना के दोहन की गुंजाइश है, न किसी अहं के उत्सवीकरण के ठाठ-बाट।

निःसंग आत्मालोचन से बड़ी निधि इनसान के पास और क्या हो सकती है, लेकिन दुर्भाग्यवश इस क्षति का अहसास उसे है ही नहीं। तो क्या आत्मनिर्वासन सहज स्वीकार्य जीवन-शैली हो गई है हमारे आधुनिक समाज की?

दरअसल व्यक्ति, व्यवस्था और सत्ता की पारस्परिक भागीदारी ही समय के चरित्र को रचती-बदलती है। अखिलेश जानते हैं, प्रवाह से बाहर बैठा व्यक्ति अपनी मौत मरने के लिए अभिशप्त है। दादी के लिए अपनी जीवन-शैली और स्मृतियाँ भरी-पूरी ज़िन्दगी की ताज़गी को बनाए रखने का एक ज़रिया हो सकती हैं, लेकिन जिस स्थल पर वह प्रवहमान आधुनिक जीवन-शैली को 'गँड़खुल्ली' कहकर अस्वीकारती है, और अपने आपको अपनी तमाम पारिवारिक-मानसिक विद्रूपता

के साथ न पहचानने की ज़िद से आईना देखना छोड़ देती है, वह स्थल उसे जीवन से ही नहीं, चेतना से भी बाहर कर देता है। साँस लेती गठरी मनुष्य नहीं। शायद इसलिए अखिलेश दादी को आत्मरतिग्रस्तता और बीभत्स के दो छोरों के बीच रख एक प्रतीक बनाते हैं जिसकी परिधि में चौरासी पूर्व समय में खोए चाचा और सतयुग की आड़ में हिन्दू राष्ट्रवाद लाने का आधिकारिक जतन करते पांडे-सम्पूर्णानन्द भी आते हैं। वर्तमान की ओर पीठ करके अतीत में चलने से भविष्य तक नहीं पहुँचा जा सकता। वह भव्य स्मारकों और खँडहरों की वीरान दुनिया में भटकने के लिए अकेला छोड़ देता है।

(जानती हूँ चाचा और सम्पूर्णानन्द को एक ही कोष्ठक में रखते हुए मेरे हाथ काँप रहे हैं। दोनों सूर्यकान्त का विलोम हैं, लेकिन इसका अर्थ यह तो नहीं कि वे दोनों समान हो गए। जड़ता और आत्मरतिग्रस्तता दोनों को एक बिन्दु पर मिलाती अवश्य है, लेकिन दोनों की दृष्टियों के बुनियादी अन्तर को भी उकेरती चलती है। आर्थिक उदारीकरण, उपभोक्ता संस्कृति और हिन्दुत्व की राजनीति सम्पूर्णानन्द की ताक़त है, जबकि चाचा का प्रतिरोधी हठ मनुष्य को उत्पाद, धर्म और जाति में बदलते इस समय को ही ख़ारिज कर देना चाहता है। एक इकाई के रूप में वे ज़रूर पीछे छूट गए हैं, लेकिन उनकी प्रखर चेतना भावनात्मक-वैचारिक सम्बल बनकर सूर्यकान्त को प्रखरतर किये जा रही है।)

ठीक इसी जगह जब दादी को घेरकर पूरा परिवार चेहरे पर गमगीनी का मुखौटा लगाए अस्पताल में उसकी मृत्यु की उत्कंठित बाट जोह रहा है, सूर्यकान्त का विश्लेषणात्मक सवाल बेहद मानीख़ेज़ हो जाता है, "क्या जो काया अनगिनत पीढ़ियों की आनुवंशिकी से निर्मित होती है, जिसमें नामालूम कितने दौर के पुरखों के गुणसूत्र होते हैं, वह एक पीढ़ी बाद ही भावनात्मक स्तर पर अपना प्रसार खो देती है?" (पृ. 327) अखिलेश पात्रों को ही परस्पर विरोधी युग्म में प्रस्तुत नहीं करते, उपन्यास की केन्द्रीय संवेदना—जड़ों की खोज—के सामने उसी के औचित्य को प्रश्नांकित करते हुए उसके विलोम को खड़ा कर देते हैं। तो क्या सम्पूर्णानन्द का ही विश्लेषण सही है कि "कोई इनसान चाहे जितना महान और महाबली हो, वह समय की चाल को नहीं रोक सकता है। अधिक से अधिक इतना कि वह सोचता है, महसूस करता है कि समय को सँवार रहा है, जबकि अपने को सँवारने के लिए वह वक़्त और इतिहास का इस्तेमाल कर रहा होता है।" (पृ. 347)

अखिलेश और सूर्यकान्त सख़्ती से इस अवसरवादी प्रवृत्ति का विरोध करते हैं। वैज्ञानिक चेतना से सम्पन्न विकासशील भारत को रहस्य, चमत्कार, अध्यात्म और अन्धविश्वास की पैकेजिंग के साथ विदेशी पर्यटकों को बेचने की मानसिकता एक विकृति है। दुर्भाग्यवश पूँजी और सत्ता के शीर्ष पर बैठे ऐसे ही लोग एक नई संस्कृति के संवाहक बन जाते हैं जिनकी ताक़त को बढ़ाने के लिए शिब्बू-देवदत्त-बहुगुणा

जैसी महत्त्वाकांक्षी मध्यवर्गीय पीढ़ी अपनी ही लालसाओं से लाचार होकर विकलांग बनी बैठी है।

मैं, जो अब तक सूर्यकान्त के साथ नदी किनारे गहराती शाम के आसमान में उगे तारों के बीच अपने घटते आकार को लेकर शंकित चाँद को देख रही थी, अब उसी आसमान में तारों की जगह उपन्यास के अधिकांश पात्रों को टिमटिमाते देखती हूँ। उनके बीच अवसन्न चिन्तित सूर्यकान्त चन्द्रमा की तरह निरा अकेला है—अपनी दृष्टि में भी, संघर्ष में भी। शायद उसे चाचा के यूँ अनायास पिछले किसी मोड़ पर ठहर जाने का आघात अब तक मथ रहा है। या शायद चाचा की नियति ने ही उसे संघर्ष की न ख़त्म होने वाली राह सुझाई है। वह सब कुछ छोड़-छाड़ कर रीते हाथ कैसे कहीं भी लौट सकता है? यात्रा कैसी भी निरर्थक क्यों न हो, सीखने के लिए बहुत से सार्थक पाठ पढ़ा जाती है। घटते-घटते चाँद ख़त्म नहीं होता, पुनः पूर्णता की ओर ले जानेवाली यात्रा शुरू कर देता है। मानो अथाह वैचारिक घमासान के बाद अपनी अन्तर्दृष्टि को अर्जित कर ही लिया हो उसने। अब अन्तःशक्तियों को बटोरकर उस निर्दिष्ट राह की ओर बढ़ना शेष है जो मंज़िल पर पहुँचकर भी ख़त्म नहीं होती, पड़ाव बनकर नई ऊर्ध्व-यात्रा का शंख फूँक देती है। बेशक फ़िलहाल रात भर की जद्दोजहद के बाद भी अपने में सिमटा सूर्यकान्त मेफ़ेयर रजिस्टर के ख़ाली पन्नों पर अपनी बेचैनियाँ या इरादे नहीं टाँक पाया, लेकिन उन पन्नों के साथ बतकही में उसने लुप्तप्राय हो गई शब्द-सम्पदा के साथ एक पूरे युग के वैभव और अन्तर्विरोधों, विघटन की ओर बढ़ती क्षमताओं को जान लिया है। सम्बन्धों की गठरी फेंककर वह सम्बन्धमुक्त नहीं हुआ है, सम्बन्ध की जड़ में बैठे विषाणुओं को पहचानने और उन्हें अपनी संवेदना-परिधि से बाहर रखने की क्षमता हासिल कर सका है। इसलिए आश्चर्य नहीं कि अन्ततः जब वह घर लौटता है तो यह 'लौट के बुद्धू घर को आए' जैसी विकल्पहीन स्थिति नहीं है। अपेक्षाओं के बावजूद घर में प्यार करने की निश्छलता अभी बनी है।

गौरी को अखिलेश उपन्यास की कथा और सूर्यकान्त की ज़िन्दगी में यूँ ही नहीं रखते। वह उपन्यास में एक प्रतिविमर्श पैदा करती है। उसकी समूची कथा रामअजोर पांडे की कथा का प्रति आख्यान है। किसी दुर्भिक्ष में बेची गई बालिका उसकी नानी है और अवध में उस समय असंख्य बालिकाएँ एक जून की भूख मिटाने के लिए बेच दी गई थीं। तो क्या गौरी भी पांडे की तरह अपनी जड़ों की खोज का जिम्मा सूर्यकान्त को सौंपे? लेकिन ऐसी खोज-यात्राएँ अपनी महनीयता सिद्ध करने के अलावा क्या व्यक्ति को किसी मुकाम तक ले जाती हैं? हमारी जड़ों में है ही क्या—सामन्तवाद की अहम्मन्यता और 'धर्म और जाति की अगम्य कट्टरता'। जड़ों की खोज यदि अपनी इसी 'विरासत' को ठाट-बाट के साथ पुनर्जीवित करने की दुर्बलता है तो क्यों वक़्त के पैरों में बेड़ियाँ डालकर ख़ुद भी उसके साथ उसी कील पर गड़कर खड़ा हुआ जाए? गौरी सूर्यकान्त को इतिहास में छुपे एक और

आयाम को देखने का अवसर सुलभ कराती है, और वह है हाशिए की अस्मिताओं द्वारा अपना इतिहास ख़ुद लिखने का हौसला। अपने दृष्टिओझल 'इतिहास को दुरुस्त करने, अपने साथ हुए दमन का प्रतिरोध करने और अपने हक़ की लड़ाई में आगे बढ़ने के लिए' जिस हौसले और दृढ़ता की ज़रूरत होती है, वह गौरी में प्रभूत मात्रा में है। इसलिए परिस्थितियाँ उसे बहाकर नहीं ले जातीं, बल्कि परिस्थितियों के अनुरूप निर्णय लेकर वह अपने को पूरी तरह से उस लड़ाई में झोंक देती है। हालाँकि लेखक ने बेहद खिलंदड़े अन्दाज़ में जादुई स्पर्श देते हुए गौरी की इस ख़ूबी को उभारा है, लेकिन सच यह है कि जिजीविषा और आशा से भरपूर सूर्यकान्त की अन्त:शक्ति के रूप में वह पूरे उपन्यास में सक्रिय रही है। उपन्यास लिखते वक़्त शायद अखिलेश ने कल्पना भी न की होगी कि वे सूर्यकान्त और गौरी को दो भिन्न किरदारों के रूप में नहीं रच रहे, एक मुकम्मल युगल के रूप में रचकर परिपूर्ण दाम्पत्य सम्बन्ध की बुनियाद डाल रहे हैं। निर्वासन शब्द की विभिन्न अर्थच्छायों से जूझता उपन्यास गौरी-सूर्यकान्त की ओर मुड़ते ही समर्पण की ऐसी मधुर लय-तान छेड़ता है कि निर्वासन को जन्म देने वाली मोहभंग, संवादहीनता, मेल-एडजस्टमेंट जैसी विभीषिकाएँ आप ही आप तिरोहित हो जाती हैं। दरअसल कोई भी रचना युगीन विडम्बनाओं के उद्घाटन का सतही आख्यान हो ही नहीं सकती। वह कालजयी तभी बनती है जब विडम्बनाओं से जूझकर भविष्य का मार्ग प्रशस्त करने की अन्तर्दृष्टि पाठक को सौंप सके। इसलिए मुझे लगता है, उपन्यास का मर्म इधर से उधर दौड़ती घटनाओं-विवरणों-चरित्रों में नहीं है। वह सूर्यकान्त के मनो-ब्रह्मांड के भीतर उतरकर इन पंक्तियों में अपने को अभिव्यक्त करता है—"सूर्यकान्त ने चाँद को देखा, सितारों के बीच भी वह अकेला अधूरा और खंडित था। उसकी नियति थी अकेले पूर्णमासी की सम्पूर्णता से धीरे-धीरे क्षरित होना और मटियामेट होकर पुनः पूर्णता की ओर चलना।" (पृ. 327)

3
'क्या वर्तमान की ही ज़िम्मेदारी है कि वह बार-बार भविष्य के पास जाए? कभी-कभी—एक बार ही सही—भविष्य को भी तकलीफ़ करने की जहमत उठानी चाहिए'

उपन्यास ऊपरी तौर पर भले ही विवरणों से दौड़कर विवरणों की ज़मीन को छूते रोचक ब्योरों से अटा दीखे, लेकिन जगह-जगह इसके सुपरिचित फ़ॉर्म को तोड़ते हुए अखिलेश ने इसमें तीन नये प्रयोग किये हैं। सबसे पहले वे उपन्यास के कथा-प्रवाह को रोककर कई-कई छोटे टापुओं की नियोजना करते हैं जहाँ जब चाहे सुविधानुसार कथा-पात्र लेखक से अपनी असहमति-असन्तोष या पूरक वक्तव्य प्रस्तुत कर सकते हैं।

पात्रों के हस्तक्षेप की यह युक्ति न केवल कथा में अब तक अनुपस्थित को उपस्थित करती है, बल्कि बहुत ज़रूरी को अनुपस्थित कर दिये जाने की साज़िशों को समझने का विवेक भी देती है। इस दृष्टि से चाचा और जगदम्बा प्रजापति के पोते कॉमरेड गिरिजाशंकर के हस्तक्षेप विशेष उल्लेखनीय हैं जहाँ चाचा अपने आभासी संसार में जीने की बाध्यता को 'कपटलीला' कहकर कहीं अपनी ही अवधारणाओं के प्रति गहरा असन्तोष व्यक्त कर रहे हैं, और गिरिजाशंकर हाशियाग्रस्त अस्मिताओं के प्रति सत्ता, पूँजी, धर्म के गण्यमान्यों के अतिरिक्त खाते-पीते मध्यवर्ग के असंवेदनशील बने रहने के दारुण सत्य को दर्ज करता है।

डायरी की प्रविष्टियाँ और पत्र शैली (जिसकी समानधर्मा आज ई-मेल हो गई है) परम्परा से उपन्यास के शिल्पगत ढाँचे को मज़बूत करती रही हैं, लेकिन यहाँ उनका प्रयोग कथा-प्रवाह को आगे बढ़ाने के लिए नहीं, बल्कि अब तक कही गई कथा का निचोड़ प्रस्तुत करने के लिए किया गया है। उल्लेखनीय है कि डायरी और पत्र शैली का प्रयोग उपन्यास में बहुधा सूर्यकान्त ने ही किया है। उपन्यास के ये अंश न केवल युग के विभिन्न सरोकारों पर लेखक की दृष्टि को स्पष्ट करते हैं, बल्कि पाठक के मनन हेतु कुछ आप्तसूत्रों की सृष्टि भी करते हैं। जैसे सूर्यकान्त द्वारा गौरी को भेजी गई ई-मेल से दो उद्धरण द्रष्टव्य हैं—

- "नामों का भी समाजशास्त्र और इतिहास होता है।" (पृ. 298)
- "मशीनों की आमद ने कृषि को आसान बनाया है, लेकिन इससे श्रम और समय की जो बचत हुई है, उसका बेहतरीन इस्तेमाल बिलकुल नहीं होता है।" (पृ. 298)

लेखक ने सूर्यकान्त को अपना प्रवक्ता बनाया है लेकिन कथा के विकास के साथ वह क्रमशः कथा और युग का नायक भी बनता चलता है। लेखक ने उस पर कोई कृपा-दृष्टि नहीं की है, बल्कि स्वयं लेखक की गिरफ़्त से छूट सूर्यकान्त ने एक इकाई के तौर पर पहले अपनी निर्मम जाँच की ईमानदार निर्भीकता पाई है, और फिर अपने साथ युग के अन्तर्सम्बन्ध को जाँचने की प्रक्रिया में युग और सम्बन्धों की गति को अवरुद्ध करते अवरोधों (मोहावशेषों) को चीन्हा है। उपन्यास के पूर्वार्द्ध में सूर्यकान्त की डायरी से एक उद्धरण प्रस्तुत है—

"दरअसल मैं अपने मित्रों की मृतात्माओं की कल्पना से भयभीत हो उठता हूँ। वैसे मैं भूत-प्रेत चुड़ैल डायन में ज़रा भी भरोसा नहीं करता, नर रात में अकेला होने पर, विशेष रूप से परायी जगह पर अकेला होने पर मैं दहशत से भर उठता हूँ कि वे आत्माएँ अभी यहाँ आ जाएँगी।... वैसे डर किन-किन रास्तों से और किन-किन रूपों में आदमी के भीतर पैठ बनाता है, कम-से-कम मैं नहीं जानता हूँ। कुछ बातें मेरी समझ से परे हैं, जैसे यही कि आत्मा, पुनर्जन्म को मैं बिलकुल नहीं मानता, पर मैं आत्माओं से डरता हूँ।" (पृ. 142)

मामूली सा दीख पड़ने वाले इस कन्फ़ेशन का कलात्मक उपयोग करते हुए अखिलेश जब इसे ट्रेन में बैठे सूर्यकान्त की मन:स्थिति से जोड़ते हैं और बैग में भरे परिवारजनों के तमाम आग्रहों, मनुहारों, अपेक्षाओं, भावुक उच्छ्वासों और नेह-बन्धनों को चलती गाड़ी से फेंक हल्के हो आए सूर्यकान्त को चित्रित करते हैं, तब यह कला-युक्ति एक गहरी प्रतीकात्मक अभिव्यक्ति बन जाती है।

उपन्यास के पारम्परिक फ़ॉर्म में हस्तक्षेप का तीसरा और अन्तिम स्थल हैं फ़ैंटेसी-2048 में लिखे जानेवाले उपन्यास की कल्पना। बेहद ग़ैर-पारम्परिक अनोखा उपन्यास जिसके बाईस अध्यायों में विभक्त 275 पृष्ठों के कलेवर में कहीं एक भी पूर्णविराम या अर्धविराम नहीं। प्रत्येक अध्याय के आरम्भ और अन्त में दो-दो कोरे पृष्ठ इस आग्रह के साथ कि "इन पृष्ठों को कई-कई बार पढ़ें।" यही नहीं, प्रत्येक अध्याय के शुरू में 'रक्तरंजित' छपा होता और हर छठी पंक्ति में 'खिलखिल' लिखा होता। कहीं किसी अध्याय के आख़िरी सात पृष्ठों में सिर्फ़ 'आदिम राग आदिम राग'।

मैं इस फ़ैंटेसी के व्यूह को तोड़ने के लिए भीतर घुसती हूँ तो तीन ऐसी जगहें मिलती हैं जहाँ पैर टिकाकर बात कर सकूँ। सबसे पहले ग़ौर करती हूँ कि सन् 2048 में बैठकर 2007 में सुने वार्तालाप और ग्यारह वर्ष की आयु की बाल-स्मृतियों के आधार पर 2048 शीर्षक उपन्यास का लेखक बेहद नॉस्टेल्जिक होकर हरियाली के सघन आच्छादन की बात कर रहा है। मैं जानती हूँ हम पर्यावरण-असहिष्णु समय की सन्ततियाँ हैं। मूल बाशिन्दों से जल-जंगल-ज़मीन छीनकर हम हर ओर कंक्रीट के जंगल रोपते चले जाने को विकास समझते हैं। बाढ़, सूखा, भूकम्प, तूफ़ान, सुनामी-प्रकृति की ओर से दिये जानेवाले चेतावनी-संकेतों के प्रति लापरवाही हमारी भिन्न प्राथमिकताओं की सूचक है। हम जानते हैं हरियाली का बना रहना ब्रह्मांड के साथ हमारे सन्तुलित सामंजस्यपूर्ण सम्बन्धों का सूचक है, लेकिन हर नियामत को मुट्ठी में कर लेने की लालसा ने हममें एक संहारक उन्माद भर दिया है। वर्ष 2048 में यदि 2007 की हरियाली और पक्षियों का कलरव ईर्ष्या की वस्तु बनती है तो निश्चय ही हमारी विकास की तमाम संकल्पनाएँ संहारक और अप्राकृतिक हैं। विकास की बदहवास दौड़ में शामिल हर ख़ास-ओ-आम इनसान को समझना होगा कि ब्रह्मांड के तमाम चर-अचर, गोचर-अगोचर प्राणियों-तत्त्वों के बिना उसका अस्तित्व ही क्या।

दूसरी जगह, जहाँ मैं ठिठक जाती हूँ, वह है उपन्यास 2048 के प्रत्येक अध्याय के आरम्भ और अन्त में दो-दो कोरे पृष्ठ और उन पृष्ठों को बार-बार ध्यानपूर्वक पढ़ने की लेखकीय टिप्पणी। इन्हीं के साथ मैं सूर्यकान्त द्वारा रात भर लिखकर कई-कई बार बाँचे गए कोरे पन्नों को रख देती हूँ। ज़ेहन में उभरती है 'आषाढ़ का एक दिन' की मल्लिका जिसने कालिदास के जाने के बाद अभाव, अपमान और आत्मप्रवंचना का ऐसा जीवन जिया है कि अनगढ़ सिले भावी ग्रंथ के कोरे

पन्नों पर उसने पहले ही अपनी साँसों और स्पर्श से महाकाव्य रच दिया है। पन्नों को कोरा रह जाना भीतर की गहराइयों के अनभिव्यक्त रह जाने की विवशता है, या अपने छिछलेपन के कारण वक़्त द्वारा उकेरी गई गहराइयों को न पढ़ पाने की त्रासदी? बेशक चुप्पियाँ बेहद मुखर और आक्रामक होती हैं। वे ज़ख़्मों पर मरहम भी लगाती हैं और सेतु भी बनाती हैं। चुप्पियाँ कर्मठता के संगीत में आशाओं की तान पिरो देती हैं। चुप्पियाँ सभ्यता-समीक्षा के तनाव भरे जोखिम को सम्पन्न करने के बाद अपने लिए जगह तलाशने की एकाग्रता भी हैं। मैं सोचती हूँ क्यों कहता है सूर्यकान्त कि भविष्य में जाने की मियाद पल दो पल की होती है या फिर सपने और झपकी जितनी। क्या इसलिए कि अपने से भागकर भविष्य में घुसते ही हमें वहाँ अपने जैसे भगोड़ों की बदहवासियों, नाकामियों और खंडित सपनों का भुतहा संसार ही मिलता है। ठीक कहते हैं अखिलेश कि "क्या वर्तमान की ही ज़िम्मेदारी है कि वह बार-बार भविष्य के पास जाए? कभी-कभी—एक बार ही सही—भविष्य को भी तकलीफ़ करने की जहमत उठानी चाहिए।" अतीत की तरह भविष्य भगोड़ों की पनाहगाह नहीं होता। वह कर्मठ सपनों की जीती-जागती पोटली होता है। इसलिए निर्वासन भविष्य तक पहुँचने की पगडंडी बन ही नहीं सकता।

इसलिए आश्चर्य नहीं कि उपन्यास 2048 में दुर्भिक्ष और अनाचार के दौरान जब समर्थ लोग नइकी पतोहिया की सनक से भर हाशिए पर छिटका दी गईं अधिसंख्य अस्मिताओं को चौपाया चलाकर अपना मनोरंजन कर रही हों, तब अपने निर्वासन को पीछे छोड़ बाबा रामचन्द्र क्रान्ति और चेतना का मंत्र फूँकने उपस्थित होते हैं। तब मेफ़ेयर रजिस्टर के कोरे पन्नों में क्या सूर्यकान्त ने बाबा रामचन्द्र का चोला पहनकर अपने निर्वासन से उबरने की पीड़ा, अकुलाहट और संघर्ष को लिपिबद्ध नहीं किया होगा?

अखिलेश और 'निर्वासन'

—स्वयं प्रकाश

अखिलेश की कहानी 'चिट्ठी' हिन्दी कहानी का एक बड़ा मोड़ साबित हुई थी। जैसे ज्ञानरंजन की 'फेन्स के इधर और उधर' या प्रेमचन्द की 'कफ़न'। यह कहानी कोई पच्चीस साल पहले लिखी गई थी। पहली नज़र में कहानी का शिल्प बहुत पुराना और कुछ-कुछ ओ हेनरी नुमा लगता है, आज से ठीक बीस साल बाद हम इसी शहर के इसी चौक में शाम इतने बजे मिलेंगे—और पता चलता है इतने वर्षों में वक़्त के थपेड़ों के साथ दोस्तों की जीवन-दृष्टि बिलकुल बदल चुकी है। जो साधु था वह शैतान बन चुका है और जो शैतान बन रहा था, वक़्त ने उसे साधु बना दिया है। इस थीम पर अनेक फ़िल्में भी बनी हैं।

कहानी 'चिट्ठी' में कुछ अमूर्तता और सरसरापन भी है। कहानी की अन्तिम पंक्तियाँ हैं—'उस दिन अलग होने से पहले हमने तय किया' हममें से यदि कोई कभी सुखी हुआ तो दोस्तों को ख़त लिखेगा—'लम्बा समय बीत गया इन्तज़ार करते,किसी दोस्त की चिट्ठी नहीं आई। मैंने भी दोस्तों को कोई चिट्ठी नहीं लिखी है।'

अब यह सुखी होना क्या है? सुख की क्या परिभाषा है? क्या सबके लिए सुख का एक ही अर्थ है? और क्या उम्र के साथ-साथ सुख का मायना भी बदलता नहीं रहता ? किसी को दो रोटी इज़्ज़त की मिल जाए, यही सुख है, और कोई दुनिया भर की दौलत जमा करके भी सुखी नहीं है। किसी के लिए सुबह-सुबह नातिन का हँसता चेहरा देख लेना या बग़ीचे में एक सुन्दर सा गुलाब का फूल खिल जाना या गर्मियों के आरम्भ में पहली बार पेड़ों में छिपी कोयल की आवाज़ का सुनाई दे जाना या अचानक कॉलेज दिनों की किसी बिछुड़ी प्रेमिका का याद आ जाना भी दुनिया की बहुत बड़ी ख़ुशी हो सकती है और किसी के लिए दो लाख की घडी,पचास हज़ार के जूते और दो करोड़ की गाड़ी भी वैसा सुख नहीं दे पाती! एक बेहद रईस औरत हमेशा अपने महल में ऊबती रहती थी, उसे समझ में नहीं आता था कि क्या किया जाए। एक बार उसके महल की खिड़की से दिखाई देती एक झोंपड़पट्टी में आग लग गई। ऊँची-ऊँची लपटें उठने लगीं। रईस औरत एकदम उत्तेजित हो उठी।

जैसे-जैसे आग की लपटें उठतीं औरत की उत्तेजना बढ़ती जाती,फिर जैसे-जैसे लपटें बैठती गईं रईसज़ादी का मन बैठता गया और झोंपड़पट्टी की आग बुझने पर वह फिर अपनी ऊब और उदासी में डूब गई।

एक बार बादशाह अकबर ने बीरबल से पूछा कि संसार का सबसे बड़ा सुख क्या है? बीरबल ने सोचकर जवाब दिया कि हुज़ूर सुबह पाखाना ठीक से आ जाए और पेट ठीक से साफ़ हो जाए—संसार में इससे बड़ा सुख कोई नहीं।

अखिलेश की कहानी 'चिट्ठी' से कम रोचक नहीं है उसकी रचना-प्रक्रिया और पार्श्वभूमि पर लिखा उनका आलेख जो 'तहलका' के पठन-पाठन अंक (जनवरी 2014) में छपा था। इसमें अखिलेश ने उन परिस्थितियों का अच्छा ख़ुलासा किया है जिनमें यह कहानी लिखी गई। फिटमारेपन और बेरोज़गारी का दौर हर नौजवान की ज़िन्दगी में आता है, और फिर धीरे-धीरे सब ठीक हो जाता है—नौकरी मिल जाती है,अपने पास अपना कोई वाहन आ जाता है, शादी हो जाती है, बच्चे हो जाते हैं मनुष्य एक सामान्य गिनती बन जाता है।

अगर ऐसा है तो फिर क्या वजह है कि 'चिट्ठी' अपने सर्वज्ञात कथ्य और पुराने से लगते शिल्प के बावजूद हिन्दी कहानी का टर्निंग पॉइंट बन गई? हुआ यह था कि एक अदालत ने अवैध साधनों का इस्तेमाल करने की बिना पर एक प्रधानमंत्री का चुनाव निरस्त कर दिया था, और उस प्रधानमंत्री ने सारी परम्परा और नैतिकता को भुलाकर सत्ता में बने रहने के लिए आन्तरिक आपातकाल लागू कर दिया था और लोकतंत्र का गला घोट दिया था। फिर यह भी हुआ था कि उस प्रधानमंत्री के अंगरक्षकों ने ही उसकी हत्या कर दी थी और इसके दंडस्वरूप सिक्खों का खुलेआम क़त्लेआम हुआ था। हर युवक आरम्भ में आदर्शवादी और स्वप्नजीवी होता है। इसलिए समस्या यह नहीं थी कि लड़कों को नौकरी नहीं मिल रही थी, समस्या यह भी नहीं थी कि उन्हें फिटमारा, नालायक, निकम्मा और नाकारा समझा जा रहा था, समस्या यह भी नहीं थी कि अपने ही घर में सुबह-शाम दो कौर तोड़ना उन्हें जिल्लत की रोटी क़बूल करना लग रहा था,समस्या यह भी नहीं थी कि उनके पास ख़ुश होने का कोई कारण नहीं बचा था, समस्या यह थी कि उन्हें देश के इतिहास में पहली बार एक आदर्शविहीन, नैतिकताविहीन और स्वप्नविहीन दुनिया के लिए तैयार होना पड़ रहा था।

चिट्ठियों का ज़माना चला गया। न भी जाता तो वह चिट्ठी तो आज तक नहीं आई होती जिसका दोस्तों को इन्तज़ार था। क्यों? आख़िर किस सुख की बात कर रहे थे कहानीकार अखिलेश?

एक सच्चे लेखक के लिए उसकी हर रचना एक तलाश होती है जो बरसों-बरस चलती रहती है। इसका सर्वश्रेष्ठ उदहारण हैं अखिलेश जिनकी सुख की तलाश 'चिट्ठी' से 'अन्वेषण' और 'अन्वेषण' से 'निर्वासन' तक आई है और अभी भी ख़त्म नहीं हुई है। सुख की यह तलाश ही उनके नये उपन्यास 'निर्वासन' का मुख्य प्रतिपाद्य और छटपटाहट भरी करुण पुकार है।

लेकिन पहले बात 'निर्वासन' अथवा 'पलायन' की।

*

पिछली शताब्दी के छठे-सातवें दशक में अमेरिका में नीग्रो लेखकों ने एक नये प्रकार के लेखन की लहर पैदा की थी। इनमें प्रमुख थे जेम्स बाल्डविन, टोनी मॉरिसन, एलिस वाकर, रिचर्ड राइट, रॉल्फ एलिसन, डोर्थी वेस्ट, अलेक्स हेली आदि। अमेरिका एक बहुजातीय समाज है। नीग्रो लोगों को ग़ुलाम बनाकर अफ़्रीका के विभिन्न देशों से जहाज़ों में ठूँसकर लाया जाता था। कई तो रस्ते में ही मर जाते थे। अमेरिका में ग़ुलामों की मंडी लगती थी। नगर के चौराहों पर ग़ुलाम स्त्री-पुरुषों को नंगा करके खम्भे से बाँधकर खड़ा कर दिया जाता था। ख़रीदार उनका मांस टटोलकर उन्हें ख़रीदते थे—जैसे अपने यहाँ मेलों में पशु ख़रीदे जाते हैं। मालिक की क़ैद से भागनेवाले ग़ुलामों को पकड़कर सरेआम कोड़े लगाये जाते थे या ज़िन्दा जला दिया जाता था। इसके लिए स्थानीय अख़बारों में बाक़ायदा विज्ञापन छपवाए जाते थे कि आज शाम फलाँ चौराहे पर तीन ग़ुलामों को कोड़े लगाये जाएँगे या उन्हें ज़िन्दा जलाया जाएगा और सभ्य अमेरिकी बाक़ायदा सज-धजकर सूट-बूट पहनकर, पत्नी को साथ लेकर ग़ुलामों के जानवरों की तरह पिटने या जलाये जाने का नज़ारा देखने जाते थे।

इस बात को बरसों बीत गए। इस बीच गोरों ने ग़ुलाम काली औरतों से असंख्य अवैध सन्तानें पैदा कर डालीं। ये न गोरी थीं न काली। इनकी ज़िम्मेदारी लेने के लिए कोई तैयार नहीं था। इनकी भी पचासियों क़िस्में हो गईं। इन्हें मुलेटो कहा तो गया, लेकिन यह इनकी असली पहचान नहीं थी। इस तरह एक बड़ी आबादी अस्तित्व में आई जिसे कोई नागरिक अधिकार प्राप्त नहीं था। जिसके पास कोई शिक्षा नहीं थी और जो इस नरक समान परायी दुनिया को छोड़कर वापस अपनी मूल दुनिया में लौट भी नहीं सकते थे, और इस दुनिया को अपना बनाना तो इसलिए सम्भव नहीं था कि अपनी चमड़ी के रंग को वे कैसे छिपाते!

यह सवाल उन्हें मथने लगा कि यदि हम अमेरिकी नहीं हैं तो फिर हम कौन हैं? कहाँ के हैं? हमारा मूल स्थान कहाँ है? हमारे पुरखे क्या करते थे? वे इस पराये मुल्क में क्या करने आए थे? वे वापस क्यों नहीं लौट गए? क्या अभी भी उनके मूल निवास—गाँव-जवार, खेत-खलिहान, धरती-आकाश वहाँ होंगे? यदि होंगे तो किस हाल में? क्या हम लोग वापस वहीं जाकर नहीं बस सकते? एक ऐसे मुल्क में जो हमारा होगा। जहाँ हम अपनी बोली बोल सकेंगे। जहाँ हम खुलकर गा सकेंगे। जहाँ हमारे पास अपनी परम्परा, अपने पर्व और उत्सव, अपना शिष्टाचार और अपने शोकगीत होंगे। जहाँ हम अपने मुर्दे दफ़न कर सकेंगे और उनकी क़ब्रों पर मोमबत्ती जला सकेंगे।

जहाँ हर पल ये नहीं सुनना पड़ेगा कि हम असभ्य, गँवार और धरती के बोझ हैं, जहाँ हमारी बहन-बेटियों को गोरों के दिये गर्भ नहीं ढोने पड़ेंगे!

इसी छटपटाहट से निकली थी अलेक्स हेली की औपन्यासिक कृति 'रूट्स'। इसे लिखने के लिए हेली सघन शोध करना चाहते थे, अफ्रीका जाना चाहते थे, लेकिन उनके पास पैसे नहीं थे,तब कुछ सामाजिक संस्थाओं ने उनकी सहायता की और वे अपनी जड़ों तक पहुँच पाने के अभियान में सफल हुए। महत्त्वपूर्ण यह नहीं है कि उन्होंने जान लिया कि उनके पूर्वज कहाँ से आए थे, महत्त्वपूर्ण यह है कि इस प्रक्रिया में उन्होंने दासप्रथा के अन्धकार युग को प्रकाश में ला खड़ा किया और अमेरिका की तथाकथित सभ्यता की बर्बरता को तार-तार उजागर कर दिया। एक बड़ा और ज़ालिम इतिहास जो अँधेरे में दफ़न था,पाठकों की आँखों के सामने जीवन्त हो उठा।

अपने मूल निवास स्थान अथवा असली माँ-बाप को जानने की इच्छा तो स्वाभाविक ही है,लेकिन अपनी अस्मिता की तलाश जीवन का कितना ज़रूरी और अहम सवाल बन जाता है, इसे देखना ज़रूरी है।

[प्रसंगवश—जब पाकिस्तान बना तो ये सवाल उठा कि पाकिस्तान का इतिहास कब से माना जाए? मुग़लों के भारत में आगमन से? या अरब में इस्लाम की स्थापना से? या 1947 से जब पाकिस्तान अस्तित्व में आया? बच्चों को पाकिस्तान के इतिहास के नाम पर क्या पढ़ाया जाए?]

[पुनः प्रसंगवश—बँटवारे के वक़्त भारत से पाकिस्तान चले गए अमरोहा के शायर जान इलिया याद आ रहे हैं जिन्होंने रो-रोकर लिखा था—

"क्या तुम मुझको भूल गई हो गंगाजी और जमनाजी!"

और जिनका एक और रुला देनेवाला शेर है—

बालो पर आशियाँ के थे ही नहीं, हम तो जैसे यहाँ के थे ही नहीं।

क्या ये कशिश, ये छटपटाहट, ये बेकली रामअजोर पांडे की अपनी जड़ों की तलाश में है? या सूर्यकान्त की तलाश में है? या गौरी की तलाश में है?

एक मिनट के लिए कल्पना कीजिए कि रामअजोर पांडे के स्थान पर कोई भारतीय मुसलान होता जिसके पुरखों को कभी जबरन मुसलमान बना लिया गया होता या जिसके पुरखों ने कभी सवर्ण हिन्दुओं के सतत अत्याचार और पाशविकता से तंग आकर इस्लाम क़बूल कर लिया होता! तब यह एक ज़बरदस्त विमर्श होता जो दुधारू भी होता कि जिसका दक्षिणपंथी भाष्य भी सम्भव होता। सवर्ण हिन्दुओं ने अछूत बनाकर दलित जातियों पर जो अत्याचार किये हैं और जिसके कारण उन्हें इस्लाम या ईसाई धर्म में जाना पड़ा उसकी सच्ची रूदाद कब लिखी गई?

[पुनः प्रसंगवश—क्या हिन्दी रचनाकारों की नई पीढ़ी के मित्र इस बारे में सघन

शोध और कल्पनाप्रवण लेखन की चुनौती स्वीकार करेंगे?]

लेकिन हमें उसकी बात करनी चाहिए जो कृति में है, न कि उसकी जो कृति में हम चाहते हैं कि होता!

भगेलू पांडे अपने पोते से ही नहीं, शोधकर्ता सूर्यकान्त से ही नहीं, ख़ुद से भी छिपाना चाहते हैं कि वह कुम्हार हैं। उनकी जड़ों की तलाश पहले ही मुकाम पर ठप हो जाती है जब जाति का सवाल उठता है। मैं जब उड़ीसा में था मैंने अनेक ऐसे व्यक्ति देखे जिनका धर्म बदल चुका था लेकिन जाति नहीं बदली थी। मैं जिस कारख़ाने में काम करता था वहाँ एक ड्राइवर था जिसका नाम था जोसेफ लकरा। वहाँ एक श्रमकल्याण अधिकारी थे जिनका नाम था स्टीफन माँझी। वहीं एक बन्दा कैंटीन में काम करता था जिसका नाम था जेम्स हो। माइंस में एक हेल्पर का नाम था डेविड डुंगडुंग। एक दिन मैं जोसेफ के घर किसी काम से गया, वहाँ मैंने देखा कि ड्राइंगरूम के एक कोने में एक शेल्फ़ बना है जो बिजली के लट्टुओं से जगमगा रहा है। शेल्फ़ पर अनेक चित्र और मूर्तियाँ रखी हुई थीं—हिन्दू देवी-देवताओं की और इन्हीं के बीच ईसा मसीह का भी एक चित्र रखा हुआ था,और उसका माथा भी वैसा ही 'सिन्दूर तिलकित' था जैसा और देवी-देवताओं का।

इस उपन्यास में तीन तलाश एक साथ चलती हैं,और रोचक भाषा तथा तेज़ कथा प्रवाह के कारण मज़ेदार भी लगती हैं,प्रसंगवश वहाँ वर्तमान का पूरा परिदृश्य भी आता है जो अपनी अलग रोचक सत्ता स्थापित करता चलता है,लेकिन शोध के परिणामों का विश्लेषण अपेक्षित ही रह जाता है। निर्वासन स्वैच्छिक भी हो सकता है [जैसाकि हो रहा है] और विवशता के कारण भी। इसी तरह पलायन भी दोनों तरह का हो सकता है। लेकिन असली दाँव निर्वासन या पलायन के कारण में ही होता है।

इसलिए मुझे लगता है कि रामअजोर पांडे—जिन्हें अमेरिका पांडे भी कहा गया है—का अपनी जड़ों की तलाश में भारत आना और इस निमित्त सूर्यकान्त की सेवा लेना उपन्यास का मूल कथ्य है ही नहीं। इस तलाश को तो उपन्यासकार ने पहले ही क़दम पर ठप कर दिया। अखिलेश अपनी पत्रिका 'तद्भव' में डॉ. तुलसीराम का आत्मकथ्य 'मुर्दहिया' छाप चुके थे और वह जानते थे कि जैसे ही जाति का प्रश्न उठा यह तलाश धरी की धरी रह जाएगी। मेरे हिसाब से उपन्यास का मूल कथ्य सूर्यकान्त की अपनी तलाश है जो अपने पिता की लाचारी, दादी की टिप्पणियों, शिब्बू और तेंदुलकर की लालसाओं और कॉमरेड कोमल के स्वप्नों से होते हुए चाचा के स्वैच्छिक और सत्याग्रही निर्वासन तक पहुँचती है।

चाचा का चरित्र अखिलेश की अद्‌भुत निर्मिति है और 'सुख' की उनकी तलाश का अगला पड़ाव भी मालूम पड़ती है। चाचा का चरित्र गांधी की याद दिलाता है। चाचा एक अग्रगामी सोच के व्यक्ति हैं लेकिन उनके परिवार के सदस्य भोगलिप्सा और वस्तुमोह में आकंठ डूबे हैं। यह नवसाम्राज्यवाद का अधुनातन स्वरूप है जिसे

लाड़ से वैश्वीकरण, उदारीकरण आदि कहा जाता है। टेरी ईगलटन ने बताया है कि उपनिवेशवाद से जो जगहें छूट गई थीं, उन पर भी नवसाम्राज्यवाद ने अपने पैने दाँत गड़ा दिये हैं और बग़ैर फ़ौज-फाटा धीरे-धीरे दुनिया के ग़रीब मुल्क साम्राज्यवाद की एक प्रच्छन्न ग़ुलामी में जा रहे हैं। यह सिर्फ़ चाचा के परिवार की ही नहीं, लगभग हर परिवार की कहानी है। चाचा को बोध है कि इस सबमें सुख नहीं है—ये लोग कभी चिट्ठी नहीं लिखेंगे। इसलिए वह जीवन जीने का एक वैकल्पिक मार्ग सुझा रहे हैं जो सादगी-स्वदेशी और समता पर आधारित है।

चाचा को जब सनकी कहा जाता है—बुरा लगता है। फिर ख़याल आता है गांधी को भी तो सनकी कहा गया था। गांधी जब आए, कांग्रेस सूट-बूट वाले विलायत पलट पढ़े-लिखों का क्लब थी। उन्होंने ज़रूर सोचा होगा कि यह धोती-कुर्ते वाला गँवार उनके बीच कहाँ से आ गया—जिसे ठीक से भाषण देना भी नहीं आता—लेकिन फिर भी जिसकी बात लोग इतने ध्यान से सुनते हैं, जो बकरी का दूध पीता है और फिर भी इतना स्वस्थ है कि कोई उसकी चाल पकड़ नहीं पाता, और जो बड़े-बड़े घरों के बच्चों से अपने आश्रम का पाखाना साफ़ करवा लेता है!

[प्रसंगवश—आज है कोई जो नेताओं से या नेताओं के कुलीन राजपुत्रों से पाखाना साफ़ करवा ले!]

हिन्दी साहित्य पिछले चालीस सालों से बाज़ार को कोस रहा है,लेकिन आज तक किसी ने बाज़ार के चंगुल से निकलने की कोई तरकीब, कोई जुगाड़ नहीं सुझाया है। बाज़ार जब तक बाज़ार में था, किसी को कोई तकलीफ़ नहीं थी, बाज़ार जब शिक्षा, चिकित्सा, धर्म और प्रतिरक्षा में घुस गया तो छटपटाहट हुई। नौजवानों को तो तब भी नहीं हुई। उनमें से कई तो बाज़ार के साथ ही बह गए—लेकिन जो भी संवेदनशील और परदु:खकातर थे उन्होंने अपनी छटपटाहट को व्यक्त किया,चाहे वर्ल्ड सोशलिस्ट फोरम के माध्यम से चाहे ऑक्युपाई वाल स्ट्रीट के माध्यम से चाहे 'विकल्पहीन नहीं है दुनिया' और 'आज भी खरे हैं तालाब' जैसे लेखन के माध्यम से।

साम्राज्यवाद के चंगुल से निकलने के लिए सिर्फ़ एक काम करना है। सिर्फ़ एक शब्द बोलना है। अपने दिल-ज़िगर फेफड़ों की पूरी ताक़त से सिर्फ़ एक शब्द बोलना है—नो। कोका कोला को नो, पेप्सी को नो, केंटुकी चिकन को नो, हर उस चीज़ को नो जो देसी कारीगरों के पेट पर लात मारने वाली है, जो हमारे जीवन में कुछ भी सार्थक नहीं जोड़ती, जो हमें वस्तुमोही और भोगलिप्सु बनाती है, जो उत्पादक के अकल्पनीय शोषण और उपभोक्ता की प्रच्छन्न ग़ुलामी का कारण बनती है।

[प्रसंगवश—ब्रांडेड शर्ट आप बाज़ार से डेढ़ या दो हज़ार में ख़रीदते हैं, हो सकता है उसके लिए बांग्लादेशी कारीगर को चालीस पैसे प्रति शर्ट मज़दूरी दी गई हो!]

और इतना सरल काम हमसे नहीं होता! अशोक, अकबर और बुद्ध इसीलिए

महान थे कि उनमें न कहने का साहस था। आधुनिक काल में आज तक यह काम सिर्फ़ एक आदमी कर पाया—गांधी। गांधी ने पश्चिम की मशीनी सभ्यता को न कहा और बुनियादी तालीम प्रस्तावित की। उन्होंने विदेशी वस्त्रों को न कहा और विदेशी वस्त्रों की होली जलवा दी, चरखा चलवा दिया। उन्होंने असत्य को न कहा और अपनी ऐसी-ऐसी पोलें खोलीं कि क्या कोई दुश्मन खोलता! उन्होंने हिंसा को न कहा और छाती पर गोली खा ली। उन्होंने स्वेच्छा से मार खाने वाली एक ऐसी सेना खड़ी कर दी, जिससे मारने वाली सेना हार गई। उन्होंने नास्तिकता को न कहा और दुनिया का सबसे बड़ा धर्मनिरपेक्ष देश गढ़ दिया। और देश की जनता ने उन्हें 'पिता' कहा!

[प्रसंगवश—क्या आप किसी को भी इस दुनिया में पिता कहेंगे? चाहे वह कितना भी ग्रेट हो! नहीं कहेंगे। क्यों कहेंगे? ज़्यादा से ज़्यादा आप उसे पित्रतुल्य कह देंगे,जिसका कोई अर्थ नहीं है।]

सुख की चिट्ठी शायद इसी रास्ते से आएगी।

मनुष्य की बेदख़ली का आख्यान

—अजय वर्मा

अखिलेश का उपन्यास 'निर्वासन' समकालीन भारतीय मनुष्य के समक्ष उत्पन्न तमाम क़िस्म के प्रश्नों, संकटों, विडम्बना और विसंगतियों को प्रस्तुत करता है मगर इसमें यथार्थ को ठोस रूप में प्रस्तुत करने वाले प्रचलित विमर्श नहीं हैं जिनका दबाव इधर के बहुसंख्यक उपन्यासों पर दिखाई पड़ता है। विमर्शों पर आधारित उपन्यासों में यथार्थ की एक ठोस संरचना होती है जो कला की संवेदनात्मक तरलता को ठस बना देती है जिसके कारण जीवन यथार्थ सपाट एवं इकहरा बन जाता है। अखिलेश इस उपन्यास में यथार्थ को ठोस बनाने से बचाते हैं और यही कारण है कि इधर के तमाम उपन्यासों के बीच यह उपन्यास एक ख़ास ढंग का प्रभाव उत्पन्न करता है जो सीधे हमारी संवेदना को झकझोरता है।

'निर्वासन' की थीम को देखा जाए तो वह बहुत छोटी-सी है। पर्यटन विभाग में नौकरी करने वाले सूर्यकान्त की विभाग के अध्यक्ष से नहीं बनती और नौकरी पर ख़तरा मँडराने लगता है वह असुरक्षाबोध के कारण अपने पत्रकार मित्र बहुगुणा से दूसरी नौकरी ढूँढ़ने की गुजारिश करता है। बहुगुणा नौकरी तो नहीं ढूँढ़ पाता लेकिन उसे अमेरिका से अपने पूर्वजों की तलाश में आए अरबपति रामअजोर पांडे से मिलवा देता है। रामअजोर पांडे अपनी तलाश का ज़िम्मा सूर्यकान्त को देता है जिसके एवज़ में उसे बहुत बड़ी रकम मिलती है। इसी मुख्य थीम पर पूरे उपन्यास का ढाँचा खड़ा हुआ है जिसमें अनेक अन्तर्कथाएँ और इन सभी अन्तर्कथाओं का उपन्यास की मूल समस्या निर्वासन से सम्बन्ध बनता है। रामअजोर पांडे के दादा सवा सौ साल पहले गिरमिटिया मज़दूर के रूप में सूरीनाम गए थे और फिर वापस नहीं आ सके। वहाँ उन्होंने समृद्धि हासिल की पर अपनी धरती, आकाश, परिवेश के छूट जाने की व्यथा हमेशा उनके भीतर बनी रही। उनका पोता रामअजोर पांडे सूरीनाम छोड़कर डॉलरों के दिव्य देश अमेरिका में पहुँच गया। जहाँ वह अरबों की सम्पत्ति का मालिक बन गया और जीवन के उत्तरार्द्ध में उसे अपने पूर्वजों की भूमि की तलाश की इच्छा हुई और इसी सिलसिले में सूर्यकान्त का उससे सम्पर्क स्थापित हुआ।

इस मूल कथा के साथ-साथ कई कथाएँ आपस में अन्तर्क्रिया करती हुई चलती हैं सूर्यकान्त और गौरी के प्रेम की कथा जिसके कारण सूर्यकान्त अपने घर, रिश्तों, गाँव और शहर से निर्वासित हुआ। कहने की ज़रूरत नहीं कि यह निर्वासन रामअजोर पांडे के निर्वासन से भिन्न है, ज़्यादा वास्तविक है। रामअजोर पांडे के निर्वासन में एक क़िस्म की रूमानियत है वास्तविक निर्वासन तो उनके दादा का हुआ था। रामअजोर सूरीनाम में पैदा हुए डॉलर कमाने अमेरिका गए और अकूत धन के स्वामी बने। उन्होंने वहाँ दो-दो विवाह किये यह जानते हुए भी कि अमेरिकी समाज परिवार की सम्बन्ध चेतना के प्रति संवेदनशील नहीं है। लिहाजा उन्हें सन्तान की प्राप्ति नहीं हुई। और तब उन्होंने अपनी कहानी के एक युवा कर्मचारी को अपना वारिस बनाने के लिए सोचा मगर वह भी अधिक वेतन की लालच में पहले ही उन्हें छोड़कर दूसरी कम्पनी में चला गया। आधुनिक पूँजीवाद के अहम नुमाइंदे हैं। जीवन में धन से जितना सुख मिल सकता है, सब भोग लेने के बाद उन्हें अपनी जड़ों की तलाश की ललक महसूस हुई। इस ललक में मुग्ध होने का भाव है वह पीड़ा नहीं जो सूर्यकान्त अपने घर, गाँव, रिश्ते-नाते और परिवेश से अलग होकर भोगता है। रामअजोर पांडे के ज़ेहन में एक सदी पूर्व का भारत है और उसी रूप में उसके भीतर वह आकर्षण पैदा करता है। भारत की यह छवि बहुत पुरानी उपनिवेशवाद के दौर की है जबकि आज भूमंडलीकरण और उत्तर-उपनिवेशवाद के दौर में यहाँ भी बहुत कुछ बदल चुका है मुख्तसर में कहें तो जिस अमेरिकी जीवन से निराश होकर रामअजोर जड़ों की तलाश में भारत आता है वही अमेरिकी जीवन-शैली आज के नये भारत का आदर्श बन चुकी है। मगर रामअजोर के मस्तिष्क में भारत की वही छवि बनी हुई है जो एक सदी पूर्व थी इसीलिए वह ठर्रा, बीड़ी, चने की इच्छा रखता है। भारतीय समाज की बहुसंख्यक आबादी की जो नियति है, रामअजोर उसे अपनी रूमानियत में भोगना चाहता है। यह नव इतिहासवाद का पाठ है जिसकी शुरुआत अमेरिका में ग्रीन लॉट ने की थी और जो उपनिवेश रहे देशों के आम लोगों की दुर्दशा को भव्य गल्प में बदलना चाहता है। अखिलेश इसका कैरिकेचर बनाते हैं ओर यही कैरिकेचर इस उपन्यास को सघनता, गहराई और मार्मिकता प्रदान करता है। 'निर्वासन' इसलिए विशिष्ट है। रेने वेलेक ने तोलस्तोय के 'अन्ना कारेनिना' को महान उपन्यास घोषित करते हुए उसकी सघनता, गहराई और अनुभव विस्तार को ही मुख्य कारक बतलाया था।

कैरिकेचर, अखिलेश उपन्यास के प्रारम्भ में ही सम्पूर्णानन्द बृहस्पति को बनाते हैं और इस कैरिकेचर के माध्यम से वे बाज़ार और भूमंडलीकरण के दौर में उत्पन्न उन्मादी सिंडीकेटेड हिन्दुत्व का कैरिकेचर बनाते हैं। इस प्रकार बिना ब्योरों, विवरणों के नवें दशक में हिन्दूवाद के बनाए विस्तार को भी प्रश्नांकित करते हैं जिसकी चरम परिणति बाबरी मस्जिद ध्वंस में हुई। इस चरित्र की रचना

करके लेखक ने नये औपनिवेशीकरण के चरित्र के जटिल स्वरूप को सामने लाने का काम किया है। उपन्यास की शुरुआत हिन्दुत्व के नये विमर्श और सिंडीकेशन की विद्रूपता के वर्णन के साथ होती है। पुराने उपनिवेशवाद के दौर में भारत के प्राचीन एवं मध्यकालीन मिथकों की खोज की गई। यह उपनिवेशवाद को सुदृढ़ करने की चेष्टा थी जिसमें प्राच्यवादी विद्वान, नौकरशाह, यात्री, शोधकर्ता शामिल थे। इन्होंने प्राचीन भारत के तार्किक ज्ञान की खोज कम की, अपनी पूर्व नियोजित मान्यताएँ अधिक थोपीं। बाबरी मजिस्द बनाम राम जन्मभूमि विवाद इस सभ्यतागत छल का सबसे त्रासद नमूना है। औपनिवेशिक ज्ञान के डॉमिनेशन का यह सबसे बड़ा उदाहरण है जिसने पूरे भारतीय समाज में नये सिरे से सदी के अन्तिम चरण में फाँक उत्पन्न कर दी। कमलेश्वर ने अपने उपन्यास 'कितने पाकिस्तान' में ब्योरे दिये हैं कि किस प्रकार इन औपनिवेशिक मानसिकता से ग्रस्त प्राच्यवादी विद्वानों ने 'बाबरनामा' के वे पृष्ठ ग़ायब करवाए जिसमें यह लेख था कि बाबर अयोध्या गया ही नहीं था। इसके बाद एच.एच. नेविल ने फ़ैज़ाबाद गज़ेटियर तैयार करवाया। उसी में मन्दिर को तोड़कर मस्जिद बनाने की बात कही गई। इसके बाद कनिंघम ने लखनऊ गज़ेटियर में दर्ज करवाया कि मस्जिद की तामीर के दौरान हिन्दुओं ने हमला किया और हिन्दुओं-मुसलमानों के संघर्ष में एक लाख चौहत्तर हज़ार हिन्दू मारे गए जबकि वहाँ की उस समय की आबादी इस संख्या से आधे से भी कम थी। यही सब काल्पनिक और मनगढ़ंत बातें भारत के महान अतीत की खोज के नाम पर प्रचारित की गईं जिसका साफ़ उद्देश्य था यह साबित करना कि अतीत में हिन्दू महान थे और मुसलमानों के आने के बाद पतन का शिकार बन गए।

आज के बाज़ार केन्द्रित उपनिवेशवाद के दौर में जो औपनिवेशिक मानसिकता से ग्रस्त उच्चवर्ग अथवा रातोरात मध्यवर्ग से उच्चवर्ग में परिणत हो गए लोग हैं, इसी प्रकार हिन्दुत्व की महानता का प्रचार कर रहे हैं। कहने की ज़रूरत नहीं है कि पूँजी, बाज़ार और उपभोक्ता संस्कृति से इस महानता के प्रचार का गहरा रिश्ता है और इसीलिए यह कहने में कोई हर्ज नहीं है कि आज साम्प्रदायिकता सिर्फ़ दो समुदायों के बीच विद्वेष तक ही सीमित नहीं है बल्कि पूरे समाज का मिथकीय तरीक़े से पुनर्गठन करना इसकी कार्य योजना का उद्देश्य है। अखिलेश 'निर्वासन' में इस नये हिन्दूवाद या साम्प्रदायिकता का विमर्श नहीं प्रस्तुत करते, पर सम्पूर्णानन्द का जो वे कैरिकेचर बनाते हैं उससे यह पूरा परिदृश्य ही स्पष्ट नहीं हो जाता बल्कि धन, धर्म और भ्रष्ट सत्ता का चरित्र भी स्पष्ट हो जाता है सम्पूर्णानन्द का परिचय वे इन शब्दों में देते हैं—

"लगभग साठ वर्षों से किताबें लिख रहे थे वह। अब तक तैंतीस पुस्तक-पुस्तिकाएँ छपी थीं। अधिकतर प्राचीन इमारतों में मूल स्वरूप की तलाश पर केन्द्रित थीं। उन्होंने देश की पाँच सौ एक मस्जिदों के मूल रूप से मन्दिर होने का सिद्धान्त प्रतिपादित किया था। सम्पूर्णानन्द बृहस्पति का दावा था कि राम का धनुष,

कृष्ण का सुदर्शन चक्र, काली देवी का ख़ंजर आज भी इस देश के एक स्थान पर मौजूद है जिनको जल्दी ही विश्व के दर्शनार्थ वह प्रस्तुत करेंगे। उनकी जिस किताब में यह बात थी उसमें यह भी लिखा गया था कि इस कड़ी में वह हनुमान जी की गदा ढूँढ़ने की अभिलाषा रखते थे किन्तु यह सम्भव नहीं क्योंकि राम-कृष्ण स्वर्गारूढ़ होकर देवलोक चले गए जबकि हनुमान जी अपनी गदा लिये आज भी पृथ्वी पर विचरण कर रहे हैं और एक पल के लिए अपनी गदा छोड़ते ही नहीं।"

उनके इस परिचय में एक ख़ास बात यह भी जोड़ी गई है कि ये सब बातें उन्हें इतिहास के गहन अध्ययन से मालूम हुई हैं। इतिहास की यह विचित्र व्याख्या जो फूहड़ कल्पनाओं पर आधारित हैं भले ही हास्यास्पद मालूम पड़े, पर इसने भारतीय समाज में उथल-पुथल तो मचा ही दी जिसका ज्वलंत उदाहरण है 1992 का बाबरी मस्जिद ध्वंस। अखिलेश इतिहास का विवरण नहीं देते, इतनी तटस्थता बरतते हैं कि अपनी ओर से इसके पक्ष या विपक्ष में एक वाक्य नहीं कहते, केवल सम्पूर्णानन्द के चरित्र के कैरिकेचर से यह सब स्पष्ट हो जाता है। वे कहते हैं कि बाबरी मजिस्द ध्वंस के समय सम्पूर्णानन्द गुटखा का पाउच आडवाणी-जोशी को भेंट करने लगे। आडवाणी ने नाराज़ होकर पाउच फेंक दिया, जोशी ने जिसकी पूरी लड़ी माला के रूप में गले में डाल ली साध्वी ऋतंभरा ने पाउच को माथा नवाया।

यह तरीक़ा है एक कलाकृति में यथार्थ को प्रस्तुत करने का। जीवन में जो हम चाहते हैं केवल उसी का चित्रण उपन्यास को कलाकृति नहीं बता सकता, जो हम नहीं जीते हैं, पर कल्पनाओं के रूप में वे स्थितियाँ मौजूद होती हैं वह भी उपन्यास में सम्भव है बल्कि यथार्थ को बहुरंग रूपों में प्रस्तुत करके ही किसी रचना को सर्जनात्मक ऊँचाई मिलती है। यथार्थ को प्रस्तुत करने के तरीक़े भिन्न-भिन्न हो सकते हैं जैसे विश्वप्रसिद्ध उपन्यासकार मारक्वेज यथार्थ को जादुई बनाते हैं तो ल्योसा उसे कठोर बनाते, पर यथार्थ को ठोस बनाने में ये दोनों रुचि नहीं दिखलाते। हिन्दी में रेणु इस प्रसंग में उल्लेखनीय हैं। बालदेव के ढुलमुल चरित्र पर वे टिप्पणी नहीं करते, मगर प्रसंगों की चर्चा से वह स्पष्ट हो जाता है, जैसे रेणु कहते हैं कि बालदेव ने भैंस चराते समय भूत को देखा था, पीछे-पीछे चलकर वह खैनी माँग रहा था। तात्पर्य यह है कि ये कलाकार यथार्थ की प्रतिकृति नहीं बनाते चरित्र के कैरिकेचर स्थितियों की विडम्बनाओं और विसंगतियों के चित्रण से उसे प्रभावी बनाते हैं। यथार्थ के साथ अखिलेश का यही ट्रीटमेंट है। 1974 में 'कन्टेंपरेरी लिटरेचर' के अन्तिम अंक का उल्लेख करते हुए बच्चन सिंह ने उसमें छपे एक उदाहरण को प्रस्तुत किया है जिसमें कहा गया है कि उपन्यासकार को कहानी नहीं कहनी चाहिए, यह एक घटिया तत्त्व है...यथार्थ पर पकड़ मज़बूत होनी चाहिए...चरित्र विचित्र हों, चरित्रों के कैरिकेचर हों। यह ग़ौरतलब है कि प्रारम्भ में प्रगतिशील आलोचकों ने चरित्र को लेकर काफ़्का की काफ़ी लानत-मलामत

की क्योंकि उसके उपन्यास का नायक के. जोसफ के चरित्र की परिभाषा में नहीं आता। वह अकेला है, अवसादग्रस्त है, लेकिन इसी को बाद में प्रगतिशील आलोचकों ने स्वीकार किया। लुकाच जब जेल गया तब उसे विश्वास हुआ कि काफ़्का सचमुच यथार्थवादी था।

किन्तु इसका यह अर्थ नहीं कि 'निर्वासन' का मूल्यांकन काफ़्का के 'द ट्रायल' या सार्त्र के 'नोशिया' को सामने रखकर किया जाए। यह उपन्यास भारतीय जीवन में आधुनिकता के उदय और उसकी विडम्बनाओं को केन्द्र बनाकर लिखा गया है और जिस निर्वासन की बात उठाई गई है उसके अनेक रंग-रूप हैं। सम्पूर्णानन्द बृहस्पति का कैरिकेचर लेखक ने आधुनिकता की विडम्बनाओं को दिखाने के लिए ही प्रस्तुत किया है। वह नये हिन्दूवाद का कैरिकेचर है जिससे भोगवादी-धन्धावादी प्रवृत्तियाँ जुड़ी हुई हैं और पूँजी बाज़ार के तिकड़म से इसका गहरा रिश्ता है। इसलिए हिन्दूवाद के इस विमर्श से न सिर्फ़ अल्पसंख्यक बल्कि जातिभेद पर आधारित समाज व्यवस्था की निचली अवस्था में पड़ी बड़ी आबादी भी निर्वासित है। रामअजोर पांडे के दादा जिस अकाल और सूखे की मार झेलने के कारण गिरमिटिया मज़दूर बनकर सूरीनाम गए थे उसके पीछे एक अन्धविश्वास है और महत्त्वपूर्ण यह अन्धविश्वास नहीं है बल्कि हरहू नामक अछूत की पंडित द्वारा करा दी गई हत्या है। हत्या के पीछे वजह बड़ी मामूली थी वह यह थी कि हरहू पंडित के सामने आध्यात्मिक बातें करने लगा था और पंडित जी को नागवार गुज़रा कि दलित होकर हरहू अध्यात्म की बातें करता है। इस एक घटना के माध्यम से अखिलेश भारतीय समाज की सोपानगत जाति व्यवस्था की पूरी क्रूरता और अमानवीयता को प्रत्यक्ष कर देते हैं। जिन स्थितियों को विमर्श के रूप में प्रस्तुत करके यथार्थ की प्रतिकृति अधिसंख्य उपन्यासों में बनाई जाती है अखिलेश उसको स्वीकार नहीं करते हुए भी भारतीय समाज की बुनियादी प्रवृत्तियों के निषेधमूलक और दमनकारी तंत्र को जीवन्त रूप में प्रस्तुत कर देते हैं।

इसलिए पूर्व में कहा गया है कि अखिलेश के इस उपन्यास में निर्वासन के कई स्तर, कई श्रेणियाँ हैं। लेखक इन सबको अलग-अलग आख्यानों से जोड़ते हैं और ये सभी आख्यान आपस में ज़रूरी अन्तर्क्रिया करते हैं। धर्म के सिंडीकेशन जातिभेद पर आधारित कठोर और सामाजिक संरचना दो कौमों के बीच की वह एकता जो ज़बरदस्त रूप में 1857 के प्रथम स्वतंत्रता संग्राम में दिखलाई पड़ी थी वह सब आज के सामाजिक, सांस्कृतिक, आर्थिक और राजनीतिक विमर्श से निर्वासित है। भारतीय लोकतंत्र आज जिस प्रकार विश्व की आर्थिक महाशक्ति बनने की होड़ में थोड़े से नवधनाढ्य और शक्तिशाली लोगों के बीच सिमटकर रह गया है, भूख, ग़रीबी, स्वास्थ्य और पेयजल के संकट से जूझ रहे लोगों की चिन्ता से दूर हो गया है उससे यही मालूम पड़ता है कि इसने सामान्य मनुष्य

के दुख-दर्द, संघर्ष और जीने की इच्छा को अपने विमर्श से बाहर कर दिया है। यह सामान्य सूचना नहीं है कि सम्पूर्णानन्द को पर्यटन विभाग में अध्यक्ष पद पर बिठाने के लिए एक उद्योगपति ने सात करोड़ रुपये ख़र्च किये। धर्म के विमर्श में पूँजी की भूमिका की ओर यह संकेत बहुत कुछ कहता है। सम्पूर्णानन्द इस परिदृश्य में इसलिए इतना महत्त्वपूर्ण बन गया है कि वह 1857 की डेढ़ सौवीं जयंती पर मध्यकाल के हिन्दू वीरों के मन्दिर बनाकर उनकी मूर्तियाँ स्थापित करने की इच्छा रखता है और इस प्रकार 1857 के गदर में संघर्ष करने वाले मुसलमानों को इतिहास से निर्वासित कर देना चाहता है। कहने की ज़रूरत नहीं कि 1857 में औपनिवेशिक सत्ता के विरुद्ध संघर्ष करने वाले हिन्दू-मुसलमान सबको इतिहास से निर्वासित इसलिए करने की योजना है कि हिन्दू राष्ट्र के एजेंडे में यह बाधक है। सम्पूर्णानन्द के लिए उद्योगपति ने सात करोड़ रुपया इसलिए लगाया कि वर्तमान सरकार में उसके हित सुरक्षित रहेंगे।

यह ध्यान देने योग्य है कि उपनिवेशवाद के दौर में पश्चिमी भारतविदों ने अपने आका के हितों को ध्यान में रखते हुए जो ज्ञान स्थापित किया उसी का विस्तार आज का नया उपनिवेशवाद कर रहा है और प्रारम्भ से ही अंग्रेज़परस्त भारतीय बौद्धिकों ने इसमें उनके लिए सहयोगी भूमिका का निर्वाह किया। इसलिए अखिलेश इतिहास से पीछा छुड़ाने की ज़िद नहीं करते हुए भी उसकी भूमिका पर सवाल उठाते हैं। कारण स्पष्ट है, औपनिवेशिक मानसिकता से ग्रस्त इतिहासकारों ने इतिहास से उन लोगों को निर्वासित कर दिया जिन्होंने उपनिवेशवाद के विरुद्ध संघर्ष किया था। पश्चिम की इतिहास दृष्टि की यह बहुत बड़ी विडम्बना है इसके बावजूद कि दंतकथाओं और अन्धविश्वासों पर आधारित कथाओं को इतिहास मानना किसी भी सजग व्यक्ति के लिए असम्भव है। लेकिन पश्चिम के भारतविदों ने इसका उपयोग स्तरीय समाज के दो अहम समुदायों के बीच दरार पैदा करने के लिए किया और इसीलिए देरिदा ने पश्चिम के बुद्धिवाद को नस्ली और साम्राज्यवादी कहा। इसकी विडम्बना यह है कि एक ओर हिन्दू-मुसलमान के बीच विभेद पैदा करने के लिए यह नस्ली और साम्राज्यवादी बुद्धिवाद हिन्दुओं के मिथकीय स्मृतियों की महानता स्थापित करता है तो दूसरी ओर पश्चिम की सभ्यता की तुलना में असभ्य और बर्बर कहता है। जब यह पश्चिमी बुद्धिवाद हिन्दुओं के महान अतीत की बात करता है तो उसके सामने 1857 के गदर में दिखलाई देने वाली हिन्दुओं-मुसलमानों के बीच की एकता है जिससे ब्रिटिश साम्राज्यवाद को ख़तरा महसूस होने लगा था इसके ठीक उलट जब पश्चिमी बुद्धिवाद सभ्यता के विकास क्रम में भारत को पिछड़ा बर्बर कहता है तो उसका मतलब होता है कि भारत में ब्रिटिश साम्राज्यवाद की ज़रूरत है ताकि यहाँ के लोगों को सभ्य बनाया जा सके यानी दोनों ही स्थितियों में ब्रिटिश साम्राज्यवाद अपने हित के अनुसार इतिहास की व्याख्या करता है।

होमी के. भाभा ने उपनिवेशवादियों द्वारा गढ़ी फ़ंतासियों के बारे में कहा है कि इनसे उपनिवेशों की जंगली मनुष्यभक्षी बर्बर छवि बनती है। इस छवि को बनाए रखना जिस प्रकार उस ज़माने में उपनिवेशवाद के लिए आवश्यक था उसी प्रकार आज के नये उपनिवेशवाद के लिए भी यह ज़रूरी है। भाभा यह भी कहते हैं कि उपनिवेशकों और उपनिवेशितों के बीच एक निरन्तर खिंचाव चलता है। एक तरफ़ उपनिवेशक उपनिवेशितों को विचित्र, अजनबी बतलाते हैं, दूसरी तरफ़ इसी विचित्रता, अजनबीपन का भव्यीकरण करते हैं। इसी प्रकार वे उपनिवेशों की भीतरी संरचना में फाँक पैदा करते हैं। यही फाँक 1947 में भारत विभाजन और भयानक दंगों के रूप में दिखलाई पड़ी फिर यही फाँक नवें दशक में तब दिखलाई पड़ी जब भारत में बाज़ार का भूमंडलीकरण शुरू हुआ। अमेरिका भारतीय समाज के लिए आदर्श बन गया और न केवल उसकी भोगवादी उन्मुक्त जीवन-शैली भारत में आकर्षण का केन्द्र बनने लगी बल्कि उसके द्वारा प्रचारित इस्लामिक आतंकवाद का मुहावरा भी भारत में उन्मादी हिन्दुत्व की ब्रिगेड ने प्रसन्नतापूर्वक अपना लिया। यह अनायास नहीं कि नियंत्रणहीन बाज़ारवाद की धार्मिक उन्माद की शुरुआत इसी के साथ हुई।

प्रश्न उठता है कि 'निर्वासन' की चर्चा करते हुए इस लम्बे विवरण की ज़रूरत क्या है? इसके लिए उपन्यास में उपस्थित संकेतों पर ध्यान देने की ज़रूरत है। 1857 के शहीदों की याद में जो परियोजना का प्रस्ताव सूर्यकान्त तैयार करता है उसे सम्पूर्णानन्द यह कहकर ख़ारिज कर देता है कि इससे पर्यटन को कोई लाभ नहीं मिलेगा। उसने जो नोट लिखकर फ़ाइल लौटाई उसमें एक बिन्दु और कहने योग्य है जिसमें कहा गया है कि पर्यटन के द्वारा राजस्व की उगाही का प्रमुख स्रोत है विदेशी पर्यटक। 1857 के संग्राम में उनकी क्या दिलचस्पी हो सकती है? उलटे विदेशी पर्यटक भड़क सकते हैं क्योंकि इसमें बेशुमार गोरों को मौत के घाट उतार देने वाली कथाएँ भी शामिल होंगी। सभी को मालूम है कि विदेशी पर्यटकों में गोरे ही अधिक लाभकारी होते हैं। बतलाने की ज़रूरत नहीं कि सम्पूर्णानन्द कितना बड़ा कट्टर हिन्दू है और साथ ही यह भी कहने की ज़रूरत नहीं है कि वह किस प्रकार औपनिवेशिक मानसिकता का रक्षक है। सूर्यकान्त ने जब राणाप्रताप शिवाजी के मन्दिर 1857 की डेढ़ सौवीं जयंती पर बनवाने के उसके प्रस्ताव का खंडन यह कहते हुए किया था कि ये मध्यकाल के नायक हैं जिनका 1857 से कोई सम्बन्ध नहीं है और चूँकि उस संग्राम में मुसलमानों की भी अहम भूमिका थी इसलिए उनकी भावनाएँ आहत होंगी तो सम्पूर्णानन्द ने जो उत्तर दिया उससे उसका उन्मादग्रस्त हिन्दूवादी चरित्र पूरी तरह स्पष्ट हो जाता है—

"ये सब दलीलें नास्तिकों ने तैयार की हैं जो इस राष्ट्र की बहुसंख्यक जनता की भावनाओं, विश्वासों और स्वाभिमान को बिलकुल नहीं समझते हैं। देखिएगा इस वज्रघात को लोग बहुत दिन नहीं सहन करेंगे।"

इस प्रकार 'निर्वासन' में अखिलेश धर्म, सत्ता, पूँजी, ग्लोबल बाज़ार और नव उपनिवेशवाद के बीच के जटिल रिश्तों के रेशे सुलझाते हैं। यथार्थ की बहुस्तरीयता को सपाट चित्रण में ठस बनाने के बजाय वे विद्रूपता, विडम्बना और विसंगति के पाठ के माध्यम से उसे सघन मगर सहज बनाते हैं और समकालीन यथार्थ अपने तमाम छल-छद्म के बावजूद वास्तविक रूप में दिखलाई देने लगता है। मगर यहाँ दो बातें ध्यान देने योग्य हैं जो इस उपन्यास की पढ़त के दौरान ज़रूरी हैं, वरना भ्रम होने की गुंजाइश बन सकती है। पहली बात यह है कि अखिलेश आधुनिकता उपनिवेशवाद से लेकर नये उपनिवेशवाद धर्म, सत्ता और बाज़ार के गठजोड़ से उत्पन्न भारतीय समाज के हालात का क्रिटीक रचते हैं, लेकिन उत्तर उपनिवेशवाद से उन्हें विकल्प की कोई उम्मीद नहीं है क्योंकि उत्तर उपनिवेशवाद समग्र देशीयता के बजाय अलग-अलग सामाजिक और जातीय समूहों जो इतिहास में प्राय: उपेक्षित कर दिये गए हैं, के अध्ययन पर बल देता है और इस प्रकार सबॉल्टर्न दृष्टि से क़रीब खड़ा हो जाता है। अखिलेश उपलब्ध इतिहास के इस अभिजन चरित्र की आलोचना करते हैं और इसमें वे इतिहास को सत्ता के विमर्श के प्रति झुका हुआ भी कहते हैं पर सबॉल्टर्न दृष्टि का पक्ष नहीं लेते। दूसरी बात यह है कि वे आधुनिकता की भी आलोचना करते हैं लेकिन उसके उसी पक्ष का जो भोगवादी प्रदर्शन प्रिय और विलासी जीवन-शैली का पक्षधर है जिसने मनुष्य के भीतर से उसकी भावनाओं, अपने परिवेश, बोली, नदी-नाले, पेड़-पौधे और सामूहिकता को बेदख़ल कर दिया है। दरअसल आधुनिकता की विभिन्न अन्तर्धाराएँ हैं। एक तरफ़ पूँजीवाद से उसका अनिवार्य रिश्ता है तो दूसरी ओर सामन्ती दमन जीवन के प्रति रूढ़ और वर्जनाओं, भेदभाव पर आधारित सामाजिक संरचना के विरुद्ध भी बातें उसमें मौजूद हैं। आधुनिकता से भागने का अर्थ है अतीत की प्रेतसाधना, मगर अखिलेश की रुचि इस प्रेतसाधना में 'निर्वासन' में कहीं नहीं दिखलाई पड़ती, वे लगातार इसकी धज्जियाँ उड़ाते चलते हैं। हमें यह नहीं भूलना चाहिए कि मार्क्स और उनके सिद्धान्तों के प्रतिपक्षी सिद्धान्तकार मैक्सवेबर हों या भारत में टैगोर, प्रेमचन्द सब आधुनिकता की ही उपज हैं। स्वयं गांधी आधुनिकता की अतियांत्रिकता के विरोधी होने के बावजूद उसकी अनेक बातों को स्वीकार करते थे क्योंकि उसमें पुरातन पंथी भेदभाव के कारण उत्पीड़ित मानव समूहों की मुक्ति की बातें भी मौजूद थीं।

आधुनिकता का विरोध उत्तर-आधुनिकतावादी भी करते हैं पुनरुत्थानवादी भी और बहुत सारे भारतीय आम बुद्धिजीवी भी जो देशी के प्रश्न पर राष्ट्रीय स्वयंसेवक संघ के विचारों तक पहुँच जाते हैं। मगर अखिलेश आधुनिकता की विभिन्न अन्तर्धारणाओं के सम्बन्ध में बहुत स्पष्ट मालूम पड़ते हैं उन्हें कोई भ्रम नहीं है। उदाहरण के लिए सूर्यकान्त के चाचा के प्रसंग पर ध्यान देने की ज़रूरत है। जब रूढ़िग्रस्त सामन्ती संस्कार में बँधे सूर्यकान्त के पिता गौरी और सूर्यकान्त को जाड़े की सर्द रात में

घर से गालियाँ देकर निकाल देते हैं तब चाचा उन्हें चुपचाप ऊपर अपने निवास में रातभर रखते हैं और कहते हैं—

"मेरे प्यारे भतीजे ताज्जुब की बात बिलकुल नहीं है...दरअसल औरत, जाति और धर्म इन तीनों के नाम पर बुजदिल, नरम दिल और नेकदिल भी ख़ूँख़्वार बन जाता है। एक डरपोक इनसान अपनी स्त्री के सामने बाघ बना रहता है। इसी तरह धर्म के नाम पर होने वाले दंगों में देखें जो लोग रोज़मर्रा की ज़िन्दगी में घायल परिन्दा देखकर दुखी हो जाते हैं...चींटियों को आटा खिलाते हैं, बन्दरों को चना। वे भी दंगों में इनसान के ख़ून की होली खेलने की बात करने लगते हैं...और ये जो जाति है न शोर कम मचाती है...ख़ून भी कम बहाती है...पर भीतरी हिंसा करती है।"

चाचा के इस कथन के बाद भी उन्हें आधुनिकता विरोधी समझा जाए तो आश्चर्य की बात है। दरअसल अखिलेश ने इसमें आधुनिकता के अन्तर्विरोधों को समझने का प्रयास किया है और वे इसमें सफल हुए हैं। जिस चाचा के चरित्र के माध्यम से उन्होंने आधुनिकता के अन्तर्विरोधों पर विचार किया है वे आधुनिकता की मानवीय और वैज्ञानिक मूल्य-दृष्टि के विरोधी नहीं हैं बल्कि उसने जो पिछड़े हुए भारतीय समाज में तड़क-भड़क, उन्मुक्त भोग और प्रदर्शन-प्रिय जीवन-शैली की नींव डाली उसकी आलोचना करते हैं और आधुनिकता के परस्पर विरोधी पक्षों को अलगाते हैं। वे पुरातनपंथी नहीं हैं, न ही आधुनिकता ने जो टेक्नोलॉजी आधारित वैज्ञानिकता को जन्म दिया जिसके कारण मशीनीकरण हुआ और मानव-जीवन में जो गति आई, उसके विरोधी हैं। वे विरोधी हैं आधुनिकता के द्वारा उपभोग को जीवन-मूल्य बनाने, अनियंत्रित यांत्रिकता को बढ़ावा देकर मनुष्य के भीतर से संवेगों, भावनाओं को निर्वासित करने के। इसलिए अपने परिवार के बीच रहकर ही वे निर्वासित हो गए। अपनी हाँड़ी देसी तरीक़े से पकाए परिवार से अलग अपने कमरे को प्राचीन स्वरूप देना, फ्रिज की जगह घड़े का इस्तेमाल करना, आधुनिकता के उपभोक्तावादी अभियान का एक प्रकार का प्रतिरोध है। यह उस तरह का प्रतिरोध नहीं है जो ज्ञानरंजन की कहानी के पिता का है। पिता भौतिक सुविधाओं का प्रयोग सिर्फ़ अपनी पीढ़ीगत अस्मिता की रक्षा के लिए अस्वीकार करते हैं, वह एक प्रकार की हठधर्मिता है, पर इस उपन्यास में सूर्यकान्त के चाचा उनसे बिलकुल भिन्न हैं। अपने यौवन के दिनों में उन्होंने इश्क़ किया, शराबख़ोरी की, विवाद के बाद मोटरगाड़ी भी ड्राइव करने लगे, पर जब उन्हें यह लगने लगा कि वे बाज़ार और उपभोक्तावाद की गिरफ़्त में आ रहे हैं तब उन्होंने प्रतिकारस्वरूप प्राचीन ग्राम्य जीवन-शैली अपना ली। इस प्रकार अखिलेश आधुनिकता का भी कैरिकेचर बनाते हैं मगर उसके उस पक्ष का जो मनुष्य को अपनी भावनाओं-संवेदनाओं की भूमि से बेदख़ल करके उसे वस्तु का ग़ुलाम बना देता है। चाचा इसी का प्रतिरोध करते हैं क्योंकि यह आधुनिकता सोच के स्तर पर नहीं वस्तु की चमक-दमक पर आधारित

है बल्कि यह आधुनिकता एक ओर जीवन जीने के तरीक़े में पश्चिम की नकल पर टिकी है तो जीवन के प्रति दृष्टिकोण के स्तर पर दकियानूसी और घोर परम्परावादी परम्परा प्रेम भी वह नहीं है जो लोकजीवन के प्रति संवेदना पर आधारित है और जिसकी आज बेहद ज़रूरत है। यह वह परम्परा प्रेम है जो ख़ुद दिग्भ्रमित है। एक ओर अति यांत्रिकता का शिकार है तो दूसरी ओर धार्मिक रूढ़ियों और अन्ध धारणाओं का, जिनके विरुद्ध ही आधुनिकता का उदय हुआ था।

सूर्यकान्त जब चाचा के घर में प्रवेश करता है तो बैठकख़ाने को देखकर चकित हो गया मगर यहीं पर अखिलेश एक छोटे से चित्र में कथित आधुनिकता के खोखलेपन को प्रकट कर देते हैं। सूर्यकान्त ने बैठकख़ाने को देखा तो उसे लगा कि राजधानी लखनऊ के ठीक-ठाक इलाक़े के अच्छे मध्यवर्गीय घर के ड्राइंगरूम को टक्कर दे रहा था चाची-चाचा का ड्राइंगरूम। बल्कि वह पूरा घर "दरवाज़े पर गणेश देवता की एक बड़ी सी मूर्ति लेकिन उसके पहले छोटा सा लॉन जिसमें फूल-पौधों वाले ताज़ा-ताज़ा रँगे गए गमले और बची जगह में एक झूला लगा था। पोर्च में कार खड़ी थी।" यहाँ लेखक एक मध्यवर्गीय परिवार के वैभव और प्रदर्शन प्रेम से उच्चवर्गीय परिवार तक की झाँकी दिखलाता है। बहुगुणा के घर में डायनिंग टेबुल ही डेढ़ लाख की थी। कुछ नहीं तो घर में पच्चीस लाख के फ़र्नीचर और आठ लाख की शराब की बोतलें थीं। यह आज के भूमंडलीकरण के दौर में उत्पन्न नवधनाढ्य वर्ग के जीवन की तस्वीर है जबकि इसी देश की बड़ी आबादी भूख, ग़रीबी, शिक्षा और स्वास्थ्य की बुनियादी सुविधाओं से भी वंचित है। लेकिन आज के भारत के विमर्श से आबादी का यह बड़ा हिस्सा निर्वासित है। भारतीय लोकतंत्र की यह भारी विडम्बना है कि किसी भी दल की सरकार हो उसका मूल मंत्र विकास रफ़्तार और स्किल में सिमट गया है। ज़ाहिर है कि यह मंत्र उन लोगों की परवाह नहीं करता जो जीने की बुनियादी सुविधाओं को भी हासिल नहीं कर सकते। उन्हीं को रौंदकर विकास की तीव्र गति का रथ दौड़ रहा है और विश्व के सामने भारत को आर्थिक महाशक्ति बनाने की होड़ चल रही है। कारण स्पष्ट है भारतीय समाज आधुनिक होने भी न पाया था कि उत्तर-आधुनिकता की दौड़ में शामिल हो गया। चाचा के कथित सनकीपन का कारण यही दौड़ है। वे अकेले ही इसका प्रतिरोध करते हैं मगर फिर भी यह व्यक्तिगत प्रतिरोध नहीं है क्योंकि उनकी समस्या पूरे देश के संघर्षशील आम लोगों की पीड़ा से जुड़ी है। पूँजीवाद अपनी चरम अवस्था में पहुँचकर मनुष्य की जगह ख़ुद बैठ जाता है, इसीलिए मार्क्स इसे निर्मम और अमानवीय कहते थे। चाचा की परेशानी और उनकी प्रतिक्रिया का यही कारण है।

जो उत्तर-आधुनिक समाज भारत में बन रहा है, अखिलेश उसकी छोटी-छोटी झलकियाँ प्रस्तुत करते हैं। एक महत्त्वपूर्ण झलक वे आम भारतीय के जीवन से

जुड़ी भाषा के निर्वासन और उसकी जगह विचित्र शब्दावलियों के लेने की झलक प्रस्तुत करते हैं—

"चाचा की फ़ैमिली को 'एंजॉय', 'मस्ती', 'चक दे' जैसे सरीखे शब्द और मेरी अपनी लाइफ़ है, या 'आय डोंट केयर' जैसे वाक्य बड़े प्रिय थे जबकि इनके उच्चारण को सुनकर चाचा की भाषा की भृकुटी टेढ़ी हो जाती थी।" ज़ाहिर है कि भाषा से नैसर्गिक रूप में जुड़े शब्दों को बाहर कर इस प्रकार के शब्दों को लाना वास्तव में मनुष्य को अपने परिवेश, अपनी धरती-आकाश, खेत-खलिहान, नदी-तालाब सबसे अलग करना है। निस्सन्देह 'निर्वासन' की शुरुआत आधुनिकता के दौर में ही हुई किन्तु तब के निर्वासन में जहाँ मजबूरी थी वहीं आज के निर्वासन में लोलुपता है। लोग आतुर हैं अमेरिका जाने के लिए क्योंकि जीवन के विकास की जो परिभाषा आज प्रचलित है अमेरिका जाकर ही वह पूर्णता प्राप्त करती है।

ध्यातव्य है कि लेखक आधुनिकता के इस पक्ष की आलोचना करता है लेकिन आज के उत्तर-आधुनिक समय में यह और भयावह हो गया है। इसको दिखलाने के लिए लेखक आधुनिकता से आज के उत्तर-आधुनिक समय तक की सामाजिक-सांस्कृतिक यात्रा को इस उपन्यास में क्रमवार तरीक़े से दर्ज करता है। विकास और गति में गहरा रिश्ता है। आधुनिकता की बहुत बड़ी देन है कि इसने मनुष्य जीवन में मोटरों, रेलवे आदि के माध्यम से गति प्रदान की, रेडियो और प्रेस के माध्यम से उसे दुनिया से जोड़ा। पर विकास और गति का एक चरित्र यह होता है कि वह मनुष्य के नियंत्रण से बाहर हो जाए तो उलटकर उसी का विनाश करने के लिए प्रस्तुत हो जाता है। आधुनिकता और उत्तर-आधुनिकता के बीच यही फ़र्क़ है और इसी फ़र्क़ को तो अखिलेश इस उपन्यास में दिखलाते हैं। इक्कीसवीं सदी की ओर बढ़ते भारत की विकास प्रक्रिया और गति के शास्त्र को दर्ज करने के लिए अखिलेश सुल्तानपुर का वर्णन करते हैं जो वास्तव में मेरे देश की तस्वीर है। सुल्तानपुर से होकर लखनऊ जानेवाली वरुणा एक्सप्रेस को माध्यम बनाकर वे इंगित करते हैं कि गति के इस विमर्श में मनुष्य क्या, किसी प्राणी के लिए कोई संवेदना नहीं बची है—

"कोई मौत होती थी और ट्रेन कुछ देर के लिए रुक जाती थी। यात्री पहले स्तब्ध होते, फिर दुखी होते, फिर देर से गाड़ी खड़ी रहने के कारण उकताने लगते। ट्रेन चल पड़ती थी तो सब सामान्य हो जाता था।"

गति ने जीवन को वस्तु पर निर्भर बनाया और इस निर्भरता में कोई स्थायित्व नहीं है एक चीज़ बाज़ार में आती है और घर पहुँचते-पहुँचते पुरानी पड़ जाती है। वस्तु के सामने मानवीय सम्बन्ध की रागात्मकता और परस्पर निर्भरता भी ख़त्म होती जा रही है, टी.वी. के दूरदर्शन संस्कृति से लेकर आज के सेटेलाइट चैनल तक की विकास यात्रा में मनुष्य अपने परिवार, पास-पड़ोस सबसे बेदख़ल हो गया है।

चाचा के विवाह के अवसर पर रतजगे का वर्णन करके लेखक संकेत करता है कि किस प्रकार परिवार, नातेदारी का आनन्द अब इतिहास बन गया है। यह जीवन का विरूपीकरण है और इसमें आज के दृश्य माध्यमों की बड़ी भूमिका है। उत्तर-आधुनिकता सूचना संजाल की इलेक्ट्रॉनिक तरंगों पर सवार होकर दुनिया भर में फैल रही है आधुनिकता का वाहक तो रेडियो था और चाचा इस उत्तर-आधुनिक मीडियायुक्त यथार्थ का सामना अपने रेडियो से करते हैं। स्वयं सूर्यकान्त इसी निर्वासन का शिकार है जब वह सुल्तानपुर गया तब गौरी ने उसके मेफ़ेयर रजिस्टर को पढ़ा। उसमें एक जगह शब्दों को दर्ज किया गया था जो निम्नांकित हैं—

इनारा, हेंगा, रहट, बरधा, मेहराब, मनई, ओसारा, बँसखटिया, फटफटिया, जोन्हरी और दावना, बुटली, करिया, तरकारी, सीपड़, सिकहर, सैंतना, भिनसार, भिनौखे, लूगा, गोड़, किरिया, मुइयाँ, सोहारी, पिसान, बिहान आदि। शब्दों का जीवन से लोप होना वास्तव में अपनी स्मृतियों, अपने वास्तविक जीवन से निर्वासित होना है और यही निर्वासन आज का भारतीय मनुष्य झेल रहा है। इसी निर्वासन की पीड़ा सूर्यकान्त भी झेल रहा है और चाचा भी और सबसे मार्मिक निर्वासन दादी का है क्योंकि उनके लिए सिर्फ़ अपने परिवेश से निर्वासित होना भर पीड़ा का कारण नहीं है बल्कि मृत्युबोध भी है। अखिलेश बुढ़ापे और मृत्युबोध की पीड़ा को एकल रूप में केवल मानसिक स्तर पर नहीं चित्रित करते बल्कि पूरे सामाजिक-सांस्कृतिक परिदृश्य में रहकर प्रस्तुत करते हैं। भरे-पूरे परिवार में दादी को भौतिक कष्ट यों तो नहीं था मगर परिवार की संरचना से वे निर्वासित हो गई थीं। बहुएँ, पोते, पोतियाँ, घर और पड़ोस के बच्चे, युवा उनसे मरने की बात करते और दादी ऐसा प्रदर्शन करतीं कि उन्हें जीवन से कोई लगाव नहीं रह गया, मगर वास्तव में उन्हें पीड़ा होती थी। ये कठोर वाक्य उनकी आत्मा पर प्रहार करते थे और उनका समूचा अस्तित्व झनझना उठता था। दादी के जीवन के बारे में ब्योरे देकर अखिलेश ने यौवन से लेकर जीवन के अन्त तक की यात्रा के सुख, दुख, संघर्ष, ख़ुशी, निराशा और अवसाद जीवन के छूट जाने के बोध की व्यथा और परिवार-समाज के विमर्श से बेदख़ल हो जाने की पीड़ा की बारीक से बारीक स्थितियों का वर्णन किया है।

इस उपन्यास की आख्यान कला की विशिष्टता यह है कि इनमें अनेक क़िस्से हैं मगर ये क़िस्से परम्परागत रूप से मुख्य कथा, प्रासंगिक कथा के रूप में संरचनाबद्ध होकर नहीं चलते। कहीं से भी कोई क़िस्सा शुरू हो जाता है और किसी न किसी रूप में उपन्यास की मूल थीम से जुड़ जाता है। यह अखिलेश की आख्यान कला की विशिष्टता तो है ही, जीवन यथार्थ पर उनकी गहरी पकड़ का परिणाम भी है कि कोई भी क़िस्सा उपन्यास की थीम में जबरन चिपकाया हुआ मालूम नहीं पड़ता। उनके बीच एक बारीक सूत्र होता है जो ऊपर-ऊपर दिखलाई

नहीं पड़ता पर उपन्यास को सघनता प्रदान करता है। ग़ौर करने की बात यह है कि ये क़िस्से सिर्फ़ रोचकता उत्पन्न करने के लिए नहीं हैं बल्कि तीस-पैंतीस वर्षों के दौरान के भारतीय समाज राजनीति, संस्कृति, अर्थतंत्र तथा टेक्नोलॉजी आदि के स्तर पर घटित होने वाले तीव्र परिवर्तनों के बीच मनुष्य के अस्तित्व पर ख़तरे की चिन्ता से जुड़े हैं। सूर्यकान्त डरता है। सामान्य तौर पर एक सफल जीवन जीने के बावजूद उसे डर लगता है? कभी पत्नी गौरी के लिए, कभी बच्चे के लिए। क्या यह डर अनायास है? बिलकुल नहीं, देश का वातावरण ऐसा बन गया है। इमरजेंसी की कथा, इंदिरा जी की हत्या और हत्या के बाद सिखों के नरसंहार की कथा एक अकेले गुंडे द्वारा हज़ारों की भीड़ के सामने कवि मनबहादुर सिंह की सरेआम गरदन काटे जाने की कथा—ये सब यह बतलाने के लिए पर्याप्त हैं कि देश में सत्ताएँ, शक्ति और वर्चस्व ने किस प्रकार तीस-चालीस वर्षों के दौरान भय, आतंक और हिंसा का वातावरण बनाया है। लेखक इनमें से किसी भी क़िस्से को ब्योरे के रूप में कथा में चिपकाता नहीं है बल्कि यथार्थ का कैरिकेचर बनाते हुए ही उसकी भयावहता को दिखला देता है। इमरजेंसी की भयावहता को दिखलाने के लिए वह बहुत ही मामूली घटना को आधार बनाता है—एक सरकारी कर्मचारी एक मन्दिर में पोते का मुंडन करवाने जाता है जिसका नाम संजय है। वह नाई से कहता है कि संजय का सिर ठीक से मूँड़ दो। वहीं आसपास मौजूद सरकारी ख़ुफ़िया तंत्र के लोग सुन लेते हैं और संजय चूँकि इंदिरा जी के छोटे बेटे का नाम भी था जो इमरजेंसी के दौरान दमन और आतंक के पर्याय के रूप में प्रसिद्ध था इसलिए पुलिस नाई सहित बच्चे के दादा को पकड़कर ले जाती है क्योंकि सत्ता की नज़र में इसे संजय, इंदिरा जी, सरकार और राष्ट्र के विरुद्ध कथन माना गया। भारतीय लोकतंत्र की इससे बड़ी कोई और विडम्बना नहीं हो सकती। इसी कड़ी में लेखक इमरजेंसी के दौरान चलाए गए व्यापक और अनिवार्य नसबन्दी अभियान का भी विवरण देता है कि किस प्रकार सत्ता, शक्ति और वर्चस्व के मद में चूर एक सनकी आदमी ने लोगों की प्राकृतिक प्रजनन क्षमता को छीन लेने, जनता को पुंसत्वहीन बना देने का बाक़ायदा अभियान छेड़ दिया था। अखिलेश इन सबका कोई लम्बा-चौड़ा विवरण नहीं देते बल्कि इनसे जुड़ी फ़तांसियों, क़िस्सों, विद्रूपताओं का वर्णन करके इसकी भयावहता को सामने लाते हैं। इसी प्रकार इंदिरा जी की हत्या के बाद सिखों के नरसंहार की सिर्फ़ एक घटना का ज़िक्र करते हैं जो उस पूरे लोमहर्षक घटनाक्रम की स्मृतियों को ताज़ा कर देता है। सूर्यकान्त के चाचा जिस सिख लड़की से प्रेम करते थे उसके पिता और भाई को उसकी जलती दुकान में फेंक दिया जाता है और वे ज़िन्दा जल जाते हैं। वहाँ मोटरसाइकिल पर पुलिस का अफ़सर बैठा हुआ है, खद्दर पहने कांग्रेसी नेता है और भीड़ है। अखिलेश इस घटना को कथासूत्र से जोड़ते हैं क्योंकि उस सिख लड़की से सूर्यकान्त के चाचा प्रेम करते थे।

इस प्रकार यह घटना कथा का हिस्सा बन जाती है। अखिलेश इतिहास के विवरणों को इसी प्रकार कथासूत्र से जोड़ते हैं अन्यथा वे कहीं भी अपनी ओर से किसी प्रकार का विवरण नहीं देते। सारे ब्योरे कथा से जुड़े हुए हैं, और इसके लिए जहाँ ज़रूरत पड़ती है अखिलेश फ़ंतासियों, किंवदंतियों का भी सहारा लेते हैं क्योंकि अतिरेकी ही सही, पर कहीं न कहीं ये भी यथार्थ का ही चरमरूप होते हैं।

इस प्रकार यह कहने में कोई संकोच नहीं है कि 'निर्वासन' में एक स्पष्ट राजनीतिक दृष्टि भी है जिसे खुलकर भले ही लेखक ने नहीं कहा है, लेकिन कथा जिस प्रकार विभिन्न प्रसंगों के वर्णन से रूप लेती है उसमें राजनीतिक गंतव्य झलकने लगता है। इमरजेंसी और उसकी समाप्ति के बाद भारत में सत्ता परिवर्तन एक राजनीतिक संस्कृति के अन्त के रूप में देखा गया था मगर तब से लेकर समकालीन दौर तक की राजनीतिक यात्रा पर ग़ौर करें तो परिवर्तन का कोई मॉडल सामने नहीं आया सभी राजनीतिक पार्टियाँ मूलभूत प्रश्नों पर समान विचारधारा और रवैया रखती हैं। इसलिए अखिलेश किसी को विकल्प के रूप में प्रस्तुत नहीं करते। प्रश्न उठता है कि किसी विकल्प की आशा नहीं बची है? इसका उत्तर यही हो सकता है कि संकट के बीच ही विकल्प की सम्भावनाएँ उत्पन्न हो सकती हैं। संकट इतने चरम पर पहुँच गया है कि हर देश बाहरी और भीतरी दोनों तरह की हिंसा झेल रहा है। यह वह समय है जब दुनिया भर में लोकतंत्र ख़ूँख़्वार रूप में दिखलाई दे रहा है। सूर्यकान्त और उसके चाचा के बीच जो बहस होती है उससे आज के लोकतंत्र, जिसे समाजशास्त्री रजनी कोठारी ने युद्धरत लोकतंत्र की संज्ञा दी है, आज सबसे ज़्यादा अन्तर्विरोध ग्रस्त है। इस भूमंडलीय लोकतंत्र का वाहक आज अमेरिका बना हुआ है। और उसकी वास्तविकता यह है कि जब से सोवियत संघ का विघटन हुआ, फिकुयामा ने इतिहास के अन्त यानी मार्क्सवाद के अन्त की घोषणा कर दी अमेरिका दुनिया भर में तांडव मचा रहा है। चाचा का यह कथन उल्लेखनीय है—

"जो जितना समृद्ध है वह उतना ही हिंसक है जो जितना ताक़तवर है उतना ही असहिष्णु है। भीतरी और बाहरी दोनों तरह की हिंसा से लबालब। सबसे ज़्यादा सम्पन्नता, शक्तिशाली, तकनीकी रूप से उन्नत अमेरिका को लो, सबसे ज़्यादा बेमुरौवत। भीतरी हिंसा का आलम यह है कि नौजवान मौज में सनक में दर्जनों बेकसूर लोगों को गोलियों से मार डाल रहे हैं। आप कहोगे कि यह... दुर्बलता है। पर यह दुर्बलता भी उसी सामाजिक व्यवस्था के कारण पैदा हुई है जो शक्ति, समृद्धि और हिंसा की पूजा करती है। बाहरी हिंसा का आलम यह है कि इराक, अफ़ग़ानिस्तान, वियतनाम सब जगह इसी अमेरिका ने युद्ध थोपे। और सी.आई.ए. के ज़रिये उसने अनेक देशों में जो हत्या और युद्ध का मेला किया उसका भी हिसाब रखा जाएगा। इसी अमेरिका को लोग जन्नत मान रहे हैं। उसके जैसा अपने देश को बनाना चाह रहे हैं। उसके बाशिन्दों की नकल करके पैसा बनाने की हसरत पाले हुए हैं।"

जिस इक्कीसवीं सदी को मानव सभ्यता के विकास का चरम प्रचारित किया जा रहा है, उसके बारे में अखिलेश टिप्पणी करते हैं कि अम्बेडकर, महात्मा फुले जैसे लोग इक्कीसवीं सदी में नहीं, बीसवीं सदी में पैदा हुए थे। वे इस विडम्बना पर भी टिप्पणी करते हैं कि उन्होंने जो फ़सल बोई थी उसी की तिजारत करके दलितों, पिछड़ों का मसीहा, माफ़िया बनकर ताक़त और धन हासिल करने में लगे हुए हैं।

चाचा और भतीजे की बहस इस उपन्यास का बहुत ही महत्त्वपूर्ण प्रसंग है। परिवार, सम्बन्ध, समाज, संस्कृति, विकास की लफ़्फ़ाज़ी उसके नाम पर होने वाले विमानवीकरण से लेकर समकालीन भारतीय राजनीति और वैश्विक राजनीति के ख़ूँख़्वार, जनविरोधी रूप की अखिलेश इस बहस में बखिया उधेड़ते हैं। प्रश्न उठता है कि इस पूरी बहस में कथाकार का कोई राजनीतिक मंतव्य उभरता है या नहीं। कहने की ज़रूरत नहीं कि चाचा-भतीजे की बहस से कोई राजनीतिक निष्कर्ष उभरकर नहीं आता, आ भी नहीं सकता क्योंकि उपन्यासकार कोई निष्कर्ष खोजने या थोपने में रुचि नहीं रखता क्योंकि उसका मानना है कि मानव विकास की कोई भी सैद्धान्तिकी निश्चयात्मक नहीं होती। निश्चयपूर्वक की धारणा ही भ्रामक होती है। यहाँ तक कि गणित के महान सूत्रों, समीकरणों और परिभाषाओं को भी अमर नहीं कहा जा सकता। इसीलिए अखिलेश किसी एक राजनीतिक सिद्धान्त को विकल्प के रूप में नहीं प्रस्तुत करते हैं। लेकिन एक बात स्पष्ट है कि सोवियत संघ के विघटन के बाद जो यह मान लिया गया था कि उदारवादी जनतंत्र की विजय हो गई अब पूरी दुनिया की सुख-शान्ति इसी में निहित है, अखिलेश इसको निरस्त करते हैं। विकल्प की सम्भावनाओं का अन्त नहीं हुआ है, भले ही मार्क्सवाद अन्तर्विरोध ग्रस्त हो गया था, पर उदारवादी जनतंत्र भी विकल्प नहीं बन सकता यह तो स्पष्ट है क्योंकि यह नये उपनिवेशवाद का वाहक बन गया है। इसीलिए रामअजोर पांडे के पुरखों की खोज का जब समापन होता है तब सूर्यकान्त से इस खोज के निष्कर्ष के बारे में पूछे जाने पर वह एक छोटा सा वाक्य कहता है, "मुझे कुछ नहीं कहना है।" इसी वाक्य के साथ उपन्यास का अन्त होता है।

प्रश्न यह है कि सूर्यकान्त के सामने जगदम्बा कुम्हार को रामअजोर पांडे का वंशज सिद्ध करने की सभी स्थितियाँ अनुकूल हो जाती हैं तब सूर्यकान्त क्यों नहीं अपने निष्कर्ष पर अडिग हो पाता है। इसका कारण है उसके भीतर उत्पन्न होने वाली ऊब, विरक्ति, खीज जो तभी शुरू हो जाती है जब वह अपनी जड़ों, स्मृतियों से फिर से जुड़ने की लालसा लिये सुल्तानपुर आया था। लेकिन यहाँ आकर उसने देखा कि लम्बे समय के अन्तराल में बहुत कुछ बदल चुका है। यह ध्यान देने की बात है कि सुल्तानपुर आने का उद्देश्य सिर्फ़ रामअजोर पांडे के पुरखों के गाँव और वंशजों की खोज करना नहीं था बल्कि वह अपने स्मृतियों के वशीभूत होकर भी आया था। मगर यहाँ आकर उसने जो अपने शहर, यहाँ तक कि अपने

परिवार तक में बदलाव देखा उससे उसे यह समझ में आ गया कि नये बाज़ार और उपभोक्ता संस्कृति ने लोगों को भयानक रूप से गिरफ़्त में ले लिया है और संवेदनाओं, संवेगों और भावनाओं की बेदख़ली हो गई है। अमेरिका जीवन का आदर्श बन गया है, जो वहाँ नहीं जा सकते वे अपनी कल्पनाओं में उसे जीते हैं। उसका भाई शिब्बू बहन नूपुर और बहनोई देवदत्त सब अमेरिका जाने के लिए आतुर है और इसीलिए उसकी ज़रूरत से ज़्यादा आवभगत कर रहे हैं क्योंकि उन्हें लगता है कि भैया रामअजोर पांडे से सिफ़ारिश कर दें तो अमेरिका रूपी स्वर्ग का द्वार उनके लिए खुल जाएगा। निर्वासन का वास्तविक अहसास उसे वापस सुल्तानपुर आकर ही हुआ। क्योंकि इसके पहले वह रूमानी स्मृतियों में जी रहा था। मगर यहाँ आकर उसे यथार्थ की कठोरता का अहसास हुआ।

कथा में जो लोग क़स्बों, गाँवों के विमर्श की बात करते हैं उन्हें यथार्थ का वास्तविक ज्ञान नहीं है वे निर्वासित हो चुके समय की रूमानियत में जीते हैं। अखिलेश रूमानियत के शिकार नहीं हैं। उन्हें पता है कि क़स्बों से लेकर गाँव तक किस प्रकार अन्ध मौलिकता व्याप्त हो चुकी है। सूर्यकान्त को सुल्तानपुर पहुँचने पर ढेर सारी गायें सड़क पर घूमती दिखलाई देती हैं। पूछने पर पता चलता है कि जो गायें दूध देना बन्द कर देती हैं उन्हें गाँव के लोग अब खिलाते-पिलाते नहीं हैं। कसाई के हाथ बेचने पर धर्म नष्ट होने की आशंका से लोग ग्रस्त हैं इसलिए गायों को शहर की ओर हाँक देते हैं। यानी गाँव तक में जो मनुष्य और मनुष्येतर प्राणियों को लेकर संवेदनात्मक रिश्ता था वह बदल चुका है। बाज़ार ने क्या महानगर, क्या शहर, क़स्बे अथवा गाँव सबको अपने चंगुल में ग्रस लिया है। सूर्यकान्त जब वास्तविकता का अनुभव करता है तो अपने छूटे हुए परिवेश, परिवार, शहर को लेकर उसकी सारी रूमानी कल्पनाएँ हवा हो जाती हैं।

रामअजोर पांडे के वंशजों की तलाश का काम जब सूर्यकान्त शुरू करता है तो विचित्र स्थितियों से सामना करना पड़ता है। गोसाईंगंज ही नहीं, बग़ल के गाँव से भी लोग आकर रामअजोर पांडे से अपनी नातेदारी सिद्ध करने लगते हैं। अन्ततः वह असमंजस में भरा हुआ लौटता है और चाचा को ई-मेल भेजकर बतलाता है कि "इस बार मैं बेख़बर होकर प्रवास पर जा रहा हूँ। विस्थापन में आपकी जड़ें आपके भीतर पैठ बनाए रहती हैं लेकिन अब मेरे अन्दर का वह सारा तबाह हो चुका है। मर चुका है...यह एक ऐसा विध्वंस है जिसकी बुनियाद पर कोई सृजन नहीं होना है।"

दरअसल सुल्तानपुर वापस आने और गोसाईंगंज में अपना काम करने के दौरान सूर्यकान्त भारतीय समाज की वास्तविक विद्रूपता से रूबरू होता है। उसके घर के लोग जहाँ उन्मुक्त भोगवादी जीवन जीने के लिए अमेरिका जाना चाहते हैं, वहीं गोसाईंगंज गाँव भारत का तिरस्कृत और वंचित गाँव है, इसलिए वहाँ का हर

आदमी ख़ुद को रामअजोर पांडे का वंशज साबित करने के लिए लालायित है। सूर्यकान्त का मन इनसे उतना खिन्न होता जितना अपने परिवारीजनों की लोलुपता से। इसीलिए वह बहन द्वारा दी गई राखी तथा घर के लोगों द्वारा दिये गए खाने-पीने के सामान को ट्रेन से बाहर फेंक देता है।

इस लेख के प्रारम्भ में ही कहा गया है कि हिन्दुत्व के पुनरुत्थान और नई पूँजी बाज़ार के बीच एक गहरा रिश्ता है। उपन्यास के अन्त में यह रिश्ता खुलकर दिखलाई पड़ता है जब सम्पूर्णानन्द बृहस्पति ने सतयुग के समय के भारत की परियोजना बनाई थी जिसकी झाँकियों से उस महल का बड़ा हॉल सजा हुआ था जहाँ पांडे ठहरा था। सूर्यकान्त जब पांडे से मिलने कमरे में दाख़िल हुआ तो उसकी आँखें चौंधिया उठीं। महल, गुरुकुल, शस्त्रागार, शयनगृह, दूतशालाओं आदि की छोटी-छोटी अनुकृतियाँ सजी हुई थीं। यही सूर्यकान्त को बतलाता है कि उसने अपनी अकूत सम्पत्ति का एक हिस्सा सम्पूर्णानन्द की इस सतयुग की परियोजना में लगाने का निश्चय किया है। रामअजोर पांडे की अपने पुरखों के गाँव की तलाश की असलियत यहाँ खुल जाती है यह उसकी संवेदना का हिस्सा नहीं था बल्कि अतीत के प्रति व्यामोह था, एक ऐसा व्यामोह जो जीवन को पूरी तरह भोग में गुजार देने के बाद उत्पन्न होता है।

उपन्यास का अन्त सूर्यकान्त के इस वाक्य से होता है कि "मुझे कुछ नहीं कहना है।" इससे ऐसा लगता है कि इसका समापन हताशा और निराशा में हुआ है। लेकिन उसके बाद के पृष्ठ में गौरी की ओर से लेखक का वक्तव्य है कि "...यह भी सम्भव है कि इससे आगे लेखक से लिखा न जा रहा हो...बहरहाल मेरे पास उस रोज़ के कुछ अन्य ब्योरे, सूचनाएँ और वृत्तान्त हैं जिनके ज़रिये कोई चाहे तो अपना मनपसन्द समापन गढ़ सकता है।" यानी उपन्यास के अन्त में सूर्यकान्त द्वारा कहे गए वाक्य में जो हताशा झलकती है उसी के साथ उपन्यास का अन्त भले ही हो जाता है पर सम्भावनाएँ ख़त्म नहीं हो जातीं। यह लेखक की कलात्मकता का श्रेष्ठ उदाहरण है कि कोई घिसा-पिटा निष्कर्ष देकर वह यथार्थ की बहुस्तरीयता और उसके वैविध्य को किसी निष्कर्ष में बाँधकर एकरेखीय नहीं बनाता। कथावस्तु और चरित्र के परम्परागत ढाँचे को लेखक ने तोड़ दिया है इसीलिए उपन्यास का अन्त हो जाने के बाद भी विचार की सम्भावनाएँ बनी रह जाती हैं।

इस उपन्यास में अखिलेश ने आधुनिकता, उत्तर-आधुनिकता, उपनिवेशवाद और नव उपनिवेशवाद के विमर्श को प्रस्तुत करने के बजाय तीस-पैंतीस वर्षों के दौरान उत्पन्न जीवन यथार्थ की उस प्रवृत्तियों, विडम्बनाओं और विसंगतियों को विचार का मुद्दा बनाया है जिनसे ये विमर्श बने हैं। इस प्रकार अखिलेश का यह उपन्यास भारतीय समाज को एक विराट में उपस्थित करता है। ऊपरी तौर पर इसकी कथा इमरजेंसी के बाद के भारतीय राजनीतिक और सामाजिक परिदृश्य को प्रस्तुत

करती है पर यह वास्तव में पीछे उस दौर तक जाती है जब औपनिवेशिक भारत में आधुनिकता की शुरुआत हो रही थी। निश्चय ही आधुनिकता ने ठहरे हुए भारतीय जनजीवन को गति दी किन्तु चूँकि इसकी शुरुआत उपनिवेशवादियों की देखरेख में हुई थी इसलिए इसे कैसे और किस सीमा तक लागू किया जाए इसको उन्होंने ही अपने हिसाब से तय किया। राजा राममोहन राय और बाद में स्वामी दयानन्द ने जिस जागरण की नींव डाली थी, उनके भी अपने अन्तर्विरोध थे। यानी आधुनिकता प्रारम्भ से ही अन्तर्विरोधग्रस्त थी और इसीलिए भारत में आधुनिकता का प्रोजेक्ट पूरा हुए बतौर सदी के अन्तिम दौर में नव उपनिवेशवाद और उत्तर-आधुनिक प्रभाव दिखलाई देने लगे। अखिलेश के इस उपन्यास की गहराई में जाने पर मालूम पड़ता है कि यह कई समय में आवाजाही करता है और सैद्धान्तिकियों के आवरण में छिपे यथार्थ को पारदर्शी बनाता है।

बीसवीं सदी के दौरान समाज, संस्कृति, राजनीति के क्षेत्र में यहाँ तक कि विज्ञान और गणित के क्षेत्र में जो अवधारणाएँ, समीकरण और परिभाषाएँ तय हुई थीं इक्कीसवीं सदी में वे सब ध्वस्त हो गईं। अखिलेश आधुनिकता को ख़ारिज नहीं करते हैं उसके अन्तर्विरोधों को सामने लाते हैं और महत्त्व की बात यह है कि इतने सारे गम्भीर मुद्दों को विचार के दायरे में लाने के बावजूद उपन्यास की रोचकता में कमी नहीं आती, यह सबसे पहले एक मुकम्मल कथाकृति ही साबित होती है। इसलिए अगर इस उपन्यास को आधुनिकता से उत्तर-आधुनिकता तक का महाख्यान कहा जाए तो इसमें कोई अतिशयोक्ति नहीं होगी। 'गोदान', 'झूठा सच' और 'मैला आँचल' जैसे उपन्यासों के बाद यह पहला उपन्यास है जिसमें जीवन को इतने विराट पर इतने सहज और पारदर्शी रूप में दिखलाया गया है और कथा शिल्प की दृष्टि से भी ताज़गी है। यह एंटी नॉवेल की नकल नहीं है। इसके बावजूद शिल्प की तमाम संरचनाओं को इसमें तोड़ दिया गया है फिर भी न तो इसके भाव, न वर्णन शैली में कोई भी कीमियागीरी दिखलाई देती है। हिन्दी उपन्यास में एक नई शुरुआत का संकेत है, 'निर्वासन'।

हिन्दी उपन्यासों में मील का पत्थर : 'निर्वासन'

—अरुण होता

मन भर गया था एक अरसे से विमर्शों के सादे और निर्जीव यथार्थ से भरे उपन्यासों को पढ़ते हुए। ऐसे ही में कथाकार अखिलेश का यह उपन्यास निर्वासन जैसे भीड़-भाड़ और गर्द-गुबार से बाहर ताज़ी हवा का झोंका।... निर्वासन मेरी नज़र में भारतीय समाज के विकास के मॉडल की सोनोग्राफ़ी है। रही बात उपन्यास की संरचना, शिल्प और भाषा की तो इस बारे में इतना ही कहना चाहूँगा फ़िलहाल कि हिन्दी में गिने-चुने कथाकार हैं जो कथाकार भी हैं और इस मामले में अखिलेश का जोड़ नहीं। **—काशीनाथ सिंह**

अपनी समग्रता में 'निर्वासन' अपने समय के सम्पूर्ण यथार्थ का उपन्यास है। हाल के वर्षों में हिन्दी के अधिकांश उपन्यास इन अर्थों में सीमित यथार्थ के उपन्यास रहे हैं कि इनमें किसी एक कालावधि, विशेष मुद्दे, प्रवृत्ति या विमर्श की केन्द्रीयता रही है। लेकिन 'निर्वासन' एक साथ कुलीन पितृसत्ता, वर्णाश्रमी वर्चस्व और उपभोक्तावादी संस्कृति का प्रत्याख्यान है। **—वीरेन्द्र यादव**

लम्बे अरसे के बाद 'निर्वासन' के रूप में ऐसा उपन्यास सामने है जिसमें समाज वैज्ञानिक सच की उपेक्षा नहीं है किन्तु उसे अन्तिम सच भी नहीं माना गया है। साहित्य की शक्ति और सौन्दर्य का बोध कराने वाले इस उपन्यास में अनेक इस तरह की चीज़ें हैं जो वैचारिक अनुशासनों में नहीं दिखेंगी। इसलिए इसमें समाज वैज्ञानिकों के लिए ऐसा बहुत कुछ है जो उनके उपलब्ध सच को पुनर्परिभाषित करने की सामर्थ्य रखता है। कहना अनुचित न होगा कि उपन्यास की दुनिया में 'निर्वासन' एक नया और अनूठा प्रस्थान है। **—राजकुमार**

'निर्वासन' ठेठ अर्थ में न तो 'वर्तमान' का उपन्यास है और न ही 'अतीत' का। वह किसी यांत्रिक अर्थ में भविष्य का भी उपन्यास नहीं है। इन तीनों के बीच कथा की आवाजाही में अप्रत्याशित तनाव और गति है।
—जितेन्द्र श्रीवास्तव

1

अखिलेश हमारे समय के एक महत्त्वपूर्ण कथाकार हैं। उनका कथा-लेखन बँधी-बँधाई परिपाटी में नहीं अँटता है। यह हमेशा कथालोचन के सामने नई चुनौतियाँ पेश करता है। आदमी नहीं टूटता कहानी-संग्रह के माध्यम से अपनी महत्त्वपूर्ण उपस्थिति दर्ज कराने के बाद मुक्ति, शापग्रस्त और अँधेरा संग्रहों की कहानियों ने उन्हें अत्यन्त प्रसिद्धि दिलाई है। इस प्रसिद्धि के मूल में अखिलेश की कथा कहने की अपूर्व अदा की जितनी भूमिका है उतना महत्त्व कहानीकार का समय के यथार्थ से मुठभेड़ करने का भी है। कहानीकार ने ग्रामीण, क़स्बाई तथा महानगरीय यथार्थ से जूझते हुए अपनी व्यापक दृष्टि को अन्दाज़-ए-बयाँ में पेश किया है। बेरोज़गारी, उपभोक्तावादी संस्कृति के छल-छद्म, बाज़ारवाद की चालाकियाँ, सामाजिक विसंगतियाँ, धार्मिक जड़ता, अपसंस्कृति का फलता-फूलता माहौल, आर्थिक दुर्दशा आदि पर अखिलेश के समकालीन कथाकारों ने भी चिन्ता ज़ाहिर की है, लेकिन अखिलेश के यहाँ जो सम्बद्धता है, प्रभावधर्मिता है वह अन्यत्र कहाँ है? इसके मूल में कथाकार के व्यापक सरोकार, प्रतिबद्धता और दृष्टि है। कथाकार ने इन्हें कल्पना से नहीं बल्कि अनुभव से हासिल किया है। मुक्ति का सुभाष, बड़ी अम्मा की वृद्धा, शापग्रस्त का प्रमोद वर्मा तथा जलडमरूमध्य के सहाय जी के माध्यम से अखिलेश की कथा-दुनिया का स्पष्ट चित्र मिल जाता है।

'अन्वेषण' अखिलेश का पहला उपन्यास है। पाठकों ने इसे भली-भाँति पसन्द किया था। वह जो यथार्थ था उनका सृजनात्मक गद्य है। गद्य की पठनीयता देखते ही बनती है। विभिन्न प्रतिष्ठित साहित्यिक पत्रिकाओं का लम्बा सम्पादन-अनुभव है। इसके अलावा अनेक पुस्तकों का सम्पादन भी किया है। उनकी अनेक कहानियों का नाट्य मंचन, फ़िल्मांकन भी हुआ है। श्रीकान्त वर्मा सम्मान, इंदु शर्मा कथा सम्मान, परिमल सम्मान, वनमाली सम्मान, अयोध्याप्रसाद खत्री सम्मान, स्पंदन पुरस्कार, नवीन पुरस्कार, कथा अवार्ड आदि विविध पुरस्कारों तथा सम्मानों से सम्मानित अखिलेश का हिन्दी साहित्य में महत्त्वपूर्ण स्थान है।

2

प्रख्यात कथाकार अखिलेश का 'निर्वासन' (2014) पाठकों का बहुप्रतीक्षित उपन्यास है। यह न केवल अखिलेश की सर्वोपरि कृति है बल्कि सम्पूर्ण हिन्दी उपन्यास की एक उल्लेखनीय सृष्टि है। यह उपन्यास हिन्दी उपन्यास संसार को नया आयाम देने की सामर्थ्य रखता है। यह एक बड़े कलेवर का उपन्यास तो है ही, बड़ा उपन्यास भी है। बड़ा उपन्यास इसलिए कि लेखक ने अपने समय और समाज को सही ढंग से पहचानकर रेखांकित किया है और अपनी व्यापक दृष्टि को कलात्मक ढंग से अभिव्यक्त किया है। समय और समाज के किसी एक अंश या प्रवृत्ति को उद्घाटित करने में अपनी प्रतिभा को जाया न कर कथाकार ने तमाम संकटों, विडम्बनाओं, विसंगतियों और अन्तर्विरोधों को सम्पूर्णता के साथ प्रस्तुत किया है। फलस्वरूप यह किसी एक यथार्थ तक सीमित न रहकर सम्पूर्ण यथार्थ का सफल अंकन करता है। सम्पूर्ण यथार्थ से तात्पर्य है सामाजिक, सांस्कृतिक, आर्थिक, राजनीतिक आदि तमाम क्षेत्रों में व्याप्त यथार्थ। इस उपन्यास में सघनता और गहराई के साथ-साथ उपन्यासकार का अनुभव-प्राचुर्य भी साफ़ ज़ाहिर होता है।

उपन्यास का कथानक पिछले डेढ़ सौ वर्षों से लेकर आज तक के परिदृश्य को समेटा हुआ है। भारतीय समाज के निर्वासन की त्रासदी को बहुआयामिता के साथ प्रस्तुत करने वाला यह उपन्यास बेदख़ली के कारणों, उसके पीछे काम कर रहे पूरे तंत्र, उसके इतिहास और उसके अर्थशास्त्र को उद्घाटित करता है। लेखक ने इसे किसी कालखंड तक सीमित नहीं किया है। यह एक सातत्य प्रक्रिया है। निर्वासन का आख्यान सामन्तवादी व्यवस्था में था तो उपनिवेश काल में भी। यह उत्तर उपनिवेश काल में है तो भूमंडलीकरण के दौर में भी। वर्तमान को समझने के लिए तथा भविष्य को सुन्दर बनाने के लिए अतीत में जाना पड़ता है। अतीतजीवी बनना नहीं होता है। निर्वासन से भारतीय समाज पर होने वाले शोषण और उसकी दुर्दशा को भी चित्रित किया गया है। ध्यान दिया जाना चाहिए कि निर्वासन की पीड़ा सर्वाधिक असह्य होती है। कहाँ तो पहले यानी अतीत में निर्वासित किया जाता था लेकिन आज हम निर्वासित होने के लिए अधीर हो रहे हैं। इससे भी बड़ी विडम्बना यह है कि हम अपने परिवार, समाज, देश में रहकर भी निर्वासन के दंश से व्यथित हैं। दरअसल, निर्वासन या बेदख़ली आज का क्रूर यथार्थ है। एक बात और भी है कि समय, समाज, भावनाओं की बेदख़ली के साथ-साथ हमारे अपने शब्द, अपनी भाषा, परम्परा, जीवन-शैली तथा हमारे वजूद भी निर्वासित हो रहे हैं। दुख की बात है कि इसका हमें एहसास तक नहीं हो रहा है। अखिलेश ने इस उपन्यास में निर्वासन के व्यापक सन्दर्भों को व्यापक संवेदना के साथ उकेरने का सफल प्रयास किया है।

निर्वासन की एक और बड़ी विशेषता यह है कि इसमें ग्राम और शहर की कथा का सुन्दर समन्वय हुआ है। गोसाईंगंज, सुल्तानपुर, लखनऊ ही नहीं कलकत्ता, सूरीनाम, अमेरिका, गाँव-शहर-महानगर की कथा के बहाने कथाकार ने आज की आत्मप्रवंचना, असन्तोष, विसंगतियों आदि का चित्रण किया है। यहाँ भी अत्यन्त महीन तंतुओं से निर्वासन के भीतर कई निर्वासन व्यंजित हुए हैं। उल्लेखनीय है कि इस उपन्यास में ग़रीब भगेलू पांडे निर्वासित है तो पूँजीपति रामअजोर पांडे भी। निर्वासन के दंश से मध्यवर्गीय चाचा-भतीजा पीड़ित हैं तो पशु-पक्षी भी। यानी निर्वासन ने सभी को अपने क़ब्ज़े में कर लिया है। वह सर्वग्रासी बन चुका है। कथानायक सूर्यकान्त अपने शहर में लौटकर देखता है। सूर्यकान्त ने सुबह के आसमान को देखा—सूरज का लाल गोला था वहाँ। लेकिन चिड़ियों के चहचहाने का कलरव न था। न आसमान में एक साथ कई क़तारों में चिड़ियों की उड़ान। ख़याल आया—सब चिड़ियाँ कहाँ गुम हो गईं? उसने लखनऊ के अपने घर का तसव्वुर किया और सोचा—अब छत पर गौरैया दाना चुगने नहीं आतीं। मुँडेरों पर कौवे आवाज़ नहीं देते। कोयलें वृक्षों की डालों पर कूकतीं नहीं और कबूतर रोशनदानों में फड़फड़ाकर गुटरगूँ नहीं करते या गुटरगूँ करके फड़फड़ाने नहीं लगते। बड़े रचनाकार की पहचान उसकी व्यापक संवेदना से होती है। इस दृष्टि से अखिलेश अपने समकालीन कथाकारों में अग्रणी हैं। उद्धृत अंश में उपन्यासकार की पर्यावरणीय चिन्ता और चेतना तो है लेकिन उससे भी बढ़कर है उसकी संवेदना की व्यापकता तथा चेतना की सघनता एवं भावों की भेदन क्षमता। प्रेमचन्द और रेणु तथा श्रीलाल शुक्ल के बाद अखिलेश के इस उपन्यास में व्यापक संवेदना के चित्र अंकित हुए हैं।

कहने का आशय यह है कि लेखक ने आख्यानों के माध्यम से तमाम तरह के निर्वासनों का चित्रण किया है। ये सभी निर्वासन कहीं न कहीं एक-दूसरे से जुड़े हुए हैं, गुँथे हुए हैं। अखिलेश की कथाशैली में क़िस्से कहीं भी शुरू हो सकते हैं और किसी रूप में उपन्यास की भूल कथा को संवर्धित कर सकते हैं। लेकिन क़िस्सों का यह संयोजन इतनी बारीकी से हुआ है कि यह कहीं भी अस्वाभाविक प्रतीत नहीं होता है। ऐसा भी नहीं कि इन क़िस्सों के समावेश से लेखक के विचार और उसकी दृष्टि में कहीं हल्कापन आया है। उसकी सघनता में कोई कमी आई हो। दरअसल, किसी क़िस्से से दूसरा क़िस्सा और दूसरे से तीसरा क़िस्सा फूटकर उभरता है तो भी उपन्यासकार उसे मूल कथा से सम्पृक्त कर देता है। यह भारतीय आख्यान का मूल वैशिष्ट्य है। सम्पूर्ण उपन्यास में अखिलेश की इस सामर्थ्य से पाठक रूबरू होता जाता है। साथ ही, पाठक रचनाकार की इस कला के आकर्षण से मोहित हो उठता है।

3

भूमंडलीकरण के दौर में पूँजी, धर्म, सत्ता और राजनीति की साँठ-गाँठ हुई है। ये एक-दूसरे के पोषक और संवर्द्धक रहे हैं। इनसे जनजीवन बुरी तरह प्रभावित हुआ है। अखिलेश का कथाकार इस स्थिति से पूर्णतया परिचित है। इसलिए उसने उपन्यास की शुरुआत में सम्पूर्णानन्द बृहस्पति का चित्र खींचा है। इस चित्रण से कथाकार की अद्‌भुत क़िस्सागोई का परिचय मिलता है। धर्म के नाम पर भयानक शोषण तंत्र चलाना तथा अपने वर्चस्व को कायम रखना सम्पूर्णानन्द बृहस्पति जैसे धार्मिक नेताओं की स्वार्थपरता को उद्‌घाटित करना भी है। अपने को महान पंडित, शास्त्रज्ञ और धार्मिक मानने वाले ऐसे धार्मिक नेता घोर अवसरवादी हैं। ये सत्ता के आसपास मँडराते रहते हैं। सत्ता पर आसीन राजनीतिक दल के चापलूस बने रहते हैं। दलबदलू होते हैं। धर्म के ध्वजाधारी बनने का ढोंग रचने वाले केवल अपनी स्वार्थसिद्ध हेतु दत्तचित्त रहते हैं। इन्हें अपनी जाति की श्रेष्ठता पर गर्व है। ये जातिवादी समीकरण के बड़े खिलाड़ी होते हैं। अखिलेश ने सम्पूर्णानन्द के चरित्र का यथार्थ प्रस्तुत किया है। एक जागरूक रचनाकार की भूमिका ऐसी ही होती है। उनके चारित्रिक खोखलेपन का अनावरण करते हुए हिन्दूवादी नेता की महानता की पोल-खोल की है। उपन्यासकार ने धर्म और संस्कृति को व्यापार में तब्दील करने वालों पर व्यंग्य किया है। धर्म, अध्यात्म और संस्कृति की दुहाई देते हुए करोड़ों की सतयुग प्रोजेक्ट बनाई जाती है ताकि करोड़ों का लाभ मिल सके। आज़ादी की पहली लड़ाई की इस सतयुग प्रोजेक्ट के सामने क्या औक़ात जो टिकती? जिस स्वाधीनता संग्राम में हिन्दू-मुस्लिम साथ-साथ लड़े थे उसके स्मारक का कोई अर्थ ऐसे नेताओं के लिए नहीं है। इनके लिए हिन्दू-मुस्लिम के बीच आपसी वैर-भाव बढ़ाने का महत्त्व अधिक है। पौराणिक ग्रंथों की मनमानी व्याख्या प्रस्तुत करते हुए उन्हें ऐतिहासिक मानते हुए, ऊलजलूल कल्पनाओं के सहारे हिन्दुत्व का नारा प्रचारित करते हुए आम आदमी को गुमराह करने की पुरज़ोर कोशिश की जाती है। फलस्वरूप, 1992 में बाबरी मस्जिद का विध्वंस होता है। साम्प्रदायिकता की विषज्वाला से मानवता कराहती है। बाबरी मस्जिद विध्वंस में बृहस्पति की भूमिका थी—जब बाबरी मस्जिद नेस्तनाबूद कर दी गई तब सम्पूर्णानन्द जो उस समय सत्तर साल के आसपास थे, खड़े होकर नाचने लगे थे। वह इतने भावावेश में आ गए थे कि कुछ न सूझा तो आडवाणी जी, मुरली मनोहर जोशी सरीखे वहाँ मौजूद नेताओं को पान मसाला के पाउच भेंट करने लगे थे। पत्रकार के अनुसार, आडवाणी ने नाराज़ होकर पाउच फेंक दिया जबकि जोशी जी ने पान मसाला के पाउचों की लड़ी को अपने गले में डाल लिया था जो उनके गले में सुशोभायमान भगवा गमछे के ठीक ऊपर खिल रहा था। उमा भारती और ऋतंभरा ने उसे रख लिया था।

इतना ही नहीं, उपन्यासकार ने इस पात्र का मखौल उड़ाते हुए एक प्रतीक के रूप में इसका जो चित्रण किया है, उसे देखा जा सकता है—सम्पूर्णानन्द 'बृहस्पति' का मस्तिष्क बाथरूम में बहुत उर्वर हो जाता था। उनके जीवन के तमाम महत्त्वपूर्ण निर्णय, दाँव, कूटनीति, स्वप्न, कार्यक्रम आदि बाथरूम में ही जन्मे थे और वहीं पर उन्होंने इन सबको स्वरूप दिया था। यही नहीं, हनुमान जी की गदा, पूजा-स्थलों, स्थापत्य आदि के बारे में उनकी अनेक मान्यताएँ और स्थापनाएँ अध्ययन तथा शोध का परिणाम न होकर बाथरूम का सहज उपहार थीं। इस प्रकार की उपलब्धि होने पर वह एक दिव्य स्नान करते थे और धुले साफ़ कपड़ों में निकलकर उक्त मानसिक ख़ाके को साकार करने की दिशा में जुट जाते हैं। बाथरूम से निकलने के बाद उनकी ज़बान और दिमाग़ औसत से कई गुना अधिक तेज़ चलने लगते थे।

उपन्यासकार की ख़ूबी यह है कि वह अपना कोई आग्रह, पूर्वग्रह या दुराग्रह दिखाए बिना पूरी तटस्थता बरतते हुए पात्र को पाठकों के समक्ष प्रस्तुत कर देता है। पात्र की गतिविधियों या उसके चित्रण भर से सब कुछ स्पष्ट होता जाता है। जैसे उपर्युक्त कथन से सम्पूर्णानन्द के माध्यम से धर्म, पूँजी और सत्ता की असलियत साफ़ हो जाती है। उपन्यास में रामअजोर पांडे या अमेरिका पांडे की महान हिन्दू संस्कृति सम्बन्धी मान्यता से धर्म, पूँजी और सत्ता की त्रयी का यथार्थ अधिक तरल रूप में आता है। आस्था का होना और बात है लेकिन अन्धविश्वास और अन्धी तथा विकलांग श्रद्धा में पोंगापंथी होना बिलकुल अलग बात है। अमेरिका पांडे के लिए भी धर्म का आशय मिथ्या प्रदर्शन है, बाह्याडंबर है। वह पूँजीपति तो है ही, सम्पूर्णानन्द के साथ मिलकर अपनी पूँजी की उत्तरोत्तर वृद्ध करना चाहता है। एतदर्थ वह महान हिन्दू संस्कृति का अमोघ अस्त्र छोड़ता है। वह कथा-नायक सूर्यकान्त और उसके मित्र बहुगुणा से कहता है—मैं असलियत में हिन्दू हूँ...मेरे रक्त में बह रहा हिन्दू ख़ून मुझे बार-बार बुलाता है...यह देखिए बम भोलेनाथ को।...सुबह पूजा के समय मैं इसका पाठ करता हूँ। मैं बग़ैर पूजा किये नाश्ता नहीं करता।... जनेऊ भी पहनता हूँ।

कोई भी शान्तिकामी और सौहार्द की कामना करने वाला अतीत के सागर से मोतियों को चुनने का काम करता है। अखिलेश ने भी 1857 के बहाने सूर्यकान्त से यह कहलवाया है—1857 की लड़ाई हिन्दुओं और मुसलमानों ने मिलकर लड़ी थी, इसी उ.प्र. के अवध की धरती पर। फिर मन्दिरों का निर्माण अल्पसंख्यक लोगों की भावनाओं और उनके बलिदान के ख़िलाफ़ हो सकता है। यदि हम मन्दिर के बदले...। यह प्रगतिशील सोच है। मानव जाति हितैषी है। लेकिन धर्म और सत्ता की जुगलबन्दी को मानव जाति के हित से कोई मतलब नहीं होता। उसकी योजनाओं और कार्यक्रम के पीछे बस एकमात्र उद्देश्य होता है पूँजी की बढ़ोतरी। धन की लूट। इसलिए यह जुगलबन्दी अपना कुतर्क पेश करती है।

कुतर्क करती है—ये सब दलीलें नास्तिकों ने तैयार की हैं जो इस राष्ट्र की बहुसंख्यक जनता की भावनाओं, विश्वासों और स्वाभिमान को बिलकुल नहीं समझते हैं। इससे भी भयानक, विध्वंसकारी और मारक है सम्पूर्णानन्द की वचनावली—एक ख़ास धर्म के लोग जो हमारे धर्म के जन्मजात विरोधी हैं उनको बढ़ावा दिया गया कि उन्होंने आतंकवाद का रास्ता अपना लिया। जब सरकार, प्रशासन, पुलिस सब तुष्टीकरण के नाम पर हाथ में दही जमाए बैठे रहेंगे तो आतंकवाद पनपेगा और इन्हीं दुष्ट आतंकवादियों ने भगवान राम की जन्मभूमि अयोध्या और बाबा भोलेनाथ की नगरी वाराणसी जैसे प्रमुख पर्यटन केन्द्रों पर हमला किया। वाराणसी के संकटमोचन मन्दिर में हुए विस्फ़ोट को भला कोई कैसे भूल सकता है। ऐसे तथाकथित पंडितों को भला कौन समझाए कि आतंकवाद का कोई धर्म नहीं होता, उसकी कोई जाति नहीं होती। आतंक फैलाना ही उसका कर्म, धर्म और उद्देश्य होता है। पुनः ऐसे प्रसंगों का क्या औचित्य है जिससे साम्प्रदायिकता का बीज-वपन हो। उसकी आग से मानवता कराह उठे। कहना न होगा कि अखिलेश की दृष्टि व्यापक है, विज़न बड़ा है। सम्पूर्णानन्द केवल हिन्दू धर्म में नहीं होते, विश्व के किसी भी धर्म में ऐसे महामनाओं की कमी नहीं है। ऐसे लोगों से दुनिया में हिंसा, दंगा, मार-काट, नरसंहार आदि की वारदातें बढ़ रही हैं। एक सचेत कलाकार अपने पाठकों या दर्शकों के सामने सब कुछ प्रस्तुत कर देता है कलात्मकता के साथ ताकि वे खुली आँखों से सब कुछ देख-समझ सकें। मानव विरोधी शक्तियों को पहचान सकें। अखिलेश ने निर्वासन के माध्यम से इस चेतना को अत्यन्त संवेदनशीलता के साथ प्रसारित किया है। उन्होंने अपने-अपने व्यापक सरोकार का परिचय दिया है।

'निर्वासन' में राजनीति का वर्चस्व और वर्चस्व की राजनीति का मनोज्ञ चित्रण हुआ है। इसमें एक ओर आपातकालीन भारत के बिम्ब अंकित हुए हैं तो दूसरी ओर समकालीन राजनीति की गहरी पड़ताल भी। नसबन्दी तथा भ्रष्टाचार से युक्त नेताओं की असलियत का चित्रण करते हुए उपन्यासकार ने अपनी राजनीतिक चेतना और सूझ-बूझ का परिचय दिया है। लेकिन उसकी बड़ी चिन्ता है कि मनुष्य की प्रतिरोध की संस्कृति समाप्त होती जा रही है। मसलन, कॉमरेड कोमल की दुकान बन्द हो गई। जहाँ क्रान्तिकारियों का जमावड़ा होता था। लम्बी बहसें होती थीं। नसबन्दी के प्रसंग में कथाकार ने तानाशाही शासन व्यवस्था का पर्दाफ़ाश किया है। यहाँ जनतंत्र को समाप्त करने की साज़िश को उद्घाटित किया गया है। संवैधानिक अधिकार को सत्ता ताक पर रखकर अपना वर्चस्व कायम करने के लिए नागरिकों को आतंकित किये रहती है। ज़ाहिर है कि अखिलेश इस जनतांत्रिक विरोधी सत्ता की असलियत को बिना लाग-लपेट के प्रस्तुत करने में पीछे नहीं हटते। समय और समाज की गहरी विडम्बना कथाकार के शब्दों में—न्याय, स्वास्थ्य, शिक्षा, राजनीति ये सब ऐसी चीज़ें हैं जो समाज को सुन्दर बनाने के लिए होती हैं

लेकिन देखो कैसा ज़माना आ गया है कि यही इनसान को सबसे ज़्यादा डरा रही हैं। ये अपने मक़सद के विलोम से भरी हुई हैं। काला कोट पहने वकील को देखते ही लगता है कि अब न्याय का गला रेता जाएगा। पुलिस को देखकर लगता है कि कोई निर्दोष फँसाया जाएगा और गुनहगार की हिफ़ाज़त होगी। कितने डॉक्टर हैं जिनके बारे में कहा जाएगा कि इनमें करुणा है—लगभग सारे के सारे अपनी और दवा कम्पनियों की जेब भरने में जुटे हैं। मरीज़ के प्रति सबसे ज़्यादा क्रूरता तथा बदसलूकी डॉक्टर ही करते हैं। इससे भीषण यथार्थ और क्या हो सकता है? भयानक विडम्बना क्या हो सकती है?

धर्म, सत्ता, राजनीति आदि के गठबन्धन की गहरी साज़िश को उद्‌घाटित करने के क्रम में उपन्यासकार ने जाति, वर्ग, लिंग आदि के भेद को बड़े ही कलात्मक ढंग से कथा-सूत्र में पिरोया है। उपन्यास पढ़कर पाठक वर्णवादी व्यवस्था के विरुद्ध आक्रोश से भर उठता है। एक बात और है जिसका उल्लेख करना ज़रूरी है कि उक्त उपन्यास में सभी मुद्दे साथ-साथ चलते हैं। इसका कारण यह है कि कथाकार किसी विमर्श से प्रेरित होकर नहीं रच रहा है बल्कि एक व्यापक दृष्टि तथा बृहत् विज़न को ध्यान में रखकर अपने विचार को संगुंफित कर रहा होता है। फलस्वरूप उपन्यास के मल्टी डायमेंशन सामने उभरकर आते हैं।

उपन्यासकार ने भारतीय जाति-व्यवस्था की क्रूरताओं को भी मार्मिक ढंग से अभिव्यक्त किया है। जाति के नाम पर बरती जा रही घोर अमानवीयता को भी संवेदनशीलता के साथ उकेरा है। हरहू नामक नीची जाति का व्यक्ति धर्म और अध्यात्म की बात करे तो पंडित जी के हाथों उसे मरना ही है। भगेलू पांडे का गिरमिटिया बनकर सूरीनाम जाने के पीछे इस जातीय हिंसा की भूमिका को अस्वीकारा नहीं जा सकता है। भारत में जाति-व्यवस्था की जड़ बड़ी गहराई तक पसरी हुई है। जातिगत उच्चता के बोध से उत्पन्न संकट की ओर भी इशारा करना कथाकार का एक लक्ष्य है। जघन्य कर्म करने के बावजूद यहाँ ब्राह्मण ब्राह्मण बना रहता है जबकि तमाम सत्कर्म करने के पश्चात् कुम्हार की जाति कुम्हार ही रहती है। जाति-व्यवस्था को जाति-विमर्श का रूप प्रदान करना कथाकार की चेतना में शामिल है।

जाति-व्यवस्था के नग्न यथार्थ से पाठक उपन्यास की नायिका गौरी के ससुराल में हुए निर्यातन से परिचित होते हैं। गौरी के ससुर यानी सूर्यकान्त के पिता गौरी को बुरी तरह से अपमानित करते हैं। जाड़े की रात में उसे तथा सूर्यकान्त को घर से निर्वासित कर देते हैं। इसके मूल में गौरी का निम्न जाति में जन्म लेना है। सूर्यकान्त के पिता ने नवदम्पती यानी बेटे-बहू को घर से निष्कासित कर दिया रात के ग्यारह बजे। अपना आपा खोकर चिल्लाते हुए कहा था—अपनी शक्ल मत दिखाना आइंदा...जा रंडी साली की जाँघ सहला...उसके पेटीकोट में मुँह रगड़... हर्रामी...बाप को इश्क़बाज़ी दिखा रहा है...। सूर्यकान्त से पिता के इस दुर्व्यवहार

की वजह खोजकर उसके चाचा कहते हैं—दरअसल औरत, जाति और धर्म—इन तीनों के नाम पर बुजदिल, नरमदिल, नेकदिल भी ख़ौफ़नाक बन जाता है। एक डरपोक इनसान अपनी स्त्री के सामने बाघ बना रहता है। इसी तरह धर्म के नाम पर होने वाले दंगों में देखो, जो लोग रोज़मर्रा की ज़िन्दगी में घायल परिन्दा देखकर दुखी हो जाते हैं...चींटियों को आटा खिलाते हैं, बन्दरों को चना—वे भी दंगों में इनसान के ख़ून की होली खेलने की बात करने लगते हैं...और जो जाति है न, शोर कम मचाती है...ख़ून भी कम बहाती है...पर भीतरी हिंसा करती है। ये मामूली से मामूली बात में मौजूद रहती है और बड़ी से बड़ी बात में भी। वाक़ई इसकी हिंसा दिखे भले न पर होती हर जगह है। जन्म से मौत तक वह चिपकी रहती है। स्पष्ट है कि कथाकार ने जाति, धर्म और सत्ता के विमर्श को एक ही धरातल पर एक साथ प्रस्तुत किया है। इन्हें अलग-अलग रूप में न देखकर समन्वित रूप में रखा गया है ताकि इनके समन्वित के दुष्परिणामों का अन्दाज़ हो सके। हाँ, अखिलेश अभिजन चरित्र की आलोचना करते हैं। दलितों का समर्थन करते हैं। लेकिन दलित चिन्तन की मौजूदा स्थिति का समर्थन नहीं करते हैं। उनका मानना है जिस चिन्तन या विमर्श में अंबेडकर और फुले के विचारों के प्रति अनास्था का भाव प्रकट होता है, जिसमें प्रतिशोध को, सर्वोपरि माना जाता है। जंगली न्याय या अन्धा क़ानून का एक प्रकार है प्रतिरोध। इसलिए कथाकार दलित आन्दोलन की वर्तमान स्थिति पर प्रश्नचिह्न लगाना नहीं भूलता है।

4

निर्वासन का रचनाकार उपनिवेशवादी सोच और पूँजीवादी मानसिकता का विरोधी है। उपनिवेश एक प्रवृत्ति है। यह किसी काल तक सीमित नहीं है। अंग्रेज़ों के चले जाने के बाद भी यह प्रवृत्ति पाई जाती है। उत्तर उपनिवेशवाद और पूँजीवाद के दौर में बाज़ार का वर्चस्व बढ़ता जा रहा है। केदारनाथ सिंह के शब्दों में यह बाज़ार का समय है। बाज़ारवादी अर्थव्यवस्था में सब कुछ बिकाऊ है। इसमें केवल दो ही सम्बन्ध हैं—क्रेता और विक्रेता। इस सम्बन्ध का आधार पूँजी या अर्थ है। इसने उपभोक्तावाद को बढ़ावा दिया है जिसका नारा है—खाओ, पीओ और मौज करो। विचारहीनता में जीने वाली पीढ़ी के सामने न कोई उद्देश्य है और न लक्ष्य। आभासी दुनिया को ही असली दुनिया मानकर चलने वालों की दिशाहीनता से कथाकार बेहद चिन्तित है। भोगवाद में जीने वालों को केवल विलास की वस्तुएँ चाहिए। वस्तु अथवा उत्पाद के मूल्य को ही जीवन-मूल्य बनाने का घोर विरोध भी है। आज भारत तथा अन्य देशों में उन्मुक्त भोगवादी प्रवृत्ति बड़ी तेज़ी से बढ़ रही है। इससे मानवीय नाते-रिश्ते बाधित हो रहे हैं। मानवीय सम्बन्धों की ऊष्मा समाप्त होने की कगार पर है।

विकास के नाम पर भयानक विनाश की लीला जारी है। मनुष्य अपनी बोली-बानी, संस्कृति तथा अपने प्रियजनों से निर्वासित हो रहा है। अखिलेश की कथा-दृष्टि में उपर्युक्त परिदृश्य ओझल नहीं है। बल्कि इसकी बड़ी चिन्ता है कि जो कुछ भी बचा हुआ है उसे कैसे बचाकर रखा जा सके।

आज हर नवयुवक का सपना अमेरिका में बसने का है। बुज़ुर्गों का सपना है कि कैसे अमेरिकी पूँजी हासिल हो सके। शिब्बू, नूपुर, कामना, देवदत्त आदि सभी अमेरिका में जाकर बैठने के लिए बेचैन हैं। सूर्यकान्त और अमेरिका पांडे के सम्पर्क को भुनाने के लिए उतावले हैं। पूँजी के प्रति अमोघ आकर्षण की यह प्रवृत्ति कितनी विनाशकारी हो सकती है, इसे कोई दूरदर्शी रचनाकार ही जान-समझ पाता है। अखिलेश ने इस आसन्न संकट से अपने पाठकों को सचेत कराना चाहा है। समय की क्रूरता और संवेदनहीनता को पूरी शिद्दत के साथ उकेरने का सफल प्रयास किया है।

बाज़ारवादी अर्थव्यवस्था में व्यक्ति नाते-रिश्ते से लेकर देश के ऐतिह्य और उसकी संस्कृति को ग्लोबल मार्केट में बेचने के लिए अधीर है। महानगर, शहर, क़स्बा, गाँव सर्वत्र पूँजी और बाज़ार का झंडा फहराने लगा है। बाज़ारवाद ने व्यक्ति की प्रतिरोध चेतना को कुंद कर दिया है। सुल्तानपुर हो या गोसाईंगंज, लखनऊ हो या सूरीनाम अथवा अमेरिका सर्वत्र पूँजीवादी ताक़तों का बोलबाला है। अत: निर्वासन में सन्दर्भ भले भारत का हो लेकिन कथाकार का सरोकार भारत की भौगोलिक सीमा में संकुचित नहीं है।

बहुराष्ट्रीय कम्पनियों के सामानों से गाँव-क़स्बे पटते जा रहे हैं। सूर्यकान्त ने अपने शहर में आने वाले परिवर्तन का यूँ ज़िक्र किया है—दुकानों की भरमार हो गई है...शहर मोबाइल कम्पनियों के विज्ञापनों से रंगा हुआ था। उनके सुन्दर रंगीन दैत्याकार विज्ञापन स्कूलों, कचहरी, अस्पताल, डाकखाना, रेलवे स्टेशन, बस अड्डा आदि के सामने आगे-पीछे मुस्करा रहे थे। इनको टक्कर देने वाला कोई अन्य पदार्थ पृथ्वी पर था तो वह था शीतल पेय। दोनों एक-दूसरे से कम न थे लेकिन दोनों में कोई मुक़ाबला या जीत-हार का जोश नहीं था। दोनों जैसे एक ही नृत्य संरचना की नृत्यांगनाएँ हों। दोनों एक साथ थिरक, झूम रहे थे।

सूर्यकान्त का मित्र बहुगुणा के माध्यम से भौतिक सुख-सुविधा, भोग-विलास की ओर प्रवृत्त हो रहे समाज का चित्रांकन किया गया है। बहुगुणा के घर में डायनिंग टेबुल ही डेढ़ लाख की थी। कम-से-कम पच्चीस लाख के असबाब और आठ लाख की शराब की बोतलें। बहुगुणा जैसे व्यक्ति के माध्यम से नव पूँजीवाद का स्वरूप उजागर होता है।

सूर्यकान्त के चाचा का बैठकख़ाना कुछ निम्नवत् था—राजधानी लखनऊ के ठीक-ठाक इलाक़े के अच्छे मध्यवर्गीय घर के ड्राइंगरूम को टक्कर दे रहा था।

चाची-चाचा का ड्राइंगरूम। बल्कि वह पूरा घर। ...आरामदेह सोफ़ा के दो सेट थे। पर्दों, शोकेस के सामानों, पेंटिंग, पंखे, टेबुल सभी सुरुचि और फ़ैशन का सुन्दर मेल था। एक बड़ा टी.वी. सटीक स्थान पर स्थित था। चाची के पास आधुनिक जीवन के सारे साज-ओ-सामान मौजूद थे। उनके तथा उनकी सन्तान की जीवन-शैली पूरी तरह से उत्तर-आधुनिक समय के अनुरूप बन चुकी थी। चाचा ने आधुनिकता का विरोध नहीं किया है। उन्होंने आधुनिकता की कोख से उत्पन्न यांत्रिकता का विरोध किया है। आधुनिकता के उपभोक्तावादी रुझान का विरोध किया है क्योंकि यह मानवताविरोधी है। ध्यान देने की बात यह है कि अखिलेश ने पूँजीवाद, उपनिवेशवाद, आधुनिकता की यांत्रिकता, उपभोक्तावाद आदि का केवल विरोध प्रदर्शित नहीं किया है। बल्कि उसका विकल्प भी खड़ा किया है। कुछ लोगों को यह विकल्प हवा-हवाई और कपोलकल्पित लग सकता है। लेकिन यह विकल्प असम्भव नहीं है। कई जगहों पर वैज्ञानिकों ने इसे सम्भव भी कर दिखाया है। अगर सम्भव न भी होता तो कम-से-कम कथाकार ने आधुनिकता की यांत्रिकता और भोग-विलास की वस्तुओं को पछाड़ने के लिए जो सोच ज़ाहिर की है, वह कम महत्त्वपूर्ण नहीं है। बहरहाल, चाचा अपने परिवार वालों का, जो हर चीज़ में विरोध करते हैं, वह आत्मीय जनों का विरोध न होकर उपभोक्तावादी प्रवृत्ति का विरोध है। तमाम तरह की झंझटें पेश करते हुए वे पूँजीवादी भक्तों को चिढ़ा रहे होते हैं। घर के पिछवाड़े बिलकुल देशी ढंग के कमरों में कहीं किसी प्रकार के आधुनिक कल-पुर्जे न थे। मिट्टी की दीवारें और मिट्टी की फ़र्श। सिल-लोढ़ा, लालटेन, सूप, सिकहर पर दूध आदि सभी देसी सामान से किचिन भरा था। तमाम ग़ायब हो चुकी चीज़ों से घर भरने की बात सुनकर चाचा का जवाब था—वे ग़ायब नहीं हुई हैं।...वे अपनी-अपनी जगह से धकेल दी गई हैं। मैं समझ रहा हूँ तुम्हारी बात। ये देसी आम, ये बरतन, ढिबरी, लालटेन, ये सिकहर, ये सिल-लोढ़ा, ये सब इसी भारत देश में हैं पर अपनी-अपनी जगह से धक्का दे दिये गए हैं। ये ऐसे अँधेरे में गिर गए हैं कि तुम लोगों को दिखाई नहीं देते। पर ये हैं। इसके पहले मनुष्य, पशु-पक्षी आदि के निर्वासन का उल्लेख हुआ था। यहाँ तो चीज़ों का भी निर्वासन स्पष्ट है।

चाचा ने अपने घर के पीछे की दो सौ वर्ग मीटर ज़मीन पर पेड़-पौधों का संसार निर्मित किया है, उसे देखकर अनायास कहा जा सकता है कि विकल्पहीन नहीं है दुनिया। पर्यावरण संकट के बारे में सचेत कराना ही पर्याप्त न मानकर उससे निजात पाने के तरीक़े पर भी गहराई से सोचा गया है। हो सकता है कि यह उपाय सर्वत्र फलप्रसून हो लेकिन कई तरीक़ों में से एक है, भला इसे कैसे अस्वीकारा जा सकता है। चाचा आधुनिकता को अपने ढंग से परिभाषित करते हैं जिसमें सोंधी मिट्टी की सुगंध है—आधुनिकता वह है जिसके सामने पुराना मिट जाने में बेहतरी समझे। वह अपने आप चली जाए। जो आधुनिकता पुराने को ज़बरदस्ती मिटाती है,

तबाह करती है—पुराने को बरबाद करके क़ाबिज़ होती है वह सच्ची आधुनिकता नहीं है। जो ताक़त, छल, भरम, धन और क्रूरता के बल पर अपने को स्वीकार कराता है वह दमनकारी होता है, आधुनिक नहीं। कहना न होगा कि कथाकार ने आधुनिकता के नाम पर प्रचलित विसंगतियों का ख़ूब मज़ाक़ उड़ाया है। सूर्यकान्त लगभग अपने शोध के निष्कर्ष पर पहुँच चुका था कि रामअजोर पांडे के पूर्वज गोसाईंगंज के जगदम्बा कुम्हार के वंशज हैं। लेकिन उसके पास पर्याप्त सबूत होने के बावजूद उसने सिद्ध करना नहीं चाहा था क्योंकि उसे पता है कि सिद्ध कर देने के पश्चात् उसे प्राप्त होने वाली रकम पूँजीवादी, उपनिवेशवादी सोच की ओर बढ़ा सकती है। अमेरिकी पांडे की ओर से उसे मोटी रकम की पूँजी ही तो मिलने की सम्भावना है। अपने चाचा की तरह सूर्यकान्त पूँजीवादी शक्ति और उसकी गिरफ़्त में आना नहीं चाहता था। सूर्यकान्त इनका प्रत्याख्यान करता है। ऐसा कर पाने में अपूर्व साहस जुटाना पड़ता है। उपन्यासकार ने सूर्यकान्त के माध्यम से बाज़ारवाद और उपभोक्तावाद की काट तैयार की है।

5

सच है कि उपन्यास का सूत्रधार सूर्यकान्त है और सभी पात्रों को वह आख्यान के माध्यम से जोड़े रहता है लेकिन अखिलेश का कथाकार आख्यान सुनाना नहीं चाहता है, वह समय और समाज से संवाद स्थापित करते हुए उनके संकटों की ओर इशारा करता है। सूर्यकान्त की समस्या और उसके संकट व्यक्ति विशेष के नहीं हैं बल्कि समूचे समय के हैं। सभ्यता के संकट को आख्यान शैली में प्रस्तुत करने के लिए सूर्यकान्त एक बहाना ही है।

ध्यातव्य है कि सभ्यता के संकट को उघाड़ने के लिए कथाकार ने कई पीढ़ियों को उपन्यास में बख़ूबी चित्रित किया है। दादी, माँ, चाची, गोरी, नूपुर आदि कई पीढ़ियों की नारियों के माध्यम से उपन्यासकार की नारी चेतना तो स्पष्ट होती है, साथ ही सभ्यता और समय के संकट के बारे में उसकी कथा-दृष्टि का भी परिचय मिल जाता है।

मशीनी सभ्यता और सूचना क्रान्ति के विस्फ़ोट काल में भी दूरदर्शन के प्राइम टाइम का सबसे ऊँचा टीआरपी वाला धारावाहिक दादी को अपनी ओर खींच नहीं पाता है। उनके लिए धारावाहिक नीरस, उबाऊ तथा व्यर्थ है। टी.वी. न देखने का कारण बताते हुए वह चाचा से कहती भी है—क्यों देखूँ इस मुँहझौंसे को। आदमी अभी यहाँ है, अगले पल वहाँ है। अभी कोई बोल रहा है अगले मिनट में कोई और दिख रहा है। और ये बीच-बीच में न जाने कौन बौराकर मंजन, क्रीम, पाउडर, बिस्कुट की फ़िलिम चलाने लगता है। दादी की समस्या को कथाकार के शब्दों

में जाना जा सकता है—समस्या यह थी कि दादी आख्यान की दूसरी संरचना की अभ्यस्त थीं जिसमें कहानी एक के बाद एक—इसके बाद यह—करके आगे बढ़ती हैं। इसी ढंग के अनगिनत क़िस्से, गाथाएँ उनको याद भी थीं जिन्हें वह अपने छोटे भाई-बहनों से लेकर सूर्यकान्त नूपुर तक—तीन पीढ़ियों के बीच सुनाती आ रही थीं। पर टी.वी. की कहानी में एक दृश्य डेढ़-दो मिनट में बदल जाता था। इतनी जल्दबाजी के परिवर्तन के चलते दादी के पल्ले कुछ नहीं पड़ता था और वह प्राय: टी.वी. के सामने से उठ जाती थीं।

करमजले डब्बे के आगमन ने आत्मीयता से भरपूर परम्परा की हत्या कर दी। जीवन की ऊष्मा को निहायत मशीनी बना दी। आभासी दुनिया में जीने वालों को अहसास तक नहीं है कि उन्हें किस अनमोल रत्न से निर्वासित कर दिया है। दादी और चाची के जीवन-दर्शन में निहित अन्तर को भली-भाँति देखा-समझा जा सकता है। उपभोक्तावाद को बिलकुल अस्वीकार करती है दादी तो उपभोक्तावादी सभ्यता को अपनी रग-रग में समाई हुई है चाची। नूपुर का अपने पति को अमेरिका भेजने का सपना उस सभ्यता का शिकार होने का सपना है। उपन्यास में माँ का चरित्र भारतीय नारी के उस अन्तर्द्वन्द्व को स्पष्ट करता है जहाँ पति और पुत्र में सन्तुलन बनाए रखने का प्रयास रहता है। गौरी निर्वासन की महत्त्वपूर्ण स्त्री-पात्र है। उसके माध्यम से नारी के स्वाभिमान, प्रेम, विद्रोह आदि को रेखांकित करने के साथ-साथ नारी के अपमान, शोषण, निर्यातन आदि के चित्र उकेरे गए हैं। बलवंत कौर के माध्यम से भी नारी की शोषणावस्था की झलकियाँ मिल जाती हैं। पुरुषतांत्रिक समाज व्यवस्था में नारी-जीवन की त्रासदी के साथ-साथ उसके स्वाभिमान और अस्मिता को अखिलेश ने प्रस्तुत किया है। सूर्यकान्त के पिता के प्रति गौरी की प्रतिक्रिया किसी भी सचेतनशील नारी के लिए स्वाभाविक है। पुरुष दम्भ के सामने गौरी अपनी अस्मिता को समर्पित नहीं करती है। इसलिए सुल्तानपुर छोड़कर आने के बाद वह फिर वहाँ कभी नहीं जाती। न वह यह भी चाहती है कि सूर्यकान्त अपने पारिवारिक रिश्तों को फिर से उज्जीवित करे। शब्द जिन्हें कहे-सुने बहुत दिन हुए शीर्षक के अन्तर्गत शब्दों से गुज़रने के बाद गौरी के मन में उठने वाले भावों को उपन्यासकार ने यूँ चित्रित किया है जिससे गौरी का व्यक्तित्व भी उजागर होता है—ये शब्द जो दफ़न हो गए थे अभी सूर्य में ज़िन्दा हैं तो वे रिश्ते भी हर हाल में जिन्दा होंगे जिन्हें ख़त्म हुआ मानकर वह सुकून से थी। वह जीवन, वह समाज भी सूर्य में बसा हुआ होगा। बल्कि इतने वर्षों के बिछोह के कारण वे सारे के सारे ज़्यादा दिलकश और रंग-बिरंगे हो गए होंगे।...और जब इन सबसे सूर्य मिला होगा? गौरी के माथे पर पसीना आ गया। अगले क्षण में उसमें एक प्रबल भावना उठी कि सूर्य के पहुँचने पर उसके पिता—वह आदमी उस रात जैसा ही व्यवहार करे...सूर्य को धक्के मारकर निकाल दिया हो...घर में घुसने न

दिया हो...। वह चाह रही थी कि इतने वर्षों बाद सूर्य का अपनों से पुनर्मिलन घृणा, अपमान, क्रोध के सैलाब के बीच हो। पात्रों के अन्तर्मन को परत-दर-परत उभारने में भी कथाकार को बड़ी सफलता हासिल हुई है।

चाचा और भतीजे की जोड़ी से उपन्यास की बहुआयामिता स्पष्ट होती है। इस जोड़ी की बहस से युगीन सन्दर्भ, युगीन यथार्थ आदि भी उद्घाटित होते हैं। कथाकार के विचार और उसकी दृष्टि पाठकों के सामने स्पष्ट होते हैं। समय और समाज के संकट आदि का कोई समाधान नहीं है लेकिन कथाकार का मानना है कि समाधान का कोई बना-बनाया फ़ार्मूला नहीं होता है। उसकी दिशा नई पीढ़ी प्रदान कर सकती है। चाचा-भतीजे की बहस से कोई निष्कर्ष उभरकर नहीं आता है। बावजूद इसके बहस महत्त्वपूर्ण है। वाद-विवाद से ही संवाद की स्थिति बनती है। संवेदनहीनता के इस दौर में प्रश्नोत्तर शैली में प्रस्तुत किया गया चाचा-भतीजा का संवाद बतर्ज़ हिन्द स्वराज अत्यन्त महत्त्वपूर्ण अंश है। पुन: यह पत्र बदजात ई-मेल या एसएमएस नहीं में चाचा द्वारा सूर्यकान्त को लिखे लम्बे पत्र का महत्त्व कम नहीं है। यह पत्र चाचा की आपबीती है। इसका एक छोटा सा अंश ध्यातव्य है—मैं जिस सुल्तानपुर में बचपन से धूल-मिट्टी खाता रहा, वहीं हूँ लेकिन मैं बिछड़ने की तकलीफ़ कम नहीं सह रहा हूँ। मेरा पूरा समय ही लोप हो गया है। मेरे सारे अपने, मेरा हर परिचय मुझसे छिटककर बहुत दूर जा गिरा है या मैं उनसे बेदख़ल पाताल में पटक दिया गया हूँ। हर विस्थापन में वापसी होती है, लौटने की गुंजाइश या उसका सपना रहता है मगर मैं जो विस्थापन भुगत रहा हूँ उसमें लौटना बिलकुल नहीं है, लगातार दूर होते जाना है।...कितना डरावना है न, वक़्त आगे बढ़ रहा है और तुम अपना हाल किसी को सुना न सको।

गाँव का प्रधान हो या अन्य लोग—सभी गौण पात्रों को उपन्यास में बड़ी बारीकी से चित्रित किया गया है। लेकिन गोसाईंगंज के जगदम्बा प्रसाद का चरित्र सबसे अधिक जीवन्त प्रतीत होता है। संक्षेप में इतना कहा जा सकता है कि इधर के उपन्यासों में जगदम्बा प्रसाद जैसे पात्र दुर्लभ हैं। उनके चित्रण से उपन्यास की पठनीयता में वृद्धि आई है। रोचकता उत्पन्न हुई है लेकिन अधिकाधिक कथा की गम्भीरता कहीं भी क्षुण्ण नहीं हुई है। कुम्हार जाति के जगदम्बा ही पांडे के वंशज थे सूर्यकान्त इसे अन्वेषित कर लेता है जब उसे जगदम्बा की बातों का सार समझ में आता है—बाबू बताए थे कि बहुत भारी दुर्भिक्ष पड़ा था उस बरस। कई साल से सूखा हो रहा था। भूख से आदमी मर रहा था, बीमारी से भी। सुनते हैं, हर घर से मुरदा उठा था उस बरस। खेतीबारी का नास हो चुका था। सब दाने-दाने को मोहताज थे और सहर भाग रहे थे दुई पइसा कमाने के फेर में।... कलकत्ता गए हैं ढेर सारा रुपिया कमाने। क्या पता उहाँ गए कि कहाँ गए, कोई खोज-ख़बर नहीं मिली फिर।

अखिलेश ने निर्वासन में नैरेटर से अधिक भूमिका अपने पात्रों से सम्पादित करवाई है। उन्हीं के माध्यम से कथा को विस्तार दिया है। अपनी कथा-दृष्टि का वितान खड़ा करने में भी उन्हीं का हाथ होता है। कथा-सूत्र को आगे बढ़ाकर कथाकार अपने विज़न तक पहुँचता है। निर्वासन में कथाकार भी अपनी ओर से कथा-क्रम और कथा-विकास पर टिप्पणी करते हुए कथा के प्रति पाठकों में रोचकता उत्पन्न करता है। ऐसी एक बानगी देखी जा सकती है—इस आख्यान में अनेक बार पात्र स्वयं उपस्थित होकर अपनी बातें रखेंगे और कथाकार के अज्ञान, असमर्थता, अयोग्यता, अपर्याप्तता, अशुद्ध को दूर करेंगे। उचित ही कथाकार को छोड़िए, वह बहुत मामूली चीज़ है, ईश्वर भी अपनी रची हुई सृष्टि में जब अन्याय और अन्यान्य गड़बड़ियाँ करने लगता है तो उसकी सृष्टि के—रचना के—प्रमुख चरित्र यानी कि मनुष्यगण हस्तक्षेप करके उसे दुरुस्त करते हैं। इस प्रकार किसी भी रचना के किरदारों को सचाई सामने लाने का, सचाई को सुन्दर एवं कलापूर्ण बनाने का पूरा इख़्तियार है लेकिन कई बार पात्र ख़ुद कथा कहने के चक्कर में भूलभुलैया में फँस जाते हैं—ढेर सारे गड़बड़झालों को जन्म देने लगते हैं। यहाँ तक कि झूठ बोलने से भी बाज़ नहीं आते हैं। तब कथाकार को हस्तक्षेप करते हुए कथा की कमान अपने हाथ में लेनी पड़ती है...। इस उद्धरण से आख्यान रचयिता की पात्र-योजना का स्पष्ट पता चलता है। उल्लेख किया जा सकता है कि सम्पूर्ण उपन्यास में पात्रों की भाषा उनकी स्थिति के अनुकूल है। इस कथा-कृति की सबसे बड़ी ख़ूबी है कि यथार्थ जो अवसर ठोस व कठोर होता है, अखिलेश ने उसे अपनी भाषायी सामर्थ्य और जादूगरी से बिलकुल महीन और कोमल बनाया है। उनकी दृष्टि से कुछ भी ओझल नहीं होने पाया है। समय के बदलते परिदृश्य और यथार्थ की बड़ी बारीकी से प्रस्तुत करने में अखिलेश की कोई तुलना नहीं है। सूर्यकान्त सुल्तानपुर पहुँचकर जो देखता है उसका वर्णन द्रष्टव्य है—रिक्शावान ने बताया कि गाँवों में छोटी जाति वाले खेतिहर भी ट्रैक्टर से खेत की जुताई कराते हैं इसलिए बैल बेकार की चीज़ हो गए हैं। यही हाल गाय-भैंसों का है। देशी वाली सेर भर से ज़्यादा दूध नहीं देती तो उनको बैठाकर कोई क्यों खिलाएगा? क्योंकि अब उनके बच्चों की भी कोई क़ीमत नहीं रह गई। उन्हें कसाई को देने में कई बार ममता तो कई बार धरम राह रोकता है। भागकर वे दूसरे गाँव जाते हैं, वहाँ से भी खदेड़ दिये जाते हैं। आख़िरकार शहर में भटकने, पिटने, मार खाने, ज़लील होने के लिए चले आते हैं। पशुओं के निर्वासन की गाथा के साथ-साथ भूमंडलीकरण के दौर में गाँव तथा अपनी ज़मीन से निर्वासित तथा विस्थापित आमजन की त्रासदी को जिस सरलता और तरलता के साथ कथाकार अंकित करता है, वह अन्यत्र कहाँ है?

6

निर्वासन में जादुई यथार्थवाद का भी चित्रण हुआ है। इसकी ख़ूबी यह है कि कथाकार ने इसे पूर्णतया विश्वसनीय बनाया है। सूर्यकान्त के घर में न होने और बेटा गौरव का सो जाने के बाद गौरी का जो चित्रण किया गया है वह अत्यन्त रोचक है—दरअसल उसमें यह अद्‌भुत पराशक्ति थी कि वह चाह लेने पर ज़िन्दगी का कोई भी किरदार बन सकती थी। जासूस ही नहीं वह कोई भी काम करते समय वही दिखने लगती थी। वह घर में बल्ब, ट्यूब लाइट या स्विच ठीक करते समय पेशेवर बिजली साज लगती थी। कपड़ों पर इस्तरी करती तो धोबन लगती, गौरव को पढ़ाते समय उसके स्कूल की मास्टरनी की छवि उसमें उतर आती।...गौरी जब बन-ठनकर किसी रेस्टोरेंट या सजी-सँवरी दुकान में घुसती तो लोग भ्रम में पड़ जाते कि कोई बहुत बड़ी शख़्सियत आ गई है।

सुबह भिखारिन तो शाम को शराबिन जैसी लगती है। एक बार प्रेतग्रस्त लड़की बनकर पिता से कह रही थी—तेरी लड़की को छोड़ने के एवज में बकरे का गोश्त और दो बोतल दारू लूँगी। इन वाक़यों से गौरी ने पाया कि यह वहम नहीं हक़ीक़त है कि मनचाहा चरित्र धारण कर सकने की सिद्धि उसके पास है। इस तरह के वर्णन से जहाँ पाठक का मन रमा रहता है वहाँ कथाकार वर्तमान की विसंगतियों को या फिर समय के सच को भुलाता नहीं। वह किसी न किसी बहाने उसका भी चित्रण करता जाता है—उसने मोबाइल से उजाला करना चाहा पर वह कहीं पड़ा था और बन्द था। अँधेरे में उसे खोजने के लिए वह उठी पर डरकर बैठ गई, वहाँ कोई अँधेरे में खड़ा हो...उसे पसीना आने लगा। आए दिन देश भर में लूटपाट, हत्या, चोरी, बलात्कार के हादसे होते थे। गुनहगार स्त्रियों, बच्चों और बूढ़ों के अकेले पड़ जाने का इन्तज़ार करते थे और घात लगाते रहते थे...

कहना न होगा कि निर्वासन में कहीं भी रोचकता बाधित नहीं हुई है। तमाम गम्भीर मुद्दों को विचारों में गूँथने के बावजूद कथा-सूत्र कहीं उलझा नहीं है। व्यापक वितान वाले साढ़े तीन सौ पृष्ठों के उपन्यास में कहीं भी कोई तार टूटा नहीं है, कोई रेशा भटककर नहीं रह गया है, यह सिद्ध करता है कि अखिलेश हिन्दी के महान् कथाकारों में से हैं। निस्संकोच कहा जा सकता है कि अखिलेश का यह उपन्यास हिन्दी कथा-साहित्य का एक माइल स्टोन (मील का पत्थर) है। यह एक ऐसा उपन्यास है जिसमें कथा साहित्य की गति को नये आयाम प्रदान करने की पूरी सामर्थ्य मौजूद है। कमलेश्वर के कितने पाकिस्तान के बाद निर्वासन को सबसे प्रमुख स्थान हासिल होगा।

आज आख्यान की परम्परा समाप्त होती जा रही है। कथा-साहित्य से क़िस्सागो की शैली निर्वासित हो रही है। समय और समाज के यथार्थ चित्रण के नाम पर उपन्यास में निबन्ध लिखे जा रहे हैं। ऊपर से पाठकों की संख्या दिनोदिन घटते रहने का रोना रोया जा रहा है। विमर्शों के नाम पर साहित्य को खंड-खंड में बाँटकर देखा जा रहा है। राजनीति के नाम पर नारेबाज़ी जारी है। तुरन्त लोकप्रियता हासिल करने के लिए उन्मुक्त सेक्स का वर्णन किया जा रहा है। कहीं कथा है तो शिल्प नहीं और कहीं शिल्प है तो कथा नहीं है। पुन: कहीं विचार ही विचार हैं तो कहीं शिल्प की कारीगरी। अनुभव, संवेदना और दृष्टि से समन्वित कृति सफल होती है। सार्थक होती है। ऐसी कृति भले ही किसी समय प्रकाशित होती है लेकिन उसकी अवधि प्रकाशन वर्ष तक सीमित नहीं रहती। ऐसी रचना कालातीत बन जाती है। ऐसी रचना में गहराई और सघनता होती है। अनुभव का प्राचुर्य भी होता है। निर्वासन भी उपर्युक्त तमाम विशेषताओं से सम्पृक्त है। इसका क्षेत्र केवल उत्तर प्रदेश के सुल्तानपुर या गोसाईंगंज तक सीमित नहीं। सम्पूर्ण भारत तथा विदेश के विविध सन्दर्भ एवं परिप्रेक्ष्य बहुआयामिता के साथ इस उपन्यास में संगुंफित हुए हैं। बड़े विज़न और व्यापक सरोकार की कथात्मक अभिव्यक्ति है निर्वासन। भारतीय उपन्यास को समृद्ध करने वाला उपन्यास है निर्वासन। अत: निर्वासन एक ट्रेंड सेटिंग औपन्यासिक कृति है। इससे हिन्दी उपन्यास संसार समृद्ध होगा। इसे हिन्दी कथाजगत् की एक महत्त्वपूर्ण उपलब्धि के रूप में स्वीकार किया जाएगा। और अन्त में निर्वासन के कथा-नायक के द्वारा उपन्यास के अन्त में कहे गए वाक्य से समाप्त करना चाहूँगा कि मुझे कुछ नहीं कहना है।

'निर्वासन' की रेतीली धरती पर यौन-सुख के मरु-उद्यान

—उमेश चौहान

यदि रामचरितमानस के अन्तिम पड़ाव पर आकर संत महाकवि तुलसीदास को ईश्वर से अपनी भक्ति को प्रगाढ़ बनाए जाने की कामना करते हुए 'कामिहि नारि पियारि जिमि' जैसी उपमा को उद्धृत करना पड़े, तो यही मानना पड़ेगा कि किसी प्रेमी पुरुष में किसी स्त्री के प्रति आसक्ति की जो सान्द्रता होती है, वह किसी ईश्वर-प्रेमी में सन्निहित भक्ति की सान्द्रता की भाँति ही होती है। तुलसीदास पितृसत्तात्मक व्यवस्था को मानने वाले समाज के प्रतिनिधि थे, अत: उन्होंने रामचरितमानस के इस अन्तिम दोहे में नारी से प्रेम करने वाले कामी पुरुष की ही उपमा का उपयोग किया, पुरुष से प्रेम करने वाली किसी काम प्रिय स्त्री का नहीं। सचाई यही है कि जैसे पुरुष अपनी प्रिय स्त्री के साथ यौनिक आनन्द लेने के लिए किसी ईश्वर-भक्त की भाँति ही कभी-कभी अति काल्पनिक एवं प्रयोगधर्मी हो उठता है, वैसे ही स्त्री भी अपने प्रेमी पुरुष के साथ प्रेम के अलौकिक व अविरल निर्झर में आनन्द-स्नान करते हुए प्राय: यौनिक सम्बन्धों को प्रेम के एक अपरिहार्य व अलौकिक निमित्त के रूप में देखती है। अखिलेश ने अपने बहुचर्चित नये उपन्यास 'निर्वासन' में एक व्यापक कालखंड के दायरे को समेटने वाले रोचक कथानक के माध्यम से पारिवारिक, सामाजिक, मानसिक, आर्थिक अथवा सामयिक निर्वासन के दंश को झेल रहे विभिन्न पात्रों की मनोदशाओं तथा उनके नैतिक, वैचारिक एवं चारित्रिक धरातल का सूक्ष्म निरीक्षण करते हुए मानवीय सम्बन्धों एवं संवेदनाओं तथा भारत की वर्तमान सामाजिक, राजनीतिक व आर्थिक परिस्थितियों एवं उनके विद्रूपों का विस्तृत ब्योरा तो हमारे सामने रखा ही है, किन्तु साथ ही साथ विभिन्न चरित्रों के माध्यम से स्त्री-पुरुष के अन्तर्सम्बन्धों को सम्पुष्ट बनाने में प्रमुख भूमिका निभाने वाली प्रेममयी नैसर्गिक यौनिकता के भाव को भी जगह-जगह बड़ी ही कोमलता और सेन्सुअलिटी के साथ उभारा है। हो सकता है, कोई यह कहे कि उन्होंने इस

तरह के प्रसंगों को कथानक के बीच-बीच में केवल अपने उपन्यास के गम्भीर विषय की बोझिलता को मिटाने अथवा सामान्य रूप से ही कथा-वस्तु की रोचकता को बढ़ाने के लिए पिरोया है, किन्तु मेरा यह मानना है कि जिस प्रकार से अखिलेश ने अपने उपन्यास में यहाँ-वहाँ यौनिकता के विशिष्ट एवं बहुधा अव्यक्त बने रहने वाले स्वरूप को प्रकट करके स्त्री-पुरुष सम्बन्धों के माधुर्य की प्रगाढ़ता बढ़ाने में उसके महत्त्व को रेखांकित किया है, वह केवल पाठकों के मनोरंजन की वस्तु न होकर उनके इस उपन्यास का एक महत्त्वपूर्ण आयाम है। उन्होंने निश्चित ही इसके माध्यम से पाठकों को बड़ी ही तीक्ष्णता के साथ यौनिकता की नई गंध, उसके सहज स्वभाव, उसके आनन्द के अन्तस्थित प्रवाह को महसूसने का जो मौक़ा दिया है, वह हिन्दी के उपन्यासों में विरल है।

अखिलेश के उपन्यास में यौनिकता से उद्दीप्त दृश्यों में स्त्री-पुरुष सम्बन्धों की स्वाभाविक रासायनिकता एवं विनोद व चुलबुलेपन से भरे परस्पर प्रदर्शित किये जानेवाले प्रेम का अद्भुत मिश्रण उभरकर सामने आता है। लेकिन ख़ास बात यह है कि इनमें कहीं भी उच्छृंखलता या विद्रूपता नहीं हैं। उनके सभी स्त्री-पुरुष युग्म आपस में ऐसे रिश्तों से बँधे हैं, जिन्हें हमारा बहुसंख्य समाज मान्यता देता है। उनके यहाँ कोई भी स्त्री या पुरुष कामुकता में अन्धा होकर देह-मुक्ति का वह सोपान खोजता नहीं दिखाई पड़ता, जहाँ वह बहुपुरुषगामी या बहुस्त्रीगामी होने में ही अपनी स्वाधीनता की विजय होते देखे, विवाहेतर सम्बन्धों में लिप्त हो जाए अथवा अप्राकृतिक यौनाचार करे। उनके उपन्यासों एवं कहानियों में 'श्रृंखला' कहानी के रतन कुमार व सुनिधि के जैसे एक-आध प्रसंग को छोड़कर विवाहपूर्व काम-सम्बन्ध बनाते अथवा 'लिव इन रिलेशनशिप' में यौनाचार करते स्त्री-पुरुष भी नहीं दिखते हैं। हालाँकि इसका मतलब यह नहीं निकाला जा सकता कि वे इन प्रवृत्तियों के विरोधी हैं, क्योंकि उन्होंने इनके ख़िलाफ़ भी कहीं कुछ स्पष्ट नहीं लिखा है, किन्तु इनके प्रति उनकी तटस्थता अथवा अरुचि स्पष्ट है और यही बात उनके लेखन को उदात्तताकामी बना देती है। लेकिन इस उदात्तता में कतिपय मानसिक भावों अथवा प्रवृत्तियों को छिपाकर केवल सामाजिक रूढ़ियों का महिमामंडन करने की चेष्टा नहीं है। उनके यहाँ न कोई पूर्वग्रह दिखता है, न कोई वर्जना। उनके पात्रों की कामुकता प्रेम-सम्बन्धों की उजास को पूर्णमासी की चाँदनी की तरह चटख बनाकर जीवन की वेदना अथवा उदासीनता के अँधेरे में डूबे चित्त को जगमग कर देने वाली है, उसे वासना के कीचड़ में लिथाड़ देने वाली नहीं। कभी-कभी लगता है कि अखिलेश स्वस्थ यौनिकता के विकास का मार्ग खोजने वाले ऐसे शोधार्थी हैं जो सही परिणामों तक पहुँचने के लिए अपने पात्रों के माध्यम से निरन्तर तरह-तरह के प्रयोग करते चलते हैं। 'निर्वासन' के ऐसे प्रयोगों में विवाहित स्त्री-पुरुषों से लेकर वैधव्य की शिकार बूढ़ी दादी तक शामिल हैं, लेकिन कहीं भी सम्बन्धों के समाज-शास्त्र को बिगाड़े बिना।

यौनानन्द में डूबने की इच्छा सहज रूप से अमीर-ग़रीब सभी प्रकार के स्त्री-पुरुषों के भीतर विद्यमान रहती है, भले ही भारतीय समाज में उसका स्पष्ट प्रकटीकरण वर्जित माना जाता है।

'निर्वासन' के विभिन्न युगल पात्र यौन-व्यवहार के मामले में अलग-अलग पायदान पर खड़े दिखाई पड़ते हैं। अखिलेश ने उनकी मन:स्थितियों को जगह-जगह बख़ूबी उकेरा है और उनके अन्तरंग सम्बन्धों के माधुर्य को सहज रूप से मूर्त किया है। उपन्यास का मुख्य पात्र सूर्यकान्त यौनिकता की दृष्टि से उदासीन क़िस्म का पुरुष है। वह अनेक चिन्ताओं एवं अन्तर्व्यथाओं से घिरा रहने वाला व्यक्ति है, जिसे प्रेम विवाह करने के कारण घर से निकाल दिया गया है। पर परिस्थितियों की मार के कारण कामुकता की भावना उसके भीतर कहीं दब-सी गई लगती है। प्रेम के उत्ताप ने उसे विद्रोही तो बना दिया और उसने पिता की इच्छाओं के विपरीत गौरी से विवाह करके, अपने घर, समाज तथा शहर से निर्वासन का वरण कर लिया, किन्तु अपने प्रेम को पाने के लिए उसने क्या कुछ खोया है, यह बात भी उसे कहीं न कहीं निरन्तर कचोटती रहती है। वह अपनी पत्नी गौरी से अपने मन की भावनाओं का पूरा ख़ुलासा नहीं कर पाता। वह अपने अतीत से निरन्तर जुड़े रहकर भी गौरी को यही अहसास दिलाता रहता है कि वह उस लगाव को पूरी तरह से पीछे छोड़ आया है। इसीलिए वह चाचा की जेब से गिरी हुई माँ-बाप की फ़ोटो गौरी से छिपाकर रखता है। गौरी उस फ़ोटो को खोज लेती है लेकिन उसे इसका अहसास नहीं होने देती। इन्हीं प्रवृत्तियों के चलते वह कभी-कभी गौरी को एक रहस्यमयी पुरुष-सा लगने लगता है। गौरी प्राय: असुरक्षा की भावना का शिकार बनी रहती है। वह यौनिकता की ताक़त को पहचानती है और अपने यौनाकर्षण को अपना हथियार बना लेती है। वह सूर्यकान्त को कामुकता के उत्ताप से पिघलाकर अपने प्रेम के पात्र में भर लेना चाहती है। सूर्यकान्त उसके कामुक व्यवहार के आकर्षण में बँधा रहता है और पूरी तरह से उसके प्रति समर्पित बना रहता है। गौरी यौनिकता के मामले में उसकी पथ-प्रदर्शक है। प्रेम-सम्बन्ध में यौन-सुख जैसे अनिवार्य पहलू के प्रति उसकी रुचि जगाये रखने एवं उसे उदासीनता के अरण्य में खो जाने से बचने में गौरी ही उसकी मदद करती है। यहाँ उनके बीच का एक संवाद देखिए जो बड़ी ही सहजता से सूर्यकान्त और गौरी के अन्योन्य यौन व्यवहार की बारीकियों को स्पष्ट कर देता है—

सूर्यकान्त मुस्कराया—"अगर बाईस-तेईस या चौबीस की होती तब क्या करती।"

"अरे, तुम्हें भी कुछ करना चाहिए...निठल्ले।"

"मैं क्या करता!"

"बाईस से चौबीस के बीच में मैं होती तब तुम ये करते कि पहले मेरा माथा चूमते।" उसने सूर्यकान्त का माथा चूमा—"फिर तुम मेरे होंठों को चूम लेते, ऐसे।"

उसने सूर्यकान्त के होंठों पर अपने होंठ रख दिये। फिर धीरे से होंठ हटाये—"इसके बाद?" उसने वाक्य पूरा नहीं किया अपना चेहरा सूर्यकान्त के वक्ष पर रख दिया था। सूर्यकान्त को लगा उसके वक्ष के भीतर एक वक्ष है जिस पर गौरी ने अपना चेहरा रखा है।"

यहाँ गौरी के भीतर प्रेम और यौनिकता का वैसा ही उद्दीपन दिखाई देता है जैसा 'उर्वशी' में दिनकर की *मैं दो विटपों के बीच मग्न नन्ही लतिका-सी सो जाऊँ, छोटी तरंग-सी टूट उरस्थल के महीध्र पर खो जाऊँ* जैसी पंक्तियों में है, किन्तु सूर्यकान्त की स्थिति भिन्न है। उसका प्रेम के आनन्द में डूबा, गौरी के प्रति समर्पित वक्ष उसके बाहर से दिखने वाले वक्ष से अलग है। वह इस बाह्य वक्ष के भीतर कहीं छिपा हुआ है। उसकी प्रेम भावना, उसकी कामुकता कहीं भीतर ही दबी हुई है, अन्तर्मुखी है। वह बाहर नहीं प्रकट होती। उसका बाह्य वक्ष गौरी के स्पर्श की कोमलता से, कामोद्दीपन से अछूता बना रहता है। अखिलेश ने उनके बीच के यौन सम्बन्धों की इस स्थिति को बड़ी ही ख़ूबी के साथ उजागर किया है। ऐसा बहुतों के साथ होता है। प्राय: यह दोहरापन ही प्रेम सम्बन्धों के विशृंखलित होने का कारण बनता है। लेकिन गौरी उन स्त्रियों में नहीं है जो पति के इस स्वभाव को लेकर असन्तुष्ट हो, चिड़चिड़ाए और अपने वैवाहिक जीवन को नारकीय बना ले। वह उस तरीक़े को अपनाती है, जिसे आज के समय में यौनिक चिकित्सा के रूप में जाना जाता है। वह अपने प्रेमी पति को निरन्तर अपनी कामुकता के आकर्षण में बाँधे रहती है। यौन साहित्य में अक्सर इस बात का ज़िक्र होता है कि पुरुष तो सहवास में अपने चरम पर पहुँचकर पूरी तरह से सन्तुष्ट हो जाता है किन्तु स्त्री की शारीरिक तृप्ति का कुछ पता नहीं चलता और वह पुरुष के जल्द से जल्द तृप्त हो जाने की स्वार्थपूर्ण चेष्टा के चलते प्राय: अतृप्त ही रह जाती है। वहाँ प्राय: पुरुष को यह सलाह दी जाती है कि वह सफल वैवाहिक जीवन के लिए पत्नी की यौन इच्छाओं की तृप्ति का विशेष ध्यान रखे। अखिलेश के इन पात्रों की स्थिति उलटी है। यहाँ पत्नी अपने प्रेमी पति की सन्तुष्टि का विशेष ध्यान रखते हुए अपने वैवाहिक जीवन को यौनानन्द से भरे रखने का प्रयास करती है। अखिलेश की यही ख़ूबी है वे मानवीय सम्बन्धों की बारीकियों को प्रतिबिम्बित करते समय उन बातों पर ज़्यादा प्रकाश डालते हैं जो सामान्यत: मनोवैज्ञानिक दृष्टि से प्रच्छिन्न बनी रहती हैं और हमारी अनुभूतियों के संसार में कम जगह पाती हैं। इसीलिए उनके उपन्यास में गौरी इस विश्वास से लबरेज़ नज़र आती है कि उसने जो यौन-सन्तुष्टि सूर्यकान्त के जीवन में भरी है, उसके कारण वह किसी भी अन्य स्त्री या पुरुष के प्रेम व्यवहार के आगे विचलित नहीं होगा और हमेशा उसका ही बना रहेगा। जब सूर्यकान्त अकेले ही वापस सुल्तानपुर जा रहा होता है, तब घर वालों के नॉस्टेल्जिक आकर्षण में उसके फँस जाने के भय से मुक्त होकर वह सोचती है,

"इतने लम्बे अन्तराल में मेरे असंख्य चुम्बनों, हँसी, आँसुओं ने, मेरी बाँहों की घेरेबन्दी ने, मेरे नखदंत के आघातों ने, मेरे स्तनों की गर्मी और कटि की अठखेलियों ने, मेरे जीवन के साहचर्य ने और मेरे संवेदन ने सूर्य में ऐसी कीमियागीरी कर दी है जिसका मुक़ाबला वे सब क़तई नहीं कर सकेंगे।" गौरी का यह आत्मविश्वास उसकी उस शक्ति का परिचायक है जो उसने अपने पति के साथ एक विशेष क़िस्म के यौन व्यवहार के ज़रिये अर्जित किया है, न कि दाम्पत्य जीवन में अपने बौद्धिक अथवा आर्थिक योगदान के द्वारा।

यौनिकता के चित्रण में अखिलेश की भाषा कहीं-कहीं बड़ी ही चमत्कारिक और काल्पनिकतापूर्ण हो उठती है। गौरी के एक-एक अंग के स्पर्श में सूर्यकान्त को जो आनन्द मिलता है और गौरी की दैहिक चेष्टाओं से उसके भीतर जिस प्रकार से कामेच्छा का संचार होता है, उसके बारे में अखिलेश का यह वर्णन अद्भुत है, "बुधवार को सूर्यकान्त ने उसके नितंब पर हथेली रखी। गौरी ने जाने क्या किया कि गौरी के नितंब की उस जगह पर महाकम्पन जैसा होने लगा था और सूर्यकान्त के शरीर में बिजली की असंख्य धाराएँ दौड़ गईं। और एकाएक नितंबों को एकदम निस्पंद करके उसने उसकी दोनों हथेलियों को अपने दोनों उरोजों पर रख लिया था। सूर्यकान्त की साँस रुकने को हो गई थी। उसने पाया कि गौरी के दोनों कुचाग्र शिवलिंग की तरह बड़े हो गए थे और स्तन शंख की तरह अपेक्षाकृत छोटे। उसने शुक्रवार को गौरी की कटि पर अपना चेहरा रखा। पाया कि गौरी की कटि इतनी चिकनी थी कि चेहरा फिसलकर बिस्तर पर आ गिरा जबकि शनिवार को जब उसने ऐसा किया था, तो चेहरा कटि में इस तरह अँडस गया था कि वहाँ से मुक्त ही नहीं हो पा रहा था।" यह सहज रूप से विद्यापति की इन पंक्तियों की याद दिला देता है, *त्रिबलि तरंग सितासित संगम उरज शंभु निरमान, आरति पति मंगइछ परति ग्रहु करु धनि सरबसु दान* (तुम्हारे नाभि स्थल पर सित व असित तरंग है, उरोजों के संगम पर शिवलिंग निर्मित है, आर्त पति तुमसे कुछ माँग रहा है, हे मानिनी, स्वीकार कर और सर्वस्व दान कर दे!)। यहाँ अलग-अलग दिनों का उल्लेख करके अखिलेश शृंगार रस से भरे बारहमासी लोकगीतों की परम्परा के माधुर्य को अपने गद्य में निचोड़ लाते हैं। लेकिन बारह महीनों के बजाय अखिलेश द्वारा सप्ताह के दिनों का उल्लेख किये जाने से यह भी आभास होता है कि पति-पत्नी के बीच की यह यौन क्रियाएँ उनके दैनन्दिन आचरण का हिस्सा हैं, किसी लम्बे अन्तराल पर व्यवहृत की जानेवाली स्थितियाँ अथवा यदा-कदा प्रकट होने वाली अनुभूतियाँ नहीं। सम्भवत: अलग-अलग दिनों के भिन्न-भिन्न प्रकार के अनुभवों का उल्लेख करके अखिलेश ने यहाँ यही सन्देश देने की कोशिश की है कि दैहिक सौन्दर्य एवं यौन-संवेगों के आयाम निरन्तर बदलते रहते हैं और मन की स्थितियों के अनुरूप वे हमें अलग-अलग अवसरों पर भिन्न-भिन्न रूपों में प्रभावित करते हैं।

'निर्वासन' में अखिलेश ने मुख्य पात्र सूर्यकान्त एवं उसकी पत्नी गौरी के यौन सम्बन्धों के अलावा अन्य स्त्री-पुरुष पात्रों के यौनिक अन्तर्सम्बन्धों को भी खुलकर और बड़े ही कलात्मक ढंग से चित्रित किया है। सूर्यकान्त के भाई शिब्बू और उसकी पत्नी कामना के बीच भी प्रगाढ़ प्रेम है। कामना की विशेषता यह है कि वह ढकी हुई अथवा छिपी हुई चीज़ों को भी पहचान लेने की विशेष कल्पना शक्ति रखती है। वह तुक्का ही लगाती है, जो प्राय: सच निकलता है। लेकिन दूसरे इसे किसी चमत्कारी शक्ति के रूप में देखने लगते हैं। शिब्बू भी यही समझ बैठता है और इस बात से चिन्तित हो उठता है कि उसकी पत्नी दूसरे पुरुषों के कपड़ों से ढके अंगों को भी देख लेती होगी। लेकिन बाद में उसकी यह ग़लतफ़हमी दूर हो जाती है। इस तरह के पात्रों का और उनके बीच ऐसे अन्तर्सम्बन्धों का सृजन अखिलेश की ख़ूबी है। कामना की इस तथाकथित दिव्य दृष्टि के सहारे अखिलेश उनके बीच की यौन क्रीड़ा का एक ऐसा अनोखा दृश्य खींचते हैं, जो रोचक होने के साथ-साथ काल्पनिकता, प्रेम की सहजता तथा यौन सुख पाने की प्रयोगधर्मिता से भरा हुआ है। इसका वर्णन अखिलेश ने यूँ किया है, "तन पर कपड़ों का पहरा है।" कामना हँसी किन्तु उसकी आवाज़ किसी आगत आवेग के अन्देशे से लरज रही थी। शिब्बू उसके कथन से ज़्यादा उसकी लरज से उत्तेजित हो गया था। और तब तो वह उत्तप्त ही हो उठा था जब कामना के अँगूठे और तर्ज़नी ने उसकी क़मीज़ की सबसे ऊपरी बटन से खेला था। उसने बावलेपन में कामना के हाथों को रोका—"पहले मैं।" उसने कामना के वस्त्रों को सहलाया, कामना ने पेट के बल लेटकर आँखें मूँद लीं। अब वह अनूठा खेल प्रारम्भ हुआ। शिब्बू उसके जिस अंग को निर्वस्त्र करता वह शिब्बू के उसी अंग के बारे में टिप्पणी कर रही थी जबकि उसकी आँखें मुँदी थीं और शिब्बू कपड़ा पहने था। कामना की पीठ खुली तो वह बोली—"शिब्बू तुम्हारी पीठ इतनी चिकनी और कड़ी।" उस रात जब कामना के नितम्ब नग्न हुए वह कहने लगी—"शिब्बू तुम्हारी दाईं हिप पर यह किसी ज़ख़्म का निशान है?" शिब्बू ने तर्क किया—"तुम्हारी बातें सच कैसे मानूँ? मैं अपनी पीठ और हिप देख नहीं सकता।" इस पर वह पलटकर लेट गई और उसकी छाती भी नंगी हो गई—"पगले ज़ख़्म का निशान तुम्हारे सीने पर भी है।" यहाँ रसीले शब्द-संयोजन और नाटकीय अभिव्यंजना के सहारे अखिलेश एक पति-पत्नी के बीच के अन्तरंग यौन-व्यवहार के दृश्य को एक अद्‍भुत कलात्मक चित्रण में बदल देते हैं। मुझे याद है कि 'निर्वासन' के छपकर बाज़ार में आते ही मेरे एक मित्र ने इसके यौन सम्बन्धों से जुड़े दृश्यों का उल्लेख करते हुए मुझसे मज़ाक़ में कहा था कि अखिलेश को इस उपन्यास का शीर्षक 'निर्वासन' के बजाय 'निर्वसन' रखना चाहिए था और तब मैंने उनसे यही कहा था कि जब किसी के निर्वसन होने पर रचनाकार द्वारा उसका दैहिक नहीं, आन्तरिक सौन्दर्य उजागर किया जा रहा हो,

तब उसकी निर्वस्त्र देह अश्लीलता का प्रतीक नहीं रह जाती। वहाँ तो बस वर्जना का निर्वासन होता है और प्रेममयी यौनिकता का नैसर्गिक प्रदर्शन।

यौनिकता के आवेश में डूबकर जीवन का आनन्द ले रहे अखिलेश के उपन्यास के एक अन्य पति-पत्नी युगल हैं, मुख्य पात्र सूर्यकान्त की बहन नूपुर और उससे प्रेम विवाह करने वाला पति देवदत्त तेंदुलकर। अखिलेश के ये दोनों पात्र यौनिकता के मामले में बड़े ही प्रयोगधर्मी हैं। वे निरन्तर अपनी यौन क्रियाओं में कुछ नयापन भरने का प्रयास करते रहते हैं। इस नूतनता के कारण उनका यौन सुख कई गुना बढ़ जाता है। वे नित्य कामानुभूतियों के नये भाव संसार से गुज़रते हुए प्रेम के नये सोपानों पर चढ़ते हैं। उनकी इन प्रयोगशील यौन चेष्टाओं का वर्णन अखिलेश ने बड़े ही आकर्षक शब्दों में एवं एक अद्‌भुत अभिव्यंजनात्मक शैली में किया है। उदाहरणस्वरूप नूपुर की सुहाग रात का यह दृश्य देखिए,"पहली ही रात जब वह नूपुर के कपड़े उतार रहा था तो गुत्थमगुत्था के बीच नूपुर के शृंगार से कोई एक मोती टूटकर कंधों से लुढ़कता हुआ उसकी नाभि के भँवर में आकर नाचने लगा था। तेंदुलकर ने विस्मित होकर उस अभिनव नृत्य को देखा था। अगले दिन वह बाज़ार से पाँच सौ एक मोती लाया था जिन्हें नूपुर के शरीर पर लुढ़काकर उसने अपनी आँखें नूपुर के शरीर पर टिका दी थीं। नूपुर की त्वचा पर तमाम रंग-बिरंगे मोती थे जो धीरे-तेज़ ढुलककर बिस्तर पर गिर जाते थे। कुछ मोती उसके पेट पर, वक्षों पर, कटि पर टिक गए थे लेकिन वे भी नूपुर के साँस छोड़ने की प्रक्रिया में फिसलकर गिर जा रहे थे। तेंदुलकर बिस्तर से उन मोतियों को हथेली में उठाता और पुनः नूपुर की काया पर बिखेर दे रहा था।" यहाँ अखिलेश की शैली ऐसी है कि जैसे वे किसी फ़िल्म के सीन का दृश्यांकन लिख रहे हों। देवदत्त द्वारा नूपुर के शरीर पर टूटकर फिसले मोती के अभिनव नृत्य का देखा जाना, उस नृत्य से उसका सम्मोहित होना, फिर उसके द्वारा पाँच सौ एक मोती लाकर उस नृत्य की पुनरावृत्ति का उपाय किया जाना और फिर शरीर से फिसलकर गिर रहे मोतियों को बार-बार उठाकर उन्हें नृत्य करने के लिए नूपुर के शरीर पर बिखेरा जाना, यह सब अखिलेश की कलम से उपजे यौनिकता के चिरंजीवी मनोसंवेगों की अभिव्यक्ति का ऐसा ख़ज़ाना है, जो अन्यत्र कहीं मिल ही नहीं सकता।

नूपुर और देवदत्त के यौन व्यवहार के चित्रण में अखिलेश ने नूतनता के और भी कई नये आयाम जोड़े हैं। इन प्रसंगों में वे कल्पनाशीलता, शृंगारिकता, प्रेमातुरता और कामोत्तेजक रचनाशीलता के चरम पर हैं। लेकिन उल्लेखनीय बात यह है कि उनके संवादों अथवा यौन व्यवहार के चित्रण में अंग्रेज़ी के तमाम उपन्यासकारों जैसी भोंड़ी अश्लीलता का समावेश नहीं होता। यौनेच्छा की अभिव्यक्ति एवं कामोत्तेजना को बढ़ाने वाली चेष्टाओं का उनका वर्णन अधिकांश रीतिकालीन काव्य रचनाओं की तरह ऐसी कलात्मक अभिरुचि से संश्लिष्ट है कि वह बहुत ही आकर्षक एवं

सुग्राह्य लगता है, बाज़ारू दृष्टिकोण से उपन्यास में ठूँसा गया नहीं। एक रात अखिलेश देवदत्त से नूपुर के शरीर पर कुछ इस प्रकार से लिपस्टिक के फूल बनवाते हैं, "रात को नूपुर की त्वचा थरथराती हुई चमक रही थी। उस पर उसने एक लिपस्टिक से एक फूल बनाया और चूमा। थोड़ी ही देर में अलग-अलग रंगों से बने नूपुर के शरीर के उन पुष्पों को वह बदहवास चूमता जा रहा था। कुछ देर बाद उसने नूपुर को पेट के बल लिटा दिया था और उसकी पीठ, कमर, नितंबों, जाँघों पर उसने पत्तियाँ, स्वस्तिक, ऊँ, होंठ, आँखें, शुभ बनाए और उन्मत्त होकर नूपुर के शरीर को उलटने-पुलटने लगा था।" दूसरी रात को वे नूपुर की देह को कुछ इस प्रकार से रंगीन डोरियों से सजवाते हैं, "एक दिन पायलें ले आया और एक दिन रेशम की लाल, नीली, पीली, हरी, बैंगनी, डोरियाँ लेकर आया। रात में नूपुर के मस्तिष्क पर, बाँहों पर, गरदन पर, पेट पर, टखनों पर, कलाई पर, उन्हें सजाकर प्यार करता रहा। एक रोज़ कुछ नहीं सूझा, नूपुर की देह को चूड़ियों से सजाया। स्थिति यह थी कि नूपुर की नग्न देह का किसी पदार्थ से तेंदुलकर श्रृंगार करता था और तब उसमें कामावेग का ऐसा ज्वालामुखी फूटता था कि वह सँभाले नहीं सँभलता था।" अब इन दृश्यों में यदि किसी को किंचित यौन विकृति का दर्शन भी हो, तो हो किन्तु सामान्यत: ये चित्रण कामुकता के स्वाभाविक प्रकटीकरण जैसे ही लगते हैं। मुझे लगता है कि कहीं न कहीं अखिलेश को यह अहसास भी है कि ऐसे यौन प्रयोगों के अतिरेक से अपस्वर भी जन्म ले सकते हैं। इसका आभास उन्होंने उस दृश्य में कराया है जिसमें देवदत्त अचानक ही कामोत्तेजना के वश में होकर 'न-न' करती नूपुर को सब्ज़ी बनाने के लिए खोली गई कड़वे तेल की शीशी सहित रसोई से बेडरूम में खींच ले जाता है। और फिर वहाँ जो होता है उसका चित्रण निश्चित ही अश्लीलता के दायरे में रखा जा सकता है, "वह अचानक चुप हो गई जब देवदत्त ने सरसों की बोतल को नूपुर के शरीर पर उड़ेला। उसने नूपुर के पूरे शरीर की तेल से पुताई की। इसके बाद दोनों वेगवान प्रक्षेपास्त्रों की तरह परस्पर भिड़ गए। उन दोनों के तत्कालीन भाव संसार में इतना वेग था कि बिस्तर पर धड़ाम-धड़ाम की आवाज़ें होने लगीं। बिस्तर बीच-बीच में इतना शोर मचाता कि तब धड़ाम-धड़ाम मद्धिम पड़ता जा रहा था।" मेरा मानना है कि अखिलेश यहाँ जिस तरह की अश्लीलता का स्पर्श करते हैं, वह यही दर्शाने के लिए है कि जहाँ भावों का वेग ज़रूरत से अधिक हो जाता है, जहाँ कामुकता की अति हो जाती है, वहीं पर यौनिक विसंगतियों का जन्म होता है, वहीं पर प्रेम सम्बन्धों में अपस्वर पैदा होते हैं। यहाँ पर 'बिस्तर के बढ़ते शोर तथा धड़ाम-धड़ाम की आवाज़ों' का उल्लेख इन्हीं अपस्वरों की ओर इशारा करने के लिए ही किया गया लगता है।

'निर्वासन' में दादी का मर्मस्पर्शी चरित्र वृद्धावस्था की लाचारगी तथा पीढ़ियों के बीच के टकराव को प्रदर्शित करने वाला है। अपने शारीरिक सौन्दर्य के प्रति

दादी बचपन से ही सचेत थीं। वे भली स्त्रियों के लिए अधिक शृंगार-पटार उचित न समझे जानेवाले ज़माने में भी छुप-छुपाकर अपने शरीर की देखभाल करती थीं। वह मेला जाने पर झूला ज़रूर झूलतीं तथा वहाँ से झोले में छुपाकर साबुन और तिल्ली का तेल लाना नहीं भूलती थीं। अखिलेश लिखते हैं, "यौवन सभी को उपहार देता है लेकिन इस उपहार को पाकर वह युवावस्था में जितनी प्रसन्न, मुग्ध और चकित हुई थीं, वैसा कम होते होंगे।" बुढ़ापे के कारण अपने शारीरिक सौन्दर्य से वंचित होना दादी के लिए असह्य है। आँखों के नीचे के काले धब्बे, सिर के सफ़ेद बाल और दो टूटे हुए दाँत देख लेने के बाद से ही वे आईना देखना छोड़ देती हैं। यौवन काल में तरह-तरह के मनोरंजन का आनन्द लेने वाली दादी बुढ़ापे में टेलीविज़न के सीरियल भी देखना नहीं पसन्द करतीं। वे आधुनिक वेश-भूषा वाली टी.वी. कलाकारों को 'गड़खुल्ली' बताती हैं किन्तु अपने शरीर को सुन्दर और आकर्षक बनाने की लालसा उनमें बुढ़ापे में भी है। वे आज भी तेंदुलकर से उस दवा के बारे में पूछने की जिज्ञासा रखती हैं कि जिससे झुर्रियाँ ख़त्म हो जाएँ और हड्डियों को छोड़कर झूल गई त्वचा में पुनः कसाव व चमक आ जाए। ऐसी औषधि की ख़्वाहिश उनमें तभी से है, जब से उनकी कनपटियाँ खिंचकर लटकने लगी हैं। दादी के यौनिक मनोभावों और आवेगों को उपन्यास के इस अंश में अखिलेश ने बड़े ही बढ़िया तरीक़े से अभिव्यक्त किया है, "एक बार आईने के सामने उन्हें अपने ही होंठों ने आतुर कर दिया था और अपने ही होंठों के प्रतिबिम्ब को वह चूम बैठी थीं। उन्हें अपने वक्षोभार को देखकर अतीव आनन्द आता था। अपनी कमर, अपने नितम्ब, वक्षों में वह सरगम, सनसनी और ऊर्जा महसूस किया करती थीं। नहाते समय जब वस्त्र उनके स्तनों, नितंबों और जाँघों से चिपक जाते थे, तो उन्हें यथासम्भव समय तक देखना उनको प्रिय लगता था। और उन्हीं दिनों वह अपने शरीर से इतना प्यार करने लगी थीं कि उसका हमेशा ध्यान रखने लगीं।" इस प्रकार 'निर्वासन' में दादी के चरित्र से यह स्पष्ट हो जाता है कि अखिलेश प्रेम और कामुकता के भाव को आयु और शारीरिक अवस्था से निरपेक्ष सर्वव्यापी तथा सार्वकालिक मानते हैं।

क्या अश्लील है और क्या नहीं, इसकी विवेचना भी अखिलेश ने 'निर्वासन' में चाचा-भतीजे के एक संवाद के माध्यम से कराई है। दोनों सूरीनाम में जाकर बस जानेवाले रामअजोर पांडे के बाबा के मूल स्थान का पता लगाने के लिए सुल्तानपुर से गोसाईंगंज गाँव की तरफ़ जाते समय गाड़ी में गाने सुन रहे हैं। पूर्वी उत्तर प्रदेश एवं बिहार के इलाक़े में वाहनों में ज़ोर-ज़ोर से भोजपुरी गाने बजाये जाने का चलन है। एफ.एम. रेडियो के चैनलों पर भी दिन भर फ़िल्मों के ऐसे आइटम गाने ही बजते हैं। इनमें से अधिकांश गाने प्रेम और कामुकता प्रदर्शित करने वाले सन्देशों से भरे होते हैं। कहा जाता है कि ऐसे सेक्सी भोजपुरी गाने ही समाज में कामुकता के खुले प्रदर्शन को बढ़ावा दे रहे हैं और इन्हीं के चलते अपनी बढ़ी

हुई कामेच्छाओं को पूरा न कर पाने वाले आज के युवा यौन-कुंठा से ग्रस्त होकर सेक्स क्राइम्स की तरफ़ बढ़ रहे हैं। अखिलेश ने उस यात्रा के दौरान एक गाने के प्रसंगवश चाचा-भतीजे के बीच अश्लीलता के बारे में हुई चर्चा को उपन्यास में इस प्रकार से दर्ज किया है, "इसके बाद अगला गाना जारी हुआ—'फुलगेंदवा न मारो लगत करेजवा में चोट।' " गाड़ी की रफ़्तार हल्की-सी धीमी करते हुए चाचा ने कहा—"यह जो 'करेजवा' है न, जब गाने की रिकॉर्डिंग हुई थी, उस वक़्त यह 'जोबनवा' शब्द था। कुछ लोगों ने बड़ा हो-हल्ला मचाया कि 'जोबनवा' का अर्थ स्त्री का स्तन होता है, अत: यह बड़ा अश्लील गीत है। सो इसकी गायिका रसूलन बाई ने 'जोबनवा' की जगह 'करेजवा' कर दिया।" भतीजे ने अब करेजवा को जोबनवा ही समझा और उसे गौरी के वक्षों का ख़याल आया जो रतिक्रिया के समय उसकी दोनों हथेलियों के साथ समानान्तर सक्रिय रहते थे और बमुश्किल काबू में आते थे।" यहाँ सूर्यकान्त द्वारा 'करेजवा' को 'जोबनवा' ही समझा जाना और उसी अर्थ को ग्रहण कर मन में गौरी के स्तनों को याद किया जाना यही दर्शाता है कि अश्लीलता का सीधा सम्बन्ध व्यक्ति की मन:स्थिति से होता है। मन की ऐसी स्थिति का निर्माण किसी एक गाने को सुनकर या एक कामुक दृश्य को देखकर तो हो नहीं जाता है। यहीं पर फ्रायड का मनुष्य की मनोवैज्ञानिक चेतना के विकास का सिद्धान्त सही लगने लगता है। मनुष्य की चेतना के निर्माण की एक लम्बी प्रक्रिया होती है और वह शैशवावस्था से ही चालू हो जाती है। यहाँ सूर्यकान्त के अवचेतन मन में भी कामुकता की भावना के अपरूप के विकास की वही स्थिति दिखाई पड़ती है।

कौस्तव चक्रवर्ती व राजर्षि गुहा ठकुराता अपने लेख 'यौनिकता की भारतीय अवधारणा' में लिखते हैं—"विभिन्न लोगों के लिए यौनिकता का अर्थ भिन्न-भिन्न होता है। जहाँ कुछ लोगों के लिए इसका तात्पर्य केवल सेक्स की क्रिया अथवा उसका अभ्यास तथा कुछ के लिए सेक्स सम्बन्धी रुझान, पहचान अथवा अभिरुचि से हो सकता है, वहीं कुछ लोगों के लिए इसका अर्थ केवल वासना अथवा कामोत्तेजना होता है। यौनिकता की अनुभूति व अभिव्यक्ति विचारों, कल्पनाओं, इच्छाओं, विश्वासों, प्रवृत्तियों, मूल्यों, स्वभावों, अभ्यासों, भूमिकाओं व सम्बन्धों के माध्यम से हो सकती है।" इसी लेख में उन्होंने यह धारणा व्यक्त की है, "जब आने वाले दशकों में भारत के लोग पुन: अपने को पहचान लेंगे तब अपनी तांत्रिक जीवन-शैलियों, कामसूत्र एवं कामोत्तेजक कलाओं के कारण विश्व भर में अनवरत रूप से चर्चा में बना रहने वाला भारतीय यौनबोध अथवा काम विवेक एक बार फिर से दुनिया का चेहरा बदलकर रख देगा।" भारतीय परम्परा में यौन सम्बन्धों में परस्त्रीगमन एवं विवाहेतर सेक्स तथा स्त्री की इच्छा के विपरीत किसी भी पुरुष द्वारा उसके साथ यौन सम्बन्ध बनाने की किसी भी चेष्टा को हमेशा वर्जित माना गया है,

किन्तु प्रेम विवाह एवं पति-पत्नी के बीच के अन्योन्य पूर्ण समर्पण की भावना से युक्त यौन सम्बन्धों को हमेशा ही श्रेष्ठ बताया गया है। अखिलेश ने अपने उपन्यास में यौनिकता की अभिव्यक्ति से जुड़े विभिन्न दृश्यों को पिरोकर सेक्स की इसी मौलिक भारतीय अवधारणा का विकास करने का काम किया है, जिसकी सारी दुनिया कायल है। उपरोक्त उद्धरणों से यही स्थापित होता है कि कामुकता एवं प्रेम अथवा दाम्पत्य सुख में गहरा अन्तर्सम्बन्ध होता है। वे एक-दूसरे के बिना अधूरे हैं। यौनिकता की दृष्टि से अखिलेश के स्त्री-पुरुष एक-दूसरे के पूरक हैं। इसी के सहारे वे अपने दाम्पत्य जीवन में यौन सुख से तृप्त होते हैं। यौन सुख की कमी के कारण उत्पन्न होने वाली यौन कुंठा और ऐसी कुंठा के कारण पैदा होने वाले असंगत यौन व्यवहार के दृश्य अखिलेश के उपन्यास में भले न हों, पर समाज में हम उन्हें चारों तरफ़ देख सकते हैं। केरोलीन रॉबर्टसन ने अपने लेख 'सेक्स, अध्यात्म एवं आयुर्वेद' में लिखा है—"आप प्रेमविहीन सेक्स भी कर सकते हैं और सेक्सविहीन प्रेम का प्रकटीकरण भी। प्रेमविहीन सेक्स की नकारात्मक प्रवृत्ति आज हमारे समाज पर बड़ा ही नाटकीय प्रभाव छोड़ रही है। बलात्कार, नारी उत्पीड़न, बाल यौन शोषण, पारिवारिक यौन हिंसा आदि की घटनाएँ समाज में विनाशकारी प्रेमविहीन सेक्स के प्रसार के कारण ही बढ़ती जा रही हैं। प्रेममुक्त सेक्स उपलब्ध ही नहीं, सामाजिक तौर पर स्वीकार्य भी होता जा रहा है। वेश्यागमन, हवा-हवाई प्रेम तथा स्वच्छन्द यौनाचार हमें आत्मीयता एवं संवेदनशीलता से परे धकेलकर एक अमानुषिक एवं विकृति से भरी भावहीन यौनिकता की ओर ले जा रहा है।" 'निर्वासन' में अखिलेश ने न तो प्रेमविहीन सेक्स की उपस्थिति दर्ज की है और न ही सेक्सविहीन प्रेम की मौजूदगी को स्वीकार किया है। उनके पात्रों का यौन व्यवहार जीवन में प्रेम के आनन्द का संवर्धन करने वाला तथा दाम्पत्य सुख की अभिवृद्धि करने वाला है। इसीलिए उनके पात्रों के निजी जीवन के ये चित्र समाज में एक अभिनव यौनबोध पैदा करने तथा एक स्वस्थ यौन संस्कृति के विकास की ओर ले जानेवाले प्रतीत होते हैं।

यौनिकता की अभिव्यक्ति के सम्बन्ध में एक बड़ा प्रश्न यह उठता है कि क्या उसका सार्वजनिक चित्रण या उस पर कोई सामूहिक बहस होनी चाहिए? क्या उसे स्त्री-पुरुष के बीच की वैयक्तिक अनुभूतियों के रूप में निजता के आवरण में ढककर रखा जाना चाहिए अथवा उसका खुलकर चित्रण करते हुए उसे एक ऐसे कलात्मक साँचे में ढाल देना चाहिए, जिसका आस्वादन करते हुए स्त्री-पुरुष अपने अन्तर्सम्बन्धों के माधुर्य की अभिवृद्धि कर सकें। मेरे विचार में यौनिकता की अभिव्यक्ति के शमन ने ही समाज में स्त्री-पुरुष सम्बन्धों को विशृंखलित किया है और लोगों में अनेक कुंठाओं और कुत्सित विचारों को भरते हुए अनेक प्रकार की विसंगतियों एवं दुराचारों को जन्म दिया है। इस प्रवृत्ति ने वर्जनाओं का एक ऐसा

जाल खड़ा किया है जिसमें स्त्री-पुरुष के बीच प्रेम-सम्बन्धों का सहज रूप से विकास सम्भव ही नहीं हो पाता है। भारतीय समाज में ये वर्जनाएँ सड़क, बाज़ार [21/11, 10:42] हरे प्रकाश : यौनिकता की अभिव्यक्ति के सम्बन्ध में एक बड़ा प्रश्न यह उठता है कि क्या उसका सार्वजनिक चित्रण या उस पर कोई सामूहिक बहस होनी चाहिए? क्या उसे स्त्री-पुरुष के बीच की वैयक्तिक अनुभूतियों के रूप में निजता के आवरण में ढककर रखा जाना चाहिए अथवा उसका खुलकर चित्रण करते हुए उसे एक ऐसे कलात्मक साँचे में ढाल देना चाहिए, जिसका आस्वादन करते हुए स्त्री-पुरुष अपने अन्तर्सम्बन्धों के माधुर्य की अभिवृद्धि कर सकें। मेरे विचार में यौनिकता की अभिव्यक्ति के शमन ने ही समाज में स्त्री-पुरुष सम्बन्धों को विश्रृंखलित किया है और लोगों में अनेक कुंठाओं और कुत्सित विचारों को भरते हुए अनेक प्रकार की विसंगतियों एवं दुराचारों को जन्म दिया है। इस प्रवृत्ति ने वर्जनाओं का एक ऐसा जाल खड़ा किया है जिसमें स्त्री-पुरुष के बीच प्रेम-सम्बन्धों का सहज रूप से विकास सम्भव ही नहीं हो पाता है। भारतीय समाज में ये वर्जनाएँ सड़क, बाज़ार और दफ़्तर से लेकर घर के भीतर तक हमारा पीछा करती हैं और लोगों में यौन कुंठाओं का प्रसार करती हैं। इस प्रकार के माहौल में स्त्रियों की स्थिति ज़्यादा दयनीय हो चली है, क्योंकि पुरुष प्रधान समाज में पुरुषों को इन वर्जनाओं का सामना कम करना पड़ता है और वे अपनी यौनेच्छाओं के शमन के लिए उतना मजबूर नहीं होते, जितना स्त्री। गांधी जी के सत्य के प्रयोगों में उनके बह्मचर्य सम्बन्धी प्रयोग बहुचर्चित हैं। गांधी जी देह विहीन प्रेम के साधक बनना चाहते थे। इसीलिए जब उन्हें सरला देवी से प्रेम हुआ, तो उन्होंने उनको 'आध्यात्मिक पत्नी' का दर्जा दे दिया। लेकिन क्या ऐसा सेक्सविहीन प्रेम-सम्बन्ध किसी सामान्य पुरुष के लिए व्यावहारिक है? क्या एक आदर्श जीवन जीने के लिए यह ज़रूरी था कि गांधी जी अपनी पत्नी को भी ब्रह्मचर्य के लिए मजबूर करते? क्या उनके ब्रह्मचर्य के प्रयोगों के परिणाम भारतीय समाज के लिए ग्राह्य थे? पति-पत्नी के बीच ब्रह्मचर्य का परिपालन भारतीय गृहस्थाश्रम की अवधारणा के विपरीत है और गांधी जी द्वारा ऐसा किया जाना केवल एक अनावश्यक वर्जना के रूप में ही देखा जा सकता है, जिसे समाज तो दूर उनके अनुयायियों तक ने स्वीकार नहीं किया। लेकिन गांधी जी ने सेक्स की वर्जना भले ही की हो, स्त्री-पुरुष सम्बन्धों में प्रेम के महत्त्व को कभी नहीं नकारा। आज के भारतीय समाज की वर्जनाएँ तो स्त्री-पुरुष के बीच स्वाभाविक रूप से पनपने वाले प्रेम सम्बन्धों को ही कुचल देने में विश्वास रखती हैं। यहाँ पति-पत्नी के बीच के यौनिक रसास्वादन की अभिव्यक्ति को साहित्य तक में अश्लील एवं वर्जित माना जाता है। भारत के वैदिक और पौराणिक साहित्य में वर्णित स्वयंवर की परम्पराएँ, चिन्हित वर को प्राप्त करने के लिए स्त्रियों द्वारा तप किये जाने के प्रसंग, गान्धर्व विवाह का प्रचलन, काम सम्बन्धों पर आधारित

विवाह तथा कामेच्छा के प्रकटीकरण की छूट होने के प्रसंग आज हमें केवल प्रेरक क़िस्से-कहानियों की तरह लगते हैं, इनका आज के समाज में वास्तव में कोई वजूद नहीं है। अखिलेश द्वारा अपने उपन्यास में विभिन्न स्त्री-पुरुष पात्रों के माध्यम से यौनिकता के संवेगों, व्यवहारों एवं उससे जुड़े विचारों की यथार्थपरक अभिव्यक्ति किये जाने को मैं एक अत्यधिक साहसी क़दम मानता हूँ, साथ ही यौन सम्बन्धों के दायरे को सामाजिक बन्धनों की सामान्यता के भीतर ही बाँधे रखकर कथानक को उपयोगी एवं दिशाबोधक बनाए रखने के कृत्य को एक सिद्धहस्त लेखक का बड़ा ही सधा हुआ क़दम भी।

श्रीप्रकाश शुक्ल ने 'परिचय' पत्रिका के 14 वें अंक के सम्पादकीय में 'निर्वासन' के बारे में टिप्पणी करते हुए लिखा है—"जड़ से उखड़े लोगों में 'प्रेमतत्त्व' ज़बरदस्त होता है और इस रूप में प्रेम व सेक्स ही वे आधार हैं जो जीवन को बचाते हैं और 'स्मृति दंश' का शिकार होने से भी रोकते हैं।" मुझे नहीं लगता कि अखिलेश ने 'निर्वासन' में जड़ से उखड़े लोगों में कामुकता का तत्त्व अधिक पाया है क्योंकि सूर्यकान्त व गौरी को छोड़कर उन्होंने इस उपन्यास में शिब्बू व कामना, नूपुर व देवदत्त तथा दादी जैसे जिन पात्रों के यौन व्यवहार का चित्रण किया है, उनमें से कोई भी विस्थापन का शिकार नहीं हुआ है। वे सभी अपने-अपने ईकोसिस्टम में ही पले-बढ़े और जीने वाले मध्यवर्गीय परिवारों के सदस्य हैं। उपन्यास में भौगोलिक निर्वासन की मानसिक, सामाजिक व सांस्कृतिक त्रासदी भोगने वाले अमेरिकावासी रामअजोर पांडे व भारत से भागकर सूरीनाम में जा बसे उसके बाबा तथा अपने परिवार के पास रहकर भी निर्वासन की पीड़ा भोग रहे अशान्त चित्त चाचा जैसे अपनी जड़ों से उखड़े अन्य पात्रों के जीवन में अखिलेश ने यौनिकता के तत्त्व की कहीं कोई उपस्थिति नहीं दर्ज की है। अत: मैं यही मानूँगा कि श्रीप्रकाश शुक्ल की यह अवधारणा कि जड़ से उखड़े लोगों में 'प्रेमतत्त्व' ज़बरदस्त होता है, 'निर्वासन' के परिप्रेक्ष्य में केवल सूर्यकान्त व गौरी के सन्दर्भ में लागू होती है, किन्तु उनकी यह बात कि प्रेम व सेक्स ही वे आधार हैं जो जीवन को बचाते हैं और 'स्मृति दंश' का शिकार होने से भी रोकते हैं, सम्भवत: एक ऐसा यथार्थ है, जो सभी पर समान रूप से लागू होता है। प्रेम स्त्री-पुरुष सम्बन्धों का एक अनिवार्य तत्त्व है, किन्तु सेक्स के बिना इसमें एक ख़ालीपन-सा बना रहता है। इस ख़ालीपन को न भरा जाए, तो दोनों के बीच यौन कुंठा पैदा होती है, जो विकृत यौन व्यवहार को जन्म देती है। आज जब समाज में यौन हिंसा एक सामाजिक आपदा का स्वरूप इख़्तियार करने लगी है और स्त्री-पुरुष सम्बन्धों में से प्रेम का तत्त्व सूखकर जीवन को रेगिस्तान-सा शुष्क एवं ताप से भरा हुआ बनाता चला जा रहा है, तब अखिलेश के इस उपन्यास में यहाँ-वहाँ बिखरे नूतन यौनोर्जा व प्रेम प्रधान कामुकता से भरे इन प्रसंगों के माध्यम से बदलाव की उम्मीद की एक हल्की-सी किरण तो निकलती हुई दिखाई देती ही है।

अन्त में मैं एक बात साफ़ कर देना ज़रूरी समझता हूँ कि इस लेख में की गई चर्चा से पाठकगण यह न समझें कि 'निर्वासन' का मुख्य विषय अथवा कथानक यौनिकता एवं प्रेम-सम्बन्धों के वर्णन एवं उनकी मीमांसा पर ही केन्द्रित है। यह उपन्यास तो औपनिवेशिक काल से लेकर आज के ग्लोबलाइज़्ड समय तक के विस्तृत फ़लक पर भारतीय समाज में हुए व्यापक सामाजिक एवं राजनीतिक परिवर्तनों, रूढ़ियों एवं विसंगतियों, भ्रष्टाचार में डूबे शासकों व पंचायती राज संस्थाओं के विद्रूपों एवं ऐसी ही अन्य तमाम कड़वी सचाइयों को नंगा करके दिखाने वाला एक आईना है। उपन्यास का नायक सूर्यकान्त इतिहास के इस छलावे को थोड़ा-सा प्रत्यक्ष और बहुत कुछ अप्रत्यक्ष रूप से देखता है। वह संघर्ष करना चाहता है लेकिन इस संघर्ष में वह अकेला पड़ जाता है। सूक्ष्मता से देखने पर वह पलायन में विश्वास करने वाला व्यक्ति लगता है। इस दंद-फंद वाले संसार में फैले छल-प्रपंच व स्वार्थ से पूरी तरह से असहमत है, इसीलिए वह कहीं भी किसी भी व्यक्ति से, यहाँ तक कि परिवारजनों से भी, अपने को जोड़ नहीं पाता है। बकौल अखिलेश वह इस संसार में रफ़्तार से चलते हुए अपने को अपने आसपास से वंचित पाता है। वह इस संसार से डरता है और नींद पाने के लिए अपने को भयमुक्त बनाने हेतु वह मुँह को ढककर सोता है। उसका अपने परिवार एवं सुल्तानपुर जैसे शहर से ही निर्वासन नहीं हुआ है, वह भावनात्मक एवं आन्तरिक संसार में भी अपने को निर्वासित महसूस करता है। अखिलेश ने उसकी इस मनोदशा का चित्रण करते हुए लिखा है—"उसे लग रहा था कि वह एक बहुत बड़े मरुथल में अकेला खड़ा है और दिशाओं, लक्ष्य और जीवनरस का बोध खो चुका है।" लेकिन उपन्यास के आख्यान से यह भी स्पष्ट होता है कि सूर्यकान्त जिस मरुथल में भटक रहा है, वहाँ विश्रान्ति का, ठहराव का, भरोसे का, सुख का एकमात्र सहारा उसकी पत्नी, उसकी प्रेमिका, उसके जीवन की सहयात्री गौरी ही है। इसीलिए 'निर्वासन' को आज के समय का एक महत्त्वपूर्ण व श्रेष्ठ उपन्यास सिद्ध करने वाली तमाम बातों से अलग मैंने इस लेख में बस इस उपन्यास में निर्वासन की रेतीली धरती पर भटकने वाले हैरान-परेशान इनसानों के जीवन को राहत देने वाले यत्र-तत्र विद्यमान यौन सुख के उन छोटे-छोटे किन्तु नायाब मरु-उद्यानों के महत्त्व को ही रेखांकित करने की एक चेष्टा की है, जिनका होना इस दुनिया में प्रेम भावना के बने रहने और लोगों के जीवन में आनन्द के संचार के लिए बेहद ज़रूरी है।

बेदख़ली के 'अन्यार्थ' में प्रवेश का वृत्तान्त : 'निर्वासन'

—चन्द्रकला त्रिपाठी

> *एक ख़ास सत्य के निर्माण में अनेक छोटी-छोटी सचाइयों का ख़ून-पसीना शामिल रहता है, इसलिए किसी इनसान, स्थान अथवा घटना के यथार्थ की ज़रूरत आन पड़े तो उसे महायथार्थ के रूप में नहीं छोटे-छोटे खंडों में बाँटकर देखना चाहिए।... अत: पुन: कहना होगा—यथार्थ को पहचानना नहीं जानना है तो उसके मुकम्मिल में नहीं उसे अनगिनत टुकड़ों में बारीकी से देखो।*

ये पंक्तियाँ अखिलेश के बहुचर्चित उपन्यास 'निर्वासन' की हैं और उपन्यास में ये सूर्यकान्त के मेफ़ेयर रजिस्टर में कुछ बहुत पोयटिक क़िस्म के दृष्टान्तों समेत दर्ज हैं। इस उद्धरण के ज़रिये एक तो इस विशद उपन्यास के अर्थ और विन्यास को समझने के महत्त्वपूर्ण हासिल होते हैं मगर यदि इन्हें ध्यान से न समझा जाए तो ये 'निर्वासन' को यथार्थ की एक आधुनिकतावादी निर्मिति ठहरा सकते हैं जिसके अनुसार खंड-खंड के यथार्थ की समाई होती है मगर कोई भी खंड दूसरे खंड का वैध सन्दर्भ नहीं होता। इसके अलावा स्वयं लेखक ने 'महायथार्थ' का प्रयोग कर महाआख्यान की समग्रतामूलक निर्मिति का पक्ष नहीं लिया है। 'निर्वासन' की बृहत्कथा भी जीवन की स्वाभाविक निरन्तरता और जोड़ के समानान्तर न विकसित होकर कई-कई जीवन प्रसंगों, ऐतिहासिक परिघटनाओं स्मृतियों के साथ-साथ अतीत और वर्तमान के घटित की तफ़सीलें, घटनाएँ, सम्बन्ध और निष्पत्तियाँ लेकर चली हैं। तो क्या इस पाठ को वैसी उत्तर-आधुनिकतावादी निर्मिति मान लिया जाए जिसके अन्तर्गत विखंडन सबसे कारगर युक्ति है। जिसका दावा है कि महाआख्यान का विधान छोटी-छोटी सचाइयों को अपनी प्रभुता से तिरोहित कर देता है या उसकी महत्ता की निर्मिति में उनका जैविक और विशिष्ट लुप्त होकर रह जाता है। वह विधान हाशिए के आख्यानों का एक अलग तरह का उपनिवेशन है और इस

तरह सत्ता संरचना का ही एक रूप है। वस्तुत: निर्वासन यथार्थ के छोटे-छोटे खंडों की महत्ता के पक्ष में होकर भी और महाआख्यान की सम्बद्धता वाले शिल्प में न होकर भी उत्तर-आधुनिकतावादी ढंग का पाठ नहीं है।

बात यदि 'निर्वासन' के कथाविन्यास में निहित कथाप्रसंगों और परिघटनाओं की की जाए तो उनका एक बहुत सुविचारित और काफ़ी हद तक प्रत्यक्ष नाभिक है और वह है निर्वासन। 'निर्वासन' के अर्थ की निष्पत्तियों की स्थिति यह है कि उपन्यास के कई चरित्र अपने निर्वासनों की टोह लेते हैं। सूर्यकान्त और चाचा यह करते हैं और इनके साथ घटित का सन्दर्भ लेकर हम अन्य चरित्रों या कि स्थितियों में मौजूद निर्वासनों को उधेड़ सकते हैं। यद्यपि सभी चरित्रों में इस हश्र को समझ लेने का चेतन और गतिशील पक्ष मौजूद नहीं है, बावजूद इसके। वस्तुत: अखिलेश के रचनात्मक पाठ का विस्तृत वस्तुगत सन्दर्भ पूँजी प्रौद्योगिकी और बाज़ार के सहमेल पर टिकी आर्थिक-सामाजिक संरचनाओं का वह मौजूदा परिदृश्य है जो बहुत संगुंफित और जटिल होने के साथ-साथ ऊसर और सपाट है। जिसके भीतर परिवर्तन के ऐतिहासिक शक्तियों की रगड़ दिखाई नहीं देती। यह नवसाम्राज्यवादी पूँजी की दख़ल से बनता वह समय है जो सुनियोजित तरीक़े से न वर्तमान को उसकी सक्रिय आलोचनात्मक और अग्रगामी शक्तियों से ख़ाली कर रहा है बल्कि इसे इस तरह का बनाने के लिए अतीत का भी कुपाठ प्रस्तुत कर रहा है। अतीत से विच्छिन्नता का इसका उद्यम बहुत भीतरी और शातिर है। ऐसे में 'निर्वासन' का कथ्य अतीत, स्मृति और इतिहास में निहित संघर्ष, प्रतिरोध और परिवर्तनकारी शक्तियों का वैध ऐतिहासिक परिप्रेक्ष्य अर्जित करता है। 1857 के हवाले से 'मुक्तिपथ' की परियोजना में इस अर्थ की धमक है और उपन्यास का प्रस्थान यही है। यहीं 'मुक्तिपथ' को निरस्त करने वाली सत्ता संरचनाओं का वह कुचक्र है जो संघर्ष के इस गतिशील इतिहास की जगह अध्यात्म रहस्य और चमत्कार से भरी प्राचीनता पर टिकी परियोजना प्रस्तुत करती हैं, जिसका सबसे ज़्यादा ज़ोर संस्कृति पर है। यह संस्कृति—हिन्दू संस्कृति है। उत्तर पूँजी की संरचनाओं के लिए यह सबसे ज़्यादा मुफीद है, इसकी डिज़ाइन के भीतर प्रतिरोध की कैसी भी जुंबिश के लिए गुंजाइशें ख़त्म कर देने की क्षमता है। यह समाज की सोचने-समझने और हस्तक्षेप करने की क्षमता को कुंद कर सकती है। मौजूदा संस्कृतिकरण की राजनीति की सचाई यहाँ मौजूद है और यही उपन्यास का प्रस्थान है। आख्यान की पारम्परिक बुनावट को याद किया जाए तो 'कथा' के भीतर संघर्ष की बीजभूमि यही है जो उपन्यास में बाक़ी हिस्सों में जूझने और टकराने की राह पकड़ती है।

अखिलेश की रचना पीढ़ी ने अपने समय के यथार्थ को रचनात्मक पाठ में बदलने की चुनौतियों को गम्भीरता से लिया। दरअसल 90 के दशक से शुरू निजीकरण और वैश्विक पूँजी द्वारा रची जाती हुई वास्तविकता ने कथा की स्वाभाविक आर्द्रता की

मानवीय ज़मीन को ख़ाली कर दिया। जीवन के स्वाभाविक रंग विलासिता वस्तुओं की चमक में डूबते गए। मनुष्य, मानवीय सम्बन्ध, परिवार मित्रताएँ, यहाँ तक कि निजताएँ भी इस असर की चपेट में आ गईं। राष्ट्र, राष्ट्रीयता जैसे शब्द नितान्त संकीर्ण अर्थों से बदल लिये गए। संसाधनों की लूट, धार्मिक-साम्प्रदायिक बर्बरताएँ, क्षेत्रीय भाषाई संकीर्णताएँ, आतंक, ग्लैमर और मनोरंजन की लीला अपरम्पार हो उठी। स्वाभाविक मानवीय सामूहिकताएँ उन गाँवों-क़स्बों में भी विलुप्त हो चलीं जहाँ की ये जीवनद्रव्य मानी जाती थीं। साहित्य, कथा और सौन्दर्यबोध का सामना एक सतही ऊसरनुमा सामाजिक यथार्थ से हुआ। जिन्हें ऊसर का गुणधर्म ज्ञात होगा वे उसकी चमक भी जानते होंगे। उसमें आँखों को चौंधिया देने की क्षमता होती है। तेज़ चमक और कठोरता उसका गुण है। भूमंडलीय समय के यथार्थ का भी यही गुणधर्म है, विस्तारित कठोर सपाटता जिसके भीतर स्मृति, कल्पना या आख्यान के लिए कोई गुंजाइश नहीं बची है। लेखक इस अनुभव को प्रचलित क़िस्म के 'विडम्बनाबोध' के भीतर नहीं खपाना चाहता और न ही इसके बराबर किसी नॉस्टेल्जिक बुनावट का उपयोग करना चाहता है। उसका रचनात्मक संघर्ष मध्यवर्गीय अनुभव की सीमाओं से टकराने का भी है। खंड-खंड यथार्थ की निर्मिति को एक महत्त्वपूर्ण युक्ति की तरह लेने के बावजूद वह ख़ास सत्य को किसी क़िस्म की बौद्धिक संरचना में नहीं छोड़ना चाहता। यद्यपि मध्यवर्गीय जीवनानुभवों की ज़मीन उसकी अपनी स्वाभाविक ज़मीन है। मगर ख़ासतौर पर इनके प्रति वह एक असाधारण क़िस्म की निस्संगता के साथ पेश आता है और क़तई यह 'अलगाव' का प्रचलित फ़ार्मूला नहीं है। निश्चित रूप से अपने समय के यथार्थ को रचनात्मक पाठ से बदलने के लिए लेखक ने कई सावधानियाँ बरती हैं।

उपन्यास के चरित्रों के लिए कहीं भी 'निर्वासन' एक उदात्त रूमानी अनुभव नहीं है और न ही उसे व्यर्थताबोध जैसे खंडित अनुभवों से मिलाया जा सकता है जिसकी सम्भावना मध्यवर्गीय रुझानों के सन्दर्भ में प्राय: होती है, तथा जिनके भीतर एक मूढ़ क़िस्म का सेल्फ़ जस्टिफिकेशन सक्रिय होता है। वहाँ सामाजिक अलगावों के भीतर रची गई आत्मपरकताएँ वस्तुगत ऐतिहासिक गतियों में न शामिल होकर उस निर्वासन को लगभग एक आत्मगौरव की तरह चुन लेती हैं। नई कहानी के दौर के अनुभववादी रवैये में इसे ख़ासतौर पर पहचाना गया। 'निर्वासन' की कथाभूमि इस परिणति को उस बृहत्तर यथार्थ को गतिशीलता से अर्जित करती है जिसके लिए 'निर्वासन' क़तई एक व्यक्तिवादी परिघटना नहीं है। उपन्यास के छोटे-छोटे टुकड़ों में इस 'निर्वासन' के रिफ़्लेक्शन्स मौजूद हैं और इसका सबसे ज़रूरी दारोमदार सूर्यकान्त नामक चरित्र पर है। उपन्यास में सूर्यकान्त ही सबसे ज़्यादा मौजूद है। सूर्यकान्त में लेखक ने वह इतिहासबोध निर्मित किया है कि वह पूँजी के दुश्चक्र को समझ सके, उसके द्वारा जारी की जाती हुई इतिहास विच्छिन्नता, औसतपन और

कल्पना के सच्चे क्षरण की नब्ज़ टटोल सके। यहाँ वही मेफ़ेयर रजिस्टर उसका वह महत्त्वपूर्ण सामान है जो जब-तब मनुष्य की चेतना का भारी अनुकूलन चाहने वाली शक्ति संरचनाओं से उसके उचाट, प्रश्नाकुलता और हस्तक्षेप के कठिन रूपों का पता देता है। रजिस्टर उसकी बेचैन निजता का साक्ष्य भी है।

बृहत्कथा में 1857 के साम्राज्यवादी दमन का सन्दर्भ है, भूखा, अकाल, तबाही, तंगहाली और महामारी की तफ़सीलें हैं। धर्म और जाति की कठोरताओं से जुड़े प्रसंग हैं। औपनिवेशिक शासन द्वारा त्रिनिदाद'सूरीनाम-मॉरिशस वग़ैरह में गिरमिटिया मज़दूरों को ले जाए जाने से जुड़ी कथाएँ हैं। गिरमिटिया मज़दूर के अरबपति वंशज के हवाले से गोसाईंगंज चरित्र का प्रकरण है। कथानक के विशद ढाँचे में वैश्विक सन्दर्भ, शहर, क़स्बा, गाँव, ग्रामीण जन समाज, कांग्रेस राज, आपातकाल, संजय गांधी, ग़ैर-कांग्रेसी सरकारें, पूँजी की परियोजनाएँ, ग्राम पंचायत, मेले-ठेले, ग्रामीण परिवेश और चरित्र, क़स्बा सुल्तानपुर, वरुणा एक्सप्रेस, प्रेमी-प्रेमिकाएँ और प्रेम विवाह, परिवार से विस्थापन, पिता-माँ, भाई और कुटुम्ब, चाचा-चाची, मित्र, बेरोज़गारी, नौकरी, गृहस्थी आदि अपनी-अपनी विस्तृत तफ़सीलों के साथ दर्ज हैं। कथा का विकास 'बात से बात निकलती जाए' के ढंग को रचनात्मक युक्ति की तरह सँभालता है। चाचा-भतीजा सम्बन्ध इस उपन्यास की एक रोचक और विचित्र निर्मिति है। इनके ज़रिये लेखक ने विद्रोह, बगावत या समायोजन जैसी किसी परिणति से अलग मौजूदा क्षरण के यथार्थ में हस्तक्षेप का नया ढंग लिखा है। सूर्यकान्त और उसके चाचा के भीतर से ही इस यथार्थ का प्रतिपक्ष निर्मिति करने का ज़रिया लेखक को मिला है और वहाँ वह यथार्थवादी निस्संगता और भाववादी विकल्प के विपर्यय को आमने-सामने रख देता है। इस तरह वह सभ्यता-समीक्षा के अपने ढंग में पूर्व में आजमाई गई पद्धतियों का सहारा नहीं लेता, हालाँकि चाचा के चुनावों के सन्दर्भ में विनोद कुमार शुक्ल के पूँजीवादी संसाधनों, सुविधा भोगों और वस्तुओं की जमघट से मुक्ति की परिकल्पना जरा-सी असावधानी से यहाँ पूरी-की-पूरी आकर जम सकती थी, मगर भतीजा, और कई बार चाचा भी उस चुनाव की असंगतियों से टकराते हैं। अतः वह भोगवादी सभ्यता के बरक्स एक पवित्र रोमानी विकल्प न होकर इस समय से जूझने के लिए नये हथियारों की माँग के तर्क को ज़्यादा मज़बूत करता है। चाचा के निमित्त से लेखक पूँजीपरस्त तरक़्क़ी और आधुनिकता को उधेड़ता है। चाचा ही इस आधुनिकता के विद्रूप से बहस में उतरता है और लेखक ने उसे वहाँ अनवरत बोलने दिया है। पूँजी और श्रम के जटिल सम्बन्ध की व्यावहारिक व्याख्याएँ चाचा के पास हैं। उसका फ़ैसला है कि आराम का अधिकार उन्हीं को है जो श्रम करते हैं। भोग-विलास और आराम में पैबस्त सुविधाभोगी वर्ग की विलासिता का चिट्ठा वह उधेड़ता चला जाता है। बेतहाशा कमाई, गँड़खुल्ला मनोरंजन, स्पीड, कम्प्यूटर तरक़्क़ी और विध्वंस, चाचा

सबकी ख़बर लेता है। उसकी बातों में हमारे समय के मानवीय सार को बचाने की चिन्ताएँ हैं। वह अन्न में स्वाद, फ़सलों, वनस्पतियों, जीव-जन्तुओं के जीवन समेत आज़ादी और ग़ुलामीगीरी सबकी बात करता है। मध्यवर्गीय लालसाओं की इंतिहा की नब्ज़ भी वह टटोलता है और इस तरह पूँजी की संरचनाओं के भारी अनुकूलन का भयावह यथार्थ सामने आता है। लेखकीय परियोजना का यह बड़ा सुनियोजित हिस्सा लगता है जिसमें आए नैतिक कथनों में जैविक स्वाभाविकता भरते के प्रति लेखक सचेत है। हालाँकि कई बार यह पूरा संवाद लेखकीय मंतव्य से नियंत्रित और रुक्ष भी लगता है मगर उपन्यास की गति में लेखक की दख़ल का यह सबसे मुफीद क्षेत्र है। "...इस आख्यान में अनेक बार पात्र स्वयं उपस्थित होकर अपनी बात रखेंगे। कथाकार के अज्ञान, असमर्थता, अयोग्यता, अपर्याप्तता, अशुद्धि को दूर करेंगे।" (निर्वासन, पृ. 46)

इस उपन्यास के कई किरदारों में लेखक ने जानबूझकर विचित्रता भरी है। वे अद्‌भुत का उत्तर-आधुनिक संस्करण लग सकते हैं। जिन चरित्रों पर लेखक ने इस मंशा के साथ काम किया है उनमें सम्पूर्णानन्द बृहस्पति, भगेलू कुम्हार, चाचा और जगदम्बा प्रसाद प्रमुख हैं। इसके अलावा गौरी में करिश्मा कम नहीं है। कामना में ऐसे जादू के रंग हैं और चाचा की विचित्रताएँ अलग ढंग की हैं हालाँकि उसका स्रोत बदले हुए सामाजिक परिदृश्य में है। जगदम्बा प्रसाद का 'पाद प्रसंग' ऐसे ही वैचित्र्य की रचना करता है। ये किरदार वर्णन की ख़ासियत से उभरते हैं। उपन्यास में चरित्र विधान महत्त्वपूर्ण होता है और यथार्थवादी पद्धति में चरित्रों को अयथार्थवादी रण देने की मुहलत प्राय: नहीं होती। हम देखते हैं कि अखिलेश यहाँ प्रकृतिवादी वर्णन के ढंग से प्रवेश करते हैं। सम्भवत: प्रकृतिवादी ढंग के लगने वाले प्रसंगों के द्वारा वर्णन में कुछ अन्य तरह की रुकावटें निरस्त होती हैं और यह ढंग भी अपने तय प्रारूप से अलग जाकर चित्रण को कभी-कभी रूपकों की अर्थवत्ता तक ले जाता है। जगदम्बा प्रसाद की स्मृति-विस्मृति, उम्र और पाद सब मिलकर किसी अन्यार्थ की सृष्टि चाहते हैं। सम्पूर्णानन्द बृहस्पति एक पूरा कैरिकेचर हैं। सत्ता के क्रूर दलाल तंत्र का एक चालाक पुर्जा। बृहस्पति एक प्रवृत्ति के प्रतिनिधि तो हैं मगर लेखक उन्हें रूढ़ नहीं होने देना चाहता। यथार्थवादी उपन्यासों में चरित्र निरूपण की प्रक्रिया का महत्त्व इसी से समझा जा सकता है कि 'डॉनक्विकजोट' नामक उपन्यास (सर्वेंटीज) में चित्रित चरित्र की विशिष्टता की व्यापक लोकप्रियता ऐसे बनी कि 'क्विकजोटिक प्रवृत्ति' के रूप में प्रचलित हुई। बाल्ज़ाक द्वारा रचा गया 'वात्रिन' नामक चरित्र अपनी जटिलता में असाधारण था। वह ठंडे ढंग का हत्यारा था, बहुरुपिया था, मगर सभ्य समाज को प्रभावित करने वाला जादू उसमें था। बाल्ज़ाक ने उसे अविस्मरणीय निर्मिति दी। बृहस्पति एक कॉमिक चरित्र है शातिर है और नये ढंग का आखेटक है। बृहस्पति

भी ऊपर से एक कॉमिक चरित्र है किन्तु बेहद शातिर।

निर्वासन दादी का भी है। टी.वी. को वे धिक्कारती हैं, क्योंकि उसने ही उनकी स्वाभाविक जगह छीन ली है। स्थितियों की जटिलता का आलम यह है कि एक ओर जहाँ यह दादी का निर्वासन है तो दूसरी ओर सूर्यकान्त का भी है। भावनाओं से बेदख़ली का अर्थ यहाँ है। उन्हें अपने क़िस्सों के लिए समाज चाहिए, टी.वी. ने उनका बाज़ार बिगाड़ दिया है। दादी को भी लेखक ने स्मृति-विस्मृति के खेल में रचा है। वस्तुतः अतीत के पुनरुत्पादन में कल्पना के योग का प्रत्यक्ष विधान उपन्यास कई बार रचता है। जगदम्बा प्रसाद के यहाँ भी यह है। अपने अतीत में मनचाही फेरबदल का हिसाब भगेलू के यहाँ भी है। हर चरित्र के पास कई-कई सारगर्भित वाक्य हैं, जैसे दादी कहती हैं—"इस उमिर में जीकर क्या कर लूँगी और मरकर भी।" (पृ. 191)

लेखक की टीप यह है कि कुछ वर्षों से संसार उनकी समझ में ही नहीं आता था। इनसान हो या सामान—"ये उनको कभी बहुत प्यारे लगने लगते कभी बदसूरत।" (पृ. 191)

इसी तरह रामअजोर बाबा के दीर्घ सम्भोग प्रकरण में विचित्रताएँ हैं। 'निर्वासन' के रसायन की गहरी आन्तरिक और अबूझ पीड़ाएँ। लेखक बाबा प्रसंग को भी प्रचलित डायस्पोरिक अर्थ से अलग एक ख़ालिस ज़मीनी रंग देना चाहता है। बाबा का झक्कीपन, भय की प्रगाढ़ता 'गोसाईंगंज' का उसके भीतर एक साथ यातना और आनन्द में धँसा होना, लेखक ने इसे निरूपित किया है। सूरीनाम पहुँचने के पाँच वर्ष बाद ही बाबा भारत लौट आने की स्थिति में आ जाता है मगर लौटता नहीं। यहाँ रामअजोर पांडे के ज़रिये आया सूरीनाम के प्रवासी जीवन का सन्दर्भ बाबा की व्यक्तिगत पीड़ा के सन्दर्भ में गहरा है, किन्तु वहाँ की आर्थिक-राजनीतिक स्थिति, भारतीयों के साथ उनका सलूक, उनके दमन की सचाइयाँ आदि का वस्तुगत परिप्रेक्ष्य चित्रित करने की दिशा में लेखक नहीं बढ़ता। बाबा की स्थिति, सम्पत्ति, रहन-सहन वग़ैरह को सूरीनाम की स्थानिक विशिष्टता के साथ दर्ज नहीं किया गया है, यद्यपि उसी से जुड़ा भारतीय सन्दर्भ औपनिवेशिक भारत की स्थितियाँ, कलकत्ते से जहाज़ का छूटना, जहाज़ पर गिरमिटिया मज़दूरों की स्थिति आदि विस्तृत रूपों में चित्रित किये गए हैं।

मध्यवर्गीय जीवनानुभव अखिलेश के भावबोध का बुनियादी आधार है, उत्तर पूँजी की संरचनाओं से सटकर बदलते मध्यवर्ग के लालच और पतन को अखिलेश की अनेक कहानियाँ दर्ज करती हैं। कहानियों में लेखक ने मध्यवर्ग के निरूपण का एक सटीक परिप्रेक्ष्य लिया है और उसकी जटिलता में उतरा है। इस उपन्यास में आया मध्यवर्ग यद्यपि स्थितियों, घटनाओं या चरित्रों के स्तर पर मध्यवर्गीय प्रवृत्तियों के अनुमानित रूपों का अतिक्रमण करता है मगर उसकी जटिलता को थहाने का

विस्तृत ऐतिहासिक परिप्रेक्ष्य विकसित हुआ नहीं लगता। उसके बारे में कई बातें बहुत सूचनात्मक या गढ़ी हुई भी लगती हैं। सूर्यकान्त के परिवार के हवाले से आए चरित्रों में उन्होंने पैसा-पद वग़ैरह की दिशा में उनके लोभ और विघटन को दर्ज किया है मगर उसकी सीमाएँ दिखती हैं। वहाँ कुछ अप्रत्याशित चरित्रों का मेल कराकर लेखक ने आख्यान की वहाँ बनती सघनता को कई बार प्रभावित किया है। जैसे तेंदुलकर और नूपुर के सम्भोग प्रसंग की उसके बाद आगे बढ़ती कहानी में कोई गति नहीं है या उसके घर में दादी की मृत्यु से पूर्व हुई उस जुटान का सूर्यकान्त की पारिवारिकता या कि मध्यवर्गीय पारिवारिकता के सन्दर्भ में भावनाओं का मामला, कथा के किसी काम नहीं आता। यहाँ घटित या सूचित चीज़ों को इस प्रसंग से अलग भी जगह दी जा सकती थी।

अखिलेश अपनी पूर्व पीढ़ी के लेखकों के प्रभाव के सन्दर्भ में सबसे ज़्यादा काशीनाथ सिंह की कथा भाषा और मर्दवादी भंगिमाओं के निकट दिखाई देते हैं। यद्यपि 'गौरी' के चरित्र में अखिलेश ने उस स्त्री की कल्पना की जो प्रबुद्ध है, प्रखर है जिसका वजूद सूर्यकान्त में विलीन नहीं है। सूर्यकान्त की चिन्ता करने के बावजूद वह सर्वथा उसके अनुकरण में नहीं है। जब-तब वह अपने 'स्पेस' के साथ दिखाई देती है और उसमें फ़ैसले लेने की क्षमता है। लेकिन स्त्रियों के पास, उनकी दख़लभरी मौजूदगी के बावजूद बहुत सीमित काम है। भगेलू बाबा, पांडे का प्रसंग हो, गोपी कामना या नूपुर का सन्दर्भ क्यों न हो स्खलन, सम्भोग वग़ैरह के रतिप्रसंग के बिना इनका निर्वाह नहीं। कई बार ये प्रगल्भा नायिकाओं सरीखी कला के साथ दिखाई देती हैं। अनावृत्ति इनके लिए जब-तब ज़रूरी हो उठी है। दादी की त्वचा, तिल का तेल, आईना और यौवन प्रसंग आते ही भय लगता है कि अरे, अब दादी भी? दरअसल ग़ैर-रूमानी नज़रिये के चलते प्रेम की सघनता का विषय उस रोमान में छोड़ दिया जाता है और बौद्धिकता उस पूरी भाषाई संवेदनात्मकता वग़ैरह से निजात का उपकरण बन जाती है। कहते हैं कि फ्लाबेयर, एमिलजोला वग़ैरह की प्रकृतिवादी भाषा, बहुत सचेतन रूप में भले ही नहीं, लेकिन किसी स्तर पर अभिजात प्रेम की एंटीथीसिस थी और इस तरह अभिजन समाज के प्रेम प्रणय उत्सर्ग वग़ैरह से अलग उस पूरी अतिशयता से मुक्त असलियत तक आने का वह एक रास्ता था। सम्भव है कि अखिलेश भी प्रेम वग़ैरह की भाववादी निर्मितियों से बाहर आ रहे हों, या और कोई कारण हो मगर कई बार और इसी ढंग से आने के कारण ये प्रसंग लेखक का 'आब्सेशन' लगने लगते हैं। वैसे हिन्दी उपन्यास की पठनीयता बढ़ाने का भी यह एक नुस्खा है मगर शायद अखिलेश को ऐसे किसी नुस्खे की ज़रूरत नहीं।

यह आख्यान काफ़ी हद तक कथाकार के हाथ में है। चरित्र, परिघटनाएँ

इतिहास, स्मृति-विस्मृति, वर्तमान वग़ैरह के सन्दर्भ में वह कई चीज़ें आजमाता है। इसे कलात्मक और औपन्यासिक शिल्प में रूढ़ प्रारूपों से अलग निरूपित करने की उसकी आकांक्षा सर्वोपरि है। 'विखंडन' की उत्तर-आधुनिक युक्ति को वह कई बार आजमाता है मगर उन खंडों के भीतर वृहत्तर अर्थ की गुंजाइशें बचाए रखता है। स्थितियों, चरित्रों आदि के सत्य में झूठ या अयथार्थ की छौंक लगाना वह कई बार आजमाता है। इस वृत्तान्त को किसी आशावादी महाकाव्यात्मक पाठ में बदलने से बचाने के लिए उसकी दख़लंदाज़ियाँ कई प्रकार की हैं। सूर्यकान्त की परिवार में वापसी का ही पूरा प्रसंग देखें कितनी ही कथाओं में अपने प्रेम-विवाह, तिरस्कार त्यागा जाना और लौटना, कितनी बार हुए हैं और हो रहे हैं। उन्हें नये-नये तरीक़े से लिखा भी जा रहा है। अखिलेश इस प्रसंग की अतिरिक्त भावुकता को सोख लेते हैं। उन्हें उपभोग के समय के ऊसर से बदलते सम्बन्धों की सचाई लिखनी है इसलिए पारिवारिक त्याग और स्वीकार का कोई विगलित दृश्य नहीं खड़ा होता। सुल्तानपुर से लौटता सूर्यकान्त चाचा को पत्र लिखता है। लिखता है कि—"चाचा तुम्हें महसूस होता है कि तुम्हारा अपना समय, जिस समय ने तुम्हें बनाया और जो तुम्हारे भीतर ज़िन्दा था, उसका लोप हो गया है मगर मुझे लग रहा है कि मैं ख़ुद ही अपने से अलग हो चुका हूँ।" (निर्वासन, पृ. 342)

उपन्यास के आख़िरी पन्नों तक 'निर्वासन' के समग्र पाठ के भीतर कई-कई निर्वासनों का साक्षात्कार घटित होता है और सूर्यकान्त इससे अतीत, वर्तमान और भविष्य की थाह लेता है। वह अनुभव करता है कि तमाम तरीक़े से विस्थापन, तोड़-फोड़ मिलकर एक महाविध्वंस को रच रहे हैं। एक भारी तहस-नहस है जिसकी, बुनियाद पर कोई भविष्य नहीं खड़ा किया जा सकता। इस तरह 'निर्वासन' के आख़िरी पन्नों पर 'प्रलय की प्रगाढ़ता का अनुभव' इकहरा अनुभव नहीं है। संस्कृतिकरण की भयावह जटिलताएँ अब यहाँ हश्र की तरह मौजूद हैं। पांडे, सम्पूर्णानन्द, बृहस्पति वग़ैरह के साथ दृश्य निर्मित कर लेखक इस महावृत्तान्त की उस टेक का आभास कर देता है, जैसे किसी गीत का बन्द हो। सूर्यकान्त के सामने 'सतयुग परियोजना' की सचाई साफ़ होती है। महान हिन्दू संस्कृति के वैश्विक तालमेल का अनुभव उसे निहत्था अकेला और परास्त कर रहा था। यहाँ भी लेखक यथार्थ और फ़ैंटेसी की अदला-बदली का एक खेल रचता है। इस हिस्से में भी एक भीतरी क़िस्म की जिरह है, जिसका निमित्त रामअजोर पांडे का गोसाईंगंज है। पांडे गोसाईंगंज में अपने बाबा के विस्थापन का समय रचना चाहता है। सूर्यकान्त, जो तब तक अपनी खांटी रौ में आ चुका है, कहता है कि उस समय के गाँव को दुर्दिन के समय में रचना पड़ेगा। पांडे कहता है कि—"काल का पहिया अब दूसरी तरह से घूम रहा है। आज फिर यहाँ से लोग काफ़ी तादाद में बाहर जा रहे हैं, लेकिन ये शायद इस मुल्क का सबसे ख़ुशहाल दौर है।"

इस तरह भारतीय 'डायस्पोरा' के मौजूदा अर्थ में निहित जटिलताओं को

समझने का भी एक सन्दर्भ उपन्यास में बनता है...मगर उससे ज़्यादा यह मनुष्य को बेगानेपन में ठंडा कर देने वाली प्रवृत्तियों से एक मुक़ाबला है।

उपन्यास में कई एक कोमल प्रसंग भी हैं, दृश्यावलियाँ हैं। चाचा के सन्दर्भ में अछूते प्रेम समर्पण वग़ैरह की ज़्यादा खिल्ली नहीं उड़ाई गई है, हालाँकि उसके देवदासीय कैरिकेचर को रचा गया है। मध्यवर्गीय गृहस्थी की संवेदना का विस्तार देने वाली प्रकृति, जो एक तरह से इन घरों का खुला हुआ पड़ोस है, उसके सुन्दर ज़िक्र उपन्यास में हैं। वैसे अखिलेश एक निस्संग तटस्थ भाषा के लेखक हैं जो हास्य और व्यंग्य की बेधकता का बहुत नया प्रयोग करते हैं।

उपन्यास विस्तृत है। ग्रैंडनैरेटिव्स की रूढ़ियों से बचकर चलता है मगर वैविध्य और विस्तार की ख़ूबियाँ उसमें अपने ढंग से अर्थ की समग्रता की रचना करती हैं। उपन्यास के अन्त में देखें सूर्यकान्त का मेफ़ेयर रजिस्टर कोरा है, जबकि वह रात भर लिखता रहा है। इस तरह देखें तो सूर्यकान्त को हस्तक्षेप की सचेतन सक्रियता में गढ़कर भी लेखक उससे कोई क्रान्तिकारी काम नहीं लेना चाहता।

‘निर्वासन’ वाया सूर्यकान्त डॉट कॉम

—श्रीप्रकाश शुक्ल

सूर्यकान्त एक मुकम्मल वेब साइट है। वह परम्परा व आधुनिकता का रोचक घोल है। वह बहुत ‘हाईटेक’ है, इतना कि उसके इर्द-गिर्द पूरा भूगोल घूमता है। वह लखनऊ से गोसाईंगंज वाया सुल्तानपुर की छोटी यात्रा में पूरे भूमंडल की यात्रा कर डालता है। पीढ़ियों के माध्यम से सीढ़ियों पर चढ़ने का माद्दा रखता हुआ अपनी कल्पनाओं में सूरीनाम तक जाता है लेकिन जब पहुँचने वाला होता है तभी धड़ाम से गिरता है—लगभग उपन्यास के समापन की तरह—“मुझे कुछ नहीं कहना है।” और मुझ एक पाठक के रूप में मन में सवाल छोड़ जाता है—‘कुछ नहीं कहना था तो अपने साथ मुझे अपनी यात्रा में क्यों परेशान किया।’

सूर्यकान्त-गौरी, अवध नारायण-सूर्यकान्त, बहुगुणा पत्रकार-सम्पूर्णानन्द बृहस्पति, रामअजोर पांडे-जगदम्बा कुम्हार, चाचा-चाची, शिब्बू-कामना, नूपुर-देवदत्त तेंदुलकर जैसे अनेक पात्रों से गुज़रते हुए सबसे पहले निर्वासन के सन्दर्भ से मुझे 20वीं सदी के प्रखर बुद्धिजीवी एडवर्ड सईद की बात याद आई जिन्होंने अपनी चर्चित पुस्तक ‘Representation of the Intellectual’ में 20वीं सदी को निर्वासन की सदी मानते हुए इसके उद्‌भव व इसकी सीमाओं की विस्तार से चर्चा की है। उन्होंने इस पुस्तक में युद्ध, अकाल और महामारी के कारण ‘निर्वासन’ की पीड़ा को समझने की महत्त्वपूर्ण कोशिश की है। उन्होंने बताया है कि यह निर्वासन 20वीं सदी की एक भयावह प्रवृत्ति रही है जिसमें आप अपने मूल स्थान से निर्वासित तो हैं किन्तु उसकी आहटें आपके आसपास बराबर मिलती रहती हैं और तकनीक व विज्ञान की प्रगति से, आप उससे उदासीन रहने की भरपूर कोशिशों के बावजूद, उदासीन रह नहीं पाते। आँसू व आक्रोश का खेल चलता रहता है। कहीं बाहर से जबरिया निर्वासन, कहीं भीतर का निर्वासन, कहीं निर्वासित व्यक्ति अपने जन्मभूमि के प्रति गहरी संसक्ति ज़ाहिर करता है तो कहीं वर्तमान कर्म स्थल को, पिछले को भूलकर सँवारने में लीन रहता है।

सईद ने महान लैटिन कवि ओविड, जो रोम से निर्वासित हैं, के बहाने लिखा है कि 20वीं सदी में निर्वासन वैयक्तिक व्यक्तियों से आगे बढ़कर पूरे समुदाय के निर्मम निर्वासन में रूपान्तरित हो गया है। यह निर्वासन न तो पिछली ज़मीन को सहज भूलने देता है, न ही नई ज़मीन से कोई अनुराग विकसित कर पाता है। जैसे कि द्वितीय विश्वयुद्ध के बाद भारत के बँटवारे के बाद भारत की जनता का निर्वासन। इस क्रम में वैयक्तिक बौद्धिकों के निर्वासन को भी बहुत महत्त्वपूर्ण माना है जिनके लिए 'Homeless Home' की बात करते हैं जिसमें टॉमस मान, थियोडोर एडोर्नो, जोनाथन स्विफ्ट, वी.एस. नायपाल और स्वयं को भी। यूँ तो इन सभी निर्वासित लोगों में यात्राओं की ज़बरदस्त प्रवृत्ति रही है जहाँ से हम यह भी समझ सकते हैं कि 'निर्वासन' का यात्राओं से गहरा सम्बन्ध है और यह भी कि यात्राएँ केवल फ़ोटोग्राफ़ी नहीं हैं बल्कि पूरी दुनिया की संस्कृति को जानने का ज्ञानवर्धक व मुक्ति-मार्गी प्रयास हैं, लेकिन यहाँ 'निर्वासन' उपन्यास के सन्दर्भ में मेरा ध्यान वी.एस. नायपाल के उपन्यास 'Bend in the River' के चरित्र सलीम पर सहज ही जाता है जो कि व्यक्तिगत निर्वासन का एक रोचक व बेहतरीन उदाहरण है। यह भारतीय मूल का पूर्वी अफ्रीकन मुसलमान है जो समुद्र तट को छोड़कर अफ्रीका की एक छोटी जगह पर जा बसता है जहाँ वह नदी के घुमावदार ख़ाली ज़मीन (No Men's Land) का चुनाव करता है जहाँ वह फ़ुरसत से रह सके लेकिन यहाँ से भी वह औपनिवेशिक मुनाफ़ाख़ोरों के द्वारा भगा दिया जाता है। यह अपने ही मूल घर में निर्वासन का महत्त्वपूर्ण उदाहरण है जिसे औपनिवेशिक ताक़तों ने सम्भव किया है।

मैं जब अखिलेश के उपन्यास 'निर्वासन' के चरित्र सूर्यकान्त के बारे में सोच रहा था, तब सूर्यकान्त का निर्वासन सलीम जैसा ही लगा था। सूर्यकान्त अपने गाँव सुल्तानपुर (यू.पी.) से निर्वासित है। वह लखनऊ में रहता है लेकिन वहाँ से भी निर्वासित है। यहाँ भी उसे आउट कास्ट ही माना जाता है। घर छूट चुका है। पिता ने भगा दिया है। इधर शहर ने स्वीकार करने से मना कर दिया। यही उत्तर-औपनिवेशिक सच है। 'उपनिवेश' ने गोसाईंगंज के मूल के व्यक्ति को गिरमिटिया बनाकर सूरीनाम भेज दिया। 'उत्तर-उपनिवेशवाद' में उन्हीं गिरमिटिया के पौत्र रामअजोर पांडे भारत आकर अपने बाबा की 'गोसाईंगंज' को खोजता है जिसमें कई धाराएँ तब तक मिल चुकी हैं। पहले 'देश छूटा'। फिर 'देश' आया तो 'देस' मिल नहीं रहा। परिणाम यह होता है कि वह एक सम्पन्नता युक्त आभासी जीवन जीने लगता है और अपनी जड़ों की तलाश के स्थानापन्न के रूप में भावी सतयुग का स्वप्न दिखाने वाले दक्षिणपंथी सम्पूर्णानन्द बृहस्पति से जा टकराता है और इसकी महान हिन्दू संस्कृति का शिकार हो जाता है जो अपने लिए 'सतयुग प्रोजेक्ट' की उन तंगहीन गलियों का चुनाव करता है जिसका विरोध करने के कारण सूर्यकान्त को वह बाहर का रास्ता

दिखाता है। 'पर्यटन' उसके लिए महान हिन्दू संस्कृति की रक्षा का सवाल जो है। स्वयं सूर्यकान्त को इसके लिए तनहाई का जीवन मिलता है। रामअजोर पांडे के लिए गोसाईंगंज की ईमानदार तलाश, उसे हिन्दू संस्कृति की बेईमान मनोवृत्तियों से जोड़ देती है जिसे कथा नायक सूर्यकान्त चाहकर भी रोक नहीं पाता। यहीं पर 'उत्तर-औपनिवेशिक' वृत्तान्त अपने केन्द्र से खिसककर 'उत्तर-आधुनिकता' के मायावी कुचक्र में फँस जाता है और तब एक संवेदनशील सूर्यकान्त परास्त होकर कराह उठता है—"मुझे कुछ नहीं कहना है।" असल में वह कह भी क्या सकता है। यदि आपको भी वर्तमान भारतीय राजनीतिक परिदृश्य में 'प्रगति' के नाम पर इसी वर्चस्ववादी हिन्दू संस्कृति का अहसास हो तो, कोई आश्चर्य नहीं। इस 'प्रगति' व 'विकास' के नारों ने आपके दरवाज़े पर दस्तक दे दी है और सबसे पहले इसी की विजय होगी जिसे आसन्न (2014) आम चुनाव की पूरी गुणा गणित में 'पत्थर' के नीचे दबाकर रखा गया है। यह भारतीय लोकतंत्र का वर्तमान स्वरूप है और यदि इस लोकतंत्र पर 'बहुगुणा' के भाई गोती सवार हो गए, जिसकी आशंका तो है ही, तो यक़ीन मानिए, अखिलेश का यह उपन्यास महज़ उपन्यास नहीं भारतीय राजनीतिक व्यवस्था की MRI करने वाला एक सशक्त उपकरण साबित होगा।

इस उपन्यास में आप देखेंगे कि यात्राएँ बहुत हैं और ये भौगोलिक ही नहीं आन्तरिक भी हैं। इन्हीं यात्राओं के कारण एक दौर में प्रगतिवादी कवियों ने 'निर्वासन' पर बेजोड़ कविताएँ लिखी हैं जिसमें नागार्जुन व नरेन्द्र शर्मा की कविताएँ महत्त्वपूर्ण हैं। तो 'प्रगतिवाद' ने 'निर्वासन' व 'यात्रा' के घोल से जो कविताएँ बनाईं, स्वाधीन भारत में वह उपन्यासों के इतिहासबोध के उदय होने का कारण बना। प्रस्तुत उपन्यास में यह 'इतिहासबोध' दिखाई देता है जिसमें 'स्मृति' न केवल वर्तमान को रूपायित करती है बल्कि वह भविष्य के महत्त्वपूर्ण संकेत भी छोड़ती है। कथा में जो रोचकता है वह 'गम्भीरता' की ओर संकेत करती है। जो गप्पें हैं, वे जड़ता को तोड़ने का कार्य करती हैं। जो सम्बन्ध हैं, वे उम्मीदों के कारण टूटते नज़र आते हैं और पांडे द्वारा जिस जड़ की तलाश है, वह 'जड़वत तलाश' में बदल जाती है। यानी इस समय में सब कुछ उलट-पलट जाता है, बावजूद इसके अपने निहितार्थों में उपन्यास कुछ संकेत छोड़ जाता है—बहुत ही गहरे राजनीतिक व सांस्कृतिक संकेत। दिल पर लगे 'निर्वासन' के गहरे ज़ख़्म जब ठीक किये जाने की जगह 'ताज़ा' बनाए जाते हैं, तो यह ख़तरनाक चिन्हों को जन्म देता है जिसे आप 'हिन्दू संस्कृति' की पुरातनवादी व्याख्याओं में देख सकते हैं और जिसे उपन्यास में रामअजोर पांडे में देख सकते हैं लेकिन बरास्ते पर्यटन विभाग के अध्यक्ष सम्पूर्णानन्द बृहस्पति! और पांडे जी चाहकर भी इससे मुक्त नहीं हो सकते थे क्योंकि जड़ों की तलाश में निकले भारतीयता की जिस 'महान' संस्कृति का सब्ज़बाग़ सम्पूर्णानन्द दिखाते हैं उसमें स्वयं पांडे की भावनाएँ खो जाती हैं और वे एक काल्पनिक गोसाईंगंज की

तलाश में पूरे भारत को ही गोसाईंगंज समझने की भूल कर बैठते हैं।

इस उपन्यास में 'पादने' व 'बेडरूम' के कई रोचक दृश्य हैं जो नैतिकता व शुद्धतावाद के सारे आग्रहों को छिन्न-भिन्न कर डालते हैं। ये दृश्य कथा को एक तरफ़ बोझिल नहीं होने देते तो दूसरी तरफ़, जो बहुत महत्त्वपूर्ण है, व्यक्ति को अपने 'निर्वासन' के दंश से मुक्त भी करते हैं। जड़ से उखड़े लोगों में 'प्रेमतत्त्व' ज़बरदस्त होता है और इस रूप में प्रेम व सेक्स ही वे आधार हैं जो जीवन को बचाते हैं और 'स्मृति दंश' का शिकार होने से भी रोकते हैं। यह भी एक उत्तर-आधुनिक मान्यता है जिस पर यह उपन्यास खरा उतरता है। बूढ़े जगदम्बा की 'पाद' में तो पूरी आधुनिकता के चकाचौंध का नकार ही है, लगभग 'ऐसी तैसी' करने वाला नकार, और जहाँ इनके द्वारा बेशुमार गालियाँ दिलाई गई हैं, उससे वर्तमान के बहुत पीछे के समय व संस्कृति की आहटें मिलती हैं और व्यक्ति के बनने का पूरा समाजशास्त्र ही प्रकट होता है। यही उपन्यास का वह 'दृष्टि बिन्दु' है जिससे किसी उपन्यास की ताक़त की परीक्षा होती है और जिसे संरचनावादी समीक्षक—नार्थ्रोप फ्राई ने "Anatomy of Criticism (1957)" में काफ़ी विस्तार से बतलाया है और इसे ही दूसरे संरचनावादी विचारक बेयन सी बूथ ने 1962 में लिखी अपनी पुस्तक 'The Rhetoric of Fiction' में विकसित किया है। बूथ ने इस 'दृष्टिबिन्दु' को न केवल महान बल्कि सभी लेखकों का अनिवार्य लक्षण माना है। बूथ ने लिखा है—"लिखने के क्रम में लेखक केवल निर्वैयक्तिक मनुष्य की रचना ही नहीं करता, अपितु स्वयं अपने आपका एक परोक्ष संस्करण भी तैयार करता है।" (The Rhetoric of Fiction, Chicago Uni., Press, 1973)

इस सन्दर्भ में उपन्यास का सबसे रोचक व गम्भीर पात्र कथा नायक सूर्यकान्त का चाचा बहुत याद आता है जिसके गढ़ने में कई बार बून की तरह ही अखिलेश ने एक विशिष्ट संस्करण तैयार किया है। वह बहुत रोचक व तेजस्वी है। विचारों की धार पर धुआँधार दौड़ता है। भाषा की समझ गहरी है। सांस्कृतिक बोध तीखा है। गालियों के बारे में इसका यह वक्तव्य पढ़ें जो उपन्यास का भी 'दृष्टिबिन्दु' हो सकता है—चाचा ने भतीजे से कहा—"इसकी गालियाँ बता रही हैं कि यह काफ़ी पुराना आदमी है। इसकी गालियों से यह अन्दाज़ा लगाया जा सकता है कि इसकी स्मृति उस दौर से निर्मित हुई है जब हैजा से गाँव के गाँव तबाह हो जाते थे। लाशों की क़तारें लग जाती थीं और शीतला माई का प्रकोप यानी चेचक बहुत बड़ी महामारी थी।" (पृ. 243) आप देखें कि यह महामारी ही तो 'निर्वासन' का कारण रही है जिसके बारे में हमने आरम्भ में ही लिखा है और गालियों के इस 'समाजशास्त्र' पर स्वयं अखिलेश एक सधे समाजशास्त्री की तरह बोलते हैं।

इस उपन्यास में गोसाईंगंज के माध्यम से गाँवों के बदलाव को भी सुन्दर ढंग से लक्षित किया गया है जहाँ सब कुछ पहली बार घटित होता हुआ दिखाई देता है

और फिर भी लगता है जैसे कुछ घटित ही न हुआ हो। यह वह दौर है जहाँ बाज़ार आ रहा था और सभी लोग इसे मनोरंजनपूर्ण ढंग से देख रहे थे—समझना स्थगित करके। उपन्यास में 'आन्तरिक विस्थापन' का शिकार चाचा, अपने असुरक्षित दाम्पत्य जीवन के कारण, अपनी ऐतिहासिक उपस्थिति को खोकर एक 'मिथक' में बदल जाता है। यह 'स्मृति के बन्धनों से मुक्ति की कोशिश है, लगभग इतिहास को खोकर जीने की ललक लेकिन यह हो नहीं पाता। इतिहास, स्मृति के रूप में बार-बार परेशान करता है और वह अपनी ही विकृत अक्स से भय खाता है। ऐसा लगता है कि पूरा उपन्यास 'खोने' को 'पाने' की प्रक्रिया में ही लिखा गया है जो पाते-पाते फिर खो जाता है। जैसे 'खोना' ही पाना है और ज़िन्दा रहने का निशान छोड़ना है!'

कुल मिलाकर इस उपन्यास में जो कुछ बातें उभरकर आती हैं, उसमें पहली बात तो यह कि इस उपन्यास की जीवन-शैलियों व रचनात्मक दृष्टियों में विविधता है जिसमें उपन्यास का बुनियादी ढाँचा ही जनतांत्रिक है। इस कारण से यह आद्योपान्त 'संवादी' है और इसलिए रोचक भी। संवाद की रोचकता का तो आलम यह है कि सूर्यकान्त व रामअजोर पांडे के बीच संवाद में ही 'बाबा' के निर्वासन की पीड़ा की तसवीर उभरती है जिसमें गोसाईंगंज से सूरीनाम, वाया कलकत्ता की पीड़ादायक यात्रा सम्पन्न होती है और यहीं पर यह भी पता चलता है कि उस महामारी के कारण सम्भव हुआ जिस कारण "गाँव में रोशनी के स्रोत या तो केवल श्मशान थे या फिर चाँद।"

दूसरी बात यह कि इसमें कोई भी पात्र लेखक का प्रवक्ता नहीं है, लगभग क्लासिकल उपन्यासों की परम्परा में, इसके बावजूद 'दृष्टि बिन्दु' के रूप में लेखक हर जगह मौजूद है। इसलिए उपन्यास के अन्त में सूर्यकान्त जब कहता है कि 'मुझे कुछ नहीं कहना है', तो उसमें एक खुलापन भी है और जीवन स्थितियों की सीमा का बोध भी। वह आपने प्रति अपनों की उम्मीदों से व्यथित तो है ही, पांडे के गोसाईंगंज को लेकर भी वह सोचता है कि गाँव के लोगों की उम्मीद का होना स्वाभाविक है। इसलिए वहाँ का प्रधान भी स्वयं को पांडे के पुरखा होने का दावा करने लगता है और बदले में कमीशन की बात करता है। वह जानता है कि दुनिया बदल रही है और इस बदलती दुनिया में इससे जुड़ने की इच्छा उनमें सबसे ज़्यादे है जो ठहरे हैं लेकिन 'गति' की चकाचौंध आकर्षित करती है। यहाँ, इस 21वीं सदी में, सभी अपने आप से निर्वासित है और इसीलिए पूरी दुनिया को भूगोल बनाए हुए है। यह 'देशज आधुनिकता' का संकेत भी है और इससे विच्छिन्न होने की पीड़ा भी।

तीसरी बात यह कि यह उपन्यास 'उत्तर-आधुनिकता' के उस सवाल का उसी के भीतर से जवाब है जहाँ बहु केन्द्रीयता के कारण संकट है। इसमें इतिहास व यथार्थ का कोई अस्तित्व नहीं रह जाता। तब यह उपन्यास इस अर्थ में 'यथार्थवादी' है कि यह अपनी जड़ों की परम्परा को समझने की कोशिश करता है जिसमें भविष्य

के नक़्शे छिपे होते हैं। यह बताता है कि भाषा स्वभाव से सामाजिक होती है और इसी सामाजिकता के दायरे में आख्यान का विकास होता है। इसका पूरा गद्य, कथा आधारित बोलचाल का गद्य है, न कि भाषिक चमत्कारों का बनावटी गद्य। इस रूप में यह 'गोदान', 'मैला आँचल', 'अलग-अलग बैतरणी', 'राग दरबारी' की परम्परा का गद्य है इसमें आप चाचा से भतीजे द्वारा पूछे गए देशी आम के रहस्य के प्रत्युत्तर में चाचा का यह कथन अपनी भाषाई बनावट के कारण कितना सीधा और प्रभावपूर्ण बन पड़ा है—चाचा हँसे व भतीजे से कहा—"चीज़ें ग़ायब नहीं हुई हैं। सब अपनी-अपनी जगह से धकेल दी गई हैं। ये देसी आम, ये बरतन, ढिबरी, लालटेन, सिकहर, ये सिल-लोढ़ा, ये सब इसी भारत देश में हैं पर अपनी-अपनी जगह से धकिया दिये गए हैं। पर ये हैं।"

कुल मिलाकर, यह उपन्यास साम्राज्यवाद/औपनिवेशिकता का विरोध करता हुआ हर क्षण बदल रही दुनिया में स्थिरता की तलाश का उपन्यास है, जो कि वास्तव में कहीं नहीं है। इसकी समझ भी कथा लेखक को है जिस कारण से वह हर पात्र में मौजूद होकर भी कहीं नहीं है। वह पूरे उपन्यास में नाना रूपात्मक जगत के दर्शन तो कराता है किन्तु 'दृष्टि' निर्मिति के लिए वह पाठक को स्वतंत्र छोड़ देता है। यहाँ हर पाठक के लिए 'विखंडन' की पर्याप्त गुंजाइश है जिसका आरम्भ ही एक दर्द से होता है—"दाएँ गलफड़े में उभर आया वह नन्हा सा छाला।" यही वह 'छाला' है जिसकी शिनाख़्त में यह उपन्यास लिखा गया है। जो 'उपन्यास' की पूरी प्रक्रिया में और भी भयानक होता गया है। विज्ञान कहता है कि 'पेट' में जब बहुत 'प्रचंड' बुलबुले उठते हैं तो गाल में छाला पड़ता है। समाज के पेट में उठ रहे इन्हीं 'प्रचंड' बुलबुलों का सीटी स्कैन करता यह उपन्यास अपने अन्त तक आते-आते एक विश्वसनीय कृति के रूप में ढल जाता है। इसमें अखिलेश के पूर्व लिखित कई कहानियों की 'गूँजें' भी सहज सुनाई दे जाती हैं। ऐसा लगता है कि यह 'कृति' भी अखिलेश वर्षों से लिख रहे थे और यदि इतना 'श्रम' किया है, तब बधाई तो बनती ही है...

'निर्वासन' : सभ्यता समीक्षा का महाआख्यान

—अनिल त्रिपाठी

'निर्वासन' प्रख्यात कथाकार अखिलेश का नया उपन्यास है। यह उपन्यास निर्वासन की पारम्परिक अवधारणा से इतर एक नया 'पाठ' प्रस्तुत करता है। इस पाठ के रंग-रेशे सवा सौ साल के सभ्यता विकास की ऐसी कहानी में मौजूद हैं जिसमें उपलब्ध यथार्थ आवयविक रूप से कलात्मक रूपान्तरण के साथ उस रूप में मौजूद नहीं है, जैसा कि हम देखने के आदी हो चुके हैं। यथार्थ के कलात्मक रूपान्तरण की एकरैखिकता जो विमर्शों के आईने में अपना कथ्य निष्पादित करती है, उससे यह उपन्यास पूरी तरह से अलग है। इसलिए यह अब तक पाई हुई पद्धतियों, दृष्टियों के सम्मुख एक चुनौती पेश करता है। बड़ी रचना प्रदत्त थ्योरी के सामने जहाँ मुश्किल खड़ी करती है, वहीं वह एक दृष्टि भी देती है, जहाँ से हम उस कीलित अर्थ के अनुषंग को पकड़ सकें। 'कीलित अर्थ के अनुषंग' का अर्थ हूबहू अर्थ नहीं, हूबहू की खोज अब काम्य नहीं, उससे थ्योरियाँ अब आगे आ गई हैं। पाठक, अध्ययनकर्ता हमेशा एक स्विच की खोज में रहता है जिसके दबाते ही फैले प्रकाशवृत्त में वह रचना के मूल मर्म को या अर्थ के रहस्य के उद्घाटन को जान जाना चाहता है; पर तेज़ रोशनी कभी-कभी काम नहीं आती।

जैसे कि अक्सर होता है कि हर महत्त्वपूर्ण कृति के मर्म में प्रवेश का रास्ता 'कृति' से होकर जाता है। इस कृति में वह रास्ता उपन्यास के इस अंश में दिखाई देता है—"एक ख़ास सत्य के निर्माण में छोटी-छोटी सचाइयों का ख़ून-पसीना शामिल रहता है इसलिए किसी इनसान, स्थान अथवा घटना का यथार्थ जानने की ज़रूरत आन पड़े तो उसे महायथार्थ के रूप में नहीं, छोटे-छोटे खंडों में बाँटकर देखना चाहिए।"

यह उपन्यास अपनी संरचना में एक महाआख्यान है लेकिन इसका निर्माण आख्यानों के समुच्चय से हुआ है। इसमें 'मेटा' से ज़्यादा 'माइक्रो' महत्त्वपूर्ण है। यही माइक्रो अपने सम्पूर्ण प्रभाव में निर्वासन का सृजन करता है। इस निर्वासन में भौगोलिक विस्थापन की यंत्रणा से उत्पन्न भयावह सचाइयाँ ही नहीं हैं, वरन इसका विस्तार भूगोल से लेकर समय तक है। और इस समय में मौजूद सृष्टि के आदिम

राग-रंग, मनुष्य गत व्यावहारिकता, पशु-पक्षी, जल, नदियाँ, वनस्पतियाँ और भाषाएँ सब शामिल हैं। विस्थापन की भयावहता से निर्वासन का यंत्रणाबोध ज़्यादा मारक है। यह उपन्यास पिछले सवा सौ वर्षों से अधिक समय में गतिमान सभ्यताओं के उत्तरोत्तर विकास में मौजूद मानवीय नियति के अकेलेपन से उत्सर्जित भयानक हाहाकार को अपने भीतर समाहित किये हुए है। इस संचित हाहाकार की गिरफ़्त में शब्द और उनके अर्थ को जन्म देने वाले बिम्बों के स्मृति-लोप हैं। इस उपन्यास का प्रमुख पात्र सूर्यकान्त एक जगह कहता है कि "अब वह मर्मांतक समय आ पहुँचा है कि मेरे स्मृति कोश में नाममात्र के बिम्ब बचे रह पाए हैं। केवल शब्द और शब्द और शब्द और शब्द अपने-अपने अर्थ के साथ सम्पूर्ण ब्रह्मांड में बस गए हैं। बिम्बों का बेरहम संहार करते हुए शब्दों का सर्वव्यापी टीला गोया स्वयं में एक हैरतअंगेज़ बिम्ब बन गया है। जब भी मैं लोगों से मिला, वस्तुओं से रूबरू हुआ तो उन्हें उनके अर्थ नहीं, बिम्ब नहीं, उन्हें उनके नाम से दिमाग़ में सुरक्षित रखा। मेरा दिमाग़ संख्याओं का कबाड़ख़ाना बन चुका है। और यादें क्या है? बिम्ब हैं। बिम्ब ही याद बनकर हममें बस जाते हैं। बिम्बों से रुख़सत का मतलब है यादों का ख़त्म हो जाना।" (पृ. 316)

दरअसल 'विस्थापन' और 'निर्वासन' में यही मूल अन्तर है। विस्थापन की प्रक्रिया में भूगोल ज़रूर बदलता है लेकिन आपकी सांस्कृतिक थाती आपके पास सुरक्षित रह जाती है, यादों का विलोपन नहीं होता। विस्थापन की यंत्रणा के मूल में अपनी जड़ों से जुड़ने की आकांक्षा के साथ विवशता की परिस्थितिजन्य अपराजेयता शामिल होती है। जबकि निर्वासन में यह ज़रूरी नहीं कि भूगोल बदले। एक ही जगह रहते हुए भी व्यक्ति, वस्तुएँ आदि अपना स्वाभाविक गुणधर्म छोड़ देती हैं। अखिलेश का उपन्यास निर्वासन अपने समूचे विन्यास में उक्त बातों की जगह-जगह तसदीक़ करता है। इसके लिए अखिलेश की रचनात्मक प्रविधि और रचना-प्रक्रिया पर यहाँ ध्यान देना ज़रूरी है।

अखिलेश की कहानियों से लेकर इस उपन्यास तक की रचनात्मक यात्रा पर यदि हम ग़ौर करें तो एक बात बिलकुल साफ़ है कि पात्रों के बजाय, वह घटनाओं और समय को ही अपना मूल विषय बनाते हैं। समय और घटनाओं की इस केन्द्रीयता ने पात्रों को बेदख़ल किया हो ऐसा नहीं, लेकिन वह आख्यान में विन्यस्त घटनाओं और समय को पुनर्रचित करने के माध्यम भर हैं। इस उपन्यास में भी भले ही सूर्यकान्त मुख्य चरित्र की तरह दिखाई देता है, लेकिन है वह सूत्रधार की भूमिका में ही। सूर्यकान्त, गौरी, सम्पूर्णानन्द बृहस्पति, बहुगुणा, रामअजोर पांडे, भगेलू कुम्हार, जगदम्बा, अवध नारायण, शिब्बू, नूपुर, कामना, तेंदुलकर तथा चाचा जैसे पात्र कथा संरचना के धागे भर हैं जो विषयवस्तु की बहुस्तरीयता, जटिलता के निकायों को 'स्ट्रक्चरल ट्रांसफ़ॉरमेशन' के रूप में अवघटित करते हैं।

यह 'स्ट्रक्चरल ट्रांसफ़ॉरमेशन' ही उस स्पेस का निर्माण करता है जहाँ आख्यान अपनी जड़ें जमा पाता है। आख्यान के इस निर्माण में अखिलेश एक लीला रचते हैं, जिसमें विषयवस्तु समूची ऊर्जा और विलक्षणता के साथ मूर्त हो उठता है। यह लीला विभिन्न युक्तियों के कुशलतापूर्वक प्रयोग से सम्भव होती है; जिसमें अब तक की पाई हुई रचनात्मक प्रविधियाँ शामिल तो हैं, लेकिन सिर्फ़ वही नहीं है, बल्कि इस लीला के काइनेटिक्स में यथार्थ के संश्लेष का सिरा उनसे कभी नहीं छूटता।

पूरा उपन्यास ऑर्गेनिक फ़ॉर्म में है। 25 अध्यायों (यद्यपि अध्याय कहना यहाँ मुनासिब नहीं) में मय शीर्षक विभक्त 360 पृष्ठों के इस उपन्यास में इस आवयविक संरचना के कारण ही हम उस कायान्तरित यथार्थ के सच के छूटे हुए हिस्सों को आर-पार देख सकते हैं, जो विकास और आधुनिकता की चरम उपलब्धियों के बीच कहीं पीछे छूट गया है। अखिलेश ने एक जगह लिखा है—"स्थिति यह है कि लोकतंत्र, विकास, उदारीकरण, राज्य, राष्ट्रवाद, संस्कृति, विज्ञान, समाजवाद, आधुनिकता, मार्क्सवाद से जन्मे पद पहले की भाँति चमकदार, महान और रोमांचक नहीं रह गए हैं। नई सभ्यता की चुनौतियों ने इनके अर्थ को ही प्रश्नांकित नहीं कर दिया है बल्कि कुछ हद तक इन सभी को समस्याग्रस्त बना डाला है। अत: इनके नये-नये पाठ किये जा रहे हैं और अब हम अपनी उपलब्धियों पर बीसवीं सदी की तरह नहीं इतरा सकते।... फिर कैसे मुमकिन है कि उक्त परिदृश्य का सृजनात्मक रूपान्तरण करने वाले समकालीन आख्यान का स्वरूप पुराना ही बना रहेगा।" (तद्भव अंक 24 का सम्पादकीय)। निश्चित तौर पर निर्वासन की इस मेगा संरचना में कथाकार ने न केवल शिल्प और भाषा के स्तर पर कई प्रयोग किये हैं, बल्कि उपन्यास के परम्परागत ढाँचे के विपरीत उपन्यास के भीतर लोकतांत्रिक ढाँचे को मज़बूत बनाया है।

उपन्यास की शुरुआत होती है—'दाएँ गलफड़े में उभर आया वह नन्हा-सा छाला था।' इस एक वाक्य ने आख्यान रचे जाने की आधारशिला रख दी थी। सूर्यकान्त के चरित्र के विकास की नींव जिसके मर्म के उद्घाटन का यह कविता अंश—'न यह घाट न वह घाट रहा / न पानी रहा / न पाट रहा / तुमने मुझको इस तरह उबारा / ज़्यादा बर्बाद हुआ जीवन सारा।' जैसे सूत्रधार के वर्तमान, अतीत और भविष्य के जीवन का निचोड़ हो। इस उबरने और मिटने के बीच कथावस्तु अपना विस्तार पाती है। प्रथम पृष्ठ पर अंकित इस अंश की व्यंजना की व्याप्ति बहुत दूर तक जाती है। इस घाट और पाठ का सन्दर्भ गोसाईंगंज से वापस सुल्तानपुर आने पर गोमती नदी के बीच बालू के टीले पर बैठे-लेटे सूर्यकान्त से जुड़ जाता है। वह सोचता है—"इस भूमंडल पर सब कुछ है। एक भरपूर गतिमान और जगमग दुनिया में सब कुछ, सब कोई है, सिर्फ़ मैं ही नहीं हूँ। ...यहाँ हर कोई अपना लगता है, और कोई भी नहीं जो अपना हो, मैं क्या हूँ? मैं गोमती नदी के किनारे बालू पर बिछा हुआ एक निर्वासित, निष्कासित अदना।" (पृ. 314)

अखिलेश कथावस्तु की निटिंग के मास्टर हैं। यह और भी महत्त्वपूर्ण बन जाता है, जब मोटिफ़ व्यंजना के संश्लेषण से अपनी चमक दूर तक बिखेरता है।

सूर्यकान्त के जीवन में सम्पूर्णानन्द बृहस्पति की वजह से जिस तरह उथल-पुथल मचती है, इससे कथा विकास में बड़ी तीव्रता आती है। यहाँ अखिलेश आकस्मिकता का नाटकीय तत्त्व की तरह प्रयोग करते हैं। बृहस्पति की सतयुग योजना से नाराज़ सूर्यकान्त लम्बी छुट्टी पर जाता है। यहीं से कथावस्तु दिक् और काल दोनों ही सिरों पर अपने पंख फैलाना शुरू करती है। दरअसल इस भूमंडलीकृत समय में उदारीकरण ने जिस तरह ज्ञान, सत्ता और पूँजी के सहयोग से सांस्कृतिक पुनरुत्थान के रूप में साम्प्रदायिक राष्ट्रवाद को जन्म दिया है, उसने दुनिया भर के अलग-अलग हिस्सों में अलग-अलग तरीक़े से हिंसाएँ पैदा की हैं। भारत भी उससे अछूता नहीं रहा। विकास की आँधी के नाम पर विकास के नये मॉडल के रूप में जिस उदारीकरण की प्रक्रिया को अपनाया गया, उसने उधारीकरण में तब्दील होकर नये पीपीपी मॉडल के रूप में राज्य के कल्याणकारी स्वरूप और भूमिका को छिन्न-भिन्न कर दिया है। सम्पूर्णानन्द जैसे चरित्र सर्वसत्तावादी पूँजी के राजनीतिक एजेंडे के अनुरूप सत्ता-तंत्र का अभिन्न हिस्सा हैं जो सांस्कृतिक पुनरुत्थान के नाम पर नस्लवाद की जड़ों को मज़बूत करने में लगे हैं।

नव उपनिवेशवाद के दौर की विकास यात्रा में पूँजी के अबाध विस्तार ने मनुष्य के जीवन को बदतर किया है। वह भीतर से दरक गया है। यह दरार भीषण और भयानक है। सत्ताएँ इस बदलाव के प्रति बेपरवाह रही हैं। ध्यातव्य है कि 2014 के आम चुनाव के पहले प्रकाशित इस उपन्यास के लेखक ने सत्ता परिवर्तन के बाद इस राजनीतिक लक्ष्य की प्राप्ति के माध्यम और स्वरूप का पूर्वानुमान कर लिया था। उपन्यास के पहले ही पृष्ठ पर बृहस्पति, बहुगुणा और सूर्यकान्त के सन्दर्भ सत्ता, मीडिया और आम व्यक्ति के त्रिकोणात्मक सम्बन्ध में अन्तर्निहित प्रति मानवीय दृष्टि की झलक का हमें संकेत देते हैं। अट्ठारह सौ सत्तावन की स्मृति में मुक्तिपथ योजना के बदले पर्यटन विकास की सतयुग योजना हिन्दुत्व के एजेंडे के अनुरूप ही नई सत्ता का लक्ष्य है। यह सब अखिलेश की आँखों से ओझल नहीं है। अपने लक्ष्य की प्राप्ति के लिए पर्दे के पीछे दुरभिसंधियाँ रचने में मशगूल बृहस्पति का असली भेद उपन्यास के अन्त में तब खुलता है, जब सूर्यकान्त द्वारा भगेलू कुम्हार की जड़ों की खोज की पूरी रिपोर्ट को रामअजोर अस्वीकार कर देता है। एन.आर.आई. के साथ बृहस्पति की साँठ-गाँठ इस समय का एक वास्तविक चेहरा है। बृहस्पति ने अचूक अस्त्र चल दिया है—"इस देश में एक पंडित का शूद्र बन जाना या शूद्र का ब्राह्मण होना असम्भव है। यहाँ असंख्य कहानियाँ, लोकगाथाएँ, गीत, शास्त्र, मत-मतान्तर, जादू, फ़ंतासी और चमत्कार हैं, पर किसी में ब्राह्मण और शूद्र एकमेव नहीं हुए। एक ब्राह्मण पेड़ में बदल सकता है या पत्थर में, वह जानवर, राक्षस,

पहाड़ नदी सब कुछ हुआ है लेकिन वह शूद्र हो गया हो और शूद्र ब्राह्मण ऐसा अजूबा कभी नहीं घटा।"

सूर्यकान्त भगेलू कुम्हार के वंशजों और उसकी जड़ों को गोसाईंगंज में पा जाता है लेकिन एक कुम्हार के पांडे बन जाने का सवाल सुलझा नहीं पाता। और अन्त में सूर्यकान्त के पास सिर्फ़ यही जवाब रह जाता है कि 'मुझे कुछ नहीं कहना है।'

सूर्यकान्त का यह कहना कि 'मुझे कुछ नहीं कहना है' जैसे एक पटाक्षेप हो, जिसके मूल में एक गहरा विषाद है। विषाद का मूल स्रोत दरअसल रामअजोर का प्रत्युत्तर भी नहीं है बल्कि वह अपार और दुर्निवार विवशता है, जिसमें जीवन के वैकल्पिक रास्तों के द्वार बन्द हैं।'विकल्पहीनता' निर्वासन का मूल लक्षण है। पश्चिम में तो निर्वासन को आधार बनाकर लिखे गए साहित्य को 'एक्स्ट्रा टेरिटोरियल' का दर्जा प्राप्त है। ई.एच. कार के 'द रोमांटिक एग्ज़ाइल्स' से लेकर एडवर्ड सईद के 'रिफ़्लेक्शन ऑन एग्ज़ाइल्स' एडोर्नो की 'मिनिमा मोरालिया' सब इस टेरिटरी के अभिन्न हिस्से हैं। अखिलेश बतौर कथाकार इस टेरिटोरियल का विस्तार करते हैं। यहाँ सन्दर्भ ठेठ हिन्दुस्तानी समय और समाज है। पश्चिम के साहित्य में 'एग्ज़ाइल' देशनिकाला अथवा भौगोलिक विस्थापन के प्रसंग गर्भत्व से लैस है, जहाँ अपनी अन्तिमता में चरित्र कुंठा और मानसिक प्रताड़ना के साथ कई बार आत्महत्या के गर्क में डूबता है। निर्वासन की थीम पर रची गई सबसे समझौतारहित कहानी में परिगणित जोसेफ कोनराड की रचना 'अमी फ़ास्टर' का नायक यांगों गुराल इसका एक प्रमाण है। मुझे अच्छा लगा कि अखिलेश अपने कथा सूत्रधार को इस हश्र से बचा ले जाते हैं। मेफ़ेयर रजिस्टर के वे कोरे पृष्ठ जिस पर पूरी रात जागने के बाद भी एक शब्द नहीं टाँके जा सके, उपसंहार के रूप में 'उम्मीद अभी बाक़ी है' के संकेत हैं। देरिदा की यह टिप्पणी याद आती है कि 'चरम निराशा की अवस्था में किसी उम्मीद की आकांक्षा समय के साथ हमारे रिश्ते का अभिन्न अंग है। नाउम्मीदी इसलिए है क्योंकि हमें उम्मीद है कि कुछ अच्छा और सुन्दर घटित होगा।'

उपन्यास में विन्यस्त समय और भूगोल पर विशेष ध्यान देने की ज़रूरत है क्योंकि जैसा पहले ही कहा जा चुका है कि अखिलेश के यहाँ पात्र से ज़्यादा महत्त्वपूर्ण घटनाएँ, समय और भूगोल हैं। एक सदी से भी अधिक समय की घटनाएँ किस तरह सुल्तानपुर और गोसाईंगंज से जुड़ी हुई हैं, इसे देखना दरअसल कथाकार के रचनात्मक कौशल से रूबरू होना है। वाल्टर बेंजामिन ने एक जगह लिखा है कि 'साहित्यिक कृति राजनीतिक दृष्टि से भी तभी सही हो सकती है जब वह साहित्यिक दृष्टि से भी सही हो।'

समय संरचना की दृष्टि से 'रोशनी का स्रोत श्मशान थे या चाँद' शीर्षक अध्याय बेहद महत्त्वपूर्ण है क्योंकि इसके मार्फ़त समय के औपनिवेशिक स्वरूप के उस भूगोल में हम दाख़िल होते हैं, जहाँ भीषण अकाल और महामारी के

चलते अवध के इलाक़े से लोगों का पलायन शुरू होता है। अखिलेश द्वारा चित्रित इस अकाल की भयावहता कामू के प्लेग से भी ज़्यादा भयावह और मारक है। अकाल और महामारी का ऐसा दृश्य कहीं अन्यत्र नहीं दिखाई देता। एक ब्रिटिश लेखक विलियम डिग्बी के अनुसार भारत में 1854 से 1901 तक कुल मिलाकर 2 करोड़ 88 लाख 25 हज़ार से अधिक लोग अकाल से मरे। ऐसी परिस्थिति में भगेलू कुम्हार ने कमाने के लिए गाँव छोड़ दिया। शहर पहुँचकर अराकारी के झाँसे में आकर पहनने के लिए मलमल का कुर्ता, ओढ़ने-बिछाने के लिए रेशम की रज़ाई और गुलगुल गद्दा और तनख़्वाह के रूप में बटुआ भर सोने की गिन्नी की लालसा में वह कोलकाता पहुँच गए। चपरासी की नौकरी के बहाने गिरमिटिया मज़दूर बनाने की इस महागाथा को अखिलेश ने पूरे ब्योरे के साथ मूर्त किया है। अखिलेश के ही घर-जवार के महत्त्वपूर्ण कवि त्रिलोचन शास्त्री की कविता पंक्तियाँ याद आती हैं—'मैं अपने बालम को संग-साथ रखूँगी / कलकत्ता मैं कभी न जाने दूँगी / कलकत्ते पर बजर गिरे।' कलकत्ता के मिथ में बदल जाने के कारणों में एक कारण यह भी था। भगेलू कुम्हार भारत से मज़दूर निर्यात करने वाली एक श्रमिक भर्ती कम्पनी के दलाल की धोखेबाज़ी से भगेलू पांडे बनकर सूरीनाम के लिए रवाना हुए। "जब जहाज़ चला तो...नामालूम जलराशि का प्रभाव था अथवा समुद्र का प्रताप, जहाज़ में घोर सन्नाटा छा गया। वे सभी डर गए थे, कि कुछ सोच रहे थे, कि अपने परिजनों को याद कर रहे थे, लेकिन एक अनोखी ख़ामोशी वहाँ मँडरा रही थी। फिर कहीं से किसी स्त्री का विलाप स्वर गूँजा और पल भर बाद पूरे जहाज़ में रुदन का भयंकर कोलाहल फैल गया था। जिधर भी ध्यान दो, जिधर भी कान दो, हर कहीं कोई रो रहा था।...जहाज़ पानी को चीरता चला जा रहा था।" भारतीय समाज के सन्दर्भ में रेलिया और जहजिया के बैरी होने की यह असमाप्त गाथा है। यहाँ जहाज़ ही नहीं जा रहा था, जा रहा था गोसाईंगंज या फिर अपनों की स्मृतियाँ या वह इच्छाएँ जिसके सपने सुख के नहीं दुख के तिक्त बीज जो गाछ से पेड़ बन रहे थे। भगेलू कभी दुख के इस तिक्त बीज से आज़ाद नहीं हो पाए। अखिलेश ने लिखा है कि—"रात में जब संसार की सारी परछाइयाँ अपनी गुफाओं में गुम होकर आराम फ़रमाती हैं तब बाबा की परछाईं उन्हें घेर लेती।"

समय का एक दूसरा सिरा ब्रिटिश इंडिया के औपनिवेशिक समय के विपरीत आज़ाद भारत के समय से जुड़ता है, जहाँ आधुनिक भारत के निर्माण में औद्योगीकरण और उदारीकरण के साथ एक नया भूमंडलीकृत समय दाख़िल होता है। इमरजेंसी, 1984 के सिख विरोधी दंगे, और उत्तर-आधुनिक सभ्यता के पतनशील मूल्यों के सांस्कृतिक तर्क जहाँ इस समय के सन्दर्भ बनते हैं। 'बतर्ज़ हिन्द स्वराज' यह इस समय के क्रिटीक और पाठ का उज्ज्वलतम साक्ष्य है।

समय की यह क्रियाशीलता जिस तरह परस्पर संघात करते हुए उपन्यास का

शिल्प रचती है इसे देखना कलाकार के पक्ष में राजनीतिक कथ्य के बजाय उसके हुनर को देखना है। उपन्यास के ताने-बाने को वे जिस तरह बुनते हैं, उससे उनकी रचनात्मक क्षमता का पता चलता है। उपन्यास के व्यापक फ़लक को आन्तरिक संगठन में एक सूत्र में पिरो देना कोई आसान बात नहीं। निरन्तर चलती हुई कई समानान्तर अस्मिताएँ कैसे एक दूसरे से नाभि-नालबद्ध है, इसे देखना किसी आश्चर्य से कम नहीं है। गोसाईंगंज बरास्ते सुल्तानपुर कैसे काल और इतिहास की दूरी बन जाता है, यह अखिलेश के लोकेल गढ़ने के हुनर का पता बताता है। लगता है काल अपनी समूची चक्रीय अवधारणा में एक ही जगह पर कीलित हो गया हो। कहना न होगा कि जो महत्त्व रेणु के 'मैला आँचल' में मेरीगंज का, राही मासूम रज़ा के 'आधा गाँव' में गंगौली का, और श्रीलाल शुक्ल की 'राग दरबारी' में शिवपालगंज का है, वही या किंचित अधिक महत्त्व अखिलेश के इस उपन्यास 'निर्वासन' में गोसाईंगंज का है।

हिन्दी उपन्यास की परम्परा में 'निर्वासन' इस मायने में भी एक तरह का अलग उपन्यास है कि यह अपने भीतर संरचना के स्तर पर लोकतंत्र का विस्तार करता है। लेखक के नियंत्रण से मुक्त पात्र ख़ुद इस आख्यान में अनेक बार स्वयं उपस्थित होकर अपनी बात रखते हैं, और लेखक से अपनी असहमति प्रकट करते हैं। उदाहरण के लिए यह अंश जिसमें जगदम्बा प्रसाद का पोता गिरजा शंकर अपनी बात रखता है—"मैं गिरजा शंकर रसभंग के लिए माफ़ी माँगता हूँ, आप भरोसा करें मुझे दूसरों के फटे में टाँग अड़ाने का बिलकुल शौक़ नहीं है। कोई गपोड़िया क़िस्सा-कहानी लिखे, मुझे क्या मतलब। मगर यह उपन्यासकार! बाप रे बाप! हिम्मत देखो इसकी, मेरे बाबा को किरदार बना दिया है और उनकी आधी-अधूरी बातें लिखकर बड़ा तीसमारख़ाँ बनना चाहता है।" भाषा की दृष्टि से भी यह उपन्यास कथाकार के एक बड़े रेंज को दर्शाता है। भाषाई रूपों के इतने विविध स्तर एक साथ कम ही देखने को मिलते हैं। नितान्त अधुनातन ज्ञान-विज्ञान और विमर्श की शब्दावली के साथ ठेठ देशज शब्दों का एक साथ प्रयोग पूरी संरचना को एक क्लासिकी स्वरूप देता है।

निस्सन्देह 'निर्वासन' समय, समाज और बेदख़ली का अनोखा पाठ है। मुक्तिबोध के शब्दों में इसे 'सभ्यता समीक्षा' का महाआख्यान भी कहा जा सकता है। विमर्श के इस दौर में जब उपन्यासकार अकसर ही किसी एक विषय को आधार बनाकर उपन्यास लेखन में मुब्तिला हैं तब इतनी व्यापक फ़लक को रचना का केन्द्रबिन्दु बनाना किसी जोखिम से कम नहीं है; अखिलेश इस जोखिम को चुनौती के रूप में स्वीकार करते हैं जिसका परिणाम 'निर्वासन' के रूप में हमारे सामने है। एक क्लासिक बनने की क्षमता से भरपूर यह उपन्यास समकालीन औपन्यासिक दुनिया को एक नया प्रस्थानबिन्दु देता है।

उपन्यास की क्लासिकल परिपाटी का नव्यतम संस्करण

—अमिताभ राय

स्वतंत्र भारत के नागरिक के रूप में और आधुनिक समयों में रह रहे इनसान के रूप में प्रत्येक व्यक्ति निर्वासित हो रहा है—स्वेच्छा या अनिच्छा से। जबकि आज मनुष्य की अस्मिता एकायामी नहीं रह गई है, न उसकी नागरिकता एकायामी रह गई है। जब वह भारत में रहता है, तो भी अमेरिकी-जापानी-कोरियाई-चीनी... कम्पनियों के जाल में फँसा रहता है। विभिन्न देशों के खाद्य, पहनावे और इन सबके माध्यम से अन्तर्देशीय आचरण पद्धति का घालमेल होता है। इन वैश्विक सन्दर्भों में रह रहे इनसान और उसकी सामाजिक प्रवृत्तियों की पहचान इसीलिए एक जटिल कार्य हो जाता है, क्योंकि एक सामाजिक और एक समाज के भीतर कई समाजों की प्रवृत्तियों की सामूहिकता रहती है। मनुष्य की भौतिक उपस्थिति और प्रवृत्तिपरक मानस की टकराहट में सिर्फ़ भौतिक रूप से सामाजिकों का निर्वासन-विस्थापन नहीं होता, वे मानसिक रूप से भी निर्वासित-विस्थापित होती हैं। कथाकार के रूप में अखिलेश जी इस तथ्य की सूक्ष्मता को पहचानते हैं, इसीलिए शीर्षक में ही कहते हैं—'समय, समाज और भावनाओं की बेदख़ली का आख्यान निर्वासन।' शीर्षक तो 'निर्वासन' ही है, परन्तु मेरे समक्ष प्रश्न है कि सिर्फ़ इतना लिखने से लेखक का काम क्यों नहीं चला? क्या इसे फ़िल्मों में जैसे उनके नाम के साथ सबटाइटिल रहते हैं, उसी प्रवृत्ति का साहित्यिक संस्करण माना जाए? या लेखक को पाठकों की समझ का भरोसा नहीं है? या यह उसकी अतिरिक्त सचेतता है? या इसके पीछे इन सबकी मिली-जुली भावनाएँ हैं? अगर हम इन तर्कों को स्वीकार करते हैं, तो अखिलेश ने इस उपन्यास के साथ जो एक विराट कैनवस तैयार किया है आख्यान का और जिस जटिलता की ओर मैंने ऊपर इशारा किया है, वह खंडित हो जाता है। इसके साथ ही आलोचना की सृजनात्मकता भी खंडित हो जाती है।

इस या इस जैसे तमाम उपन्यासों के साथ, जो उपन्यास की विराटता के क्षितिज का विस्तार करते हैं या उसमें किसी प्रकार के नवोन्मेष का अंकुर प्रस्फुटित करते हैं, वे केवल एक शैल्पिक संरचना नहीं होती हैं—ऐसे उपन्यास पाठकीय संवेदनाओं का भी विस्तार करते हैं। इसीलिए वे प्रचलित अर्थों-सन्दर्भों-प्रसंगों का नितान्त नया अर्थ प्रस्तुत करने में सक्षम होते हैं। इस उपन्यास को पढ़ जाने के उपरान्त एक पाठक के रूप में हमारे समक्ष चुनौती आती है कि निर्वासन के प्रचलित अर्थों में कौन-सा इस उपन्यास का मुख्य सन्दर्भ है। इस चुनौती का भी कारण है कि उपन्यासकार प्रत्येक चरण में, सन्दर्भ में समानान्तर अर्थच्छवियाँ निर्मित करने में सक्षम है। अगर यह बेदख़ली का आख्यान है, तो भी इसके दो कॉम्पोनेंट होंगे—एक जो बेदख़ल हो रहा है, दूसरा जो बेदख़ल कर रहा है। साथ ही यह भी सत्य है कि जो बेदख़ल हो रहा है, वह बेदख़ली के बाद और बावजूद एक नई दुनिया निर्मित कर पाने में सक्षम है।

मसलन अगर भगेलू पहले स्वेच्छा से भूख और अकाल की मार सहता हुआ गाँव छोड़ता है, तो बाद में एक षड्यंत्र का शिकार होता है। औपनिवेशिक जाल में फँसता है और विदेश जाता है। वहाँ से वह चाहता तो लौट सकता था, परन्तु अन्यान्य कारणों से लौटता नहीं है। वहाँ अपनी एक समृद्ध और समानान्तर ज़िन्दगी का निर्माण भी करता है। इस समानान्तरता के बावजूद उसमें एक टीस ताउम्र बनी रहती है। यह टीस मानसिक स्तर पर उसे लगातार विस्थापित किये रहता है। यह बता पाना मुश्किल है कि एक बार का भौतिक विस्थापन ज़्यादा कठिन है अथवा लगातार भोगा जानेवाला यह मानसिक विस्थापन। दूसरे स्तर पर सूर्यकान्त है जो मय पत्नी, पिता द्वारा घर से निकाले जाने पर विस्थापित अथवा अपमानित महसूस करता है। परन्तु अगर पिता न निकालता तो भी नौकरी के कारण वह ख़ुद विस्थापित नहीं होता क्या? ये विस्थापन की अनेक स्तरीयता है, जो हमें पाठक के रूप में सदैव बेचैन करती है और संवेदनशील पाठकों को कोई अन्तिम निष्कर्ष लेने नहीं देती।

उपन्यासकार के रूप में अखिलेश का महत्त्व/वैशिष्ट्य इन जटिलताओं, अर्थच्छवियों और अर्थस्तरों के बीच एक महीन सन्तुलन साध लेने की उनकी क्षमता में है। अन्यथा ये सन्दर्भ बिखरकर उपन्यास की जगह कुछ और भी बन सकते थे। जैसे उपन्यास का भर्ता या चुचु का मुरब्बा या कुछ और। यह सन्तुलन हमेशा ही सूक्ष्म होता है, स्थूल तो शरीर या उपन्यास होता है। एक तथ्य और भी ध्यातव्य है कि यह विस्थापन किसी या किन्हीं सरकारी नीतियों का परिणाम नहीं है। किसी बाँध के निर्माण, डैम के निर्माण या अन्य किसी विकास परियोजना का परिणाम नहीं है—'निर्वासन'। ऐसा भी नहीं है कि तंत्र की क्रूरता सिरे से ग़ायब है। भगेलू का विस्थापन तंत्र की क्रूरता का ही तो नतीजा है।

अगर 'निर्वासन' बेदख़ली का आख्यान है, तो इसके एकाधिक सन्दर्भ हैं। पहला तो यही प्रश्न है कि बेदख़ली के कारण क्या हैं? तो सबके बेदख़ली का कारण एक ही तो नहीं। अगर सबके कारण अलग हैं तो इससे निकलता दूसरा प्रश्न है कि बेदख़ल कौन हो रहा है। अगर हम एक पाठक के नाते कहें कि 'समय, समाज और भावनाएँ' बेदख़ल हो रही हैं तो यह इतना सामान्यीकृत हो जाएगा कि निर्वासन निर्वासन नहीं रह जाएगा, परन्तु अगर उसे मात्र सूर्यकान्त, पांडे, भगेलू, बहुगुणा, गौरी तक सीमित कर दिया जाए, तो वह इतना विशिष्टीकृत हो जाएगा कि औरों के लिए महत्त्वहीन हो जाएगा। इसकी ज़द भी छोटी हो जाएगी, क्योंकि बेदख़ल तो केवल इनसान हो भी नहीं रहे। शब्द, बिम्ब, भाव, नदी, चिड़िया, पशु, पेड़-पौधे सभी तो निर्वासित हो रहे हैं। इसीलिए इस कौन का प्रश्न अत्यन्त जटिल है और इसकी संरचना से अविभाज्य रूप से जुड़ा है। वास्तव में इन दोनों प्रश्नों का उत्तर एक साथ ही पाया जा सकता है क्योंकि दोनों प्रश्नों का जन्म विकास की प्रक्रिया और उत्तर-आधुनिक जीवन-शैली के कारण हुआ है। इसके द्वारा अपनाई गई जीवन-पद्धतियों के कारण यह जटिल और सान्द्र हो गया है। विकास विषमतामूलक और आक्रामक है। इसी ने बेदख़ली के तमाम क्षेत्रों का निर्माण किया है। पुराने संस्कार, जीवन-पद्धति, भाषा, व्यवहार, परम्परा, रीति-नीति, शब्द और अर्थ आदि को अविवेकपूर्ण निर्ममता के साथ धक्का दिया है। धक्का देकर सामाजिकों के जीवन से बेदख़ल कर उनके जीवन को खोखला किया है। यह नई व्यवस्था इन खोखले ख़ाली स्थानों को भौतिक पदार्थों से भरती है, भरना चाहती है, ताकि उसका लाभकारी विनिमय के लिए प्रयोग हो सके और भौतिक पूँजीवादी व्यवस्था और दृढ़ हो। गौरी कहती है—" 'मैं समझती थी कि सूर्यकान्त को भीतर से मैं पूरी तरह जानती हूँ लेकिन उसके अन्दर यह अनोखी उथल-पुथल थी, दहशत समाई हुई थी। चीज़ें उस पर इस तरह असर करती हैं, इन सबसे मैं पूरी तरह अनजान थी।' ××× 'यह तो एक अंश है, सूर्यकान्त के एक पूरे सम्पूर्ण का मुझे आभास नहीं होगा।' ××× 'इसी तरह सूर्य भी मेरे अन्दर के ज़्यादातर से अपरिचित होगा।' " परिवार और उसमें सामाजिक की इंडिविजुएलिटी की स्थिति को यहाँ हम देख सकते हैं। परिवार के सदस्य के रूप में पति-पत्नी अपनी रागात्मक ऊष्मा खोकर एक रूटीन्ड ज़िन्दगी जीने लगते हैं। फिर भी दोनों एक-दूसरे को पूरा समझने का दावा मन में करते हैं। परन्तु ये तीनों वाक्य पति-पत्नी के सम्बन्धों की गतानुगतिकता, ऊष्माविहीनता को दर्शाता है। इसे भी ये भौतिकता से भरना चाहते हैं। चाचा-चाची के सम्बन्ध विच्छेद में या लगभग सम्बन्ध विच्छेद में इस तथ्य को ज़्यादा स्पष्ट तरीक़े से देखा जा सकता है। यह वास्तव में भावनाओं की बेदख़ली है। एक ही घर या रिश्ते में दोनों रहते हैं, परन्तु एक-दूसरे की भावनाओं से निर्वासित हो जाते हैं। यह निर्वासन जानबूझकर या सचेत रूप से नहीं होता। सचेत रूप से होता तो सम्बन्ध विच्छेद हो जाता।

शब्द भी जीवन से निर्वासित होकर मेफ़ेयर रजिस्टर में शरणार्थी हो गए हैं। रिश्ते निर्वासित हो जाते हैं। जीवन के क़िस्से-कहानी, पति-पत्नी से इतर के सम्बन्ध, भाषा और मानसिकताएँ, प्रकृति और उसके अन्यान्य उपादान सब कुछ तो निर्वासित हैं। अगर निर्वासन की परिधि इतनी विशाल हो, तो प्रश्न यह नहीं उठता कि किसका निर्वासन हो रहा है? प्रश्न है कि ऐसा विशाल निर्वासन क्यों है?

इस बेदख़ली के सन्दर्भ में एक तथ्य और है। बेदख़ली की प्रक्रिया में क्या सूर्यकान्त और गौरी प्रतीकीकरण की प्रक्रिया से गुज़रते हैं। इस प्रश्न को साहित्य मात्र के सन्दर्भ में देखना चाहिए क्योंकि मुझे लगता है कि साहित्य में प्रयुक्त व्यक्तिवाचक संज्ञाएँ भी सामान्यीकरण की प्रक्रिया से गुज़रते हुए सहृदयों तक ट्रांसेंडेंट होती हैं। पाठकों के भाव प्रसार का माध्यम बनती हैं, तो वह जातिवाचक संज्ञा या सर्वनाम की तरह ही व्यवहार करता है। अगर ऐसा नहीं होगा, तो व्यक्तिवाचक संज्ञाओं में भाव प्रसार की क्षमता नहीं होगी, पाठकों तक उसकी पहुँच नहीं होगी। सूर्यकान्त और गौरी जिस परिवेश और समाज के भीतर रहते हैं, उस पूरे परिवेश के साथ अपनी व्यक्तिवाचकता को खंडित करते हुए पाठकों में भाव प्रसार करने में सक्षम होते हैं। इस प्रकार यह व्यक्तिवाचकता भी परिवेश और समाज के भीतर निर्मित होती है। इसीलिए सूर्यकान्त और गौरी में भाव प्रसार की क्षमता भले न हो, वे जिन भावों, जिन सन्दर्भों-प्रसंगों का, घटनात्मक विन्यासों को अपनी व्यक्तिवाचकता में प्रस्तुत करते हैं, भाव प्रसार की क्षमता उनमें है। इन घटनात्मक विन्यासों से पाठक ख़ुद को जुड़ा महसूस करता है या उन्हें अपने जीवन स्थितियों के आसपास का मानता है। सामान्यीकरण की यह प्रक्रिया जितनी ज़्यादा होगी, रचना उतनी विशिष्ट होगी। इसमें रचनाकार के अनुभव का महत्त्व अत्यधिक है। अखिलेश यहाँ भी अपनी विशिष्ट छाप छोड़ते हैं क्योंकि वे इस रचना में अनुभव को बहुत महत्त्व देते हैं। जबकि आज के कथा-साहित्य में अनुभव को सूचनाएँ स्थानापन्न कर रही हैं।

ऊपर मैंने कहा कि जो बेदख़ल हो रहा है, वह बेदख़ली के बाद और बावजूद एक नई दुनिया निर्मित कर पाने में सक्षम है। इसी को मैं इस उपन्यास के सन्दर्भ में प्रतिनिर्वासन कह रहा हूँ। इस उपन्यास में सबने निर्वासन पर ग़ौर किया है, किसी ने प्रतिनिर्वासन पर नहीं। निर्वासन के साथ प्रतिनिर्वासन की भी प्रक्रिया है और वह निर्वासन से कम महत्त्वपूर्ण नहीं है। निर्वासन तो अनिच्छित क्रिया-प्रक्रिया है। इसमें सदैव सामाजिक की भूमिका नहीं होती। निर्वासन थोड़ा निषेधात्मक और ऋणात्मक भाव भी है। परन्तु प्रतिनिर्वासन में सामाजिक की धनात्मक भूमिका और मानसिकता होती है। यह रचनाकार के भी सकारात्मक दृष्टिकोण का परिचायक है। निर्वासित होने के वर्षों बाद सूर्यकान्त जब अपने पिता के घर जाता है, तो कहता है—"वह जानता था कि बाबू से संवाद हुए बिना इस घर में उसके सहज प्रवास या पुनर्वास की शुरुआत नहीं हो सकती।" यह बोध बहुत महत्त्व का है।

उसके इस प्रवास के दौरान जो शब्द निर्वासित होकर मेफ़ेयर रजिस्टर में सिमट गए थे, वे भी प्रतिनिर्वासित होकर जीवन का स्पंदन बनने लगते हैं। पिता-पुत्र के सम्बन्ध के प्रतिनिर्वासन की कैसी अचूक और सार्थक अभिव्यक्ति है—"सूर्यकान्त ने उनकी हथेली पर अपनी हथेली रखी।" इससे सामाजिक का प्रसरण होता है।

इस उपन्यास में लेखक पाठकों पर पूर्ण विश्वास करता है। संरचना अथवा संवेदना के धरातल पर इस उपन्यास को पढ़ते हुए पाठकों के समक्ष सबसे बड़ा जोखिम क्या है? उपन्यास का एक सपाट पाठ भी तो है, परन्तु पाठ के समानान्तर ध्वनित अनुगूँजें बहुत ज़्यादा है। जो कहा जा रहा है, अनुगूँजें, उसकी प्रतिध्वनियाँ नहीं हैं। अधिकांश स्थलों पर तो अर्थ उलटा ही प्रतिध्वनित हो रहा है। इसमें सबसे ज़्यादा मुश्किल तो पाठकों के साथ ही है कि अगर वह प्रत्यक्ष अर्थ ले, तो लेखक बचकाना और सूचनात्मक लगेगा और परोक्ष अर्थ छूट जाए तो इस रचना का वैशिष्ट्य खंडित हो जाएगा। इसके बावजूद कथाकार के रूप में अखिलेश अपने पाठकों और उसके विवेक पर भरोसा करते हैं। इसी कारण उपन्यास में वे पाठकों को प्रक्रियाओं और घटनाओं के संजाल के भीतर छोड़ देते हैं। लेखक के रूप में हर दृश्य, सन्दर्भ पर टिप्पणी नहीं करते। अन्यथा आज के अधिकांश रचनाकार दृश्यों, सन्दर्भों पर अपनी टिप्पणी दर्ज करते हैं। कथाकार के रूप में अखिलेश जब ऐसा करते हैं, तो वे यह जोखिम तो उठाते ही हैं कि अर्थ की ऐसी महीन छवियाँ छूट जाएँ अथवा अव्याख्यायित रह जाएँ। 'पीपीपी' वाले प्रसंग में, सम्पूर्णानन्द 'बृहस्पति' के कमरे में जिस मीटिंग का दृश्य खींचा है रचनाकार ने, वह संस्थानों की कार्य पद्धति पर झन्नाटेदार टिप्पणी है। एक व्यक्ति, जो संस्था का शीर्ष अधिकारी है, ने जिस कार्य के लिए मीटिंग बुलाई है, वह पहले से ही उसके सन्दर्भ में सारे निर्णय कर चुका है। सारी योजना बना चुका है—"कैसा होगा हमारी प्रस्तावित योजना का प्रारूप—इसके विषय में मेरे परामर्श से इन दोनों नौजवानों ने एक प्रारूप तैयार किया है जिस पर ये स्वयं चर्चा करेंगे।" साथ ही मीटिंग में चापलूसी, रीढ़हीनता का जो परिचय सदस्य दे रहे हैं, उससे स्पष्ट है कि कोई इसका विरोध नहीं करेगा। यह मीटिंग केवल एक दिखावा है, संस्थागत कार्य पद्धति का कोरम, जहाँ लोकतांत्रिक प्रक्रियाओं की खोल में अलोकतांत्रिक व्यवहार होता है। यह अर्थान्तर न्यास और अर्थ स्तरण की ख़ूबी है। इसे टिप्पणी के द्वारा नहीं उभारा गया है, अपितु यह प्रक्रिया के भीतर से है। इसीलिए इनके इस उपन्यास में पाठक भी अहम है।

पाठक के अहम होने की एक दूसरी वजह भी है। यह उपन्यास केवल सान्द्र, गम्भीर, अर्थ की बहुस्तरीयता से ही युक्त नहीं है, यह कथा के प्रस्तुतीकरण में भी एक बेहद संश्लिष्ट और जटिल उपन्यास है। इस उद्धरण को ध्यान से देखने पर कुछ बातें स्पष्ट होंगी—"इस आख्यान में अनेक बार पात्र स्वयं उपस्थित होकर

अपनी बात रखेंगे और कथाकार के अज्ञान, असमर्थता, अयोग्यता, अपर्याप्तता, अशुद्धि को दूर करेंगे। उचित ही। कथाकार छोड़िए, वह बहुत मामूली चीज़ है, ईश्वर भी अपनी रची हुई सृष्टि में जब अन्याय और अन्यान्य गड़बड़ियाँ करने लगता है तो उसकी सृष्टि के रचना के प्रमुख चरित्र—यानी कि मनुष्यगण हस्तक्षेप करके उसे दुरुस्त करते हैं। इस प्रकार किसी भी रचना के किरदारों को सचाई सामने लाने का, सचाई को सुन्दर एवं कलापूर्ण बनाने का पूरा इख़्तियार है लेकिन कई बार पात्र ख़ुद कथा कहने के चक्कर में भूलभुलैया में फँस जाते हैं—ढेर सारे गड़बड़झालों को जन्म देते लगते हैं। यहाँ तक कि झूठ बोलने से भी बाज़ नहीं आते हैं। तब कथाकार को हस्तक्षेप करते हुए कथा की कमान को अपने हाथ में लेनी पड़ती है...” अर्थात् आख्यान की डोर दो हाथों में है—पात्रों के हाथ में और रचनाकार के हाथ में। मक़सद सचाई सामने लाना है। जिसके सन्दर्भ में मत है कि कथाकार और पात्र ‘अज्ञान, असमर्थता, अयोग्यता, अपर्याप्तता, अशुद्धि’ को दूर करने के लिए हस्तक्षेप करते हैं या करेंगे। अर्थात् सचाई किसी एक वजह से नहीं छिपती। इन सन्दर्भों से यह भी द्रष्टव्य होता है कि सचाई सदैव छुपाई नहीं जाती, वह अज्ञान और अयोग्यता की वजह से या अन्य कारणों से भी छिप सकती है। अब यह छिपी सचाई कौन-सी है, उसकी प्रकृति क्या है—इस पर आगे विचार किया जाएगा। पात्रों के हस्तक्षेप पूरे उपन्यास में बिखरे पड़े हैं। नैरेशन के इन समानान्तर प्रवाहों से चरित्र अनभिज्ञ रहते हैं। अन्यथा सूर्यकान्त को यह ज्ञात रहता कि भगेलू के बाबा कुम्हार से ब्राह्मण कैसे बने। उसे नहीं पता होता, परन्तु पाठकों को तो पता रहता है। कथा प्रवाह से हम जानते हैं कि सूर्यकान्त का अनुमान सही है कि जगदम्बा प्रजापति ही रामअजोर पांडे का पूर्वज है। परन्तु यह अनुमान है, जो सत्य के निकट है। कम-से-कम सूर्यकान्त के लिए। आख़िर तक यह अनुमान ही रहता है। सत्य के मार्ग में यह प्रश्न रोड़ा की तरह है कि ‘एक ब्राह्मण कुम्हार कैसे बन गया अथवा इस तरह भी एक कुम्हार के पुरखे ब्राह्मण कैसे थे?’ इस प्रश्न के उत्तर में जो तर्क पद्धति चाचा और सूर्यकान्त अपनी गोसाईंगंज की यात्रा के दौरान गढ़ते हैं, वह पाठकों को कितना हास्यास्पद और बेकार लगता है। चाचा का मत है कि यह अवैध सम्बन्धों के कारण है। पाठकों को यह हास्यास्पद लगता है, क्योंकि वह सत्य जानता है। परन्तु इस सन्दर्भ में नैरेटर हस्तक्षेप नहीं करता, न पात्र अथवा उसका भूत आकर सूर्यकान्त से इसका रहस्योद्घाटन करता है। रहस्योद्घाटन या सचाई को सामने लाने की यह प्रक्रिया पात्रों के लिए है भी नहीं। ऐसी स्थिति में दो बातें स्पष्ट हैं—एक तो यह उपन्यास की संरचनात्मक विशिष्टता बन जाती है। दूसरे पाठक उपन्यास को पढ़नेवाला, उससे संवेदित होने वाला मात्र नहीं रह जाता, वह उपन्यास की संरचना का अविभाज्य अंग बन जाता है। वह उसका एक संरचनात्मक कॉम्पोनेंट बन जाता है। यह रचना के सनातन कॉम्पोनेंट्स की पहचान का प्रश्न भी है।

रचना को रचनाकार लिखता है और पाठक पढ़ता है—इस रूप में तो पाठक सदैव से ही रचना से जुड़ा होता है। परन्तु इस उपन्यास के सन्दर्भ में पाठक की महत्ता इसलिए विशिष्ट हो जाती है क्योंकि सचाई के संधान के लिए जिस शृंखला के अटूट रूप की आवश्यकता होती है, वह पाठकों के बिना पूरी ही नहीं होती। अगर पाठक बीच से हट जाएगा, तो शृंखला बीच से टूट जाएगी, रचनात्मक शिल्प बिखर जाएगा और कथा-विन्यास में एक औचित्यहीनता आ जाएगी। ऊपर जिन सन्दर्भों की ओर मैंने इशारा किया है, भगेलू के ब्राह्मणत्व सम्बन्धी जानकारी के सन्दर्भ से, इसे मिलाकर देखने से बात और भी स्पष्ट हो जाती है। इस प्रसंग में उपन्यासकार की क़ाबिलियत और कलात्मक विवेक यह है कि रचना पर उसकी पकड़ कहीं छूटती नहीं है। एक स्थान पर नैरेटर कहता है—"यहाँ चरित्र की आत्माभिव्यक्ति में झूठ की इतनी ज़्यादा मिलावट हो गई है कि आख्यान लेखक को अब हस्तक्षेप करना पड़ रहा है। इस घुसपैठ के पीछे तर्क वही है कि जिस प्रकार चरित्रों को कथाकार के वर्णन को संशोधित करने और सत्य को उद्‌घाटित करने का इख़्तियार है, उसी प्रकार चरित्र यदि मनमानी करने लगे तो कथाकार को भी वास्तविकता का उद्‌घाटनकर्ता होने के नाते चरित्र की नकेल कसने का हक़ है। पांडे दूर की हाँक रहा है..." उपर्युक्त दोनों उद्धरण लगभग एक ही बात प्रतीत होते हैं। परन्तु दोनों में महीन और निर्णायक फ़र्क़ है। पहला हाइपोथिसिस है, दूसरा क्रिया है। एक में बताया जा रहा है कि ऐसा होगा और दूसरे में उसे क्रियान्वित किया जा रहा है।

उपर्युक्त उद्धरणों में नैरेटर या पात्रों के हस्तक्षेप की बात की गई है। 'निर्वासन' की संरचना में उपन्यासकार ने यह एक ख़ास पद्धति अपनाई है। इसके माध्यम से वह आख्यान के प्रवाह को जगह-जगह तोड़ता है। जहाँ वह आख्यान को तोड़ता है, वहाँ एक ओर वह तकनीक के रूप में विभिन्न पात्रों को उपस्थित करता है और वे पात्र कथा में सहज अनुमान और पाठकों के सहज अनुभव को ठीक करते हैं। तथ्यों की ग़लती को सुधारते हैं। जैसे पितृसत्तात्मक सोच के अनुरूप यह माना जाता है और सूर्यकान्त भी यही मानता है कि घर से निकाले जाने के बाद बन्द दरवाज़े के पीछे से, जो पीटे जाने की आवाज़ आ रही थी, वह निश्चितरूपेण पिता द्वारा माँ को पीटे जाने की होगी, परन्तु इस हस्तक्षेप पद्धति से ज्ञात होता है कि सूर्यकान्त की माँ उसके पिता को पीट रही थी—"अब उपन्यास में ये जो मेरे लाल को लगा कि अन्दर माँ को उसके बाबू पीट रहे हैं, ग़लत है। पीटने की धम्म-धम्म की आवाज़ें ज़रूर हो रही थीं पर वे मुझे नहीं मैं उनको पीट रही थी।"

एक जो दूसरा कार्य कथाकार इस क्रम में करता है। एक तथ्य के समानान्तर दूसरे यथार्थ को प्रस्तुत करता है, एक तथ्य के समानान्तर दूसरे यथार्थ को प्रस्तुत करता है। इस प्रक्रिया में लेखक वर्तमान यथार्थ को चमकदार बनाता है, मसलन अगर वह सूचना क्रान्ति युग के किसी सन्दर्भ पर बात कर रहा होता है,

तो वह सूचना क्रान्ति युग के पहले के समय को उसकी समानान्तरता में खड़ा कर देता है। इससे क्रान्ति युग का सन्दर्भ ज़्यादा घनीभूत हो जाता है, अतिरिक्त चमक के साथ उद्घाटित होने लगता है। इससे एक लाभ तो यह है कि लेखक अतिरिक्त कथन से बचता है, इसके बावजूद वह जिस प्रसंग को उभारना चाहता है, उसके तीखेपन का अहसास पाठकों को होता है। कहीं-कहीं लेखक ख़ुद किसी प्रसंग को सृजित नहीं करता। पाठक और रचनाकार(चूँकि रचनाकार हमारा समकालीन है, इसीलिए रचनाकार भी, अन्यथा केवल पाठक) सदैव अपने वर्तमान से दृष्टि पाते हैं। चूँकि हम संचार क्रान्ति के युग में रहते हैं, इसीलिए उसका सन्दर्भ परिपार्श्व में सदैव टँगा रहता है। जब हम अकाल वाला सन्दर्भ 'रोशनी का स्रोत श्मशान थे या चाँद' में पढ़ते हैं तो यह समानान्तरता एक पाठक में स्वयमपि भासमान हो उठता है। संचारविहीन युग से संचार क्रान्ति युग तक की यात्रा पाठक स्वयमपि पूरी करता है। इसके साथ ही, इस संरचनात्मक तकनीक से उपन्यासकार कथा प्रवाह के भटकाव को भी नियंत्रित करता है—"पत्र को घर ले जाकर एकान्त में गौरी ने पढ़ना शुरू किया था। वह पढ़ती जा रही थी और अपनी ग़लती के लिए पछताती जा रही थी। वह इतना पछताई कि उसका सर दर्द करने लगा था। लेकिन ये वाक़या कुछ साल बाद का है। जब इमरजेंसी हटी तो चाचा-भतीजे की ख़ुशी कुलाँचें भरने लगे।" चाचा का प्रसंग चल रहा है, इसमें विषयान्तर होता है, परन्तु लेखक एक झटके के साथ विषयान्तर को यह कहते हुए ख़त्म कर देता है कि 'ये वाक़या कुछ साल बाद का है।'

साथ ही लेखक एक ही स्थान पर, व्यक्ति, प्रवृत्ति, घटना के दो समानान्तर सन्दर्भ भी तैयार करता है। गोरखपुर जाने के समय का यह दृश्य द्रष्टव्य है—"दिलचस्प स्थिति थी कि कभी उसे लग रहा था—मेरे वक़्त का क़स्बाई शहर बहुत ज़्यादा बदल गया है। और कभी उसे महसूस होता—वह वैसा का वैसा है, जस का तस। ग़ौर करने पर देखा—दुकानों की भरमार हो गई है। सड़कें टूटी-फूटी जिनके दोनों ओर दुकानें ही दुकानें जो बड़े-बड़े शोरूमों से लेकर छोटी कोठरियों तक में थीं। दुकानों के सामने भी ठेले या पटरी पर कोई कुछ बेच रहा था। थाह लेने पर पता चला कि शहर मोबाइल कम्पनियों के विज्ञापनों से रँगा हुआ था। ××× तभी वह वहाँ पहुँचा जहाँ तहसील, स्कूल और कोतवाली थे। ये जस का तस थे। बस इतना फ़र्क़ लगता था कि जैसे किसी ने इन तीनों पर धूल-मिट्टी से पुताई की हो। एक पुराना हो चुका मटमैलापन वहाँ हाँफ रहा था।" यहाँ सिर्फ़ वर्णन है, विश्लेषण नहीं। परन्तु ये समानान्तर दृश्य उस पूरी-पूरी प्रक्रिया को हमारे समक्ष प्रत्यक्षीकृत कर देता है, उस पर सोचने के लिए प्रेरित करता है, जिनके हिसाब से हमारा समाज पिछले 20-25-30 वर्षों में बदला है या बदल रहा है। यह बदलाव सकारात्मक है या नकारात्मक, यह भी प्वाइंट और व्यू पर निर्भर करता है।

चाचा की यह उक्ति इस सन्दर्भ में बड़े काम की है—"तुमने मेरे 84 से पहले के समय को छीन लिया है तो मैं 84 से पहले के समय में चला गया हूँ। 'आगे बढ़ो', 'अमीर बनो', वैश्विक नारे हैं तो मैं पीछे चलो और मामूली बनो के रास्ते पर हूँ।"

'निर्वासन' की संरचना में उसके बुनावट पद्धति का बड़ा महत्त्व है। कथाकार के रूप में अखिलेश के इस उपन्यास को ही नहीं, पूरे कथा-साहित्य की संरचना और बुनावट को अगर हम बहुत ग़ौर से देखें, तो एक बात स्पस्ट रूप से दिखाई देगी कि ये भावोच्छ्वासपूर्ण अभिव्यक्ति के रचनाकार नहीं हैं। ऊपर संरचना के सन्दर्भ में जिन समानान्तर प्रसंगों की चर्चा मैंने की, उससे स्पष्ट है कि यह औपन्यासिक संरचना अत्यन्त बौद्धिक सजगता का परिणाम है। बौद्धिक सजगता का अर्थ संवेदनशीलता नहीं है। ये बौद्धिक कौशल के साथ उपन्यास के जिस संरचनात्मक बुनावट को निर्मित करते हैं, उसकी एक विशिष्टता तो यह है कि वर्णित किसी घटना के कारण के रूप में पूरा विवरण ही कार्य-कारण-शृंखला में बँधा हुआ होता है। दूसरे इस बुनावट के भी दो स्तर हैं—एक लोकलाइज्ड और दूसरा पूरे उपन्यास के सन्दर्भ में। पहले सन्दर्भ में अखिलेश एक प्रसंग को उठाकर आगे बढ़ते हैं। इसमें तथ्य, सन्दर्भ, विवरण जोड़ते हैं, प्रसंग के भीतर प्रसंग निर्मित होता है, बढ़ता जाता है। फिर पुनः एक झटके के साथ उस प्रसंग को छोड़ देते हैं और जिस प्रसंग से विषयान्तर किया था, उसी प्रसंग पर वापस आ जाते हैं। 'गिरते हैं साइकिल सवार ही मैदाने जंग में' वाले अध्याय में चाचा-भतीजे के आपसी प्रेम, मेल-मिलाप, सम्बन्धों की अन्तरंगता का चित्रण है। इसमें कॉमरेड कोमल पर समय बिताने के प्रसंग से राजनीति, आपातकाल, व्यक्तियों की राजनीतिक समझ, कॉमरेड कोमल का प्रसंग आता है। फिर नैरेटर झटके से अख़बार पढ़ने पर आ जाता है।

बुनावट की यह पद्धति पूरे उपन्यास में विद्यमान है। दूसरे में भी बुनावट की पद्धति तो यही है, परन्तु वह उपन्यास की मुख्य कथा विन्यास से सम्बन्धित है। मुख्य कथा सूर्यकान्त के साथ बढ़ती रहती है। सूर्यकान्त के ऑफ़िस से लेकर आख़िर तक। बीच में सुल्तानपुर जाने का विवरण आया, तो सुल्तानपुर का पूरा क़िस्सा आया—सूर्यकान्त की ओर से भी और गौरी की ओर से भी। सूर्यकान्त के साथ चाचा का ज़िक्र आया, तो अगला पूरा अध्याय चाचा से सन्दर्भित हो गया। इसी तरह उपन्यास आगे बढ़ता रहता है। इस कार्य-कारण शृंखला और बुनावट पद्धति वाले प्रसंग को मिलाकर देखने के निहितार्थ क्या हो सकते हैं? एक तो कहा जा सकता है कि पाठकों पर इन्हें भरोसा नहीं है, दूसरे ये विवरण मात्र हैं, जो स्थूल हैं और कोई चाहे तो इन्हें अनावश्यक भी कह सकता है। पहले का उत्तर तो इस लेख में ऊपर आया, जहाँ मैंने यह दिखलाया है कि इस उपन्यास में पाठक मात्र पढ़ने और उससे संवेदित होने वाला नहीं रह जाता, वह इसका संरचनात्मक वैशिष्ट्य बनता है। दूसरे के सन्दर्भ में इतना कहना पर्याप्त होगा कि जो लोग इसे

अनावश्यक समझते हैं, वे अतिरिक्त और अनावश्यक में भेद कर पाने में सक्षम नहीं होते। कार्य-कारण पद्धति तो औचित्य पर ही बल देगी न। इतने बृहत् उपन्यास में एकाध स्थल या वर्णन अतिरिक्त हो गए हैं, पर वे उसके सौन्दर्य को बढ़ाने वाले ही साबित हुए होंगे। इसके अभाव में रचना बहुत यांत्रिक हो जाती है। यह अतिरिक्तता धान के खेतों में कहीं-कहीं रह गए घास-पतवार जैसे हैं। एकाध स्थानों को छोड़कर यह अतिरिक्तता अर्थ संकुल है। इस अतिरिक्तता का एक उदाहरण द्रष्टव्य है—"उस अकाल बेला में उन्हें शहर की कुछ चीज़ें अचम्भे में डाल रही थीं—उन्होंने देखा एक आदमी थाल में मिठाई रखकर बेच रहा है और उससे भी अधिक हैरत की बात कुछ लोग मिठाई ख़रीद भी रहे हैं। यह देखकर उनकी आँखें आश्चर्य से फटी रह गईं कि बड़े से बँगले के सामने एक भिश्ती मशक से ढेर सारा पानी गिराकर ज़मीन को तर कर रहा था। और एक दफ़्तर के सामने कोई मदारी भालू का नाच दिखाने के बाद आराम से केला खाने लगा था। जबकि स्वयं वह दो दिनों से कुछ खाए नहीं थे। उन्हें भयानक भूख लगी थी। बरदाश्त बाहर। थकान ऊपर से बेपनाह।" परन्तु यह अनावश्यक नहीं है। इस डिटेलिंग के कई निहितार्थ हैं। एक, इससे शहर और गाँव के विकास का विडम्बनामूलक अन्तर द्रष्टव्य है। दूसरा, यह इस समय देश और समाज के एक हिस्से के सूखे और अभाव के समानान्तर दूसरे अथवा अन्य हिस्सों के वैभव और सुख को प्रस्तावित करता है। तीसरे, गाँव के श्रमिक और शहर के श्रमिक की स्थिति में पर्याप्त अन्तर है। मदारी यहाँ केला ख़रीदकर खा सकता है, जबकि गाँव का मेहनतकश श्रमिक और किसान भरपेट भोजन को तरसता है। यह समानान्तरता सर्जनात्मक विडम्बना की सर्जना करता है। इस तरह का दुख अकेले भगेलू को नहीं था और न वैभव केवल उसी को दिखाई दे रहा था। इसीलिए इस अकालग्रस्त समाज के लोग जब दूसरे समाजों, विशेष रूप से शहरों के वैभव को देखते हैं, तो वे जड़ हो जाते हैं—"उन सालों के लिए यह वर्तमान इतना अविश्वसनीय, सुखद, अलौकिक लग रहा था कि वे जड़ हो गए थे।"

तीसरा एक सामाजिक के रूप में भगेलू की त्रासदी को अतिरिक्त चमक के साथ उभार देता है। इस औपन्यासिक संरचना की निर्मिति में एक सशक्त और उर्वर भाषा, संवाद निर्मित करने की लेखकीय क्षमता, यथार्थ के विविध रूपों की पहचान, बिम्ब निर्माण करने की क्षमता, शैली सब बहुत महत्त्वपूर्ण हो जाते हैं। वास्तव में भाषा के माध्यम से भी नैरेटर बार-बार हस्तक्षेप करता है। लेखकीय या आख्यानकर्ता का हस्तक्षेप इस उपन्यास में इतनी बार हुआ है और इतने स्तरों पर हुआ है कि वह उपन्यास की संरचना की केन्द्रीय विशेषता प्रतीत होने लगता है। भाषा में हस्तक्षेप की प्रवृत्ति को स्पष्ट करने के लिए यह उद्धरण द्रष्टव्य है—"निवेदन करना है मान्यवर कि आप गुटखा, तम्बाकू, सुपाड़ी, आदि का इस्तेमाल कदापि न करें।

सर स्वास्थ्य और जीवन अमूल्य है जबकि ये खाद्य पदार्थ अनेक मारक रोगों के कारक बनते हैं। उनमें एक रोग ऐसा है जो असाध्य और प्राणहंता होता है। इसीलिए मैं करबद्ध प्रार्थना करता हूँ कि आप गुटखा, तम्बाकू आदि लेना बन्द कर दें।"

अभी-अभी उसने सम्पूर्णानन्द 'बृहस्पति' से जो कहा था उसका भावानुवाद इस प्रकार है—"अबे बदमाश! गुटखा, तम्बाकू वग़ैरह जो हमेशा तू खाता रहता है, छोड़ दे। कंजूस की दुम, इससे तेरा पैसा बचेगा और तंदुरुस्ती भी ठीक रहेगी। अगर अपनी आदत से बाज़ नहीं आया तो तुझको कैंसर हो सकता है तब एक दिन तू नहीं तेरी लाश ही खाएगी गुटखा और तम्बाकू। नाली के कीड़े! बेग़ैरत! तम्बाकू, गुटखा ज़हर है ज़हर, इसे छोड़ देने में ही तेरी भलाई है।"

यह संवाद भी है। भाषा का प्रवाह भी है। पहला तो सीधे पात्र ही बोलता है। पर उसका भावानुवाद नैरेटर करता है। पात्र जब बोल रहा है, तो भाषा की औपचारिकता है, नैरेटर जब हस्तक्षेप करता है, तो उसमें खिलंदड़पन है। यह भी समानान्तर सन्दर्भ क्रिएट कर देता है। ऊपर भी समानान्तरता की चर्चा मैंने की है। उपन्यास हो या साहित्य की कोई विधा, वह अभिव्यक्त तो भाषा के माध्यम से ही होती है। रचना एक भाषाई सर्जना ही है। अत: किसी रचना की सफलता-सार्थकता की पहचान का आधार भाषा ही है। उत्कृष्ट, सबल और सक्षम रचनाकार साहित्य के भाषा के क्षितिज को विस्तारित कर पाने में सक्षम होते हैं। इस उपन्यास में अखिलेश संवाद, शैली, बिम्ब, प्रतीक, खिलवाड़ तथा अन्यान्य माध्यमों से भाषा के क्षितिज को विस्तृत कर पाने में सक्षम रहे हैं। सम्भवत: इसी कारण काशीनाथ सिंह ने कहा है—"रही बात उपन्यास की संरचना, शिल्प और भाषा की तो इस बारे में इतना ही कहना चाहूँगा कि फ़िलहाल हिन्दी में गिने-चुने कथाकार हैं जो कलाकार भी हैं और इस मामले में अखिलेश का जोड़ नहीं।" यह समस्या मात्र अखिलेश की नहीं है। जिसने भी लकीर का फ़क़ीर बनने से इनकार किया है, उन सब कथाकारों के साथ यह समस्या आती है। यह भाषा की निर्मिति का ही मसला है। इस निर्मिति में शैली की भूमिका बहुत ज़्यादा है। इनकी शैली ने अफ़वाह, खिलंदड़ी, बतकही, मीमांसक (पार्टीबाज़ मीमांसक) सब कुछ है और साथ-साथ ही है। शैली को समझने के लिए उपन्यास का प्रारम्भिक अंश ही पर्याप्त है। सम्पूर्णानन्द के आरम्भिक परिचय के बाद यह बताया गया है कि उन्होंने 35 पुस्तकें-पुस्तिकाएँ प्रकाशित कराई हैं। इसके बाद आता है—"सम्पूर्णानन्द 'बृहस्पति' के अनुसार ये बातें कोई कल्पना की उड़ान न थीं..." जब नैरेटर सम्पूर्णानन्द बृहस्पति के अनुसार कहता है, तो वह यह ध्वन्यार्थ निर्मित करने में भी सफल होता है कि बाक़ियों के अनुसार ये बातें कल्पना की उड़ान हैं। इस पूरे प्रसंग में दो या तीन छोटे-छोटे वाक्यांश ध्यातव्य हैं, जो पूरे उपन्यास में बिखरे पड़े हैं—(1) 'वैसे इस सौभाग्य की दो-तीन वजहें आँकी गईं', (2) 'उड़ती-पुड़ती सूचना यह थी कि...', (3) 'फ़िलहाल ये सब अपनी जगह था और...',

(4) '...मुसीबत के कारणों का कयास लगाते रहते थे' आदि-आदि। इस तरह की अलग-अलग शैलियाँ अपनाने का एक फ़ायदा यह भी है कि इससे पाठक तक पहुँचना बहुत आसान हो गया है। इस शैली के कारण पूरा पाठ ही वैसा हो गया है, जैसे हम लोग आपस में बातचीत करते हैं। इस शैली के कारण वैसी भाषा का निर्माण हो पाया है जो एक स्तर पर सहजग्राह्य है, दूसरे स्तर पर ध्वन्यात्मकता। इनकी भाषा को संश्लिष्ट और अर्थ गाम्भीर्य भी बनाती है। इससे इनके भाषा की पहुँच सामान्य और प्रबुद्ध दोनों क़िस्म के पाठकों तक हो जाती है। एक स्थान पर नैरेटर कहता है—"बाबा के चेहरे पर ऐसी ज्योति जली जो उनके जीवन में पहली और अन्तिम बार देखी गई थी। बाबा बुदबुदाये—'गोसाईंगंज'। "बाबा के चेहरे की ज्योति क्षणिक साबित हुई।" यह लोमहर्षक और त्रासद दोनों है। त्रासद है, क्योंकि हमने किस सभ्यता का विकास किया है, इनसान के रूप में कि एक व्यक्ति जीवन में एक बार ऐसी आत्यंतिक ख़ुशी अनुभव करता है। यह डर, जाति व्यवस्था, अशिक्षा, अज्ञान आदि का परिणाम है।

अखिलेश ने कथाकार के रूप में यह भाषा अर्जित की है, पर प्रश्न उठता है कि क्या जो भाषा अखिलेश ने निर्मित-अर्जित की है, उसका मूल्यांकन कथालोचना के जो टूल्स हमारे पास हैं, उससे हो सकता है? इस आलोचना पद्धति में भाषा या तो संवेदना को अभिव्यक्त करने का माध्यम भी होती है अथवा कथा के छह तत्त्वों में से एक तत्त्व मात्र थी। परन्तु अगर अब हम मानते हैं कि शिल्प और संवेदना अलग-अलग न होकर एक जैविक सायुज्य हैं, तो भाषा के प्रति अपनाया गया परम्परागत रवैया भी स्वीकार्य नहीं हो सकता। उसमें भी अखिलेश जैसे कथाकारों की भाषा के साथ तो बिलकुल नहीं, जो भाषा के साथ आग्रही, सचेत, प्रयोगशील तो हैं ही, साथ ही साथ उसके प्रति एक अनौपचारिकता का आवरण भी रखते हैं। मसलन यह वाक्य देखिए—'आम के पेड़ आम से जामुन के पेड़ जामुन से लदे भरे होते थे।' इस वाक्य को ऐसे लिखने से अर्थ-सन्दर्भ में क्या फ़र्क़ पड़ेगा—'आम जामुन के पेड़ फलों से लदे भरे होते थे।' आम और जामुन के पेड़ से क्रमशः उनके ही तो फल आएँगे। क्या आज के पाठकों का सामान्य ज्ञान इतना कमज़ोर हो गया है कि वह यह भी नहीं जानता और लेखक उसे बता रहा है। या उसे मात्र एक्सप्रेशन मानकर छोड़ दिया जाए। वास्तव में इनमें से कुछ भी सटीक नहीं है। वाक्य बदलने से अर्थ सन्दर्भन में फ़र्क़ भी नहीं पड़ेगा। अखिलेश को पाठकों पर भरोसा भी है, न ही यह केवल एक्सप्रेशन मात्र है। जैसे मैंने तर्क विकसित करने के लिए यह भाषाई वितान फैलाया है, वैसे ही यह अखिलेश के भाषा को बरतने का तरीक़ा है। इसमें थोड़ा फैलाव, थोड़ा खिलवाड़, थोड़ी चुलबुलाहट, तर्क, सटीक से सटीक एक्सप्रेशन की तलाश, अर्थान्तर उत्पन्न करने की क्षमता, तर्क पद्धति का विकास है। साथ ही भाषा के प्रति बौद्धिक रवैया तो है ही! भाषा की इन विशेषताओं

को उपन्यास में कहीं भी देखा जा सकता है। कहीं से भी उठाकर उद्धरण दिया जा सकता है फिर भी—"किन्तु जिस सामूहिक समस्या ने उन्हें चाक से विरत किया था वह यह थी कि प्लास्टिक और स्टील के बरतनों के आगे कुम्हार की कला मलीन पड़ने लगी थी। कुम्हार के दीयों को मोमबत्तियों ने पीटा जैसे कि बाद में सभी को चीनी झालरों ने तबाह कर दिया था। कुम्हार के कुल्हड़ों को शीशे के गिलास ने शिकस्त दी थी और कुम्हार के खिलौने तो सबसे अधिक मटियामेट हुए। वस्तुत: बच्चों की रुचियाँ अजीब होने लगी थीं। पहली बात उनकी खिलौनों में दिलचस्पी कम रहने लगी थी और अगर वह पसन्द करते थे तो ऐसी चीज़ें जिनमें शोर हो, तेज़ धमाका हो, वे काफ़ी चिकनी-रंगीन तथा चटख हो।" अब इसे उपन्यास की संवेदना का हिस्सा क्यों न माना जाए? वह संवेदना का हिस्सा है भी। पर अब भाषा संवेदना को अभिव्यक्त करने वाला टूल मात्र नहीं है। उसका सहचर है, क़दमताली है। इसी कारण जो हिस्से संवेदना को प्रस्तावित करने वाले सबसे मुखर अंश हैं, वही भाषा को भी सबसे उत्कृष्ट तरीक़े से प्रस्तुत कर पाते हैं। कहीं-कहीं इनकी भाषा में बिम्ब निर्माण करने की क्षमता भी दिखाई देती है। अकाल का जो दृश्य अखिलेश ने निर्मित किया है वह उत्कृष्ट है।

अखिलेश की कथा भाषा की जो सबसे मुख्य विशेषता है, वह है उसके भीतर अन्तर्निहित उसका लोकतांत्रिकपन। हिन्दी के बहुत गिने-चुने कथाकार हैं, जो भाषा के लोकतांत्रिकपन के प्रति सचेत हैं। इस क्षेत्र में वे केवल सचेत नहीं हैं, अपितु उन्होंने इस क्षेत्र में अपना परिपक्व विकास प्रस्तुत किया है। एक स्थान पर अखिलेश लिखते हैं—"डॉ. सहगल के यहाँ से बाहर निकलकर उसने दवाएँ लीं और ऑफ़िस के लिए बढ़ा। इस समय उसकी आत्मा भरपूर ख़ुशी, प्रेम और पवित्रता से भरी हुई थी।" ये भावों के एक शब्द के स्थान पर एक भाव, अनुभूति या प्रसंग के लिए एकाधिक शब्दों का इस्तेमाल करते हैं। इस कारण ये भाव, अनुभूति या प्रसंग लेखक के ठोस, जकड़े और अर्थ स्थिरता की सीमा से बाहर निकल जाते हैं। दूसरे, इसमें पाठक के विवेक पर भी पाठ का अर्थ निर्भर करने लगता है। साफ़ है कि कोई भी पाठ एकमात्र पाठ नहीं होता। वह भाषा और शब्दों के माध्यम से जो विकल्प उपलब्ध कराता है, वह एक लेखक के रूप में भाषा के स्तर पर इनके लोकतांत्रिक व्यवहार का नतीजा है। लेखक अगर तीनों में से एक शब्द का भी उपयोग करता तो उसका काम चलता और तीनों ही शब्द उस प्रसंग में सटीक भी बैठते, क्योंकि एक व्यक्ति जो मौत के मुँह से निकलकर आया है—वह निश्चित तौर से ख़ुश होगा ही। सूर्यकान्त आत्मा में जिस उदात्तता का अनुभव करता है, वह उसे कुछ क्षण के लिएही सही पवित्र भी बना रहा है और प्रेम से वह हर वस्तु-तत्त्व को देख रहा है, महसूस कर रहा है। कथाकार के रूप में अखिलेश यह लोकतांत्रिक व्यवहार शब्दों तक सीमित नहीं रखते। साथ ही यह भी दिखाई पड़ता है कि एक

रचनाकार के रूप में अखिलेश स्थितियों को स्थिर नहीं करते। एक स्थिति, घटना या परिदृश्य को अनेक कारणों का परिणाम मानते हैं। इसीलिए वे विकल्प रखते हैं—"यह चमत्कार था कि दबे कुचले का विस्फोट, कि कला की उछाल, कि जिसने कभी नहीं नाचा था उसके अंग-प्रत्यंग से दक्ष नृत्यांगनाओं सरीखी गतियाँ फूट रही थीं।" भावों की भी ऐसी संरचनाएँ प्रस्तुत करते हैं—"नामालूम जलराशि का प्रभाव था अथवा समुद्र का प्रताप, जहाज़ में घोर सन्नाटा छा गया। वे सभी डर गए थे, कि कुछ सोच रहे थे, कि अपने परिजनों को याद कर रहे थे, लेकिन एक अनोखी ख़ामोशी वहाँ मँडरा रही थी।" फिर कहीं से किसी स्त्री का विलाप स्वर गूँजा और पल भर बाद पूरे जहाज़ में रुदन का भयंकर कोलाहल फ़ैल गया था। जिधर भी ध्यान दो, जिधर भी कान दो, हर कहीं कोई रो रहा था। जहाज़ पानी को चीरता चला जा रहा था..." इस भाव के भी दो स्तर हैं। प्रथमत:, ये एक ही भाव के अनेक विकल्प या रूप हैं, द्वितीय, उस भाव को ठीक उलटकर प्रतिरूप तैयार करते हैं। तृतीय, अर्थ की विविधता तो है ही। कोलाहल और शोर अथवा शान्ति और मौन से जहाज़ और जहाज़ चलाने वाले (चालाक और औपनिवेशिक ताक़तें) अनभिज्ञ हैं और लगातार चले जा रहे हैं। प्रक्रिया की निरन्तरता को तीन डॉट्स के माध्यम से अभिव्यक्त किया गया। परन्तु यहाँ ध्यान देने की बात है कि भावों की यह अनेकरूपता और परस्पर विरोधत्व उस बिन्दु विशेष की संरचना को सम्पूर्णता में तब्दील कर देती है। इस तरह उपन्यास के भीतर भी भावों की सम्पूर्णता की लड़ियों की श्रृंखला या माला निर्मित होती है। यह कथाकार के रूप में अखिलेश की अर्जित संरचनात्मक विशिष्टता है। यह इनकी कहानियों और 'अन्वेषण' में भी दिखाई पड़ता है। परन्तु पहले यह केवल शब्दों तक सीमित थी, फिर यहाँ यह शब्दों का अतिक्रमण करती हुई विशिष्ट और अपने परिष्कृत रूप तक विकसित हुई है। नैरेटर एक स्थान पर कहता है—"बहरहाल जगदम्बा ने कुछ अवरोधों के बावजूद जो कुछ कहा उसके आधार पर कोई कथाकार अपनी कल्पना और अपने शब्दों की मिलावट करके लिखने बैठता तो वह इस प्रकार होता।" अर्थात् कल्पना संरचना अनिवार्य अंग है। अर्थात् जो जीवन का सत्य और सत्त्व है, उसे प्रस्तुत करने के लिए प्रबोधिनी कल्पना अत्यावश्यक है। लेखक कहता है—"आख़िर क़िस्से, सुनी-सुनाई के कन्धों पर बैठकर भी सचाई अपना सफ़र पूरा करती है।" सचाई का सफ़र महत्त्वपूर्ण और साध्य है, कल्पना उसका आनुसंगिक व्यापार है। परन्तु यह कल्पना, कपोल कल्पना नहीं है, गाँव के चौपाल पर बैठकर हाँकी गई गप्प नहीं है। यह सृजनात्मक कल्पना है। कल्पना के इस स्वरूप पर कई कार्य-शोध हुए हैं। उसका स्वरूप प्रस्तावित करना मेरा लक्ष्य नहीं है। मैं सिर्फ़ यह समझना चाहता हूँ कि कल्पना की यह सहयोगी भूमिका इस रचना में सिर्फ़ संवेदनात्मक है या यह उपन्यास की संरचना का भी अंग है। जब ऊपर मैंने बताया कि अब हम यह मानते हैं

कि संवेदना और संरचना एक जैविक सायुज्य है, तो रचना को प्रभावित करने वाले तमाम तत्त्व निश्चितरूपेण दोनों को ही प्रभावित करेंगे। दूसरा, कल्पना एक ऐसा तत्त्व है, जिसके सहारे रचनाकार रचनात्मक पूर्णता हासिल करता है, परन्तु जब रचना का निर्माण हो जाता है, तब यह बता पाना असम्भव है, कि कौन सा प्रसंग यथार्थ है और कौन सा कल्पना सृजित। सब कुछ बड़े यथार्थ का हिस्सा बन जाता है। फिर कल्पना अयथार्थ का पर्याय नहीं रहता। अर्थात् जिन काल्पनिक सन्दर्भों का सृजन रचनाकार करता है, उसके डीएनए का रचना के यथार्थ से साम्य होना चाहिए, होता है। कल्पना के स्वरूप का एक सिरा अगर दादी के सम्बन्ध में कहे गए इस कथन में है—'वे कल्पना से यथार्थ की रचना करने लगीं' तो दूसरा सिरा यह है—'बतकही के दायरे में ××× तमाम चीज़ें प्रवेश कर रही थीं और परस्पर अन्तर्क्रिया कर रही थीं।' ये दोनों समानान्तर सन्दर्भ पूरे उपन्यास की संरचना की कुंजी हैं। ये दोनों कथन अलग-अलग प्रसंगों में उपन्यास में आए हैं। दादी के तथ्य और सन्दर्भ भूल जाने और तत्पश्चात नवीन तथ्य उत्पादित करने के प्रसंग में पहला कथन याद आया है और दूसरा प्रसंग परिवार की बतकही के बीच अनेक सन्दर्भों के परस्पर अन्तर्क्रिया से सम्बन्धित है। परन्तु यह सन्दर्भ पूरे उपन्यास के सन्दर्भ में महत्त्वपूर्ण बनता है—कल्पनाशील सर्जनात्मकता के साथ यथार्थ के स्तरों के अन्तर्संघर्ष के कारण, क्योंकि अगर कल्पना के कई स्तर हैं तो यथार्थ के भी कई स्तर होंगे, क्योंकि दादी और प्रकारान्तर से पूरा उपन्यास कल्पना के सहारे जिस यथार्थ का सर्जन कर रहे हैं, उस प्रसंग में भले असत्य दिखाई पड़ता है, परन्तु व्यापक सामाजिक धरातल पर वह भी यथार्थ के अनुभवजन्य दायरे में ही है। यथार्थ और कल्पना की परस्पर अन्तर्क्रियाएँ इसीलिए अत्यन्त महत्त्वपूर्ण हो जाती हैं।

यह तो ठीक है कि यहाँ कल्पना यथार्थ को पाने का, रचनात्मक सम्पूर्णता क्रिएट करने का माध्यम बनती है, तब एक सन्दर्भ की ओर ध्यान देना अत्यावश्यक है। जब यथार्थ को प्राप्त करने में कल्पना की सहयोगी भूमिका होती है, तब रचना में दृष्टिकोण, विचारधारा और मानवता के प्रति लेखक का दृष्टिकोण बहुत महत्त्वपूर्ण हो जाता है। ऐसे क्रिएटिव संरचनाओं में प्वाइंट और व्यू का महत्त्व बहुत बढ़ जाता है। इसे गौरी के इस कथन से देखिए—"वह चाह रही थी कि इतने वर्षों बाद सूर्य का अपनों से पुनर्मिलन, घृणा, अपमान, क्रोध के सैलाब के बीच हो!" यहाँ रचनाकार ने विस्मयादिबोधक चिन्ह का प्रयोग किया है। इस विस्मयादिबोधक चिन्ह ने भी अर्थ की पूरी संरचना बदल दी है। इस विस्मयादिबोधक चिह्न ने यह प्रस्तावित किया कि उसका यह कथन या विचार सामान्य मानवीय व्यवहार नहीं है। या किंचित अर्थों में यह मानवीयता की सीमा के बाहर भी है। इस विचार पर विस्मय ही इस अर्थ को प्रस्तावित करता है। पूर्ण विराम के साथ यह अर्थ विकसित नहीं होता। ख़ैर, अर्थ के इस स्तर के अलावा भी यह प्रसंग प्वाइंट और व्यू के हिसाब से बहुत महत्त्वपूर्ण है।

इस पूरे प्रसंग को गौरी और सूर्यकान्त दोनों के प्वाइंट और व्यू से देखने से अर्थ और संरचना की निर्मिति अलग-अलग होगी। भारतीय समाज की संरचना में विवाह के बाद स्त्री ससुराल में आती है और विवाह पूर्व तक के जीवन और सम्बन्धों से प्रत्यक्ष और दैनन्दिन सम्बन्ध छोड़कर आती है। ससुराल आने पर स्त्री नये सम्बन्ध बनाती है। परन्तु गौरी ससुराल आती है तो ससुराल से भी उसका सम्बन्ध टूटता है। साथ ही वह कोई काम-काज भी नहीं करती। अपनी शिक्षा के बावजूद हाउस वाइफ़ ही रहती है। इस तरह गौरी अकेली रह जाती है, इसी कारण असुरक्षित भी महसूस करती है। जबकि विवाह के कारण सूर्यकान्त सिर्फ़ परिवार से कटता है। अन्यथा वह नौकरी और सामाजिक जीवन से जुड़ा है। इस सामाजिक जुड़ाव के कारण ही उसमें अहंकार उपजता है कि वह नई नौकरी तुरन्त पालेगा—"मुझमें अति आत्मविश्वास था कि मैं दूसरी नौकरी पालूँगा। मेरे दोस्त इतनी शक्तिशाली स्थिति में इधर-उधर हैं इसीलिए काम बन जाएगा।" जबकि सूर्यकान्त के सुल्तानपुर जाने के नाम से ही गौरी परेशान हो जाती है। एकाधिकार खोने व भय सताने लगता है। व्यवस्था के कारण पैदा हुए असुरक्षाबोध को हटा दिया जाए, तो गौरी तो पूरी घर फोड़ू स्त्री हो जाएगी।

अब प्रश्न उठता है कि सचाई को पाने के लिए वह जिस कल्पना की सहायता ले रहा है, उस कल्पना का आधार क्या होगा? मैंने पहले ही कहा कि इसमें विचारधारा और मानवता के प्रति उसका दृष्टिकोण अत्यन्त महत्त्वपूर्ण होगा। वह जिन प्रसंगों-सन्दर्भों की कल्पना करेगा, वह इसी के आधार पर करेगा। एक जगह पर वह शहरों के सन्दर्भ में कहता है—"इस भेदभाव की—छोटे-बड़े की—अमीर-ग़रीब की एक व्यूह रचना थी जिसमें बड़े-बड़े शहरों-महानगरों को छोड़कर शेष अपमानित होंगे और अपमानित करने के लिए अपनी-अपनी जगह पर मौजूद थे।" शक्ति संरचना एक वस्तु या प्रसंग तक सीमित नहीं रहती। इसीलिए सामन्ती, पूँजीवादी व्यवस्था की विभेदकारी दृष्टि केवल मनुष्यों तक सीमित नहीं रहती। वह हर स्तर पर, हर सामाजिक तथ्य और संरचना पर लागू होती है। इस तथ्य को अन्त:प्रज्ञा, अनुभव और कल्पना के सहारे ही समझा जा सकता है। इस समझ और पहचान के सहारे ही लेखक कहता है—"गोपी नई पिक्चर क़तई न थी। हाँ, सुल्तानपुर के लिए वह नई थी। क्योंकि फ़िल्में जन्म लेने के बाद मुम्बई, दिल्ली, लखनऊ, फ़ैज़ाबाद आदि की यात्रा करते हुए सुल्तानपुर कई साल बाद विवर्ण और घिसे रूप में पहुँचती थीं।" विकसित देशों में या दुनिया के अन्य भागों में सम्भवत: आज तो विभेदकारी शक्ति है, उसका केन्द्रीय विचार, पूँजीवादी विचार और व्यवहार से आ रहा है, परन्तु भारत अथवा दक्षिणी एशियाई देशों में पूँजीवाद के साथ-साथ सामन्ती संरचनाएँ अभी भी उतनी ही दृढ़ हैं। इसीलिए यहाँ शक्ति संरचना के दोहरे स्तरण मौजूद हैं। सामन्ती समाजों की विभेदकारी नीति पूँजीवादी व्यवस्था से क़तई कम न थी।

कितनी क्रूर और अमानवीय थी कि मृत्यु और शमशान का भी जाति के आधार पर बँटवारा कर दिया—"एक बड़े बाग़ के एक हिस्से में मृतकों के अन्तिम संस्कार का चलन था। आजकल उस हिस्से का विस्तार समूचे बाग़ में हो गया था। दूसरा श्मशान दलितों का था जो गाँव के सीमान्त पर रहते थे। वहीं स्थित एक ऊसर में वे मुर्दे जलाते थे।" यह जातिगत भेदभाव का ही परिणाम था कि भगेलू को मौक़ा मिला तो उन्होंने अपनी जाति ही बदल दी। वे मजिस्ट्रेट के सामने ख़ुद को ब्राह्मण कहते हैं। प्रारम्भ में उन्होंने यह झूठ इस भय से बोला कि निम्न जाति का होने की वजह से कहीं उन्हें सूरीनाम जानेवाले जहाज़ से उतार न दिया जाए और वे सोने के सिक्के कमाने से वंचित न रह जाएँ परन्तु और गहराई में उतरकर इसका विवेचन किया जाए, तो हम आसानी से देख सकते हैं कि यह मसला केवल जाति बदलने का नहीं है।

भारतीय समाजों में, जाति सामाजिक स्तरणों में सामाजिकों की कर्मगत पहचान भी है। भारतीय समाजों में जाति व्यवस्था के माध्यम से सिर्फ़ सामाजिकों को ही नहीं, कर्म और श्रम को भी अवमूल्यित किया गया है। काम को छोटा-बड़ा माना गया। जितनी भी श्रमिक जातियाँ थीं उन्हें छोटा माना गया। स्त्रियों को भी छोटा माना गया, तो इसके पीछे का विचार यह था कि उनके कार्य को ही अस्वीकृत कर दिया जाए। जातियों में यह विभेद न होता तो कोई किसी भी जाति का हो, क्या फ़र्क़ पड़ता? श्रम को अवमूल्यित करने की प्रवृत्ति भारतीय समाजों की पतनशीलता की मुख्य वजह है। इसी कारण एक बार जब पांडे (ब्राह्मण) के रूप में भगेलू सूरीनाम पहुँच जाता है, तो भारतीय विभेदकारी सामाजिक स्तरण में वह उच्च वर्ण की सामाजिक हैसियत पाता है और इसका भी परिणाम आगे भगेलू को भोगना पड़ता है। पाँच वर्ष का अनुबन्ध ख़त्म होने पर वह चाहता तो भारत लौट सकता था, परन्तु नहीं लौटता। इसके पीछे सबसे बड़ी वजह यह भय ही था कि वापस लौटने पर पुनः उसे भारतीय समाज में निम्न वर्ण के मनुष्य के रूप में जीवन जीना होगा। उच्च वर्ण के इनसान के रूप में जो सामाजिक हैसियत उसने सूरीनाम में पाई थी, उसे वह सामान्य मानवीय व्यवहार के अनुरूप गँवाना नहीं चाहता था। साथ ही जिस कुम्हारी के काम से उसकी जीविका चलती थी, वह भी अकाल के कारण समाप्त हो गई थी—"यहाँ तक कि इधर हुई मौतों के उपलक्ष्य में लोगों ने तेरहवीं के भोज का आयोजन भी बन्द कर दिया था। अतः वहाँ भी बरतनों की खपत न थी।" इस अभाव ने मानवीयता को बुरी तरह से क्षरित कर दिया। त्रासदी का अन्दाज़ा इस कथन से भी लगाया जा सकता है—"इन अकाल मौतों ने अपनों के खो देने का दुख दिया और अपनी भी मृत्यु का भय दिया किन्तु यह सहूलियत भी हुई कि खाने वाले कम हो गए थे।" त्रासदी की गुणात्मकता का अन्दाज़ा इसी से लगाया जा सकता है। अभाव और दैन्य ने मनुष्यता को तार-तार कर दिया।

बस केवल एक बात रह गई कि किसी तरह अपना जीवन बच जाए। भगेलू सुखद भविष्य की तलाश में जब भर्ती कम्पनी के दफ़्तर में पहुँचता है, तो वहाँ भी—'भर्ती कम्पनी, के कर्मचारियों को छोड़कर सभी की प्रस्तुति में दैन्य, ग़रीबी और अशिक्षा मूर्त हो रही थी।' ये अभावग्रस्त मनुष्य प्राकृतिक त्रासदी झेल रहे थे, समाज की विभेदकारी नीतियों के शिकार थे, साथ ही ये विभिन्न सामाजिकों का छल भी झेल रहे थे—"वह आदमी यही सुनना चाहता था। इसी क्षण की घात में वह इस इमली के पेड़ के नीचे आया था। भगेलू को देखते ही वह समझ गया कि बाबा फँस सकते हैं। दरअसल वह भारत से मज़दूर निर्यात करनेवाली एक श्रमिक भर्ती कम्पनी का दलाल था—अराकारी था।" छल का एक रूप नहीं होता है। छल के जाल में उस आदमी का फँसना ज़्यादा आसान होता है, जो ज़्यादा ज़रूरतमंद होता है। संघर्ष और जीवन से थक गया होता है। छल का जाल उसे उम्मीद की किरण प्रतीत होता है और वह तर्क और बुद्धि को किनारे कर इससे आती उम्मीद की किरन को पकड़ना चाहता है।

एक ओर सामन्ती व्यवस्था की विभेदकारी नीति है, तो दूसरी ओर पूँजीवादी व्यवस्था है, जो इनसानों को भी सामान में बदल देने को आतुर है। चाचा कहता है—"दरअसल मैं एक रोज़ दफ़्तर से लौटते समय वक़्त काटने के लिए एक पत्रिका ख़रीद लाया जिसमें मध्यवर्ग की, भारतीय मध्यवर्ग की, सफलताओं की दास्तान थी और बताया गया था कि वह इस मध्यवर्ग में बाईस लाख रु. की घड़ियाँ और पच्चीस-तीस हज़ार रुपयों के पेन ख़रीदने की ताक़त आ गई है। एक सुन्दरी के चित्र के ज़रिये बताया गया था कि बीस हज़ार की चड्ढी और तीस हज़ार की ऐनक और आठ हज़ार की ब्रा पहनती है तथा दस हज़ार की छतरी लगाकर धूप से बचते हुए सड़क पार करती है। एक सॉफ़्टवेयर इंजीनियर का ड्राइंगरूम एक करोड़ रुपये का था तो डॉक्टर का शयनकक्ष सत्तर लाख में तैयार हुआ था। एक सूटेड-बूटेड मध्यवर्ग के प्रतिनिधि का चित्र था जो तक़रीबन बाईस लाख रुपये का सामान शरीर पर धारण किये चालीस लाख की अपनी कार की तरफ़ बढ़ रहा था।" यह पूँजीवादी व्यवस्था मानवता के तमाम सूत्रों को तहस-नहस कर देती है। इसके द्वारा पोषित सभ्यता में इनसान की क़ीमत उसके कर्मों से नहीं, उसके क्रय क्षमता से, उसके पास मौजूद ब्रांडों की विविधता से, उसके कपड़ों, ऐनक और जूतों से होती है। 'पीपीपी' में दो प्रोफ़ेशनल का जो चित्र लेखक ने खींचा है, वह इसी मानसिकता का पर्याय है—"वे नौजवान थे। दोनों चमकते जूतों, उजले कपड़ों, ख़ूबसूरत ऐनक, महँगे लेदर बैग और आत्मविश्वास से लैस थे।" पूँजीवादी व्यवस्था में यह आत्मविश्वास कार्य और ज्ञान की गुणात्मकता के कारण नहीं आता। वह जूतों, कपड़े, ऐनक और लेदर बैग के कारण है क्योंकि ये अकेले नहीं कुछ विशेषणों के साथ आए हैं।

परन्तु यह तो समाज और जीवन का यथार्थ है। इसके वर्णन से भी लेखक की विचारधारा का ज्ञान होता है, परन्तु वह इतना पूर्ण और ठोस नहीं होता। लेखक की विचारधारा अथवा मानवता के प्रति उसके दृष्टिकोण का ज्ञान यथार्थ के वर्णन मात्र से नहीं जाना जा सकता। इसका ज्ञान यथार्थ के साथ उसके ट्रीटमेंट से होता है। जीवन का यथार्थ तो सबके लिए एक जैसा ही होता है। परन्तु उस यथार्थ के साथ उनका ट्रीटमेंट अलग होता है। अखिलेश का यथार्थ के साथ सम्बन्ध चाचा की इस उक्ति से स्पष्ट होता है—"तकनीक, दौलत और आडम्बर के असलहों से कुसज्जित इस भूमंडलीकृत विश्व के समक्ष एक निहायत कमज़ोर, असहाय, भोथरा आदमी हूँ। कैसी विडम्बना है, मैं इस सब कुछ को बदलना चाहता हूँ किन्तु मैं इस नये बने समाज के हृष्ट-पुष्ट आकार पर एक खरोंच तक नहीं लगा सकता। इसको नेस्तनाबूद कर डालने की मुझमें विकट इच्छा है किन्तु मैं इसका एक बाल बाँका नहीं कर सकता हूँ। पर इतना ज़रूर मेरे इख़्तियार में है कि मैं इसके शक्ति, सौन्दर्य, श्रेष्ठता के कोरस में अपना राग गाने से इनकार कर दूँ।" इस एक कथन में भूमंडलीकृत शक्ति संरचना के समानान्तर इनसान की असहायता का भी ज्ञान होता है और साथ-ही-साथ चाचा के प्रतिरोध के प्रतीकार्थ से लेखक के प्रतिरोध का भी ज्ञान होता है। एक पूरी व्यवस्था के समक्ष इनसान कमज़ोर हो सकता है, हार भी सकता है। जीवन में अक्सर देखा गया है कि वह हारता भी है, परन्तु प्रतिरोध उसका मौलिक अधिकार है। इस अधिकार के सहारे ही मानवीय सभ्यताओं का विकास हुआ है। प्रतिरोधहीन व्यक्ति, समाज और साहित्य की दयनीयता का ज्योतिपुंज मात्र होता है। इस उपन्यास में लेखक की प्रतिरोधात्मक क्षमता का सच्चा पर्याय सूर्यकान्त नहीं, चाचा है। इस पूँजीवादी व्यवस्था की कितनी सटीक पहचान चाचा के माध्यम से उपन्यासकार ने प्रस्तुत की है—"आगे बढ़ने की नहीं, लोगों को पीछे छोड़ने की दौड़ लगा रहे हो। जो जितना समृद्ध है वह उतना ही अधिक हिंसक है जो जितना ताक़तवर है उतना ही असहिष्णु है। भीतरी और बाहरी दोनों तरह की हिंसा से लबालब। सबसे ज़्यादा सम्पन्न, शक्तिशाली, तकनीकी रूप से उन्नत अमेरिका को लो, सबसे ज़्यादा बेमुरौवत। भीतरी हिंसा का आलम यह है कि नौजवान मौज में, सनक में दर्जनों बेकसूर लोगों को गोलियों से मार डाल रहे हैं। आप कहोगे कि यह स्नायविक दुर्बलता है पर यह दुर्बलता भी उसी सामाजिक व्यवस्था के कारण पैदा हुई है जो शक्ति, समृद्धि और हिंसा की पूजा करती है।" साथ ही वह यह भी कहता है कि—"आसमान में उड़ता पक्षी और बन्दूक़ से निकली हत्यारी गोली की रफ़्तारों को एक ही तराजू में नहीं तौल सकते।" चाचा विभिन्न घटनाक्रमों के दबाव में, अपने परिवार के सदस्यों की दूसरे मनुष्यों के प्रति, परिवार के दूसरे सदस्यों के प्रति उपज रहे असहिष्णु व्यवहार से, भौतिकता के प्रति दुराग्रही आकर्षण से अथवा सबके समुच्चय से वे इन दोनों रफ़्तारों के फ़र्क़ को पहचान पाते हैं।

इस बोध के विकास के बाद वह मनुष्यता के संगी और विरोधी भावों की पहचान भी ज़्यादा सफ़ाई से कर पाते हैं। इस पहचान से, अर्जित विवेक से जो निष्कर्ष निकलते हैं, वह कई बार हमारे विवेक और ज्ञान पर आक्रामक भी होते हैं। हम सामूहिक सोच के जिस या जिन खाँचों में रह रहे होते हैं, वह टूटता हुआ जान पड़ता है—"असलियत यह है कि साइंस और नयेपन का उद्‌देश्य बस जीतना हो गया—क़ुदरत, ईश्वर, चिड़िया, जानवर और इनसान को जीतना ही उनका मक़सद है। जीतना सही लफ्ज़ नहीं होगा, ये सबको हराना चाहते हैं, अपना ग़ुलाम बनाना चाहते हैं। जीतने की इच्छा में हिंसा भरी होती है पर ग़ुलाम बनाने की इच्छा में हिंसा के साथ साथ घृणा और बेरहमी भी शामिल रहती है। क़ुदरत, ईश्वर, चिड़िया और जानवरों से धोखा किया गया। लोगों को समझाया गया कि उनके लिए—उनकी उन्नति और कामयाबी के लिए—प्रकृति आदि का विनाश किया जा रहा है। सब हँसते हुए इस कार्रवाई में शामिल हुए।"

आज कोई चाहे तो इसको ग्लोबल वार्मिंग के सन्दर्भ में पढ़ सकता है, कोई उत्तराखंड या देश के विभिन्न हिस्सों में आए प्राकृतिक आपदाओं के सन्दर्भ में पढ़ सकता है। कोई चाहे तो इसे अन्तर्राष्ट्रीय स्तर पर घट रही प्राकृतिक आपदाओं के सन्दर्भ में पढ़ सकता है। इस मनुष्य विरोधी तेवर के विरुद्ध ही चाचा सत्याग्रह पर चले जाते हैं। एक स्थान पर सूर्यकान्त कहता है—"क्या कौवे इतने कम हो गए कि मरने के लिए भी नहीं बचे। गौरैया, बुलबुल, कबूतर, मैना, तोता, कोयलें सामूहिक संहार के लिए कहीं इकट्‌ठा की जा रही हैं या वे सामूहिक ख़ुदकुशी के लिए किसी निर्जन स्थान में जमा हो रही हैं। कहीं ऐसा तो नहीं कि गर्मी में झुलसकर, जाड़े में ठिठुरकर या बारिश में भीगकर परिन्दों ने जान गँवा दी हो। क्योंकि बेघर परिन्दों के घोंसलों के लिए ब्रह्मांड में जगहें ख़त्म होती जा रही हैं। जब वृक्ष, उनकी शाख़ें, उनके पत्ते नहीं होंगे तो चिड़िया चहकेंगी कहाँ, फुदकेगी कहाँ और रहेगी कहाँ? आख़िर इस चिड़िया चुनमुन ने कहाँ ठिकाना बनाया होगा? क्या इन्होंने अपने प्रति आदमज़ाद की बेमुरौवती, बेरहमी से आजिज़ होकर आत्मनिर्वासन चुन लिया है?"

एक उपन्यासकार और रचनाकार के रूप में अखिलेश जी विकास के इस मॉडल का विरोध करते हैं। विकास के जिस मॉडल को आज देश और दुनिया के तमाम मुल्कों में अपनाया जा रहा है, वह विसंगत सोच का परिणाम है। जीडीपी ग्रोथ देश के विकास का एक पैमाना हो सकता है, परन्तु वैश्विक अर्थव्यवस्था के दबाव में वही एकमात्र पैरामीटर हो गया है। जीडीपी ग्रोथ पर तो देश का विकास ठीक-ठाक है, परन्तु इन्हीं दिनों अमीरी और ग़रीबी की खाई विकरालतर हुई है। ग़रीब और ग़रीब होते जा रहे हैं। 2015-16 में दुनिया की आधी पूँजी 62 लोगों के पास सिमटकर रह गई है। ऐसा ही आँकड़ा भारत के सन्दर्भ में भी है। परन्तु यह अनुमान है, कोई अधिकृत आँकड़ा नहीं। भारत में विकास का सारा पैसा देश के चार-पाँच मेट्रोपोलिटन शहरों पर ही ख़र्च किया जा रहा है, जो बचा उसका बहुलांश राज्यों की राजधानियों पर।

बाक़ी सारे क्षेत्र विकास की परिधि से बाहर है। इसी कारण ही तो पूरे देश में इन मेट्रोज और राजधानियों पर जनसंख्या का ऐसा भयंकर दबाव है। सारे रोज़गार, सारा विकास, सारे अवसर अगर इन्हीं जगहों पर सिमटा दिये जाएँगे, तो लोग रोज़गार के लिए यहीं तो आएँगे! यहाँ नहीं आएँगे, तो कहाँ जाएँगे? उस पर सरकारें असंवेदनशील तरीक़े से कहती हैं कि बाहर से आए लोगों के कारण इन स्थानों पर संसाधनों की कमी हो जाती है। विकास कम दिखाई देता है। शिवसेना जैसे दल तो इसको राजनीतिक मुद्दा बनाकर विधानसभा का चुनाव जीतते हैं। राज ठाकरे शिवसेना से होड़ लगाते हैं कि बाहर से आए लोगों को मुम्बई में कौन ज़्यादा प्रताड़ित करता है! इसका कौन ज़्यादा राजनीतिक फ़ायदा उठा सकता है। विकास के मॉडल के समानान्तर अभाव का महासमुद्र है। इसे कोई सरकार देखना नहीं चाहती। इसे देखने का काम रचनाकार करते हैं। इन्होंने इस उपन्यास में देखा भी है, तभी वे इतने सटीक ढंग से कह सकते हैं—"बीच की अवधि में देश का विकास इस तरह हुआ—वह संसार की दूसरी सबसे तेज़ उभरती अर्थव्यवस्था बन गया जिसके पास महान उपभोक्ता बाज़ार है लेकिन वरुणा एक्सप्रेस और उन छोटे-छोटे स्टेशनों की सूरत में कोई तब्दीली नहीं हुई थी।"

अखिलेश इस उपन्यास में विकास और अभाव की समानान्तरता को लगातार प्रस्तावित कर पाए हैं। इसका एक सटीक उदाहरण यह है—"वरुणा एक्सप्रेस के भीतर यह पहली मौत थी। इसके बाद की मौतें उसके भीतर नहीं उसके पहियों के नीचे हुईं। इनसान ही नहीं जानवर भी उसके पहियों के नीचे कटकर मरते थे। ना मालूम वे किस यंत्रणा में ख़ुदकुशी करते थे? वे लापरवाही से मरते थे, यह उस दुर्घटना का मनुष्यों द्वारा किया गया पाठ था जो पशुओं के अन्दरूनी संसार और उसमें होनेवाली ख़लल से पूर्णतया नावाक़िफ़ होते हैं।" विकास के मॉडल की कैसी क्रूर आलोचना है। पशुओं के साथ होने वाली दुर्घटनाएँ मनुष्यों के पाठ का मोटा अन्दाज़ भी था। परन्तु वे उनकी व्यथा और उनके अन्दरूनी संसार को नहीं जानते हैं। वे, माने तंत्र और व्यवस्था के भीतर सुरक्षित मनुष्य। यहाँ दोनों ही वे दायरे में आ जाते हैं। जबकि संवेदनशील मनुष्य जानता है कि विकास के नाम पर जो अन्धाधुंध जंगल साफ़ किये गए हैं, विकास के कारण जंगल जिस तरह सिकुड़ रहे हैं, उससे जानवरों के प्राकृतिक आवास समाप्त हो रहे हैं। सिकुड़ते जंगल के कारण ही ये जंगल से बाहर आ जाते हैं और मानवीय विकास की भेंट चढ़ जाते हैं। इसका एक अर्थ यह भी निकलता है, विकास का जो मॉडल मनुष्यों के दर्द को नहीं समझता है, वह जानवरों के दुख को क्या समझेगा? अब शहर बढ़ रहे हैं। इन शहरों में अट्टालिकाएँ, मॉलस और बाज़ार की ऐसी बहुतायत हो गई हैं कि पता करना मुश्किल है कि शहर में इनसान ज़्यादा हैं या मकान-दुकान। इन शहरों में अगर एक चीज़ का सबसे ज़्यादा अभाव है, तो वह मानवीय संवेदनशीलता का।

इसी कारण इस असंगत विकास का परिणाम इनसान तो इनसान, जानवर भी भोगते हैं। ऊपर के विश्लेषण से भी और इस उद्धरण से भी यह स्पष्ट है—"'नये आए हो? यहाँ जगह-जगह इनका दर्शन होता है।' रिक्शावान ने बताया कि गाँवों में छोटी जाति वाले खेतिहर भी ट्रैक्टर से खेत की जुताई कराते हैं इसलिए बैल बेकार की चीज़ हो गए हैं। यही हाल गाय-भैंसों का है। देशी वाली सेर भर से ज़्यादा दूध नहीं देती तो उनको बैठाकर कोई क्यों खिलाएगा? क्योंकि अब उनके बच्चों की भी कोई क़ीमत नहीं रह गई। उन्हें कसाई को देने में कई बार ममता तो कई बार धरम राह रोकता है। इसीलिए उनको गाँव से खदेड़ दिया जाता है। भागकर वे दूसरे गाँव जाते हैं, वहाँ से भी खदेड़ दिये जाते हैं। आख़िरकार शहर में भटकने, पिटने, मार खाने, जलील होने के लिए चले आते हैं।" इस विकास की असंगति या क्रूरता इस बात से भी परिलक्षित होती है कि यह पूँजीवादी व्यवस्था सामानों की तरह इनसानों और जानवरों का महत्त्व भी उसके लाभ-हानि के अनुरूप निर्धारित करती है। अगर उसे उसकी उपस्थिति लाभदायक प्रतीत न होगी, तो वह उसे नष्ट कर देगी। आसपास या साथ-साथ होने की वजह, राग और संवेदनात्मक साहचर्य नहीं होगा। इसीलिए कबूतर "राष्ट्रीय महत्त्व की जगहों पर इसलिए होते हैं कि हम उन्हें वहाँ रहने देते हैं क्योंकि उनका वहाँ इस तरह रहना नयनाभिराम लगता है। यदि वे एक सुन्दर दृश्य की रचना न करते, उन महान स्मारकों की शोभा न बढ़ाते तो शायद इन महान पर्यटन स्थलों की रखवाली में उन्हें गोली मार दी जाती। कबूतरों को गोली मारी जाती और अगली सुबह उन्हें बुहार दिया जाता है।" तो दूसरी ओर परिवार के लोग,बहन और उसका पति तथा छोटा भाई शिब्बू तथा कामना भी उससे लाभ के लिए ही जुड़ते हैं। उसकी आवभगत में कोई कसर नहीं छोड़ते।

एक अवान्तर प्रसंग में भी सूर्यकान्त और उसके विभिन्न सम्बन्धों को देखा जा सकता है। सूर्यकान्त ख़ुद अपनी नौकरी खोने पर अपने दोस्तों से मदद की उम्मीद करता है, परन्तु उसका जीजा या भाई उससे इसी प्रकार की उम्मीद रखते हैं, तो वह असहज महसूस करता है। उनका कार्य वह नहीं करना चाहता, करता भी नहीं है। वह उनकी मदद नहीं करना चाहता क्योंकि वे दोनों इसके माध्यम से भौतिक समृद्धि के लिए अमेरिका जाने का स्वप्न देखते हैं। उन दोनों के समक्ष अस्तित्व के संकट का प्रश्न नहीं था। जबकि सूर्यकान्त जब दोस्तों से मदद चाहता हो, तो उसके अस्तित्व पर ही प्रश्नचिह्न लगा हुआ था। इसका प्रमाण यह ही है कि अवसर होते हुए भी, वह कभी रामअजोर पांडे का लाभ नहीं उठाता, अवसर मिलने पर भी नहीं। न वह नौकरी में कोई लाभ उठाता है और न यहाँ। जब बहुगुणा एक बार उससे इस सन्दर्भ में मज़ाक़ करता है, तो सूर्यकान्त कहता है—"तुम जानते हो ऐसी हिस्सेदारी में मैं कभी शामिल नहीं रहा हूँ। इसीलिए उन्हें बचत के लिए मेरी मौत की ज़रूरत नहीं होनी चाहिए।"

एक रचनाकार के रूप में अखिलेश की ख़ासियत यह है कि उनकी नज़र हर छोटी-बड़ी चीज़ पर जाती है। इसका उपयोग वे किसी या किन्हीं प्रवृत्तियों को उभारने में करते हैं। ये प्रवृत्तियाँ सामाजिक विकास के गुण और दोष दोनों को उद्घाटित करते हैं। रेल के विस्तार ने अगर सुल्तानपुर और लखनऊ और बनारस जैसे शहरों को दैनन्दिन रूप में जोड़ा है, इन शहरों में रहनेवालों का जीवन ज़्यादा सुगम हुआ है, तो इस सुगमता ने छोटे और मझोले व्यापारियों को ख़त्म भी किया। हरमिन्दर सप्लाई कर कमाई करता था परन्तु अब "कम्पनियों के एजेंट ख़ुद सुल्तानपुर में पहुँचकर ऑर्डर लेने लगे। चौबीस घंटे के भीतर सप्लाई। फ़ोन और अब तो ई-मेल से भी सामान मँगा लो। कौन पूछता हरमिंदर को।" परन्तु यह विकास की पद्धति का दुष्परिणाम नहीं है। जैसे दुष्परिणामों की चर्चा ऊपर की गई है। यह विकास की प्रक्रिया का अनिवार्य परिणाम है। नई व्यवस्था के लागू होने पर पुरानी कार्य-पद्धति, तकनीक पिछड़ ही जाते हैं। समय और समाज अपने विकास की ऐतिहासिक प्रक्रियाओं में पुरानी कार्य-पद्धतियों, तकनीकों को त्यागता चलता है। इसका दुष्प्रभाव भी कुछ लोगों पर पड़ता है। परन्तु इस दुष्प्रभाव के बावजूद विकास होता है। यह विकास की पद्धति का ऐतिहासिक तर्क है। यह रोग तब बनता है, जब इसमें समाज और पूरी पारिस्थितिकी के समानान्तर कुछ लोगों के निहितार्थ जुड़ जाते हैं। वे अपने निहितार्थों में चयन का विवेक छोड़ देते हैं। अन्यथा विकास की नई मंज़िलों को पार करने के बाद पुनर्सन्तुलन के लिए चयन अनिवार्य देखा गया है।

मैंने ऊपर कहा कि अखिलेश छोटी-छोटी चीज़ों पर नज़र रखते हैं। इसीलिए वे यह भी समझते हैं कि भौतिक विकास या आर्थिक विकास सदैव मानसिकता में आए परिवर्तन या मानसिक विकास का परिचायक नहीं होता। अकसर तो ये कुप्रवृत्तियों के रूप में ही दृष्टिगोचर होता है। अखिलेश जी इन छोटी-छोटी स्थितियों पर भी नज़र रखते हैं। इनका यह कथन देखिए–"किन्तु बाथरूम की दीवारों की सफ़ाई उसके बूते की न थी। दीवारों पर दिल बनाकर उसमें तीर खोंस दिया गया होता और नीचे लिखा होता—आई लव यू। कलाकार के रूप में कहीं ओंकार लिखा होता तो कहीं रिजवान। कहीं बंटी लिखा होता तो कहीं रूपेश। पूरा सर्वधर्म समन्वय था। चित्रकारों में मिल्खा सिंह और अंथोनी भी शामिल थे। यहाँ तक गनीमत थी, चित्रकला बीभत्सता के परिपाक पर पहुँच जाती थी जब कोई दिल और तीर के स्थान पर स्त्री-पुरुष जननांगों की रचना कर डालता था।" ऐसी विकृतियों से हमारा पाला हर जगह पड़ता है—लिफ़्ट में, बस में, ट्रेन में, पेड़ पर, बाग़-बग़ीचों आदि में।

विकास और उसके मॉडल्स के इतने स्तरों की पहचान और उसका वर्णन हमें स्वयमपि इतिहास की वृहदतर धाराओं में ले आता है। इतिहास इस उपन्यास में अवधारणा, काल और घटनात्मक विवरण तीनों ही रूपों में आया है।

घटना की ऐतिहासिकता पर जो ऊपर चर्चा हुई है, वह इतिहास का दार्शनिक सन्दर्भ ही है। एक स्थान पर नैरेटर कहता है—"हालाँकि वक़्त के लम्बे अन्तराल के बाद वह रिश्ता फ़ीका पड़ चुका था जो कभी चाचा-भतीजे की तरह नहीं दो यारों की तरह था। लेकिन यह उन दिनों की बात है जब कुहरे वाली रात के घटित होने में कई साल बाक़ी थे।" इतिहास का यह रूप एक स्तर पर कालानुक्रमिक लगता है, परन्तु यह कालानुक्रमिकता दैनन्दिन जीवन के बीच से उभरती है। इस रूप में जीवन सदैव इतिहास का सन्दर्भ रहता है। समाज विज्ञान की एक शाखा के रूप में जब इतिहास की चर्चा होती है, तो वहाँ दैनन्दिन जीवन के ये सन्दर्भ, जो साहित्य में अनुस्यूत रहते हैं, ये द्वितीयक श्रेणी के स्रोत का कार्य करते हैं। इसीलिए सिद्धस्त इतिहासकार साहित्य को उपेक्षा की दृष्टि से नहीं देखता।

इतिहास का दूसरा रूप इतिहास की विभिन्न घटनाओं और उसके जीवन पर पड़े प्रभावों के रूप में आता है। यह ज़्यादा ठोस और प्रत्यक्ष है। कॉमरेड कोमल से सन्दर्भ में यह बताने के बाद कि पहले उन्होंने लाठी, गोली खाई है, यह बताया गया है कि इधर इसका अवसर नहीं है 'क्योंकि देश में आपातकाल लागू था। जुलूस, धरना, प्रदर्शन दूर की बात शादी-ब्याह का जलसा भी आसान नहीं था।' आपातकाल की त्रासदी से हम वाक़िफ़ हैं। लोकतंत्र के सन्दर्भ में आपातकाल कोई सुखद अथवा शोभाकारक स्थिति तो है ही नहीं। यह शर्मनाक स्थिति थी। इसमें जनता केवल प्रताड़ित हो सकती थी। इसे मात्र इस उद्धरण से जाना जा सकता है—" 'नाम में क्या रखा है' का सशक्त दृष्टान्त यह था कि कलेक्टरी कचहरी के एक अहलमद भवानी प्रसाद के पोते का नाम भी संजय था। मगर उन्हीं दिनों यह साबित हुआ, नाम में बहुत कुछ रखा है। हुआ यह कि भवानी प्रसाद ने लोहरामऊ के देवी मन्दिर में अपने पाँच साल के पोते का मुंडन पर नाई से कहा—'संजय का सर ज़रा क़ायदे से मूँड़ो।' और वे गिरफ़्तार हो गए थे। वहाँ खड़े एलआईयू के एजेंट ने भवानी के कथन को संजय गांधी तथा राष्ट्र के ख़िलाफ़ करार दिया था।" आपातकाल के अलावा किसान विद्रोह और रामचन्द्र का ज़िक्र आया है, हैजा से मरने वालों का डाटा आया है। अब कोई इस पर प्रश्न उठा सकता है कि इसकी ज़रूरत थी या नहीं। तो इस तरह के प्रश्नों के भीतर उपन्यास की संरचना को नहीं समझ पाने का अविवेक भी है। ख़ैर, ऐतिहासिक, परिघटनाओं में आपातकाल और भूमंडलीकरण के बाद उभरी संरचनाओं ने उपन्यास में सबसे ज़्यादा स्थान घेरा है।

'आपातकाल में सरकार का सबसे केन्द्रीय कार्यक्रम था—परिवार नियोजन।' इस आपातकाल में 'सुल्तानपुर जनपद के चाचा-भतीजा सहित कॉलेजों के छात्र हर समय डरे रहते थे कि कहीं उनकी नसबन्दी न हो जाए। विद्यालयों के प्रार्थना स्थल हों या कक्षाएँ—विद्यार्थियों का एक हाथ अपने लिंग पर रहने लगा था। आतंक अन्तश्चेतना में इस क़दर प्रवेश कर गया था कि युवा...' इसमें भय और आतंक

की भयावहता तो है ही, एक खिलंदड़पना भी है। वैसी आतंककारी व्यवस्था, जो भय को अन्तश्चेतना तक पहुँचा पाने में सक्षम है, के समक्ष लिंग पर हाथ रखने मात्र से सामाजिक सुरक्षित हो जाएगा? या सुरक्षित महसूस करने लगेगा? यह तो हास्यास्पद और बचकाना प्रतीत होने लगेगा। फिर लेखक का उद्देश्य भी खंडित हो जाएगा! क्या इतने बड़े कैनवस के उपन्यास में यह खिलंदड़ी हास्य उत्पन्न करने का माध्यम है? या इन प्रसंगों के माध्यम से वह अपनी लोलुपता और विकृत रसिक मानसिकता का परिचय देता है? साथ ही यह भी ध्यान देने की बात है कि ऐसे प्रसंग पूरे उपन्यास में बिखरे पड़े हैं। इस तरह विचार करने पर यह स्पष्ट होता है कि खिलंदड़ी उपन्यास की संरचना की वैशिष्टिक विशेषता है। खिलंदड़ी को संरचना के भीतर स्थान देने का एक प्रत्यक्ष लाभ तो यही दिखाई देता है कि लेखक कार्य-कारण श्रृंखला को स्थगित तो नहीं करता, परन्तु उससे कुछ छूट अवश्य ले लेता है। एक स्थान पर आता है—"बचपन में दादी ने एक बार कहा था कि चिड़ियाँ और पेड़-पल्लव आदमी की भाषा नहीं लेकिन आदमी के मन की भाषा जानते हैं। तुम मन ही मन उनसे कुछ कहो तो वे जान जाएँगे। इस बात की पड़ताल वह पूरे बचपन करता रहा था। वह मन में पुकारता—गौरैया आ जा। सचमुच गौरैया आकर फुदकने लगती। जब वह कहता—गौरैया उड़ जा। गौरैया उड़कर चली जाती। कोई कौवा काँव-काँव करने लगता। वह कहता—कौवा चुप हो जा। वह चुप हो जाता। किसी पेड़ की पत्तियाँ ख़ामोश हैं, उनका मन अनुरोध करता—हवा चले। थोड़े से और थोड़ी देर सही—पत्ते ज़रूर हिलने लगते। एक बार वह जामुन के वृक्ष के नीचे लेटा था। उसने चिड़िया की तरह मुँह खोला और प्रार्थना की—एक जामुन उसके मुँह में गिरे। जामुन उसके मुँह में टपका। आज भी क्या उसके मन की पुकार पर अपने-अपने घोंसलों से चिड़ियाँ निकल पड़ीं?" यहाँ जामुन के पेड़ से गिरना अथवा पत्तियों का हिलना अथवा अन्य तमाम सन्दर्भ जो आए हैं, वे तर्क पद्धति या कार्य-कारण श्रृंखला में नहीं। उपर्युक्त आपातकाल वाले सन्दर्भ में भी यह बात कही जा सकती है। परन्तु जहाँ भी खिलंदड़ी का प्रसंग उभरता है, वे विराट मानवीय सभ्यता, वृहत् पारिस्थितिकी तंत्र अथवा गहन सामाजिक सन्दर्भों में किसी विडम्बना या अभाव को प्रस्तुत करते हैं।

रचनाकार भाषा में भी इस खिलंदड़ी को उभार पाता है। एक स्थान पर लूट-खसोट के कार्यक्रम बनाने के क्रम में प्रधान को सम्बोधित करते हुए महेश नारायण श्रीवास्तव कहता है—"हे प्रधान तुम विकलांगों के जीवन-यापन हेतु स्वरोज़गार की कोई स्कीम बनाकर पेश करो।" 'हे प्रधान' के साथ भाषा का जो तेवर उभरता है, वह आज की भाषा का नहीं है। मध्ययुगीन सामन्ती पौराणिक भाषा के तेवर से सन्दर्भ यह उभरता है कि व्यवस्था के रूप में चाहे लोकतंत्र अपना लिया गया है, परन्तु मानसिकता सत्ता के शीर्ष से लघुतम इकाई तक सामन्ती ही है।

एक अन्य स्थान पर नैरेटर कहता है–"कई वर्षों से यही हो रहा था- सुबह घर से निकलता था और शाम को घर के लिए लौटता था। सुबह जो सड़क बाईं तरफ़ होती, शाम को दाईं तरफ़ आ जाती। दाईं वाली बाईं ओर हो जाती। जो दुकानें, जो मकान इस तरफ़ थे वो उस तरफ़ चले जाते। सुबह जो पेड़, जो पार्क, जो खम्भे, वारिस मियाँ की जो मज़ार उस ओर थी, इस वक़्त इधर आ गई थी।" है तो यह भाषा का खिलवाड़ ही। यहाँ खिलंदड़ी और जीवन की गतानुगतिकता में एक तनाव उत्पन्न हो जाता है। खेल और गतानुगतिकता वैसे भी विरोधी हैं, भाषा में अर्थ की सर्जना इस तनाव से उत्पन्न हो रही है। इस उपन्यास में भाषा के इस तेवर का इस्तेमाल अन्यत्र भी हुआ है। क्या चीज़ों के 'इस ओर' अथवा 'उस ओर' होने से फ़र्क़ पड़ता है? अगर नहीं, तो यह औचित्यहीन है, परन्तु अगर होगा, तो यह जीवन के गम्भीर अर्थ धारण करने लगता है। यह केवल प्वाइंट ऑफ़ व्यू का मसला नहीं है। आधुनिक/उत्तर-आधुनिक जीवन सन्दर्भों में यह जीवन की गतिकी का मसला है, विकास की गतिकी का, जीवनचर्या की गतिकी का। इस रोज़मर्रापन में जीवन का प्रवाह है, जीवन जीने के लिए आवश्यक अर्हताएँ हैं, चीज़ों के इधर-उधर बदल जाने मात्र से स्पष्ट है कि वह काम करता है, इससे उसका जीवन सफल भी हो रहा है और सुचारु रूप से चल भी रहा है। जिनकी ज़िन्दगी में यह बदलाव नहीं आ रहा या नहीं आता, वे कितने लाचार, बेचैन होंगे, यह सूर्यकान्त की बाद की स्थिति से समझा जा सकता है—"जल्दी क्या है, अब तो सुबह ऑफ़िस भी नहीं जाना है।" गौरी के सोने जाने को कहने पर सूर्यकान्त यह जवाब देता है। इसी सन्दर्भ में उसके भय का भी अर्थ खुलता है कि जिस परिवार में सिर्फ़ एक व्यक्ति कामकाजी हो, उसके नौकरी छीने जाने का अर्थ आय के साधन का रुकना भर नहीं है। अपितु एक व्यक्ति की सामाजिक प्रतिष्ठा, एक परिवार का जीवन-यापन सब कुछ संकट में पड़ जाना है। इससे मध्यवर्गीय परिवार का एक सामाजिक-मानसिक सन्तुलन खो सकता है, भयभीत हो सकता है।

'डर पशु अपनी अयालें हिलाने लगता' वाले अध्याय में सूर्यकान्त के भय का विस्तृत वर्णन है। परन्तु यह भय असुरक्षाबोध का ही नतीजा है। सूर्यकान्त पहले डरता है, परन्तु जीवन जब सुरक्षित और एक निश्चित गति से चलने लगता है, तब उसका भय समाप्त भी हो जाता है। नौकरी छोड़ने के बाद यह भय फिर से उस पर हावी हो जाता है। वह साफ़-साफ़ कहता है—"लेकिन ज़िन्दगी की दुश्वारियाँ कम हो जाने के बाद इधर कुछ वर्षों से सब ठीक था।" व्यवस्था से उत्पन्न इस अस्थिरतापूर्ण भय को क्या एक सामाजिक अपने प्रयासों से समाप्त कर सकता है? अखिलेश अपने साहित्य में इस सन्दर्भ को बार-बार रेखांकित करते हैं। इसको तभी बदला जा सकता है जब व्यवस्था बदले या सामाजिक भी व्यवस्था के लुप हॉल्स का इस्तेमाल करना सीख ले या समझौते कर ले। पहले से व्यवस्था बदल सकती है

और समाज के वृहदतर वर्गों तक इसका सुपरिणाम पहुँच सकता है, परन्तु दूसरे तीसरे से व्यवस्था तो नहीं, उस सामाजिक की ज़िन्दगी कुछ सुविधापूर्ण जो जाएगी। भाग्यवाद और लॉटरी के न निकलने का भी पूरा विवरण इस हताश और कमज़ोर मन:स्थिति के कारण ही उभरा है।

भय सदैव सांस्थानिक ही नहीं होता। सामाजिकों के अनेक निजी भय भी होते हैं, जिनसे सम्भवत: दूसरों को फ़र्क़ नहीं पड़ता। दूसरों को अन्तर तो संस्थान से उपजे त्रासदियों के कारण उपजे भय से भी नहीं पड़ता। इसका एक प्रकार यह भी है कि "मैं इसका कारण आज तक नहीं जान पाया हूँ कि मुँह ढककर सोने पर डर काफ़ी कम क्यों हो जाता है? ख़ैर खिलंदड़ी तो इन सन्दर्भों में भी है।

उपन्यासकार चापलूसी, भ्रष्टाचार आदि को खिलंदड़ी के माध्यम से उभारता है तो इसमें कई तरह की सुविधाएँ भी हैं–'बादाम-अखरोट उठकर खड़ा हो गया और अपने दोनों हाथों को हवा में उठाकर चिल्लाया—'जय माता दी'। अखरोट और बादाम मनुष्य की कोई नई प्रजाति नहीं है, जिसकी खोज अखिलेश जी ने की है। अखरोट-बादाम तथा अन्य सौगातों के माध्यम से सम्पूर्णानन्द बृहस्पति का नज़दीक बनने और चापलूसी करनेवालों को उनके नाम से न बुलाकर प्रदत्त गिफ्टों के द्वारा उपन्यासकार ने पुकारा है। अत: इससे एक चापलूस की व्यक्तिवाचकता खंडित हो जाती है। दूसरे इसमें आक्रोश या खीज का भी भाव है। यह रचनाकार का सात्त्विक क्षोभ हो सकता है, जो व्यवस्था की दुरवस्था से उपजता है।

इस उपन्यास में स्त्री पात्रों के सन्दर्भ में खिलंदड़ी एक अजीब त्रासद सन्दर्भ उत्पन्न करता है। इस उपन्यास में गौरी और कामना दोनों ही विभिन्न गुणों की मालकिन दिखाई पड़ती हैं। इन दोनों में विशिष्टता दिखाई पड़ती है। गौरी कोई भी रूप धारण कर सकने में सक्षम है, तो कामना में चीज़ों की अनभिज्ञता के बावजूद उन्हें परख पाने की क्षमता है। परन्तु यह वैशिष्ट्य क्या किसी काम का है? यह वैशिष्ट्य हास्य, मज़ाक़, खिलवाड़ का सबब तो बन सकता है, परन्तु व्यापक सामाजिक धरातल पर शायद ही किसी काम का है।

इस पूरे उपन्यास में खिलंदड़ी के सहारे अखिलेश सभ्यता, समाज, जीवन के तमाम चीज़ों को लगातार प्रश्नांकित करते हैं। इसमें कहीं वे व्यंग्य का सहारा लेते हैं, तो कहीं फ़ैंटेसी का। चाचा की इन पंक्तियों की व्यंग्यात्मकता कितनी स्पष्ट है—"वैसे कंप्यूटर की यही रफ़्तार रही तो तय मानो मेरे अगले जनम तक इसका प्रयोग जानवरों में भी काफ़ी लोकप्रिय हो जाएगा।" एक अन्य उद्धरण द्रष्टव्य है—"दो बड़े स्टेशनों के बीच सैकड़ों गाँव होते हैं। इन गाँवों के बहुत से लोग अपना ठिकाना छोड़ शहर में आ बसते हैं। उस दिन क्या होगा जब गाँव ख़ुद अपने बाशिन्दों के साथ या उनके बग़ैर शहरों में आ जाएँ। रामचेतपुर, चिलबिला, पौधन, मनचीते, नगराम, पड़ेला जैसे बेशुमार गाँव न्यूयार्क, पेरिस, लन्दन, वाशिंगटन, टोक्यो में आ धमकें, तो?

और नहीं, वे दिल्ली के कनाट प्लेस, खान मार्केट, लोदी रोड जैसे इलाक़ों में, मुम्बई के नरीमन प्वाइंट, पैडर रोड, जुहू और कोलकाता के पार्क स्ट्रीट, जगदीश चन्द्र बोस रोड में उल्का पिंडों की भाँति गिरें, तो? या भूमि फोड़कर उठने वाली जलधार की तरह इन सरीखी जगहों में वे गाँव उग आएँ, तो? बेशक यह एक कल्पना है अथवा यह ज़्यादा से ज़्यादा है एक स्वप्न लेकिन इस बात में कोई संशय नहीं है कि अन्ततः सारे शहर गाँवों से घिरे हैं। एक रोज़ धरती के सारे गाँव सारे शहरों से गुस्सा हो उठे, तो?" इसे एक विचार कहा जाए या फ़ैंटेसी मिश्रित खिलंदड़ापा। जो हो, मगर सोचिए अगर ऐसा हो जाए, तो विकास की शहर केन्द्रित योजनाएँ कैसे भरभराकर गिर जाएँगी! ख़ैर! उपन्यासकार के रूप में वे तमाम चीज़ों को प्रश्नांकित करते हैं, तो उपन्यासकार के रूप में अपने खिलंदड़ापे को भी प्रश्नांकित करते हैं—"इस उपन्यास के रचनाकार महोदय कहीं हमारे घर की बढ़ती जनसंख्या की भी खिल्ली न उड़ाने लगें। मैं जानता हूँ मौक़ा मिलने पर वो यही करेंगे। वह स्थापित करने का प्रयत्न करेंगे कि हमारी ग़रीबी, मुसीबत, अशान्ति का कारण हमारा ज़्यादा बच्चे पैदा करना है। ज़्यादा बच्चे पैदा करने का कारण हमारा अशिक्षित और असभ्य होना है। लेकिन मैं उन्हें जवाब देना चाहूँगा कि नहीं कॉमरेड नहीं...असली वजह धरती की सम्पदा का ग़ैर-बराबर बँटवारा है।" साथ ही गिरिजाशंकर यह भी कहता है—"मगर यह उपन्यासकार! बाप रे बाप! हिम्मत देखो इसकी, मेरे बाबा को किरदार बना दिया है और उनकी आधी-अधूरी बातें लिखाकर बड़ा तीसमार ख़ाँ बनना चाहता है। देखिए, वाजिब यह था कि मेरे बाबा श्रीमान जगदम्बा यहाँ आकर ख़ुद अपनी बात सामने रखते लेकिन सौ साल के बूढ़े इनसान से इतनी उम्मीद करना नाइंसाफ़ी की बात होगी। अतः उनका पोता मैं गिरिजाशंकर अपने बाबा से जुड़े अफ़साने की हक़ीक़त बयान करने आया हूँ क्योंकि ऐसा करना मैं अपना फ़र्ज़ समझता हूँ। ××× अफ़साने से बाहर निकलकर देखिए तो पाएँगे कि प्रधान जी के घर जितना जूठन गिरता है, जितना खाना फेंका जाता है, जितना उनके जानवर खा जाते हैं उतने में मेरे परिवार का पेट भर सकता है। फिर यही कहा जाना चाहिए कि हमारे भूख का कारण कोई रोग या ज़्यादा बड़ा पेट नहीं है—प्रधान सरीखे लोगों के कोठार में ज़रूरत से काफ़ी ज़्यादा अनाज का होना है।" जगदम्बा प्रजापति के पादने के विवरण में जिस रसिकता का परिचय मिलता है, इसके माध्यम से रचनाकार उसको भी खंडित कर देता है। इस प्रश्नांकन ने रचनाकार के रूप में अखिलेश को, जो तटस्थता दी अथवा इसके द्वारा एक उपन्यासकार के रूप में उन्होंने जो तटस्थता अर्जित की है, वह आज के आत्ममुग्ध संसार में विरल है। आज प्रश्नांकन केवल दूसरों का होता है। परन्तु क्या यह तटस्थता टी.एस. इलियट या अज्ञेय वाली है। वे प्रस्तावित करते हैं कि रचनाकार के भोक्ता हैं रचनाकार में जितनी दूरी होगी, रचना कलात्मक मूल्यों पर उतनी ही श्रेष्ठ होगी।

पर इस उपन्यास का रचनाकार तो तटस्थ नहीं कहा जा सकता। न ही इसके रचयिता और भोक्ता में फ़र्क़ दीखता है। उपर्युक्त सन्दर्भ में ऊपर से देखने पर पात्र रचनाकार से प्रश्न करता दीखता है, परन्तु यह शैली मात्र है। अन्य प्रश्नों की तरह ही यह प्रश्न भी सभ्यता, पाठक, समाज और उसकी नेतृत्वकारी शक्तियों से ही है। अन्यथा वह नहीं कहता—"समस्या की वजह ज़्यादा प्रजनन है और ज़्यादा प्रजनन की वजह हमारा असभ्य और अशिक्षित होना है। तो कॉमरेड खता हमारी है कि इस समाज व्यवस्था की जिसने हमें असभ्य-अशिक्षित बनाया और बना रहने दिया। यह कलंक हमारे माथे पर नहीं लिखा जाना चाहिए कि भूख लगने की बीमारी के कारण हम परेशान हैं बल्कि इस मुल्क की उन पूँजीवादी, सामन्तवादी सत्ताओं के माथे को दाग देना चाहिए कि यदि यह बीमारी है तो उसका तुम्हारे पास इलाज क्यों नहीं है?"

इस खिलंदड़ापे के बीच हमें सम्पूर्णानन्द बृहस्पति जैसे पात्र मिलते हैं, जो इस उपन्यास में सत्ता की केन्द्रीयता के प्रतीक हैं। यह केन्द्रीयता सत्तावान होने मात्र का मसला नहीं है। लोकतंत्र में सत्ता दलगत होती है और चुनाव हारने पर उस दल का शासन समाप्त हो जाता है, परन्तु सम्पूर्णानन्द तो 'विरोधी दल की सरकार होते हुए भी वह सरकार में पर्यटन निदेशालय में अध्यक्ष बने'। अर्थात् सत्ता चाहे जिस दल की हो, उनकी केन्द्रीयता अक्षुण्ण रहेगी। यह केन्द्रीयता वे येन-केन-प्रकारेण हासिल करते हैं। इसको समझने के लिए पूर्व उद्धृत इस कथन पर पुनर्विचार किया जा सकता है—"सम्पूर्णानन्द 'बृहस्पति' के अनुसार ये बातें कोई कल्पना की हवाई उड़ान न थीं, इन्हें उन्होंने इतिहास के गहन अध्ययन के उपरान्त जाना था।" उनके अनुसार कल्पना की उड़ान न थी कि एक ध्वनि यह भी निकलती है, कि बाक़ियों के लिए थी। दूसरा कौन सी बातें?—देश की पाँच सौ एक मस्जिदों का मूल रूप से मन्दिर होना, कृष्ण के सुदर्शन चक्र, राम के धनुष, काली के ख़ंजर, हनुमान की गदा के होने का ज्ञान आदि-आदि। यहाँ जो खिलंदड़ापा है, वह पूरे उपन्यास में संरचना के स्तर पर अन्तरवर्ती धारा के रूप में विद्यमान है। वास्तव में लेखक इन्हें कल्पना की उड़ान ही बताना चाह रहा था। अन्यथा जब वह सम्पूर्णानन्द 'बृहस्पति' के अनुसार पदबन्ध को छोड़कर यह वाक्य लिखता, तो उसका अर्थ इस ध्वन्यार्थ को प्रतिपादित नहीं करता। आगे का वाक्य इसी सन्दर्भ को रेखांकित करता है—"उनकी विनम्रता थी कि इस ज्ञान को वह अपने परिश्रम का फल न मानकर..." हम सब मनुष्य हैं और मानवीय सभ्यता और मनुष्य के विकास में श्रम की अनिवार्य भूमिका को जानते हैं। इसके ठीक नीचे माँ के स्तनाग्रों और इनके नवरात्र व्रत का प्रसंग है। इस खिलंदड़ापे के पीछे जनता की धर्मभीरुता का वह अंश है, जो ऐसे गप्प पर भी विश्वास कर लेती है। अपने खिलंदड़ी में जो सामान्य तर्क अथवा तर्क पद्धति है, उसको अखिलेश उलट देते हैं। जैसे—"उनके जीवन के तमाम महत्त्वपूर्ण निर्णय, दाँव, कूटनीति, स्वप्न, कार्यक्रम आदि बाथरूम में ही जन्मे थे और वहीं पर उन्होंने इन सबको स्वरूप दिया था।

यही नहीं, हनुमान जी की गदा, पूजा-स्थलों, स्थापत्यों आदि के बारे में उनकी अनेक मान्यताएँ और स्थापनाएँ अध्ययन तथा शोध का परिणाम न होकर बाथरूम का सहज उपहार थीं।" यहाँ दो बातों का संकेत एकदम स्पष्ट है। एक सम्पूर्णानन्द के निर्णय किसी तर्क पद्धति, संवाद या विचार विमर्श का नतीजा न होकर औचक कौंध मात्र थी, दूसरे इस सामान्यार्थ के इतर ऐसा कर उपन्यासकार उसकी समझ और क्षमता को ही खंडित कर देता है।

लेखक के इस खिलंदड़ापे से उपन्यास हल्का नहीं हुआ है, अपितु इसमें व्यंग्य और बिट की एक पतली धार निर्मित हुई है। यह महीन है, इसीलिए सबके कटने-छीलने का ख़तरा भी नहीं है। संवेदनशीलता, ग्राह्यता और विवेक इसकी कसौटी है। डिस्क्लेमेट्री नोट उसकी गवाही है। डिस्क्लेमेट्री नोट में उपन्यासकार लिखता है—"इस कृति के पात्र, वातावरण, स्थान और घटनाएँ काल्पनिक हैं। इनका यथार्थ से मिलान महज़ संयोग है। उसी तरह जैसे यथार्थ से मिलान न होना महज़ संयोग है।" ऐसा नहीं है कि अखिलेश जी पहली बार डिस्क्लेमेट्री नोट लिख रहे हैं अपनी रचना के पहले। अपनी 'यक्षगान' नामक कहानी में भी उन्होंने नोट लिखा था—"यह काल्पनिक कथा है। इसके चरित्र, स्थान, घटनाएँ, मंतव्य सभी कुछ काल्पनिक हैं। उसका वास्तविक जीवन से कोई भी सम्बन्ध नहीं है।" परन्तु इन दोनों डिस्क्लेमेट्री नोट में फ़र्क़ है। 'यक्षगान' वाले में कथा को ही काल्पनिक कहा है। इसमें कथा को काल्पनिक नहीं कहा है। साथ ही यहाँ 'यक्षगान' से एक स्टेप आगे बढ़ते हैं। वहाँ वास्तविक जीवन से सम्बन्ध न होने की बात कही गई है, जबकि यहाँ यथार्थ से मिलने और न मिलने दोनों को महज़ संयोग कहा गया है। मैंने इसकी प्रकृति और कारणों पर अखिलेश जी की कहानियों पर लिखते हुए विस्तार से लिखा है। यहाँ यह देखना ही महत्त्वपूर्ण है कि समय के अन्तराल के साथ रचनात्मक में, उसके प्रति एप्रोच में कैसे फ़र्क़ आता है। यक्षगान में रचनाकार यथार्थ के प्रति सम्भ्रम बनाए रखता है, जबकि हम सब बतौर पाठक जानते हैं कि वास्तविकता वहाँ कूट-कूट कर भरी है। परन्तु यहाँ यथार्थ के प्रति सम्भ्रम को लेखक ख़ुद ही उतार फेंकता है। यथार्थ के साथ मिलान संयोग है, यहाँ तक तो यथार्थ के सम्भ्रम की स्थिति बनी है, यथार्थ के साथ न मिलना भी संयोग है, तो ऐसा कहकर वह ख़ुद ही यथार्थ के प्रति सभी सम्भ्रमों को उतार फेंकता है। यह रचनाकार के रूप में उनका विकास भी है और उनकी रचनात्मकता का अगला पड़ाव भी है। यह दो अर्थों को समानान्तर रूप से अपने भीतर समेटता है। इस कारण यह उपन्यास एक संश्लिष्ट रचनात्मक आस्वाद प्रस्तुत करता है, बहुस्तरीय अर्थच्छवियों को ध्वनित करता है।

उपन्यास के बिलकुल आरम्भ या प्रवेश द्वार पर दो सन्दर्भ बिलकुल स्पष्ट हैं। पहला डिस्क्लेमेट्री नोट, जिसका कुछ विश्लेषण ऊपर प्रस्तुत किया गया है, दूसरा दो चरित्रों से परिचय। ये दोनों चरित्र हैं—सम्पूर्णानन्द 'बृहस्पति' और सूर्यकान्त।

उन दोनों चरित्रों को रचनाकार संस्थानीकृत करने का प्रयास भी करता है, व्यापक वर्गों का प्रतिनिधि बनाने की कोशिश करता है। सम्पूर्णानन्द सत्ताधारी वर्ग का प्रतिनिधि है, तो सूर्यकान्त आम नागरिक का प्रतिनिधित्व करता है, क्योंकि सत्ता निरंकुश होती है, अभय होती है, तो आम आदमी भयग्रस्त द्वन्द्वग्रस्त, दुविधाग्रस्त होता है। आम आदमी का यह भय, द्वन्द्व दुविधा सदैव बहुत बड़ी समस्याओं और सन्दर्भों में ही नहीं होता। जीवन की छोटी-छोटी स्थितियों, भावों, विचारों में भी वह भय और द्वन्द्व ग्रस्त हो जाता है। सूर्यकान्त में एक क़िस्म का उत्साह या भावुकता भी है। इसके कारण वह तथ्यों का सटीक मूल्यांकन नहीं कर पाता। वह सोचता है कि सब ठीक हो जाएगा, पर बदहाली का शिकार हो जाता है। उसकी बदहाली व्यवस्थाजन्य है। सम्पूर्णानन्द व्यवस्था का अपने पक्ष में दोहन करता है, उससे खेलना जानता है। इसीलिए वह चरित्र होकर भी सत्ता का पर्याय लगने लगता है। सत्ता जिसके समक्ष सामाजिक अस्तित्वहीन, बौना नज़र आने लगता है। सत्ता, जिसे सिर्फ़ अपना लाभ दिखाई पड़ता है, उसे किसी के जीवन और मृत्यु से कोई फ़र्क़ नहीं पड़ता। यह ठीक है कि सूर्यकान्त कैंसर के सन्दर्भ में झूठ बोल रहा है, परन्तु सम्पूर्णानन्द को तो यह ज्ञात नहीं, कि वह झूठ बोल रहा है। जब पता है कि सामने वाला आदमी मर रहा है, वैसी स्थिति में भी उस सामाजिक का अपने लाभ के लिए इस्तेमाल करना—कितना अमानवीय है, यह बताने की ज़रूरत नहीं है। यह अखिलेश जी के लेखन की विशेषता है कि वह सामाजिक अथवा उसके रूपों पर ग़ौर नहीं करते। वे व्यवस्था के पुर्जे के रूप में उसे देखते हैं। वे सता के चरित्र को प्रस्तावित करते हैं। इसका सम्बन्ध इस व्यवस्था या उस व्यवस्था, इस सरकार या उस सरकार से नहीं है। अब यह राजनीतिक दृष्टि से बहुत ही आयरोनिकल स्थिति है। लोकतंत्र जिसे 'जनता का, जनता द्वारा और जनता के लिए' शासन माना गया है, उसी लोकतंत्र में आम आदमी भय और द्वन्द्व दुविधाग्रस्त है और सत्ताएँ तथा उसके विभिन्न उपादान जनविरोधी और जनभावनाओं को कुचलने वाली हैं। यह लोकतांत्रिक व्यवस्था है, जिसमें सरकारें अपना काम छोड़ बाक़ी सारे काम कर रही हैं। सरकारें अपने चहेतों को अच्छी पोस्टिंग देती हैं ताकि वह सरकार के शीर्ष पर बैठे अपने आकाओं की हर तरह से सेवा कर सकें। उसके सही-ग़लत कार्य कर सकें। सत्ता और उसके उपकरणों के विचार की धुरी अथवा उसका प्वाइंट ऑफ़ व्यू ही गड़बड़ है। इसका एक नमूना सम्पूर्णानन्द का यह प्रस्ताव है—"पर्यटन के द्वारा राजस्व उगाही की मुहिम में अत्यन्त प्रमुख स्रोत हैं—विदेशी पर्यटक। उनकी 1857 संग्राम में क्या दिलचस्पी हो सकती है? उलटे 1857 की याद दिलाने वाले मुक्तिपथ से विदेशी पर्यटक भड़क भी सकते हैं क्योंकि इसमें बेशुमार गोरों को मौत के घाट उतार देने की कथाएँ शामिल होंगी। सभी को मालूम है कि विदेशी पर्यटकों में गोरे ही अधिक लाभकारी होते हैं।"

ऐतिहासिक तथ्यों का महत्त्व प्वाइंट ऑफ़ व्यू से ही स्पष्ट होता है। 1857 की याद का हमारे लिए, एक भारतीय के रूप में क्या महत्त्व है—हम उस पर विचार करेंगे या विदेशियों के अनुसार उसका महत्त्व निर्धारित करेंगे?

उपन्यास के प्रवेश द्वार पर भले ही हमारा परिचय दो चरित्रों से होता है परन्तु यह परिचय पुराने उपन्यासों के चरित्र-चित्रण जैसा नहीं है। उपन्यास के बिलकुल आरम्भ की पंक्तियाँ हैं—"हालाँकि सूर्यकान्त के दाएँ गलफड़े में प्रकट होकर वह लौट गया था। वह कुछ ही दिन दिखा था और फिर अदृश्य हो गया था लेकिन उसके गमन के भी पदचिह्नों में इतनी ताक़त, हिंसा और किलेबन्दी थी कि सूर्यकान्त सुख-शान्ति की दिशा में क़दम बढ़ाता, लड़खड़ाकर लुढ़क पड़ता था।" यह मौत का मज़ाक़ है या उस व्यवस्था में पिसने की खीज से पैदा हुआ एक सन्दर्भ, जिसमें इनसान लगातार पीड़ित और प्रताड़ित होता रहता है। दूसरे लोगों को लगता है कि सूर्यकान्त सुखद स्थिति में है, पर ईमानदार सूर्यकान्त व्यवस्था के नीचे लगातार मरता और टूटता जाता है। व्यवस्था कितनी क्रूर और जकड़ी है, सामाजिक को लगातार दबा रही है, कि सामाजिक (और सामाजिक के तौर पर लेखक) मुँह के छाले के जाने की बात करता है, तो ताक़त, हिंसा और किलेबन्दी जैसे शब्दों का इस्तेमाल करता है। कथा के साथ जब हम आगे बढ़ते हैं तो इन तीनों शब्दों की अर्थवत्ता न केवल अधिक सघन और सान्द्र हो जाती है, अपितु वह अनेकायामी भी हो जाती है। सूर्यकान्त ने तो मात्र एक खिलवाड़ किया था, परन्तु सम्पूर्णानन्द ने क्या किया? वह ताक़त, हिंसा और किलेबन्दी का सहारा लेता है—अपने से कमज़ोर को परास्त करने में। ताक़त, हिंसा, किलेबन्दी आदि साम्राज्यवादी या सत्तावादी हथियार हैं, जिनसे सत्ताएँ एक ओर अपनी सत्ता को ज़्यादा सुरक्षित करती हैं, दूसरी ओर वे दूसरों को न्यून करती हैं, अस्तित्वहीन करती हैं। सत्ताएँ इतनी क्रूर और घाघ होती हैं कि सामाजिक को अगर भौतिक मृत्यु नहीं देती, तो भी उसका मनोबल, आत्मविश्वास तोड़कर उसकी व्यक्तिगत और सामाजिक-सामूहिक ज़िन्दगी और सत्ता को खंडित कर देती हैं। ऐसा नहीं है कि सूर्यकान्त प्रयत्न किये बिना नाकामयाब हो जाता है। नैरेटर कहता है—'प्रयत्न और नाकामयाबी की इसी स्थिति में...' वह प्रयत्न करने के बावजूद नाकामयाब होता है। यह स्थिति उस स्थिति से बहुत पृथक् है, जहाँ वह काहिल और प्रयत्नशील नहीं है और नाकामयाब है अथवा कभी-कभी सिफ़ारिश वग़ैरह से कामयाब हो जाता है। सूर्यकान्त के चरित्रों में एक क़िस्म की भावुकता है, उत्साह है।

दूसरी ओर सम्पूर्णानन्द बृहस्पति है। वह सत्ता लोलुप है, साम्प्रदायिक है, अहंकारी है। नैरेटर कहता है—'वह इतने बुज़ुर्ग और सत्तावान थे...' उनकी विशेषताओं के समानान्तर आम जनता की व्यवस्था के प्रति उपेक्षा भी दृष्टिगोचर होती चलती हैं—"फ़िलहाल ये सब अपनी जगह था और ज़्यादातर पत्रकारों, राजनेताओं, अफ़सरों के बीच ही चर्चित था।" अर्थात् आम जनता को इससे कोई ख़ास फ़र्क़

नहीं पड़ता कि सम्पूर्णानन्द कैसे बन और विकसित हो रहा है, उसकी सोच समाज के ढाँचे के लिए कैसी ख़तरनाक है—आदि-आदि। उसकी यह निस्पृहता एक दिन में नहीं उभरी है। वास्तव में सत्ता ने उन्हें रोज़ी-रोटी के धन्धे में इस तरह फँसा दिया है कि उसके लिए अन्य चीज़ें गौण हो गई हैं। सरकारें राजनीतिक चेतना का विकास भी नहीं चाहतीं। जनता के लिए राजनीति में भागीदारी का अर्थ पाँच वर्ष में एक वोट तक सीमित हो गया है, पार्टियाँ भी उन्हें इनसान से ज़्यादा वोट ही मानती हैं। ऐसी ही राजनीतिक व्यवस्था की उपज सम्पूर्णानन्द जैसे लोग हैं। वह साम्प्रदायिक सोच के कारण ही 1857 वाली योजना को ख़त्म कर मन्दिर बनाने की बात करता है। इस पर सूर्यकान्त की टिप्पणी बहुत संवेदनशील है—"सर! आज़ादी की लड़ाई एक बहुत संवेदनशील मुद्दा है। ××× इसे छेड़ना या छोड़ना उचित नहीं होगा।" सूर्यकान्त के तर्क को वे जिस निर्लज्जता और संशय विहीन तरीक़े से ख़ारिज करते हैं, वह इनके चरित्र को ज़्यादा प्रभावी तरीक़े से प्रस्तावित करता है। 'पीपीपी' वाले सन्दर्भ में भी उनके तर्क ऊपर से ठीक ही बैठते हैं, परन्तु जब हम उनकी गहरी परीक्षा करते हैं तो वे मूलत: घृणाधृत और विद्वेषमूलक ही हैं, साम्प्रदायिक और जातिवादी हैं।

सम्पूर्णानन्द की कार्य पद्धति, योजना और उसके चरित्र के माध्यम से साम्प्रदायिकता को बहुत महीनी से उपन्यासकार ने उद्घाटित किया है। राजनीतिक सत्ता का जो चरित्र आरम्भ में उभरता है, वह बिलकुल स्पष्ट है। वह साम्प्रदायिक और विद्वेषी है। अपने विद्वेषी चरित्र में सांस्कृतिक और मानवीय मूल्यों को पहचान पाने में अक्षम है। साम्प्रदायिकता सिर्फ़ दंगों तक ही सीमित नहीं होती। 1984 के दंगों के सन्दर्भ में हिन्दू साम्प्रदायिकता भी उभरती है और उसको लेखक ने अत्यन्त संवेदनशीलता के साथ उभारा है। अर्थात् साम्प्रदायिक सोच से सभी धर्म के लोग ग्रस्त हैं और साम्प्रदायिक राजनीति प्रत्येक धर्म से सम्बन्धित लोग और राजनीतिक दल करते हैं। अत: साम्प्रदायिकता किसी दल या धर्म विशेष मात्र से सम्बन्धित नहीं है, न ही मात्र दंगों तक सीमित होती है। एक उद्धरण देखिए—'अब तक पैंतीस पुस्तकें-पुस्तिकाएँ छपी थीं। उनमें अधिकतर प्राचीन इमारतों के मूल स्वरूप की तलाश पर केन्द्रित थीं। उन्होंने देश की पाँच सौ एक मस्जिदों के मूल रूप से मन्दिर होने का सिद्धान्त प्रतिपादित किया था।" यह तथ्य ऐतिहासिक दृष्टि से कुछ सत्य हो सकता है, परन्तु इस यथार्थ के बावजूद यह साम्प्रदायिक सोच है। यथार्थ का हू-ब-हू प्रस्तुतीकरण रचना का एकमात्र उद्देश्य नहीं होता। यथार्थ को प्रस्तुत करने वाला दृष्टिकोण ज़्यादा ऐतिहासिक सन्दर्भ निर्मित करता है। एक ही तथ्य जो शुद्ध तथ्य है, उसका प्रयोग प्रसंगानुकूल ही मानवीय अथवा अमानवीय होता है। यथार्थ को साम्प्रदायिक दृष्टिकोण से देखने के कारण ही सम्पूर्णानन्द साम्प्रदायिक है। और सम्पूर्णानन्द का दृष्टिकोण क्या है, इसे इन दो उद्धरणों से समझा जा सकता है—

1. "ये सब दलीलें नास्तिकों ने तैयार की हैं। जो राष्ट्र की बहुसंख्यक जनता की भावनाओं, विश्वास और स्वाभिमान को बिलकुल नहीं समझते हैं। देखिएगा, इस वज्राघात को लोग बहुत दिन सहन नहीं करेंगे।"

2. "जैसे यह कि पिछली सरकार निकम्मी और भ्रष्ट थी। अविवेकी थी। उसकी योजनाओं और कार्यक्रमों के पीछे एकमात्र उद्देश्य होता था—सरकारी धन की लूट। उसके भ्रष्टाचार ने नये प्रस्तावों को चूना लगाया और उसके निकम्मेपन ने हमारे बचे हुए पर्यटन स्थलों में इतनी अव्यवस्था बढ़ा दी कि पहले जैसा माहौल नहीं रहा। रही-सही कसर तुष्टीकरण की राजनीति ने पूरी कर दी। एक ख़ास धर्म के लोग जो हमारे धर्म के जन्मजात विरोधी हैं उनको इतना बढ़ावा दिया गया कि उन्होंने आतंकवाद का रास्ता अपना लिया। जब सरकार, प्रशासन, पुलिस सब तुष्टीकरण के नाम पर हाथ में दही जमाये बैठे रहेंगे तो आतंकवाद पनपेगा। और इन्हीं दुष्ट आतंकवादियों ने भगवान राम की जन्मभूमि अयोध्या और बाबा भोलेनाथ की नगरी वाराणसी जैसे प्रमुख पर्यटन केन्द्रों पर हमला किया। वाराणसी के संकटमोचन मन्दिर में हुए विस्फोट को भला कोई कैसे भूल सकता है। अब ऐसे हालत में पर्यटकों ने इस प्रदेश में आना कम कर दिया। नतीजा है पर्यटन से प्राप्त होने वाली आय के मामले में हम लगातार पिछड़ रहे हैं।" मैंने पहले ही कहा कि साम्प्रदायिक सोच वाला व्यक्ति भी तथ्यों का निर्माण नहीं करेगा। वैसे कभी-कभी कर भी सकता है, करता भी है। परन्तु अमूमन वह जन प्रचलित तथ्यों का ही इस्तेमाल करता है। निश्चितरूपेण वे तथ्यात्मक रूप से ग़लत भी नहीं होते। वह कुछ ऐसे सामान्य कथनों से पोषित होता है, जो व्यक्ति से लेकर संस्था तक, किसी पर भी लागू किया जा सकता है। वह लगभग 90 प्रतिशत तक सही भी होगा। सवाल यहाँ मंशा का होता है। सम्पूर्णानन्द जैसे तमाम लोग इस तरह का वक्तव्य पिछली सरकार की कारगुज़ारियों को उद्घाटित करने के लिए नहीं करते, अपितु उसका डिस्ट्रक्टिव इस्तेमाल करते हैं। दूसरी ओर ऐसे लोग मुस्लिमों को तुरन्त आतंकवादी सिद्ध करने पर उतारू हो जाते हैं। ऐसा करके वे दो लाभ कमाते हैं—पहला उग्र हिन्दूवादी अवधारणा को फैलाते हैं और मुसलामानों के प्रति विद्वेष फैलाये बिना यह सम्भव नहीं। दूसरा ऐसा करके यह सद्भाव का माहौल ख़त्म करते हैं। एक ऐसी साम्प्रदायिक दृष्टि का निर्माण करते हैं, जिसमें मुस्लिम होना मात्र आतंकवादी होने का पर्याय हो जाता है। सम्पूर्णानन्द जैसे लोग ऐसा कर पाते हैं क्योंकि उनके अनुसार 'धर्म से ज़्यादा लोक-लुभावन और शक्तिशाली और दूसरा कुछ भी नहीं हो सकता।'

'पीपीपी' अध्याय में सम्पूर्णानन्द जब अपनी योजना का ख़ुलासा कर रहे होते हैं, तो पर्यटन योजना के नाम पर उनकी जातिवादी और साम्प्रदायिक सोच प्रत्यक्ष हो जाती है। जाति किन परिस्थितियों में बनी, वह उचित थी या नहीं—यह सब आज असंगत प्रश्न है। हम जाति के साथ फैले विद्वेष और शोषण को जानते हैं

और हमें इससे मानवता को हुई क्षति का अनुमान है। परन्तु जीवन, सत्ता और विभिन्न संस्थाओं में आज भी जातिवादी लोग हैं जो अनेक माध्यमों से—प्रत्यक्ष से ज़्यादा परोक्ष—जातिवादी संरचनाओं का समर्थन करते हैं। 'पीपीपी' वाले पूरे प्रकरण का आज एक राजनीतिक निहितार्थ भी है, जो उपन्यास के पाठ से प्रत्यक्षत: बाहर है। 'पीपीपी' के नाम पर आज देश की सरकारें और सत्ताएँ अपने आपको कल्याणकारी स्टेट की अवधारणा से मुक्त कर रही हैं। इस साम्प्रदायिक राजनीति की जड़ें औपनिवेशिकता के साथ गहरे जुड़ी हैं। जब हम राजनीतिक रूप से ग़ुलाम थे, तब तो यह स्थिति थी ही, आज भी भारतीय समाज अपने औपनिवेशिक और सामन्ती ढाँचों से निकल नहीं पाया है। पूरे उपन्यास में प्रसंग और सन्दर्भ के अनुसार औपनिवेशिक और सामन्ती मानसिकता को प्रत्यक्ष किया गया है। इससे मुक्ति के लिए प्रगतिशील जीवन पद्धति और वैचारिकता की दरकार है। इसकी प्रस्तावना ही निर्वासन का लक्ष्य है।

एक आख़िरी बात। व्यवस्था और सामाजिकों के बीच के सम्बन्ध एकदम सपाट और एकायामी नहीं होते। उसमें भी मध्यवर्गीय सामाजिकों के जीवन की तर्क-पद्धति और व्यवस्था से उसके रिश्तों का तर्क उच्च और निम्नवर्ग के सामाजिकों से पृथक होता है। मध्यवर्ग संख्या की दृष्टि से आज बहुत बड़ा है। अत: इसमें अनेक प्रवृत्तियों और मानसिकताओं के लोग हैं। या यों कहें कि परिस्थिति के अनुरूप इस वर्ग का सदस्य अलग-अलग आचरण करता है। वह डरता है, डराता है, खीजता है, क्रोधित होता है...पर अपने सुरक्षित भविष्य को दाँव पर नहीं लगाता। सूर्यकान्त का कथन 'डर पशु अपनी अयालें हिलाने लगता' हस्तक्षेप के रूप में आया है, वह व्यवस्था के साथ मध्यवर्ग के रिश्तों की दास्तान ही कहता है।

इसके अतिरिक्त भी यह उपन्यास अपने बृहत् आख्यान में जीवन के अनेक बिन्दुओं को छूता है। एक स्तर पर यह उपन्यास असहिष्णुता और असंवेदनशीलता को जीवन के आनुषंगिक व्यापार के रूप में दिखाता है। परन्तु इसका विरोध भी करता है, प्रतिकार भी करता है, प्रतिरोध को प्रस्तावित भी करता है। ऐसे अनेक सन्दर्भ हैं। इन सन्दर्भों में जीवन का, समाज का और सामाजिकों का सत्य सान्द्र और सघनरूप में अभिव्यक्त हुआ है। नैरेशन, हस्तक्षेप और कलात्मक बुनावट के मिश्रण से रची गई सान्द्र भाषा की संवेदनात्मक अभिव्यक्ति है—'निर्वासन'। यह उपन्यास की क्लासिकल परिपाटी का नव्यतम संस्करण है और औपन्यासिक विधान में, संरचना और संवेदना के विस्तार में, यह उपन्यास की क्लासिकी तक पहुँचाता है। इसे परिभाषित करने के लिए उपन्यास की नई परिभाषा गढ़ने की ज़रूरत नहीं है।

'निर्वासन' : कृति का मर्म एक विस्तार है

—राहुल सिंह

अखिलेश की कहानियों से जो परिचित हैं, वे इस बात से सहमत होंगे कि उनके पास कहानी कहने की अपनी एक अदा है और जिन्होंने उनकी लम्बी कहानियों का संग्रह 'अँधेरा' पढ़ रखा है, वे इस बात से इत्तेफ़ाक़ रखेंगे कि उन लम्बी कहानियों में उपन्यासों की-सी सम्भावनाएँ थीं। पर औपन्यासिकता के गुणों को धारण करने के बावजूद वे लम्बी कहानियाँ ही थीं। इससे इतना तो तय था कि उनके लिए उपन्यास के मायने 'अन्वेषण' के बाद थोड़े बदल गए थे, अन्यथा इन लम्बी कहानियों में 'अन्वेषण' की औपन्यासिकता को छू सकने की सम्भावनाएँ थीं। पर ऐसी किसी भी सम्भावना को उन्होंने हवा नहीं दी। अब उनका उपन्यास 'निर्वासन' (2014) हमारे सामने है। यह उपन्यास निर्वासन की अलग-अलग भंगिमाओं का समुच्चय है। निर्वासन के जितने सम्भावित अर्थों को हमारी प्रचलित समझदारी (कन्वेंशनल विजडम) अब तक जानती-समझती आई है, उसके अर्थों से इतर जीवन के धरातल पर यह उपन्यास अप्रत्याशित तरीक़े से उसके मर्म को उघारती है। उस क्षण में 'निर्वासन' का अर्थगत दायरा इस क़दर फैलता है कि हम सब तत्क्षण ख़ुद को निर्वासन की दशा में पाते हैं। 'निर्वासन' को पढ़कर विनोद कुमार शुक्ल की इस पंक्ति को ज़्यादा बेहतर तरीक़े से समझा जा सकता है कि "कृति का मर्म केवल एक बिन्दु नहीं है, कृति का मर्म एक विस्तार है।" 'निर्वासन' के नुक्ते से, उसके मर्म के फैलाव की पूरी प्रक्रिया में यह उपन्यास सम्पन्न होता है। यह उपन्यास, अपने अर्थ से इतर नामालूम तरीक़े से हमारी ज़िन्दगी में गुप-चुप तरीक़े से दाख़िल हो चुके निर्वासित जीवन स्थितियों और मन:स्थितियों को भी देखे जाने की प्रस्तावना करता है। यह उपन्यास 'निर्वासन' के पारम्परिक अर्थों में न समा सकने की कथा है।

तीन सौ साठ पन्ने के इस उपन्यास में कथा के प्रवाह में तीन चरणों को लक्ष्य किया जा सकता है। एक तो कथा के लिए प्रस्थान बिन्दु की निर्मिति, दूसरे में प्रस्थान के बाद का विचरण व तीसरा समाहार और इन सब चरणों में अखिलेश के अपने कहन के ढब और ढंग के साथ मौजूदगी। कहन के ढब और ढंग को

आप 'नैरेशन' और 'डिक्शन' के रूप में ले सकते हैं। अखिलेश की कहानियों पर लिखते हुए अपने लेख 'यथार्थ की कहानी और कहानी का यथार्थ बतर्ज़ अखिलेश' का समापन मैंने इन पंक्तियों से किया था कि "अखिलेश की कहानियों में उत्तर-आधुनिक विचारों और प्रभावों की प्रभावशाली उपस्थिति को अब तक हिन्दी कहानी आलोचना और अकादमिक तबक़ा ठीक से नहीं पहचान सका है।" तो 'निर्वासन' पर बात इसी पिछले इशारे के आलोक में शुरू करते हैं।

उत्तर-आधुनिकता के लिए आधुनिकता एक प्रस्थान बिन्दु या एक अनिवार्य सन्दर्भ की तरह है। बुनियादी तौर पर आधुनिकता चीज़ों को समग्रता में देखने की अभ्यस्त रही है। इसके उलट उत्तर-आधुनिकता समग्रतामूलक उन संरचनाओं को खंडित संरचनाओं में देखने की वकालत करती रही है। इन खंडित संरचनाओं को अखंडता, पूर्णता और स्वायत्तता प्रदान करने की तर्क पद्धति को उत्तर-आधुनिक विमर्शों में लक्ष्य किया जा सकता है। खंडित संरचनाओं को गर खंडित अस्मिताओं के रूप में पढ़ सकें तो अस्मितामूलक विमर्शों की उत्तर-आधुनिकतावाद की विचारधारा से सम्बद्धता ज़ाहिर होती जान पड़ती है। 'निर्वासन' में इस उत्तर-आधुनिक विमर्शों के दौर में उपजे अस्मितामूलक विमर्श के वैचारिक स्फुलिंगों को देखा जा सकता है। 'निम्नवर्गीय प्रसंग' जिसे सबाल्टर्न स्टडीज के रूप में हम ज़्यादा बेहतर तरीक़े से जानते हैं। उस 'सबाल्टर्न स्टडीज' और 'आइडेंटिटी डिस्कोर्स' (अस्मितामूलक विमर्श) के मध्य चोली-दामन का सम्बन्ध है। वे परस्पर एक-दूसरे से आबद्ध हैं। 'निर्वासन' में इस 'सबाल्टर्न स्टडीज' के कई बुनियादी तर्कों का सुसंगत प्रयोग देखने को मिलता है। दो उदाहरण इस उपन्यास से रख रहा हूँ। पहला, "एक ख़ास सत्य के निर्माण में अनेक छोटी-छोटी सचाइयों का ख़ून-पसीना शामिल रहता है इसलिए किसी इनसान, स्थान अथवा घटना का यथार्थ जानने की ज़रूरत आन पड़े तो उसे महायथार्थ के रूप में नहीं छोटे-छोटे खंडों में बाँटकर देखना चाहिए।... यथार्थ को पहचानना नहीं जानना है तो उसको मुकम्मिल में नहीं उसके अनगिनत टुकड़ों में बारीकी से देखो।" (पृ. 280) ल्योतार के 'महाआख्यान के अन्त' का वैसे तो एक बड़ा सन्दर्भ मार्क्सवाद और आधुनिकता के महाआख्यान के वित्तीय पूँजीवाद के दौर में अप्रासंगिक करार किये जाने से है। पर उस महाआख्यान के अन्त को देरिदा के विखंडनवाद के साथ मिलाने से जो फ़लसफ़ा बनेगा वह उपरोक्त उद्धरण की तरह ही होगा। इतिहास के बारे में कभी नेपोलियन ने यह बात कही थी कि 'इतिहास सहमति से रचा हुआ गप्प है।' सहमति से रचे हुए इस गप्प में कुछ समय पहले तक वर्चस्वशाली समूहों की ही सहमति शामिल थी और वर्चस्वशाली समूहों द्वारा वही इतिहास वंचितों-दमितों पर थोप दिया गया था। 'सबाल्टर्न स्टडीज' ने इतिहास की उस प्रचलित अवधारणा में कई तरह के संशोधन किये। संयोग से 'निर्वासन' में एक जगह इसके सूत्रधार की इतिहास विषयक समझदारी का ज़िक्र है,

उसे इसी सन्दर्भ में आगे रख रहा हूँ—"दरअसल सारे इतिहास एक तरह से गढ़ंत ही होते हैं जिसमें कुछ सच्चे नामों, स्थानों, तिथियों की मदद से सत्ता अपनी क्षमता और ज़रूरत के अनुसार किसी गढ़ंत को ही रचती है। तुमको—जिसका अपना कोई इतिहास नहीं है—कुछ झूठे नामों, स्थानों और तारीख़ों का इस्तेमाल करते हुए एक सत्य निर्मित करना चाहिए। इतिहास से बेदख़ल किये गए लोगों का अपना इंतक़ाम लेने का यही तरीक़ा होता है।" (पृ. 302) इसी को एक सुधरा हुआ रूप अगले पन्ने पर मिलता है, जिसमें चाचा कह रहे होते हैं कि "इतिहास को दुरुस्त करने, अपने साथ हुए दमन का प्रतिरोध करने और अपने हक़ की लड़ाई में आगे बढ़ने का यही तरीक़ा होता है। क्योंकि इंतक़ाम की कोई भी कार्रवाई इंतक़ाम को पैदा करती है। दमन का हिसाब दमन से, ख़ूनख़राबे का हिसाब ख़ूनख़राबे से कभी चुकता नहीं होता है। दुनिया में जो भी करो उसकी पीठ पर मुहब्बत होनी चाहिए न कि नफ़रत।" इतिहास की सबाल्टर्न धारा की मंशा और अतिरेकों का बेहद संजीदा और संयमित प्रतिपक्ष भी अखिलेश साथ-साथ रखते हैं। यही कारण है कि एक ओर तो सबाल्टर्न इतिहास-दृष्टि की विशेषताओं को अपने क़िस्सागोई का एक ज़रिया बनाते हुए भी उसकी परिणतियों की आलोचना करने से वे नहीं चूकते। इस पंक्तियों को ही लीजिए—"तुम्हारी इसी इक्कीसवीं सदी में आम्बेडकर, फुले, ताराबाई, शिन्दे पैदा हुए हैं न। फ़ालतू की बात करते हो। अरे उन्होंने जो फ़सल बोई थी उसे ही आज काट रहे हैं। काट क्या रहे हैं उसका व्यापार करके अपनी तिजोरी भर रहे हैं। कोई अपने बर्थडे पर करोड़ों की घूस ले रहा है तो कोई हीरो-हीरोइन नचा रहा है। और सभी गुंडों-बदमाशों की फ़ौज बना रहे हैं। ऐसी फ़ौज से क्रान्ति या बदलाव होता है? मैं कहता हूँ कि आम्बेडकर पर इतिहास ने जो ज़िम्मेदारी सौंपी थी उन्होंने उससे ज़्यादा किया किन्तु तुम्हारे 'इस समय' के दलितों-पिछड़ों के माफ़ियाओं को इतिहास ने सफलता का हार पहनाकर जो दायित्व सिपुर्द किया उसे इन्होंने पूरा किया या डुबो रहे हैं? किसी भी क़ीमत पर ताक़त और धन हासिल करना इनकी मंशा है न कि ग़ुलामगीरी से आज़ादी।" (पृ. 228) दलित आन्दोलन से उभरे दलित चेतना की परिणतियों को जिस अचूक और दो-टूक ढंग से अखिलेश रेखांकित करते हैं, वह उनकी दृष्टि में अनुस्यूत अन्तर्विरोधों को देख सकने की क्षमता को ज़ाहिर करता है।

इतिहास की सबाल्टर्न धारा ने इतिहास की परम्परागत नज़रिये में काफ़ी कुछ जोड़ने-घटाने का काम किया है। जैसे क्या किसी व्यक्ति की स्मृति का इतिहास-लेखन में वही दर्जा हो सकता है जो किसी अभिलेख का अब तक होता आया है। इतिहास की परम्परागत समझ (औपनिवेशिक और राष्ट्रवादी इतिहास-लेखन) इसे सिरे से नकारती है। लेकिन उत्तर-औपनिवेशिक दौर में विकसित सबाल्टर्न इतिहास-दृष्टि ने अभिलेखागार की पूरी परिकल्पना ही बदल डाली है। इन्होंने स्मृति को भी अभिलेखागार के समान महत्त्वपूर्ण माना।

इसके पीछे इन्होंने तर्क दिया कि स्मृतियाँ भी जीवित अभिलेखागार हैं। शाहिद अमीन ने 'निम्नवर्गीय प्रसंग भाग-1' में 'चौरीचौरा' पर जो अत्यन्त विद्वत्तापूर्ण शोधपरक आलेख लिखा है। उसकी सामग्री उन्होंने वहाँ के पुराने बाशिन्दों के याददाश्त से जुटाए थे। स्मृतियों को ही तरतीब देते हुए इतिहास का शक्ल दे दिया गया। इतिहास में जिस तटस्थता को अनिवार्य गुण की तरह रेखांकित किया जाता रहा था उसे सबाल्टर्नवादियों ने ग़ैर-ज़रूरी बताते हुए यह तर्क दिया कि तटस्थ रहा ही नहीं जा सकता है। कोई इतिहास लिखते हुए तटस्थ कैसे रह सकता है। 'निर्वासन' के ऐन बीचोबीच गोसाईंगंज खड़ा है। गोसाईंगंज महज़ एक 'लोकेल' न होकर एक पात्रता अर्जित कर लेता है। उस गोसाईंगंज में रामअजोर पांडे के पुरखों की तलाश में इतिहास के सबसे विश्वसनीय साझीदार के बतौर इसी स्मृति को व्यवहृत होता हुआ पाते हैं। जगदम्बा की याददाश्त रामअजोर पांडे के पुरखों के सन्दर्भ में अभिलेखागार सरीखा महत्त्व रखती है। अखिलेश ने 'निर्वासन' में उपन्यास और इतिहास व उसकी सामाजिकता का एक 'फ़्यूजन' पेश किया है।

'निर्वासन' के कथ्य और शिल्प के मध्य एक बेहद जटिल क़िस्म का फ़्यूजन है। कथ्य के स्तर पर जो दृष्टिगत व्यापकता है, उसमें सन्दर्भों को 'समग्रता' में रखने का एक प्रबल आग्रह है। कथ्य के प्रति इस क़िस्म का 'समग्रतावादी आग्रह', 'आधुनिकता' की विशिष्टता रही है। पर कथ्य से इतर कहन के स्तर पर जो क्रम भंगिताएँ हैं, 'विखंडन' की वह अदा एक 'उत्तर-आधुनिक' प्रवृत्त है। इस लिहाज़ से यह उपन्यास कथ्य और शिल्प के ऐसे संक्रमण बिन्दु पर अवस्थित है जिसके शिल्प और संवेदना के सिरे दो विपरीत छोरों पर पैवस्त हैं। 'निर्वासन' कथ्य के स्तर पर आधुनिकतापरक है और बरतने (ट्रीटमेंट) के स्तर पर उत्तर-आधुनिक। केवल यही एकमात्र कारण नहीं है जिसके कारण 'निर्वासन' पर बात करना बहुत सुविधाजनक नहीं है। बल्कि बीच-बीच में ख़ालिस उत्तर-आधुनिक विचारों को कहानी में पिरो देने की अखिलेश की शैली आस्वाद और समझदारी के धरातल पर इसके उत्तर-आधुनिक रुझानों को ही बल प्रदान करती जान पड़ती है। इसे एक उदाहरण से समझने की कोशिश करते हैं। 'निर्वासन' की कथा के केन्द्र में यों तो सूर्यकान्त है, पर पूरे उपन्यास को पढ़ने के बाद सूर्यकान्त की भूमिका एक सूत्रधार की-सी लगती है, जिसे अपदस्थ करके केन्द्र में कभी चाचा तो कभी गोसाईंगंज आता है। केन्द्र परिधि के ज़रिये और परिधि केन्द्र के ज़रिये इस उपन्यास में विस्थापित होता रहता है। शब्द अर्थों के ज़रिये और अर्थ बिम्बों के ज़रिये 'निर्वासित' होते रहते हैं। गर आप 'निर्वासन' के किसी रूप को इस उपन्यास का नाभिक निरूपित करना पसन्द करेंगे तब तक हाशिये से कोई नया नुक्ता उसकी केन्द्रीयता को अपदस्थ करने लगता है। बावजूद इन सबके इस उपन्यास की एक मज़बूत टेक है और मेरे लिहाज़ से वह इसका केन्द्रीय स्वर हो सकता है। वह केन्द्रीय स्वर क्या है या क्या हो सकता है, इसे आगे साझा करूँगा।

पारम्परिक अर्थों में 'निर्वासन' का कथानायक सूर्यकान्त है। सूर्यकान्त के जीवन को अस्थिर करने का काम पर्यटन निदेशालय का चेयरमैन सम्पूर्णानन्द 'बृहस्पति' करता है। एक चरित्र के बतौर सम्पूर्णानन्द के द्वारा सूर्यकान्त को अस्थिर करने की घटना वाजिब लगती है, पर सम्पूर्णानन्द की पृष्ठभूमि में व्याप्त हिन्दुत्ववादी राजनीतिक पहचान की संगति कथा के मूल सन्दर्भ या आत्मा को पहली निगाह में बहुत समृद्ध करती नहीं जान पड़ती है। सम्पूर्णानन्द की मौजूदगी से पैदा होनेवाला असर उपन्यास के मूल मर्म (निर्वासन) को प्रत्यक्षत: समृद्ध नहीं करता है। परिधि में व्याप्त हिन्दुत्व 'निर्वासन' के सन्दर्भ में उपन्यास को एक समकालीन परिप्रेक्ष्य प्रदान करता जान पड़ता है। (यद्यपि हिन्दुत्व ब्रिगेड की हालिया ताजपोशी ने इसे ज़्यादा प्रासंगिक बना दिया है।) अस्थिर सूर्यकान्त को एक अल्पकालिक स्थिरता प्रदान करने में उसका मित्र बहुगुणा मदद करता है। बहुगुणा सूर्यकान्त और रामअजोर पांडे के बीच सेतु का काम करता है। बहुगुणा एक मध्यस्थ की भूमिका में है, एक नौकरशाह (सूर्यकान्त) और अरबपति प्रवासी भारतीय उद्योगपति (रामअजोर पांडे) के मध्य। जिसका अपना हित भी है। रामअजोर पांडे के पुरखे तक़रीबन सौ-सवा सौ साल पहले गोसाईंगंज से गिरमिटिया मज़दूर के रूप में बाहर गए थे। अपने जीवन के उत्तरार्द्ध में वह अब अपने पूर्वजों की माटी को मस्तक से लगाना चाहता है। इतिहास के अवशेषों से वह इतिहास की पुनर्संरचना कराना चाहता है। यही वह प्रस्थान बिन्दु है, जहाँ से कथा का फेरा अपने दूसरे दौर में दाख़िल होता है मतलब प्रस्थान बिन्दु की निर्मिति के बाद का विचरण या भटकन। उपन्यास के शुरुआती अट्ठानबे पन्ने के बाद कथा का रैखिकता खंडित होती है। अब यहाँ से कहानी एक साथ वर्तमान और अतीत में तिरना आरम्भ करती है। सूर्यकान्त के गोसाईंगंज की यात्रा होती वर्तमान में है, लेकिन स्मृतियों के मार्फ़त। यह सूर्यकान्त के गोसाईंगंज से लखनऊ निर्वासित होने की गाथा है। इस गाथा में अनेक संकेत हैं, जिसका विस्तार पूरे उपन्यास में यथाप्रसंग होता चलता है। गोसाईंगंज पहुँचने के बाद रामअजोर पांडे के पुरखों की तलाश में इतिहास के अवशेषों को संकलित-संयोजित करने की जो विधि अपनाई गई है। उसमें अखिलेश ने अपने पूर्वसंचित क़िस्सागोई के सभी औज़ारों का इस्तेमाल किया है। 'निर्वासन' एक स्तर पर कहानियों का समुच्चय भी है। इसलिए इस उपन्यास में हम अखिलेश की कहानियों में व्याप्त ख़ूबियों को भी इस्तेमाल होता देखते हैं। मसलन कथा के प्रवाह में रैखिकता की अवहेलना, अतीत और वर्तमान में आवाजाही का एक अनवरत सिलसिला, पात्रों में विचित्रताओं की परिकल्पनाओं का समावेश आदि के साथ कुछ नई शिल्पगत युक्तियों के साथ वे यहाँ भी हाज़िर हैं। इसे बारी-बारी से देखने की आवश्यकता है। पहली बात तो यह कि अखिलेश की कहानियाँ एक साथ लगभग तीन स्तरों पर संचरण करने की अभ्यस्त रही हैं। एक स्तर सामन्ती अवशेषों या प्रभावों के अंकन का है, दूसरा स्तर

अपने परिवेश को धता बताते हुए 'आभासी आधुनिक' होने की 'छद्म आकांक्षा' में निहित है और तीसरा उस परिवेश और उससे उबरने के उलटे-सीधे प्रयत्नों के उत्तर-आधुनिक परिणति में। इस दृष्टि से एक आम पाठक के लिए अखिलेश की कहानियाँ जैसे 'सिंगिल रीडिंग' वाली कहानियाँ नहीं है, वैसे ही यह उपन्यास भी एकल पाठ से ज़्यादा की माँग करता है। अखिलेश की दूसरी ख़ासियत यह रही है कि उनकी कहानियों का विन्यास एकरेखीय नहीं होता है। समय की आवाजाही का एक सिलसिला बराबर उनके यहाँ देखा जा सकता है। उनकी कहानियों की शुरुआत किसी घटना या स्थिति से हुआ करती है, वर्तमान में थोड़ी दूर चलने के बाद अनायास वे पीछे जाकर पूर्वदीप्ति शैली (फ़्लैश बैक) के ज़रिये थोड़ी देर बाद फिर उसी स्थिति या घटना के पास वापस आते हैं। लेकिन इस वापसी में भी वे कुछेक महत्त्वपूर्ण सूत्र पुनः छोड़ आते हैं और फिर से उन सूत्रों की व्याख्या करते हैं। इस तरह कहानी के पारम्परिक शिल्प के प्रचलित रूप या शैली का प्रयोग करते हुए भी उसमें एक नयापन पैदा करते हैं। इस शिल्प के कारण अखिलेश की कहानियों में दो-एक फाँक लगातार देखने को मिलती है जहाँ कहानी का प्रवाह अविरल न होकर दो-एक बार खंडित होता है। कहानी में आई यह दरार या फाँक दरअसल अखिलेश के द्वारा लिया गया एक 'डेलिब्रेट पॉज' है जहाँ वे समकालीन यथार्थ के आयामों को अपना 'टच' देते हैं। उनकी कहानियों में यथार्थ के 'ट्रीटमेंट की टाइमिंग' को इन लिये गए 'पॉज' में देखा जा सकता है। इस 'पॉज' या अन्तराल को कहानी के प्रवाह में 'गियर शिफ़्टिंग' की भाँति देखा जा सकता है। अखिलेश अक्सरहाँ कहानियों में लिये गए 'पॉज' के इन पलों में कल्पना के 'क्लच' को दबाकर यथार्थ को 'एक्सीलरेट' करते हैं। तीसरा यह कि अखिलेश की कहानियों का अन्त बहुत 'कनविंसिंग' नहीं होता है। इसके कई कारण हो सकते हैं। एक तो, 'कन्फ़्यूजन' के इस दौर में 'कनविंस' कर पाना काफ़ी मुश्किल काम है। दूसरा, रचनाकार अपनी रचना के ज़रिये एक 'डेमोक्रेटिक स्पेस' भी निर्मित करना चाहता है और 'कनविंस' करने की किसी भी कोशिश से रचनाकार की तटस्थता का हनन होता है। तीसरा कारण, अखिलेश की पत्रकारिता का लम्बा अनुभव भी हो सकता है। जहाँ ख़बरों के प्रति तटस्थता एक बुनियादी गुण के तौर पर देखा जाता है। चौथा, सत्य तो एक ही है लेकिन उत्तर-आधुनिक समय में सत्य व्याख्यासापेक्ष तथ्य जैसी चीज़ में तब्दील हो गया है। जितनी दृष्टियाँ उतनी व्याख्याएँ हैं। या फिर इस उपन्यास के सूत्रधार सूर्यकान्त की मानें तो "वास्तविकता के निकट ही पहुँचा जा सकता है। 'निकट' इसलिए कि आज तक दुनिया में कोई भी वास्तविकता तक नहीं पहुँच सका है—उसे अपनी हथेली में नहीं ले सका है। क्योंकि सचाई के एकदम पास अगर कोई आएगा इतना कि उसे छू ले तो वह नितान्त झूठ का भेष धर लेती है।" (पृ. 281)

यद्यपि इस 'ट्रीटमेंट' से कहानी का पारम्परिक रचना विधान भी थोड़ा दरकता है। पर वे इस मामले में उस्ताद हैं। टूटन के इन बिन्दुओं में कथा के स्तर पर एक विचलन लाकर रचना की बहुध्वान्यात्मकता को समृद्ध करने का काम करते हैं। और फिर दरारों से निकली यह अवान्तर कथा अन्ततः अपने उद्देश्य को पूरा करते हुए पुनः मुख्य कथानक में विलीन हो जाती है। आमतौर पर अखिलेश इन अवान्तर कथाओं में कई विचित्रताओं और असमान्यताओं का समावेश कर रोचकता को बनाए रखने के हामी हैं, परन्तु यह उपन्यास थोड़ा लम्बा है तो इसमें अखिलेश ने उन अवान्तर कहानियों में इन विचित्रताओं और असामान्यताओं के साथ कुछ मनोरंजक और रोचक प्रसंगों को बुन दिया है। जहाँ तक वित्रित्रताओं और असामान्यताओं की बात है तो इनको देखा जा सकता है (भगेलू पांडे की सहवास के दौरान स्तंभन की क्षमता, गौरी की अय्यारों वाली ख़ूबी, कामना की भाँपने की क्षमता, जगदम्बा के विस्फोटक अन्दाज़ में पादने का पौरुख आदि।) और जहाँ मनोरंजक और रोचक प्रसंगों की बात है, वहाँ सूरीनाम में भगेलू पांडे को पहली दफ़ा जब सरकार की ओर से वहीं बसने के लिए खेत मिला और भावुक होकर जब वह गन्ना बोने से पहले वह बीच खेत में रोने लगा और संयोग से अगले साल उसके खेत में सबसे अच्छी फ़सल हुई तो एक अन्धविश्वास ने वहाँ एक नई रीत को जन्म दे डाला कि गन्ना बोने से पहले खेत में रुदन से फ़सल अच्छी होती है। या फिर आपातकाल के दौरान मीसा क़ानून से जुड़े प्रसंग, नसबन्दी से जुड़े संस्मरण और सूर्यकान्त के द्वारा अख़बारी शब्दों के मायने समझे बिना प्रयोग करने के नतीजे या फिर लोटे से भेड़िये को मार गिराने का प्रसंग या फिर जगदम्बा के विस्फोटक अन्दाज़ में पादने का पौरुख। इस लिहाज़ से देखें तो अखिलेश के 'निर्वासन' में केन्द्रीय कथानक के ताने-बाने से निकले इन क़िस्सों की शाखाएं एक छतनार वृक्ष की तरह जान पड़ती हैं, जो एक उत्स का ही विस्तार होती हैं। इसके अलावा भी उन्होंने अपने इस उपन्यास में एक दिलचस्प साहित्यिक युक्ति का इस्तेमाल किया है और वह यह कि "इस आख्यान में अनेक बार पात्र स्वयं उपस्थित होकर अपनी बातें रखते हैं और कथाकार के अज्ञान, असमर्थता, अयोग्यता, अपर्याप्तता, अशुद्धि को दूर करते हैं।...लेकिन कई बार पात्र जब ख़ुद कथा कहने के चक्कर में भूलभुलैया में फँस जाते हैं—ढेर सारे गड़बड़झालों को जन्म देने लगते हैं। यहाँ तक कि झूठ बोलने से भी बाज़ नहीं आते हैं। तब कथाकार हस्तक्षेप करते हुए कथा की कमान अपनी हाथ में ले लेता है।" (पृ. 46) दरअसल, कथाकार और उसके किरदारों के बीच की आवाजाही की यह जो युक्ति है, यह एक अजब-सा मंज़र पाठकों के ज़ेहन में पैदा करता है कि आख़िर में इसका असल 'नैरेटर' कौन है? कथा की विश्वसनीयता को बहुआयामी बनाने के उद्देश्य से इस बहुवाचक पद्धति का इस्तेमाल अखिलेश ने 'निर्वासन' में किया है।

'निर्वासन' एक 'आर्गेनिक नॉवेल' है। मतलब एक ऐसा उपन्यास जो विकसित होने के क्रम में अपने कथा-तत्त्वों या घटकों के मध्य भी एक विकसित होती पारस्परिकता का परिचय देता है। आमतौर पर फ़िल्मों में हम दृश्यों को धुँधलाते-गहराते या एक-दूसरे में डूबते-उतराते देखते हैं, पर अखिलेश के निर्वासन में भी हम कहानियों को 'फेड' होते या एक-दूसरे में 'मर्ज' होते देखते हैं। इन सब साहित्यिक और ग़ैर-साहित्यिक युक्तियों के इस्तेमाल के बावजूद एक दिलचस्प बात 'निर्वासन' को लेकर कही जा सकती है कि यह कहन की संरचना के स्तर पर भारतीय आख्यानों की कहन परम्परा में है। भारतीय आख्यान साहित्य मूलतः 'आवर्ती' रहा है, न कि पश्चिमी आख्यानों की तरह 'ऋजु रेखानुसारी'। (इसे विस्तार से समझने के लिए अज्ञेय के तीन निबन्धों को एक साथ मिलाकर पढ़ने की आवश्यकता है। पहला, 'काल का डमरूनाद', दूसरा, 'वैज्ञानिक सत्ता और मिथकीय चेतना' और तीसरा, 'साहित्यिक काल : यथार्थ का क्रम')। आवर्ती से तात्पर्य उनके चक्रमित और शृंखलित होने से है। 'निर्वासन' की कथा-संरचना को थोड़ी दूरी से देखें तो पाएँगे कि उसमें क़िस्से की कोख से क्रमशः क़िस्से फूटते रहते हैं और चाहे क़िस्से, क़िस्सों की पगडंडी पर कितनी भी दूर क्यों न निकल जाएँ, जिस कोख से वह फूटी है, उस तक लौट आने की सहूलियत बरहमेश मौजूद रहती है। यह भारतीय आख्यान की जातीय पहचान रही है। अखिलेश क़िस्सागोई की उस आदिम शाखा पर बैठकर आधुनिकता के आँगन में उत्तर-आधुनिकता का लीला-विस्तार 'निर्वासन' में करते हैं।

'निर्वासन' एक मामूली-सी लगनेवाली कहानी की ग़ैर-मामूली होते जाने की दास्तान है। बेहद साधारण तरीक़े से शुरू होनेवाली कहानी जब अपने पंखों को फैलाना शुरू करती है तो इसका एक सिरा 1857 के आसपास जा पहुँचता है तो दूसरा ऐन हमारे समय में डग भरता नज़र आता है। इस अन्तराल में 1895 में गिरमिटिया मज़दूरों का पलायन, 1922 का किसान आन्दोलन, 1975 का आपातकाल से लेकर 1984 के सिक्ख दंगे तक शामिल हो जाते हैं। साधारण-सी जान पड़नेवाली यह कथा धीरे-धीरे अपने कैनवस और उसके निहितार्थों को फैलाती है। अखिलेश हमारे समय के उन चन्द कथाकारों में से हैं, जिनके पास एक राजनीतिक नज़र है। राजनीतिक नज़र से मतलब है निहितार्थों को समझ सकने लायक समझदारी। और अपनी इस समझदारी का इस्तेमाल वे व्यापक स्तर पर आर्थिक-सामाजिक-सांस्कृतिक मोर्चों पर करते रहते हैं। इस राजनीतिक नज़र से ही वे हमारे समय और समाज का एक ऐसा क्रिटीक 'निर्वासन' में रचते हैं, जो वाक़ई पढ़े जाने की माँग करता है। ख़ासकर उपन्यास का अध्याय 'बतर्ज़ हिन्द स्वराज' और आख़िरी में चाचा-भतीजे के मध्य की चिट्ठियों में वर्णित चाचा के प्रतिरोध के फ़लसफ़े। इस उपन्यास को पढ़ने की सिफ़ारिश कई कारणों से की जा सकती है। पर मैं इसे पढ़ने की सिफ़ारिश जिस

एक वजह से कर सकता हूँ वह इसके एक किरदार 'चाचा' और उसके प्रतिरोध के फ़लसफ़े के कारण। चाचा के सनक और झक्क की परतें जब खुलनी शुरू होती हैं तो अपने सनक और झक्क में हमारे समय का वह अकेला संजीदा और समझदार इनसान जान पड़ता है। इसकी कुछ बानगी ज़रूरी है। सबसे पहले तो 'बतर्ज़ हिन्द स्वराज' के निहितार्थ को समझें। महात्मा गांधी द्वारा लिखी यह नन्ही-सी किताब 'हिन्द स्वराज' (1907) कायदन आधुनिक भारत में आधुनिकता के देशज रूप के आरम्भिक ब्लूप्रिंटों में से एक है। भारतीय आधुनिकता के विमर्श में 'हिन्द स्वराज' एक अनिवार्य सन्दर्भ की तरह है। हिन्द स्वराज के शताब्दी वर्ष 2007-08 में इन पहलुओं पर व्यापक चर्चा हुई है। उसके विस्तार में जाने के लिए स्वतंत्र किताब की आवश्यकता होगी। इसलिए इस ओर संकेत भर कर रहा हूँ। 'हिन्द स्वराज' का जो ढाँचा है। वह है, सवाल-जवाब का। इस चौदह पन्ने के अध्याय में भी चाचा-भतीजे के मध्य सवाल-जवाब ही हैं। लेकिन वे सवाल-जवाब इस क़दर समसामयिक हैं कि उसकी अनदेखी असम्भव है। चाचा-भतीजा के इस बातचीत में उपभोक्तावादी समाज की मानसिकता और उससे पैदा होनेवाली दुश्वारियाँ, मध्यवर्गीय प्रदर्शनप्रियता के खोखलेपन, पारिवारिक सम्बन्धों के मध्य टेलीविज़न नाम के जीव के घुस आने से पैदा हुए घातक बदलाव और इन सबसे बचने के क्रम में एक क़िस्म के आत्म-निर्वासन को ओढ़ लेने की बेबसी। ग़ौरतलब यह है कि चाचा के प्रतिरोध के दर्शन में गांधी के दर्शन को जिस क़दर अखिलेश ने घुला दिया है, वह इस उपन्यास पर उनके द्वारा की गई मेहनत की चुगली भी करता है। विज्ञान की आलोचना गांधी ने भी की थी, उसका एक सन्दर्भ व्यक्ति में आरामतलबी बढ़ाने को लेकर थी। यहाँ चाचा ने 'अपने बच्चों साइंस और तरक़्क़ी से जुड़ने के लिए शुरू में बहुत उत्साहित किया था क्योंकि उनकी निगाह में वही इनसानियत का भविष्य था। पर उन्होंने पाया की, उनके बच्चे ख़ुदग़र्ज़, जंगली और जज़्बातों से शून्य हो गए। उन्हें बस पैसा और अधिक पैसा चाहिए था। परिणामतः उन्होंने सादगी का मार्ग चुना। उसे अपने आचरण में उतारने के बाद अपने परिवार को भी उसे अपनाने को कहा। मतलब शब्दों को पहले उन्होंने अपने आचार के स्तर पर उतारा, तब परिवार के अन्य सदस्यों को व्यवहार में लाने को कहा। न मानने पर अपनी पत्नी और बच्चों पर अहिंसात्मक प्रयोग का मार्ग अपनाया। गांधी ने प्राकृतिक संसाधनों के उपभोग के सन्दर्भ में जो ज़रूरत (नीड) और लोभ (ग्रीड) की बात की थी। आज के 'सस्टेनेबल डेवलमेंट' की पूरी सैद्धान्तिकी के मूल में गांधी का यही दर्शन है। हालाँकि जब यह उपन्यास विश्व पुस्तक मेले के दौरान विमोचित हुआ था, तब नमो की ताजपोशी नहीं हुई थी और गुजरात मॉडल का शोर दिगन्तव्यापी नहीं हुआ था, ज़ाहिर है उपन्यास प्रेस में उससे भी पहले गई होगी। इन बातों के आलोक में अखिलेश की इन पंक्तियों को पढ़ें, जो उन्होंने चाचा के मुँह से कहलवाई है कि "विकास विकास विकास...।

आजकल विकास अपने आप में साध्य हो गया है। मैं कहता हूँ कि साध्य है मनुष्य की बेहतरी और विकास इसका उपाय है लेकिन इन दिनों पहिया उलटा घूम रहा है। मनुष्य की बेहतरी जाए चूल्हे भाड़ में किन्तु विकास ज़रूर हो। इनसान का भीतर चाहे जितना बरबाद हो पर बाहर ख़ूब चमक हो। ...विकास और आज की सभ्यता का यही शऊर है कि आने वाली पीढ़ियों और आने वाले समय के बारे में मत सोचो। आज सब दुह लो। भविष्य अन्धकार का सामना करेगा करने दो। अपना भला कर लो।" (पृ. 226)

'निर्वासन' के सन्दर्भ में आधुनिकता के पदबन्ध का प्रयोग मैंने कई बार किया है। ध्यातव्य है कि 'निर्वासन' में चाचा ने भी अपने तईं आधुनिकता के मसले पर अपनी समझदारी साझा की है। "आधुनिकता वह है जिसके सामने पुराना मिट जाने में बेहतरी समझे। वह अपने आप चली जाए। जो आधुनिकता पुराने को ज़बरदस्ती मिटाती है, तबाह करती है—पुराने को बरबाद करके क़ाबिज़ होती है, वह सच्ची आधुनिकता नहीं है। ...तेरे सबसे 'आधुनिक' राज्य ने मुसलमानों का क़त्लेआम किया और उस क़त्लेआम का नेता आधुनिकता के पैरोकारों को लुभाता है। भाई मेरे जिम जाकर सिक्स पैक एट पैक बॉडी बना लेने से दिमाग़ में वह ताक़त नहीं आती जिससे कि आदमी ईश्वर वग़ैरह से भिड़ जाए। यह हौसला पैदा होता है रूहानी शक्ति से और इस शक्ति की आजकल भयंकर कमी है।" (पृ. 228) महात्मा गांधी आत्मबल पर ज़ोर देते थे और हिंसाधारित बल को 'पशु बल' कहा करते थे।

किसी 'दर्शन' की ख़ूबसूरती इस बात में भी निहित होती है कि वह अपने नज़रिये से कैसे किसी विषय या वस्तु को अपने ढंग से व्याख्यायित करते हुए उसकी संगतता को प्रश्नों के दायरे से बचा ले जाए। 'सुन्दरता' को बहुत सुन्दर तरीक़े से व्याख्यायित करते हुए चाचा-भतीजे को कहते हैं कि "शायद सुन्दरता वह है जिसके बिछुड़ने पर, जिसके विदा होने पर हमें दुख हो, हम उदास हो जाएँ। और उसके होने पर हमें सुख हो, हम ख़ुश हो जाएँ, हमारी आँखें चमकने लगें। अफ़सोस की बात यह है कि आज बहुत कम चीज़ें ये तासीर पैदा करती हैं। ...सुन्दरता तभी जन्म लेती है जब उसमें इनसान, पशु, पक्षी किसी का भी जीवन भीतर से ख़ुशी पाए। इसीलिए वही ख़ूबसूरत है जो भीतर से भी ख़ूबसूरत है। तुम्हारे ये राष्ट्रीय राजमार्ग जो करोड़ों वृक्षों का वध करके बने हैं, ये कैसे सुन्दर हो सकते हैं।" (पृ. 225) वर्तमान से आजिज़ आकर चाचा उससे बचने और उसमें जीने का एक नायाब तरीक़ा ईजाद कर लेते हैं। अपने जीवन में वह उस बिन्दु को तलाशते हैं, जहाँ उनके संसार में राजनीति और पूँजी के दुष्प्रभावों ने जीवन की असल तासीर को छीन नहीं लिया था। उनके जीवन में 1984 के दंगों के पहले सुख, सुकून और सुन्दरता की रिहाइश थी। वे अपने छूट चुके समय का एक कल्पित समय बनाते हैं और उसी में जा बसते हैं। अपने लिए एक 'टेम्परेरी ऑटोनोमस ज़ोन' बनाते हैं और उसी में

स्वयं को आत्म-निर्वासित कर लेते हैं। वे अपने समय को ही अपने इस हरकत के माध्यम से 'निगेट' करते हैं। इस 'निगेशन' की ख़ूबसूरती व भयावहता को एक साथ महसूस करना हो तो '15 पार्क एवेन्यू' फ़िल्म का वह आख़िरी दृश्य कभी तसल्ली से ज़रूर देखें जब कोंकणा सेन अपने उसी 'टेम्परेरी ऑटोनोमस ज़ोन' में स्थायी तौर पर दाख़िल हो जाती है। और हम सन्न रह जाते हैं। पर जब तक आप चाचा के फ़लसफ़े के मुरीद होने की तैयारी में लगे हों। ऐन उसी वक़्त सूर्यकान्त की चिट्ठी का यह वाक्य हमारे समय की बड़ी विडम्बना को सामने रखता है कि "तुमने कहा है कि अपने समय एक कल्पित समय बनाकर उसमें रहने लगे हो। तुम एक तरह से इक्कीसवीं सदी में बीसवीं सदी के उत्तरार्ध का परिवेश सजाकर उसमें निवास कर रहे हो। मैं इस ढंग पर इसकी सार्थकता-निरर्थकता पर कोई टिप्पणी नहीं करूँगा लेकिन यह ज़रूर कहूँगा कि मैं क्या करूँ जिसे पुराना और नया दोनों ही समय बरदाश्त बाहर लग रहा है।" (पृ. 343) यह हमारे समय के एक बड़े संकट की ओर इशारा करता है, जिसमें एक बड़ी आबादी ख़ुद को मिसफिट पा रही है। विकल्पहीन पा रही है। इसलिए उभरते विकल्पों की हल्की-सी रोशनी भी इसे एक साथ भीड़तंत्र और भेड़तंत्र में बदल देती है। (दिल्ली में 'आप' के उदय और केन्द्र में भाजपा के सत्तासीन होने की घटनाओं को इस आलोक में देख सकते हैं।) अतीत उनके लिए शरणस्थली नहीं बन सकती है, वर्तमान से वे असन्तुष्ट हैं फलतः भविष्य अनिश्चित। 'निर्वासन' एक क़िस्म की त्रिशंकु वाली मनःस्थिति और जीवनस्थितियों के मध्य झूलती निर्वासित ज़िन्दगियों की भी दास्तान है। 'निर्वासन' और 'आत्म-निर्वासन' की इन अलग-अलग भंगिमाओं के मायनों में 'निर्वासन' का मर्म निहित है। इसे पीढ़ियों के मार्फ़त अखिलेश ने बयाँ किया है। अकाल से उपजी भूख और बेकारी से उपजी प्राणान्तकारी बेबसी उस स्थिति का पर्याय है जब प्रकृति, ईश्वर और भाग्य तीनों एक साथ प्रतिकूल हो जाएँ। ऐसी स्थिति में 1895 में गिरमिटिया मज़दूर के रूप में भगेलू पांडे के निर्वासन में एक संगति दिखती है। गिरमिटिया मज़दूरों के जीवन स्थितियों को देखते हुए उनके पलायन के मायने भी समझ में आते हैं। चाचा के द्वारा ख़ुद को कल्पित समय में निर्वासित कर लेने का निर्णय भी कुछ हद तक समझ में आता है। लेकिन इसे एक सामाजिक-सामूहिक विकल्प के बतौर स्वीकार नहीं किया जा सकता है। पर रामअजोर पांडे के पुरखे की तलाश के असल कारणों की जानकारी जब गोसाईंगंज के बाशिन्दों को होती है तो रामअजोर पांडे से अपना रक्त सम्बन्ध स्थापित करने में उनकी कल्पनाशीलता से उपजी क़िस्सागोई की उड़ान और सूर्यकान्त के परिवार के हमउम्र सदस्यों के रामअजोर पांडे को सूर्यकान्त के ज़रिये भुनाने की कोशिशों में जो सन्देश है। वह सन्देश इस उपन्यास का मूल मर्म है। और वह यह है कि 1895 में गिरमिटिया मज़दूरों के निर्वासन की बात तो समझ में आती है।

उस समय हमारे मुल्क में आज से ज़्यादा विपन्नता तथा पिछड़ापन था, उस समय हमारे मध्यवर्ग का भी एक बड़ा हिस्सा दयनीय दशा को प्राप्त था लेकिन तब लोग अमेरिका जाने और वहाँ बसने का सपना नहीं देखते थे बल्कि उलटे उसके प्रति हिकारत और क्रोध था। इसलिए आज जो अमेरिका के प्रति हमारे देश में जो दीवानगी देखी जा रही है, यह जो अमेरिकामेनिया है। ज़ाहिर है इसके पीछे देश की बदहाली नहीं कुछ और वजहें हैं। यह जो मानस निर्मित हुआ है। आत्म-निर्वासन की यह जो सहर्षता है। ग्रीनकार्ड होल्डर बनने की यह जो लालसा है। उस मानस और उसकी निर्मिति के परिवेशगत कारणों के विस्तृत अध्ययन और विश्लेषण की आवश्यकता है। इस मूल मर्म के अलावा भी अनेक मसले हैं जो एक नियमित अन्तराल में उपन्यास में उभरते-डूबते रहते हैं। उन सबके मूल में हमारे समय और समाज की चिन्ता जगज़ाहिर है। जैसे सत्ता या सरकार अपनी विचारधारात्मक आग्रहों के अनुरूप न केवल नीतियों का निर्माण करती है बल्कि नौकरशाही का इस्तेमाल भी उसके क्रियान्वयन के लिए करती है। जैसे इस उपन्यास में हिन्दुत्ववादी ब्रिगेड पर्यटन की भी जो योजना बनाती है उसका उद्देश्य एक साथ कमाऊ, राष्ट्रवादी और प्रयोगशील होना है। कई अन्तर्कथाएँ हैं। बुढ़ापा जिस संजीदगी के साथ इस उपन्यास में दर्ज हुआ है। वह ग़ौरतलब है। बुढ़ापा ज़िन्दगी की एक अपरिहार्य दशा है। पर वह भी निर्वासन की एक अवस्था हो गई है। एक टुकड़ा भर साझा कर रहा हूँ। इन पंक्तियों में अखिलेश की जो व्याख्या है, वह इतनी मर्मस्पर्शी है कि जिसे सिर्फ़ महसूस किया जा सकता है। "लोग बूढ़ों को भुला देते हैं, उनकी अनदेखी और तौहीन करते हैं। इसलिए बूढ़े मौत के क़रीब पहुँचकर ज़िन्दगी से महफ़ूज़ हो जाने पर लोगों को न पहचानकर अपना हिसाब चुकता करते हैं। वे उन्हें छोड़कर देह में प्राण रहते हुए मृतात्माओं की दुनिया में चले जाते हैं।" (पृ. 328)

अखिलेश की पीढ़ी के कहानीकारों में पिता एक ज़रूरी सन्दर्भ की तरह रहे हैं। स्वयं अखिलेश की कहानियों में पिता की मौजूदगी को देखा जा सकता है। इस उपन्यास में भी पिता मौजूद हैं। स्त्री विमर्श के भी कुछ संकेतों को पढ़ा जा सकता है। किसी किरदार को पकड़ने की उनकी जो क्षमता है, उसका विस्तार भी इस उपन्यास में दिखता है। जैसे भतीजे सूर्यकान्त में शब्दों के अर्थ को जाने बग़ैर सिर्फ़ रटकर इस्तेमाल करने की जिस ख़ूबी को अखिलेश ने पिरोया है, उसका सकुशल निर्वाह उन्होंने किया है। उपन्यास को पढ़ने के दौरान भतीजे की इस ख़ूबी को हम भूल चुके होते हैं तभी कोई ऐसा वाक्य आता है कि "भतीजा एक ज्ञानी की तरह कहने लगा—चाचा तुम भी दो तरह की बात करते हो। पहले कह रहे थे कि बलवंत कौर से मुहब्बत करते हो, अब कह रहे हो कि प्रेम करते हो। एक बात बताओ कि क्या करते हो?" (पृ 126) यथार्थ को ब्योरों के माध्यम से विश्वसनीयता प्रदान करने की उनकी क्षमता का विस्तार भी इस उपन्यास में दिखता है।

मसलन जब चाचा-भतीजा जब गोसाईंगंज रामअजोर पांडे के पुरखे की तलाश में जाते हैं तो गाँव वाले उनके लिए माँग-चाँग के बैठने की व्यवस्था करते हैं। इस पर ब्योरों के ज़रिये विश्वसनीयता को बुनने की अखिलेश की कला को लक्ष्य किया जा सकता है। "दो कुर्सियाँ रखीं गईं जिन पर चाचा-भतीजा बैठे थे, उनके सामने एक मेज़ थी। मेज़ पर मेज़पोश बिछा था। मेज़पोश पर मोर बना था। मोर के नीचे कलाकार का नाम भी अंकित था—शुभा द्विवेदी, कक्षा-8 ब।" पर इन ख़ूबियों से इतर कुछेक कमियाँ भी हैं। अखिलेश के कथा साहित्य से जो परिचित हों वे इस तथ्य से बख़ूबी परिचित हैं कि अखिलेश पाठकीय समझदारी पर भरोसा करनेवाले रचनाकार हैं। पर इस उपन्यास में दो मौक़ों पर उन्होंने पाठकों की समझदारी पर भरोसा नहीं जतलाया है। एक तो पृष्ठ सोलह पर मुँह की तकलीफ़ के कारण जब सूर्यकान्त साफ़-साफ़ नहीं बोल पा रहा है, तब वह डॉक्टर से कहता है कि "डॉट्टर साब, मूं कुल नी रा हे, टकलीप बी बोट है।" तो ठीक उसके बाद उसे फिर से शुद्ध हिन्दी में लिखकर समझाते हैं कि सूर्यकान्त कह क्या रहा है। पाठकों के प्रति ऐसा ही अविश्वास वे पुन: पृष्ठ 143 पर गौरी और सूर्यकान्त के शुरुआती प्रेम सम्बन्धों के दिनों में प्रेम-पत्रों में बरते गए कूट भाषा के सरलार्थ को पुन: प्रस्तुत करके देते हैं। पृष्ठ 67 के नीचे से आठवीं पंक्ति पर अचानक रामजस पांडे का नाम आता है। जो सम्भवत: रामअजोर पांडे होना चाहिए। क्योंकि पूरे उपन्यास में रामजस पांडे नाम का कोई जीव नहीं है। पृष्ठ 130 पर गौरी अपना मोबाइल स्विच ऑफ़ करती है और फिर दो पन्ने बाद पुन: पृष्ठ 132 पर मोबाइल को बन्द करती है। सम्भव है कि रामजस पांडे और मोबाइल बन्द करनेवाली चूक असावधानीवश हो गई हो। पर पाठकों के लिए जो एक बात परेशान करनेवाली हो सकती है वह यह कि उपन्यास जिस सूत्र के सहारे इतनी बड़ी यात्रा पूरा करती है। आख़िर में जाकर उसका बेनतीजा रह जाना, अखर सकता है। रामअजोर पांडे के पुरखों के तलाश के क्रम में सूर्यकान्त जब अपनी रपट एक ढंग से रामअजोर पांडे को सौंपता है और उसमें वह जगदम्बा प्रजापति के ख़ानदान से उसकी सम्भावित सम्बद्धता का दावा करता है। तब उस पर रामअजोर पांडे की प्रतिक्रिया के दो पहलू हैं। "मुझे इसमें कोई समस्या नहीं है कि जगदम्बा प्रजापति ही मेरे सबसे क़रीबी पारिवारिक हैं जो कि पिछड़ी कुम्हार जाति से ताल्लुक रखते हैं। मुश्किल दरअसल मेरे नहीं तुम्हारे सामने है। तुम्हें सिद्ध करना है कि एक कुम्हार एक ब्राह्मण के वंश का किस तरह हो सकता है?" यह साबित करने का कोई तरीक़ा नहीं है क्योंकि वह नितान्त निजी क्षण की एक घटना है, जिसका कोई दूसरा साक्षी उपलब्ध नहीं है। तो फिर सवाल उठता है कि यह पूरी कवायद किसलिए थी? दरअसल यह पूरी कवायद हमारे समय के मिज़ाज को पकड़ सकने की है। निर्वासन के मायनों को हम तक पहुँचाने में रामअजोर पांडे निमित्त मात्र हैं।

कौन जीता है तेरी ज़ुल्फ़ के सर होने तक अर्थात् 'निर्वासन'

—जितेन्द्र श्रीवास्तव

हम एक ऐसे समय में हैं, जब 'निर्वासन' कुछ लोगों के लिए जीवन की शर्त है और कुछ लोगों के लिए सुविधा। यह एक भूमंडलीकृत समय और समाज की वह सचाई है जो उच्चवर्गीय जीवन के लिए 'उपहार' और निम्नवर्गीय जीवन के लिए 'काँटों का हार' है। यह एक ऐसा विषय है जो कथाकारों को आकर्षित करता रहा है लेकिन सिर्फ़ आकर्षण और विकर्षण से रचना का सृजन सम्भव नहीं है। एक बड़े उपन्यास के लिए और कदाचित अपने समय को ठीक ढंग से पहचानने और रेखांकित करने के लिए बड़ी प्रतिभा भी चाहिए। एक ऐसी प्रतिभा जो जीवन के जादू को सर्वोपरि समझती हो और उसे किसी अन्य जादू में बिला न देती हो। अखिलेश की कहानियाँ इस बात का प्रमाण हैं कि उनका कहानीकार विचलन का नहीं, सन्तुलन का आग्रही है। वह कहानी खोजने दूर देश नहीं जाता। वह अपने समाज का क़िस्सागो है...उसके साँवले चेहरे, सुख की सिहरन, आदि से अन्त तक पसरी हुई लम्पटता, अनथक संघर्ष, छोटी-छोटी चालाकियाँ और अकुंठ प्रेम को वाणी और शब्द देता हुआ।

वर्षों पहले अखिलेश ने एक उपन्यास लिखा था—अन्वेषण। उसकी ठीक-ठाक चर्चा हुई थी। अब उनका नया उपन्यास आया है—निर्वासन। कहना चाहें तो कह सकते हैं कि यह एक बहुप्रतीक्षित उपन्यास है। अखिलेश के प्रशंसकों और हिन्दी समाज में उनके इस उपन्यास को लेकर सुगबुगाहट लम्बे समय से थी। इसके कुछ अंश/अध्याय पिछले वर्षों में कुछ पत्रिकाओं में प्रकाशित हुए थे। अब जब यह पुस्तकाकार प्रकाशित हो चुका है तब यह देखना सुखद है कि यह एक बड़े कलेवर का उपन्यास है। पच्चीस अध्याय इसकी कथा को अपने कन्धे पर उठाए हुए हैं—पूरी मज़बूती के साथ। अपनी पूरी बुनावट में यह उपन्यास न सिर्फ़ गझिन है बल्कि कहीं कोई फन्दा किसी ग़लत घर में नहीं पड़ा है।

लेकिन इतनी प्रशंसा के बाद यह एक स्वाभाविक प्रश्न होगा कि आख़िर इस उपन्यास में है क्या? आख़िर वे कौन से तत्त्व हैं, जो कथाकार से इस उपन्यास को लिखवा ले गए हैं? तो आइए, देखते हैं कुछ बातें उपन्यास की भीतरी दुनिया से।

'निर्वासन' ठेठ अर्थ में न तो 'वर्तमान' का उपन्यास है और न ही 'अतीत' का। वह किसी यांत्रिक अर्थ में भविष्य का भी उपन्यास नहीं है। इन तीनों के बीच कथा की आवाजाही में अप्रत्याषित तनाव और गति है। उपन्यास का आरम्भ जिस 'मौत का मज़ाक़' शीर्षक पहले अध्याय से हुआ है वह निरा वर्तमान है लेकिन उसकी एक डोर अतीत में (सुल्तानपुर) और दूसरी भविष्य (जीविका का स्थायित्व) में है। वर्तमान बीच में एक नट की भाँति नाच रहा है। इस नृत्य में कुशलता नहीं, विवशता है। उपन्यास का आरम्भ इस बात का संकेतक है कि 'इच्छित जीवन की प्राप्ति' जीवन की पूर्णता का पर्याय नहीं है और 'जीवन की पूर्णता' सत्य से अधिक सत्य का भ्रम है। और यहीं यह रेखांकित करते चलें कि ये संकेत दार्शनिक/आध्यात्मिक नहीं, ठेठ भौतिक और दुनियावी हैं।

उपन्यास के आरम्भ में ही अखिलेश की क़िस्सागोई और शब्द विदग्धता का पता मिल जाता है। उन्होंने जिस ढंग से सम्पूर्णानन्द बृहस्पति का चित्र खींचा है, वह उनकी क़िस्सगोई और जटिल भारतीय सामाजिक संरचना की बारीक समझ का उदाहरण है। यह समझ आगे के अध्यायों में (विशेषकर जगदम्बा और अमेरिका पांडे के सन्दर्भ में) और अधिक तीक्ष्ण रूप में दिखाई देती है। बहरहाल, सम्पूर्णानन्द बृहस्पति का एक चित्र आप भी देखें—'सम्पूर्णानन्द 'बृहस्पति' का मस्तिष्क बाथरूम में बहुत उर्वर हो जाता था। उनके जीवन के तमाम महत्त्वपूर्ण निर्णय, दाँव, कूटनीति, स्वप्न, कार्यक्रम आदि बाथरूम में ही जन्मे थे और वहीं पर उन्होंने इन सबको स्वरूप दिया था। यही नहीं, हनुमान जी की गदा, पूजा-स्थलों, स्थापत्यों आदि के बारे में उनकी अनेक मान्यताएँ और स्थापनाएँ अध्ययन तथा शोध का परिणाम न होकर बाथरूम का सहज उपहार थीं। इस प्रकार की उपलब्धि होने पर वह एक दिव्य स्नान करते थे और धुले साफ़ कपड़ों में निकलकर उक्त मानसिक ख़ाके को साकार करने की दिशा में जुट जाते थे। बाथरूम से निकलने के बाद उनकी ज़बान और दिमाग़ औसत से कई गुना अधिक तेज़ चलने लगते थे।'

यहाँ सम्पूर्णानन्द बृहस्पति एक प्रतीक हैं उस वर्ग के जो आज भी जाति उच्चता, जातिवाद और धार्मिक श्रेष्ठता में ही जीवन का सार ढूँढ़ते हुए अपने निजी फ़ायदे के लिए नीचता की किसी भी हद तक जा सकता है। यह अकारण नहीं है कि वह उपन्यास 'वर्ग उच्चता' ही नहीं, समूची जाति व्यवस्था को ख़ारिज करता है। सूर्यकान्त का गौरी से विवाह करना और उसे अपने जीवन में सर्वोच्च स्थान देना जातिव्यवस्था और कुलीनता का निर्णायक प्रत्याख्यान है। सूर्यकान्त अपने पिता की इच्छा के विपरीत, उनसे अपमान सहकर भी अपनी मित्र गौरी

(जिसकी नानी के कुल का पता नहीं, जिसके नाना सर्कस में जोकर थे और जिसके पिता उड़िया हैं) से विवाह करता है। निर्वासन के तर्क से देखें तो यहाँ सूर्यकान्त अपनों से निर्वासित हो जाता है और गौरी अपनी तमाम कोशिशों के बाद भी एक निर्वासित प्रेमी/पति की प्रिया है। वह निर्वासन वर्ण-व्यवस्था के दम्भ रूपी अँधेरे कुएँ ने दिया है जो कालान्तर में एक दिन एक थके हुए कुत्ते की तरह रिरियाता हुआ मिलता है लेकिन तब तक निर्वासन का अँधेरा गहरा हो चुका है। कई बार लौटने की उत्कट लालसा भी व्यक्ति को पूरी तरह लौटा नहीं पाती।

यदि इस उपन्यास की कथा बताना चाहें तो कह सकते हैं कि यह सूर्यकान्त के जीविकाविहीन (पर्यटन निदेशालय की अपनी नौकरी से) होने की सम्भावना से शुरू होता है, फिर सूरीनाम से (अब अमेरिका में स्थापित) आए रामअजोर पांडे (जिन्हें बाद में कई स्थलों पर अमेरिका पांडे कहा गया है) द्वारा भारत में अपनी जड़ों को तलाशने की प्रक्रिया के साथ आगे बढ़ता है और इसके बीच में सूर्यकान्त और उसके चाचा का लम्बा-चौड़ा अतीत और वर्तमान इस उपन्यास को गति देता है। जगदम्बा की उपस्थिति इस उपन्यास को अर्थपूर्ण बनाती है और इसके अभिप्राय का सृजन करती है। इस उपन्यास का अन्त क़िस्से-कहानियों की तरह नहीं, जीवन की तरह स्पष्ट और उसी की तरह उलझा हुआ है। पांडे के समक्ष सूर्यकान्त उसकी जड़ों का इतिहास रख देता है लेकिन पांडे स्वीकार नहीं कर पाता। उसके सूरीनाम में बसे बाबा का नाम भगेलू पांडे था और सूर्यकान्त जिस (जगदम्बा के) परिवार के उसके बाबा के भारतीय परिवार होने की सम्भावना जता रहा है, वह प्रजापति (कुम्हार) है। भगेलू पांडे से रामअजोर पांडे तक लम्बी अवधि गुज़र चुकी है लेकिन पांडे के भीतर जाति श्रेष्ठता जस की तस है। वैसे उपन्यासकार ने विडम्बना को गहरा और उद्देश्यपूर्ण बनाने के लिए उसके बाबा के सूरीनाम प्रस्थान पर एक पूरा अध्याय लिखा है जिसमें बिना किसी लाग-लपेट के अंकित है कि बाबा जब भयानक अकाल के दिनों में गोसाईंगंज से चले थे तो प्रजापति ही थे लेकिन कलकत्ते में सूरीनाम जाने के ठीक पहले भ्रमवश पांडे हो गए और फिर दुबारा प्रजापति होने का प्रश्न ही नहीं था। लेखक ने इससे जुड़ा एक रोचक प्रसंग सृजित किया है। जब पोता एक दिन बाबा को पॉटर कहता है तो बाबा को पसीना आ जाता है। पूरा प्रसंग इस प्रकार है—'उनके झक्कीपन का दूसरा नमूना यह था कि पोते के पास एक से एक बढ़िया खिलौने थे। लेकिन वह ख़ुद से खिलौने बनाकर उसे देते थे। अजीब सनक थी—किसी दिन अलस्सुबह घर से निकल जाते थे और जाने कहाँ कहाँ से भटककर मिट्टी लेकर लौटते थे। उस पल ख़ुशी और उनका जोश देखते बनता था। कहते 'बहुत बढ़िया माटी है।' अपनी उँगलियों के कौशल से वह मिट्टी से तरह-तरह के खिलौने बना देते। सीढ़ी, चूहे, हाथी, तलवार, गिलास, तश्तरी, बटुली, चूल्हा आदि बनाकर वह रामअजोर को देते थे। पूछते—कैसे बने हैं ये?

'बहुत अच्छा।' वह अफ़सोस करते—'मैं काफ़ी उम्दा बरतन और खिलौने गढ़ सकता हूँ पर मेरे पास चाक नहीं है न।'

'आप बरतन भी बना लोगे?' पोता चकित था।

'हाँ।'

'क्या-क्या बनाना जानते हो?'

'सभी तरह के मिट्टी के बरतन।'

'जैसे।'

'जैसे सुराही, गागर, परई, हँड़िया, मेटा... सभी कुछ।'

'तुम पूरे पॉटर हो बाबा।' पोता ख़ुशी से चिल्लाया।'

'पॉटर क्या?' बाबा का प्रश्न था।

'कुम्हार। तुम पूरे कुम्हार हो बाबा।'

बाबा के चेहरे पर भय की मक्खियाँ उड़ने लगीं और पूरे शरीर में गड़बड़ महसूस होने लगी। वह चुप हो गए थे। वैसे ही ख़ामोश बने रहे फिर अचानक उठकर भारी क़दमों से चले गए।'

ज़ाहिर है, लेखक इन छोटे-छोटे प्रसंगों के माध्यम से अपने पाठकों को जीवन और समाज के बड़े सन्दर्भों की ओर ले जाता है। निर्वासन को लेकर इस उपन्यास में एक बहस भी है जो चाचा-भतीजे के बीच है। याद रहे, 'भतीजा' सूर्यकान्त है। यहाँ यह भी याद करना ज़रूरी है कि लेखक ने नायक की कोई जाति नहीं बताई है लेकिन 'गौरी प्रसंग' इस बात का संकेतक है कि वह उच्चवर्गीय है अन्यथा गौरी का सूर्यकान्त के पिता के द्वारा उस तरह अपमान नहीं होता, जैसा कि उपन्यास में चित्रित है। फिर भी नायक को जातिविहीन करने की सायास कोशिश इस उपन्यास की एक उपलब्धि है। जहाँ तक निर्वासन का प्रश्न है तो इसके कई स्तर हैं। एक निर्वासन भगेलू का था। वे नियति की डोर थामे सूरीनाम पहुँच गए। भारत में छूट गए परिवार के लिए जीवन भर हुड़कते रहे। एक निर्वासन सूर्यकान्त का है, जो उसके भीतर समा गया है। एक निर्वासन चाचा का है जो लोगों को सनक से भरा लगता है। इसके ठीक विपरीत एक निर्वासन की आकांक्षा शिब्बू और सूर्यकान्त के बहनोई में है जिसे वे अपने लिए सृजित करना चाहते हैं। सूर्यकान्त अपने ही परिवार में पुन: लौटकर 'भरता' नहीं है बल्कि और 'रीत' जाता है। वह माँ और अन्य सदस्यों से मिली गठरी को ट्रेन से नीचे गिरा देता है लेकिन अन्त:करण में बँधी गठरी बार-बार खुल जाती है। वह वर्तमान के उजाले में आना चाहता है लेकिन निर्वासन के अँधेरे में खो जाता है।

भारतीय सामाजिक संरचना में जाति व्यवस्था की रुधिर की तरह की उपस्थिति को कथा-तत्त्व के निर्वाह के साथ-साथ अखिलेश ने जिस प्रकार चित्रित किया है, वैसा हाल के वर्षों में हिन्दी उपन्यासों में दिखाई नहीं देता है।

यहाँ जाति का प्रश्न तथाकथित उच्च जातियों के लिए ही महत्त्वपूर्ण नहीं है, उसकी व्याप्ति हवा और पानी की तरह समूचे समाज में है। अखिलेश ने इस असाध्य रोग की बारीक पड़ताल की है। लम्बी जुदाई के बाद सूर्यकान्त अमेरिका पांडे के पूर्वजों/परिजनों की खोज में जब पुनः सुल्तानपुर पहुँचता है और कॉमरेड कोमल की दुकान की खोज करता है तो उस प्रक्रिया में हिन्दी समाज की असहिष्णुता और जातिवादी मानसिकता का एक ख़ुलासा होता है। सूर्यकान्त को कॉमरेड कोमल की दुकान के स्थान पर प्रॉपर्टी डीलर का दफ़्तर मिलता है। आगे की घटना उपन्यास में इस प्रकार है—'सूर्यकान्त प्रापर्टी डीलर से मिला—'यहाँ पहले कॉमरेड कोमल की दुकान थी?'

'हाँ थी?'

'मेरे पूछने का मतलब है कि कॉमरेड अब कहाँ हैं?'

'ऊपर वाले के यहाँ।' डीलर ने हथेली हवा में लहराई—'उन्हें मरे कुछ साल हो गए।'

सूर्यकान्त को धक्का लगा। उसने अगला सवाल किया—'आप उनके परिवार से हैं?'

डीलर ने आँखें तरेरीं—'मैं तुमको तेली दिखाई देता हूँ?'

'मैं समझा नहीं।'

'फ़ालतू में मेरा टाइम ख़राब कर रहे हो।' वह बड़बड़ाने लगा—'सरयूपारी ब्राह्मण को तेली ख़ानदान का बता रहे हो।'

अखिलेश बिना किसी अतिरिक्त प्रयास के जातिवादी मानसिक बुनावट को स्पष्ट कर देते हैं। इसके लिए वे समाज-विज्ञानों की ओर नहीं जाते। वे अपने उपन्यास में न तो विमर्श-विमर्श खेलते हैं और न ही विमर्शों के सहारे उपन्यास को प्राणवायु देते हैं। इसके ठीक उलट 'निर्वासन' नामक यह उपन्यास भारतीय समाज में चल रहे कई विमर्शों को हवा-पानी देता है। यह हिन्दी समाज की आचरण लीला को बिना किसी लुकाव-छिपाव के सामने रख देता है और इस प्रकार सभ्यता समीक्षा का दायित्व पूरा करता है। इस उपन्यास के विवरणों में राजनीति और संस्कृति के अनेक प्रश्न और प्रसंग अन्तर्गुम्फित हैं। हास्य सृजन के बीच इमरजेंसी पर मारक व्यंग्य है। अज्ञानी भतीजे के सामने जिस प्रकार इंटर कॉलेज के शिक्षक और प्रिंसिपल लाचार हैं और गिड़गिड़ा रहे हैं, इमरजेंसी में पूरे देश की वही हालत थी। अखिलेश ने इमरजेंसी के पूरे प्रकरण को रोचक, प्रभावी और विश्वसनीय ढंग से प्रस्तुत किया है। इस उपन्यास में चित्रित चाचा और बलवंत कौर का प्रेम प्रसंग 'कमेडी' से अधिक 'ट्रेजडी' का सृजन करता है। इंदिरा गांधी की हत्या के बाद हुए सिक्खों के नर-संहार का हृदय विदारक चित्रण इस उपन्यास में है। ऐसे प्रसंगों में अखिलेश अपनी ओर से बहुत कुछ नहीं कहते। वे स्थितियों और परिस्थितियों का सूक्ष्म चित्रण करते हुए आगे बढ़ते हैं और पाठक के समक्ष सारे सामाजिक, सांस्कृतिक,

राजनीतिक और आर्थिक रहस्य खुलते चले जाते हैं। कथाकार ने रामअजोर पांडे उर्फ़ अमेरिका पांडे का सृजन कथा को रोचक बनाने के लिए नहीं बल्कि यथार्थ की बहुस्तरीयता को रेखांकित करने के लिए किया है।

इस उपन्यास के एक महत्त्वपूर्ण पात्र चाचा हैं। वे आत्म-निर्वासित हैं। अपने यौवन के दिनों में अग्रगामी रहे चाचा उपन्यास के विकास के साथ-साथ अग्रगामिता के प्रचलित अर्थ में अग्रगामी नहीं रह जाते हैं। वे अपनी 'आधुनिक पत्नी' और 'आधुनिक बच्चों' के निरन्तर भौतिकता में लीन होते जाने और संवदेनात्मक स्तर पर छिछलेपन से भर जाने को लेकर न सिर्फ़ चिन्तित हैं बल्कि उन्हें रास्ते पर लाने के लिए वे कई सनकभरे उद्यम भी करते हैं। चाची चाहती हैं कि सूर्यकान्त उन्हें समझाए। सूर्यकान्त कोशिश भी करता है लेकिन इसी बीच वह अपने भाई और बहनोई में समा चुकी दुर्दम्य लालसा को देखकर घिन से भर जाता है। कैसी विडम्बना है, वह घर लौटा है लेकिन अब वह महज़ एक सीढ़ी है। भाई, भाई की पत्नी, बहन और बहनोई—सब उसका इस्तेमाल करना चाहते हैं। वह जिस प्रेम की खोज में है, उसका कहीं कोई अता-पता नहीं है। इन सभी स्थितियों को उभारने के लिए अखिलेश ने मार्मिक दृश्यों और संवादों का सृजन किया है। इस उपन्यास में ऐसे कई अन्य प्रसंग भी हैं जिनसे उनकी अद्‌भुत क़िस्सागोई और औपन्यासिक कला का पता चलता है। अखिलेश ने इस उपन्यास में जिस भाषा का प्रयोग किया है, उस पर भी बात होनी चाहिए। उनकी भाषा में हिन्दी के जातीय गद्य का वैभव है और साथ ही कविता की तरलता भी। यह नीरस, ऊबाऊ और अपाठ्य गद्य नहीं है। यह जीवन के आत्मीय साहचर्य से जन्मा गद्य है।

गौरी इस उपन्यास के केन्द्र में है। वह सूर्यकान्त की प्राणवायु और जीवद्रव्य है। यह उपन्यास उसकी परिक्रमा करता है लेकिन एक निर्वासन गौरी के भीतर भी है। यह भय से पैदा हुआ निर्वासन है। उसके अन्तःकरण में सूर्यकान्त के पिता द्वारा दी गई गाली तीर की तरह धँसी हुई है। यह अनायास नहीं है कि सूर्यकान्त के यह सूचित करने पर कि प्रचंड अकाल के दिनों में उस इलाक़े में किसी परिवार ने अपनी दो महीने की बच्ची बेच दी थी, वह उस बच्ची में अपनी नानी का सन्धान करना चाहती है। ऐसा करके वह पीड़ा और निर्वासन से बाहर आना चाहती है।

इस उपन्यास में एक और प्रसंग है। सूर्यकान्त अपने चाचा के साथ गोसाईंगंज में रामअजोर पांडे के बाबा का भारतीय परिवार ढूँढ़ रहा है। उसके लिए यह चकित करने वाला तथ्य है कि गाँव के प्रत्येक घर (चाहे वे किसी जाति के हों) से आए सदस्य अपने को रामअजोर पांडे से जोड़ते हैं। सबके पास रोचक क़िस्से हैं। गाँव का प्रधान सूर्यकान्त को अपने साथ मिलाकर पांडे का धन हथियाना चाहता है, हालाँकि सूर्यकान्त उसे पूरी तरह निराश कर देता है। वहाँ ऐसा कोई नहीं है जिसमें धन-सम्पदा की गहरी हवस न हो। सूर्यकान्त वहाँ से लौटकर पांडे को एक पत्र लिखता है।

यह पत्र बहुत अर्थपूर्ण है। इस पत्र में वह भारतीय युवाओं के अमेरिका प्रेम का उद्‌घाटन करता है। गोसाईंगंज की, ख़ासकर जगदम्बा प्रजापति की बात भी करता है। वह उस निर्वासन की ओर संकेत करता है, आज अधिकतर भारतीय युवा जिसकी चाहत रखने लगे हैं। यह वह निर्वासन नहीं है जो भगेलू ने झेला था। जो चाचा झेल रहे हैं। जो सूर्यकान्त और गौरी झेल रहे हैं। उन्नीसवीं सदी में भगेलू को मिला निर्वासन इक्कीसवीं सदी के शिब्बू अथवा उसके बहनोई तेंदुलकर के प्रवासी हो जाने की इच्छा से किसी भी प्रकार तुलनीय नहीं है और अखिलेश ने इसे बेहद प्रभावशाली ढंग से प्रस्तुत किया है। यह उपन्यास भगेलू के निर्वासन, चाचा की सनक, सूर्यकान्त की ईमानदारी, उसके पिता की लाचारी, दादी की टिप्पणियों, शिब्बू और तेंदुलकर की लालसाओं, कॉमरेड कोमल के स्वप्नों, पांडे के अपनी जड़ों की खोज, सम्पूर्णानन्द 'बृहस्पति' की माया और गौरी के अकुंठ प्रेम के बीच सामाजिक-सांस्कृतिक और आर्थिक विकास के सभी दावों को सलीके से प्रश्नांकित करता है। इसकी एक विशेषता यह भी है कि यह पाठक को आतंकित नहीं, आमंत्रित करता है और अन्तिम शब्द तक मित्रता का निर्वाह करता है।

बेदख़ली का महाआख्यान

—हरे प्रकाश उपाध्याय

उग रहे हैं दरोदीवार पे सब्ज़ा ग़ालिब
हम बियाबान में हैं घर में बहार आई है।

—ग़ालिब

कथाकार अखिलेश के उपन्यास 'निर्वासन' के केन्द्र में यूँ तो विस्थापन की समस्या है, पर यह महज़ भौगोलिक स्तर पर नहीं है, यह बहुस्तरीय और बहुआयामी है। दरअसल विस्थापन एक ऐसी शाश्वत समस्या है जो निरन्तर घटित होती रहती है और मनुष्य के पर्यावरण में यह आदि से अनन्त तक फैली हुई है। एक काल को विस्थापित कर दूसरा काल दाख़िल होता है, एक पीढ़ी को विस्थापित कर दूसरी पीढ़ी दाख़िल होती है, एक स्मृति या अवधारणा को मिटाती हुई दूसरी स्मृति क़ाबिज़ होती है। कई बार कई प्रसंगों में विस्थापन इतना बेआवाज़ और अमूर्त होता है कि उसकी भनक तक नहीं मिलती पर चीज़ें विस्थापित होती रहती हैं और हम वक़्त की रफ़्तार में उसकी अनुगूँजों को पकड़ नहीं पाते। उससे अनुकूलित हो जाते हैं। जो अनुकूलित नहीं हो पाते, वे अन्य तरीक़े से विस्थापित हो जाते हैं। विस्थापन कई स्तरों पर घटित हो रहा है, समाज के स्तर पर, पारिवारिक स्तर पर, यथार्थ के स्तर पर, अनुभव के स्तर पर, भावनाओं के स्तर पर। इसके लिए बिलकुल सटीक शब्द निर्वासन है जिसे अखिलेश ने उपन्यास के शीर्षक के तौर पर चुना है। भौगोलिक विस्थापन को तो हर कोई समझ लेता है, वह अति प्रचलित और अति चर्चित है मगर जीवन स्थितियों, सामाजिक स्थितियों और भावनात्मक स्थितियों के स्तर पर जो निर्वासन बेआवाज़ जारी है, उससे पीड़ित-प्रताड़ित होते हुए भी हम न उस पर बहुत बात करते हैं और न उसे ठीक से समझ पाते हैं। इस प्रसंग में उपन्यास में चाचा द्वारा सूर्यकान्त को लिखी चिट्ठी की पंक्तियाँ याद आती हैं, जिसमें चाचा अपने शहर में होते हुए भी ख़ुद को विस्थापित बताते हुए लिखते हैं—मैं पांडे के बाबा या पांडे की तरह विस्थापित बिलकुल नहीं हूँ।

मैं जिस सुल्तानपुर में बचपन से धूल-मिट्टी खाता रहा, वहीं हूँ लेकिन मैं बिछड़ने की तकलीफ़ कम नहीं सह रहा हूँ। मेरा पूरा समय ही लोप हो गया है। मेरे सारे अपने, मेरा हर परिचय मुझसे छिटककर बहुत दूर जा गिरा है या मैं उनसे बेदख़ल पाताल में पटक दिया गया हूँ। हर विस्थापन में वापसी होती है, लौटने की गुंजाइश या उसका सपना रहता है मगर मैं जो विस्थापन भुगत रहा हूँ, उसमें लौटना बिलकुल नहीं है, लगातार दूर होते जाना है। आज का यह निर्वासन अत्यन्त भयावह है और अखिलेश ने इसी पर अपना ध्यान केन्द्रित किया है। सूर्यकान्त भी चाचा के उस पत्र का जवाब लिखते हुए ख़ुद को एक भयावह विस्थापन का शिकार बता रहा है। जबकि घर से निकाले जाने के लम्बे अरसे बाद वह अपने परिवार से मिलकर सुल्तानपुर से लखनऊ लौट रहा है। वह सुल्तानपुर रामअजोर पांडे के बाबा के पुरखों-परिजनों की तलाश में आया है पर अपने परिजनों, गाँव और गोसाईंगंज के निवासियों से मिलकर उसे जो अहसास होता है, उसे वह कुछ यूँ प्रकट करता है—विस्थापन में आपकी जड़ें आपके भीतर पैठ बनाए रहती हैं, लेकिन अब मेरे अन्दर वह सारा तबाह हो चुका है। सम्बन्ध अपने अर्थ खो चुके हैं, वे अपनी आत्मीयता और ऊष्मा से स्खलित हो चुके हैं। ट्रेन में सफ़र कर रहा सूर्यकान्त परिजनों द्वारा दिये गए उपहार की पोटली उठाता है और धीरे से ट्रेन के बाहर छोड़ देता है। यह अत्यन्त मार्मिक दृश्य है।

आलोचक राजकुमार ने अखिलेश के इस उपन्यास को सम्भाव्य चेतना का उपन्यास माना है, पर दरअसल यह शाश्वत चेतना का उपन्यास है। यह उन सचाइयों से टकराने की कोशिश है, जो ओझल तो हैं पर आक्रान्त पूरी सृष्टि को किये हुई हैं। इस उपन्यास में भविष्य की आहटें भी हैं और अतीत की स्मृतियाँ भी हैं और वर्तमान की जद्दोजहद की ध्वनियाँ भी हैं। इस उपन्यास में अपने देश, अपने समाज, अपने परिवार और अपने यथार्थ से निर्वासित हुए लोग अपने मूल की तरफ़, अपने अतीत की तरफ़ अत्यन्त करुणा व बेचारगीपूर्वक बार-बार मुड़कर देखते हैं और उसके प्रति पर्याप्त मोह और ममता से आप्त हैं मगर वह अतीत और मूल वक़्त के प्रवाह में स्वयं ही इतना निर्वासित, गड्डमड्ड, जर्जर और जटिल हो चुका है कि उसे पाना, उससे जुड़ना भी अन्ततः एक निर्वासन का ही चुनाव है। वक़्त की आँधी ने चीज़ों को इतना झकझोर दिया है कि वे अपनी जगह से हिल गई हैं, धकेल दी गई हैं और धूसरित हो चुकी हैं। क्या विडम्बना है कि एक समय जो विस्थापन मजबूरी और यातना का सबब था, वही विस्थापन बदले हुए वक़्त में स्वप्न बन गया है।

सवा सौ साल पहले भगेलू को अकाल और भुखमरी ने अपनी ज़मीन से निर्वासित किया। अपने गाँव, देश, परिवार को छोड़ने के लिए वे अभिशप्त हुए। वे जीवन और प्रकृति की यातनाओं की मार झेलते हुए धोखे से गिरमिटिया मज़दूर बनाकर गोसाईंगंज से सूरीनाम पहुँचा दिये गए। वहीं सौ-सवा सौ वर्ष बाद उसी

गोसाईंगंज और सुल्तानपुर में हालत यह है कि पढ़े-लिखे से लेकर न पढ़े-लिखे तक हर आदमी का सपना हो गया है कि वह देश छोड़े। उसे अपना देश रास नहीं आ रहा है। उपन्यास का एक पात्र शिब्बू कहता है—आज के सभी लड़के-लड़की पासपोर्ट बनवा चुके हैं या उसके लिए अप्लाई कर चुके हैं। इंडिया में कोई सड़ना नहीं चाहता, हर कोई अच्छी लाइफ़ माँगता चाचा। भयानक विडम्बना है कि ग़ुलाम भारत का नागरिक यातना और धोखे के कारण देश से निर्वासित होने को अभिशप्त था, तो आज़ाद भारत का नागरिक स्वेच्छा से, उम्मीद और ख़ुशी से देश छोड़कर बाहर जाना चाहता है।

इस उपन्यास में इतने तरह के निर्वासनों से साक्षात होता है कि जैसे यह सृष्टि ही निर्वासनों की प्रतिश्रुति हो। सभी चीज़ें, हर मानव किसी न किसी कारण निर्वासित होने को अभिशप्त है। उपन्यास में दादी अपनी यादों में निर्वासित हैं। वे अपनी उम्र के यथार्थ से निर्वासित हैं। सूर्यकान्त विजातीय लड़की से प्रेम विवाह करने के कारण परिवार से बाहर निकाल दिया जाता है। उसे अपना शहर, परिवार और घर छोड़ना पड़ता है। नौकरी में अपनी वैचारिक स्थिति के कारण वह निर्वासित होता है। वही उसके चाचा समय के साथ तालमेल न बिठा पाने, आधुनिक जीवन की चमक-दमक व संवेदनहीनता को न स्वीकार कर पाने के कारण अपने परिवार और अपने समय से निर्वासित हैं। रामअजोर पांडे अपनी अमीरी से ऊबे हुए हैं, इस कारण वह अपने यथार्थ से निर्वासित हैं। वह हौली की शराब और चने की घुघरी का स्वाद लेना चाहते हैं और अन्ततः पुनरुत्थानवादी आध्यात्मिकता में जाकर गर्क होते हैं। हर आदमी या तो निर्वासन के कारण या निर्वासन के स्वप्न के कारण बेचैन रूह बना हुआ है। चैन किसी को नहीं है। यहाँ तक की बदलते दौर ने वस्तुओं में भी निर्वासन पैदा किया है। भाषा में निर्वासन हुआ है। बहुत सारे शब्द निर्वासित हो गए हैं। सबका बड़ा ही मार्मिक और सटीक संज्ञान अखिलेश ने इस उपन्यास में लिया है। पर निर्वासित चीज़ें नष्ट नहीं होतीं, बस वे रोशनी के बाहर चली जाती हैं, प्रचलन से हट जाती हैं। उन्हें फिर से कोई चाहे तो सँजो भी सकता है। अखिलेश अपने इस उपन्यास में अतीत की उन मूल्यवान चीज़ों को, जो निर्वासित हो चुकी हैं, पुनर्वास की सम्भावना को भी इंगित करते हैं। उपन्यास में एक प्रसंग है। सूर्यकान्त अपने चाचा के घर गया हुआ है अरसे बाद। परिवार और घर से निर्वासित होने के काफ़ी समय बाद। चाचा अपनी तरह का जीवन जी रहे हैं। उन्होंने वर्तमान की आधुनिक चकाचौंध को नकारकर अलग ही यथार्थ में जीना शुरू कर दिया है। सूर्यकान्त उनसे एक सवाल पूछता है—चाचा तुम कहाँ-कहाँ से तमाम ऐसी चीज़ें इस घर में रखे हो जो अब ग़ायब हो चुकी हैं? चाचा इस सवाल को जो जवाब देते हैं, काफ़ी दिलचस्प है, ध्यान देने लायक है। चाचा हँसकर कहते हैं—वे ग़ायब नहीं हुई हैं। वे अपनी जगह से धकेल दी गई हैं। मैं समझ रहा हूँ तुम्हारी बात।

ये देसी आम, ये बरतन, ढिबरी, लालटेन, ये सिकहर, ये सिल-लोढ़ा, ये सब इसी भारत देश में हैं, पर अपनी-अपनी जगह से धक्का दे दिये गए हैं। ये सब अँधेरे में गिर गए हैं कि तुम लोगों को दिखाई नहीं देते। पर ये हैं।

दरअसल यह उपन्यास महज़ निर्वासन के बारे में ही नहीं है बल्कि निर्वासन के बहाने उन्नीसवीं सदी के उत्तरार्द्ध से लेकर इक्कीसवीं सदी के पहले दशक तक सामाजिक-पारिवारिक यथार्थ और मूल्यों में जो बदलाव घटित हुआ है, जो उत्तर-आधुनिकता है, उसको भी पकड़ने की कोशिश है। किस तरह समय के साथ मनुष्य का काँइयाँपन, संवेदनहीनता बढ़ती गई है, पुनरुत्थानवादी कोशिशें मज़बूत होती गई हैं, इन सब चीज़ों की बेहतर पड़ताल इस उपन्यास के माध्यम से हुई है। दरअसल सम्पूर्णानन्द बृहस्पति, बहुगुणा, रामअजोर पांडे महज़ ख़ास चरित्र नहीं हैं, वे नये दौर के प्रतीक हैं, बिम्ब हैं। उनकी सोच में जो काँइयाँपन दिखाई पड़ता है, उनके मन में जो भ्रष्टाचार मौजूद है, वह हमारे दौर का यथार्थ है। नये दौर में यानी इक्कीसवीं सदी में मनुष्य सभ्यता के समक्ष जो संकट पैदा हुआ है, उस पर गम्भीर बहस चाचा और सूर्यकान्त के बीच हुई है, जो इस उपन्यास के बतर्ज़ हिन्द स्वराज अध्याय के अन्तर्गत दर्ज है। यह इस उपन्यास का की-चैप्टर है। यही सारे वे निचोड़ व्यक्त हैं जो इस उपन्यास के प्रस्थान की वजह बने होंगे। यहाँ चाचा और सूर्यकान्त के बीच के दो प्रश्नोत्तरों का उल्लेख बहुत ज़रूरी है, वैसे इस पूरे अध्याय को ही ग़ौर से समझा जाना चाहिए।

सूर्यकान्त चाचा से पूछता है—ऐसा क्या हुआ जो आपको नयेपन से इतना परहेज हो गया? चाचा का जवाब है—ग़लत कह रहे हो...कौन ऐसा होगा जिसे बच्चे, कोंपलें और ताज़ा खिले फूल अच्छे नहीं लगेंगे। लेकिन कल्पना करो कोई शिशु अपने से बड़ों को गालियाँ बकना शुरू कर दे या दौड़ा-दौड़ा कर पीटना शुरू कर दे, तो वह सुन्दर लगेगा या तरस खाने योग्य? पुराने का जाना और नये को आकर पुराना हो जाना इस नियम से मैं भी वाक़िफ़ हूँ किन्तु ऐसा भी नहीं होता कि किसी वृक्ष पर केवल नये पत्तों को ही रहने का अधिकार होता है। पतझड़ एक साथ सभी पुरानी पत्तियों को नहीं उखाड़ देता है। इस तर्क से समाज में जो पिछड़े हैं, जो हाशिये पर हैं उनकी रुचियों, उनके रिवाजों, संस्कृतियों के लिए कोई जगह ही नहीं होनी चाहिए। देखो सूर्यकान्त मुझे नयेपन से बिलकुल परहेज नहीं है, तुम भूले नहीं होगे, मैंने हमेशा उसे गले लगाया। मुझे बस नयेपन का अहंकार और उसकी बेमुरौवती असह्य हो गई, मुझे नफ़रत हो गई उससे। मेरी दिली ख़्वाहिश ऐसे समय में रहने की थी जहाँ नये-पुराने दोनों की सुन्दरताएँ एक-दूसरे को मज़बूती देती हों लेकिन कम-से-कम मैं ऐसा समय या समय में ऐसी जगह ढूँढ़ सकने में नाकाम रहा। इसलिए मैं पुराने समय में चला आया हूँ। भविष्य में मैं जा नहीं सकता था क्योंकि अपने सपनों का भविष्य हासिल करना इनसान के अकेले अपने बूते का नहीं होता।

और मैं अतीत में आ गया। जानता हूँ कि यह पुराना समय मेरा गढ़ा हुआ है। यह सहज नहीं, बनावटी है। लेकिन क्या करता, भविष्य मैं गढ़ नहीं सकता।

चाचा उत्तर-आधुनिक जीवन में पैदा हुई बेरहमी, आपाधापी और चकाचौंध से व्यथित हैं, उसे स्वीकार-अंगीकार नहीं करना चाहते। वे इसके प्रति संघर्ष का रवैया इख़्तियार किये हुए हैं। सूर्यकान्त का एक और सवाल भी काफ़ी उल्लेखनीय है और चाचा उसका जो जवाब देते हैं, उससे इस दौर की विडम्बनाएँ, कथित विकास के अन्तर्विरोध तार-तार हो जाते हैं।

सूर्यकान्त सवाल उठाता है—चाचा आप बस ख़राब बातों को ही घुमा-फिराकर ला रहे हो। इतने सुन्दर पार्क बन रहे हैं। चमचमाती सड़कें, फ्लाईओवर, साफ़-सुथरे मॉल बन रहे हैं। सुन्दर मकान और उनकी सुन्दर साज-सज्जा, एक से एक बढ़िया कपड़े, पहनने का ढंग—ये सब आपको कुरूप लगते हैं? आपको बस अपना राग आलापने की पड़ी है...चाचा जवाब देते हैं—इन्हें तुम सौन्दर्य मानते हो! मुझे तुम्हारी दिमाग़ी गिरावट पर तरस आ रहा है। तुम्हारे तथाकथित महान सौन्दर्य पर तुम्हारी गौरी या मेरी बलवंत कौर या किसी भी निष्कलुष स्त्री की मुस्कान या एक रोते हुए बच्चे का अचानक हँस पड़ना या एक चिड़िया का इस डाल से उस डाल पर फुदकना—कोई भी एक भारी पड़ेगा। सुन्दरता तभी जन्म लेती है जब उसमें इनसान, पशु, पक्षी किसी का भी जीवन भीतर से ख़ुशी पाए। इसलिए वही ख़ूबसूरत है जो भीतर से भी ख़ूबसूरत है। तुम्हारे ये राष्ट्रीय राजमार्ग जो करोड़ों वृक्षों का वध करके बने हैं ये कैसे सुन्दर हो सकते हैं। ये गाड़ियों और अमीरों की सुविधा के लिए बनाए गए हैं। मॉल सामान बेचने के लिए हैं। तुम्हारा ये औद्योगिक विकास सेज वग़ैरह फलाना-ढिमाका जो किसानों की ज़मीन छीनकर तैयार हो रहे हैं। बाँध, बिजली परियोजनाएँ जो इलाक़े की पूरी की पूरी आबादी को बेघर, विस्थापित करके प्रकट हो रही हैं—सुन्दर कैसे हो सकती हैं?

चाचा इस उपन्यास के सबसे संघर्षशील, सजग और सतर्क चरित्र हैं। उनमें अपने युग का प्रतिकार भरा हुआ है। आज जो अन्धाधुंध विकास की होड़ मची है, उस पर वे सवाल उठाते हैं। वे विकास की वजह से किसानों और हाशिये के लोगों के हो रहे विस्थापन का प्रश्न खड़ा करते हैं। कथित विकास ने मनुष्य की जिस सहजता व मनुष्यता को नष्ट कर दिया, जीवन के जिस आस्वाद को छीन लिया, चाचा उसकी याद दिलाते हैं। वे होड़ में शामिल होने से इनकार करते हुए अलग रास्ता चुनते हैं, हालाँकि इस कारण वे अलग-थलग पड़े हुए भी दिखाई पड़ते हैं। यह हमारे समय की अजब त्रासदी है। इसी होड़ ने सुल्तानपुर और गोसाईंगंज के लोगों में भी धन का अपार लालच और विस्थापन की ललक पैदा की है। धन की लालच के कारण गोसाईंगंज के तमाम लोग अमेरिका पांडे से सम्बन्ध जोड़ने के लिए झूठ का सहारा लेते हैं, अपनी परम्परा और विरासत से दगाबाज़ी करने को तैयार हैं।

शिब्बू और देवदत्त तेंदुलकर अपना सहज जीवन और परिवार छोड़कर विदेश जाने की प्रचंड आतुरता प्रकट करते हैं।

इस उपन्यास के और समकालीन यथार्थ के मर्म को और बेहतर तरीक़े से समझने के लिए वे दो चिट्ठियाँ भी काफ़ी महत्त्वपूर्ण हैं जो परस्पर चाचा और सूर्यकान्त ने एक-दूसरे को लिखा है। ऐसे समय में जब हमारे जीवन से चिट्ठियाँ ग़ायब हो रही हैं, चाचा ने अपनी चिट्ठी की जो प्रेरणा बताई है, वह झकझोर देने वाली है। चाचा अपनी चिट्ठी में लिखते हैं—अब कोई पत्र नहीं लिखता, लोग एसएमएस और ई-मेल से अपने सन्देश भेजते हैं। मैं बहुत दिनों से इस चलन के चेहरे पर थप्पड़ मारने के लिए एक पत्र लिखना चाह रहा था। मैं कुछ वर्षों से चाह रहा था कि एक बढ़िया चिट्ठी लिखूँ लेकिन बड़ा हृदयविदारक था कि मुझे कोई ऐसा मिल ही नहीं रहा था जिसको सम्बोधित करके मैं अपने दिल-दिमाग़ को उड़ेल दूँ। तो हालात यह है इस उत्तर-आधुनिक दौर की कि आप चिट्ठी लिखना भी चाहें तो सुयोग्य कोई पात्र नहीं मिलता जिसको सम्बोधित चिट्ठी आप लिख सकें। पूरा ज़माना बहुत हाई-फाई है। यहाँ काम भर बातें होती हैं और सब कुछ त्वरित है। संचार की अति उपलब्धता ने संवाद की, आत्मीय-अंतरंग संवादों की गुंजाइशें नष्ट कर दी हैं। चाचा ने अपनी चिट्ठी में सर्वग्रासी विकास का विकल्प सुझाते हुए लिखा है—देखो तो दुनिया की सुन्दरता इसी में है कि मौसम को, नदी को, जंगल को, दिन और रात को मिटाओ नहीं और बर्बाद मत करो, बस उसमें इनसान के लिए थोड़ी गुंजाइश और हिफ़ाज़त का रास्ता निकाल लो।

इस उपन्यास का सूत्रधार है सूर्यकान्त जिसके सहारे कथा आगे बढ़ती है। अपने विचारों के कारण तंत्र में फिट नहीं बैठने की वजह से वह अपनी नौकरी से लगभग विस्थापित है। वह रोज़गार का विकल्प तलाश रहा है। इसी दौरान बहुगुणा नामक पत्रकार के माध्यम से उसकी भेंट रामअजोर पांडे से होती है जो गोसाईंगंज से अकाल, भूख, बीमारी और मौत से पीछा छुड़ाते हुए बदहवास धोखे से सूरीनाम पहुँच गए भगेलू पांडे के पोते हैं। रामअजोर अपार दौलत के स्वामी हैं। पर उनके जीवन का हाहाकार भी कम मार्मिक नहीं है। उन्हें अपनी विरासत को सँभालने वाला भरोसे का एक वारिस तक नहीं मिलता, तो दूसरी तरफ़ अपने पुरखों की खोज उन्हें ऐसी जगह पहुँचा देती है जो एक तरह से उनके वैभव और आधुनिकता की त्रासद परिणति है। रामअजोर पांडे अपने पुरखों का पता लगाने का काम लगभग बेरोज़गार हो चुके सूर्यकान्त को सौंपते हैं। इस काम के कारण सूर्यकान्त का लौटकर अपने उस परिवार के पास जाने का संयोग बनता है, जहाँ से एक ऐसी लड़की से प्रेम विवाह के कारण जिसका पारिवारिक मूल स्पष्ट नहीं है, वह जलील कर भगा दिया गया होता है। पर सूर्यकान्त की यह वापसी उसकी आँख खोलने वाली है। इस यात्रा में वह पाता है कि किस तरह वक़्त की रफ़्तार ने उसके अतीत की तमाम चीज़ों को,

गाँव, परिवार, सम्बन्धों और लोगों की दिलचस्पी को किस तरह बदल दिया है। इसी प्रक्रिया में उसका बदले हुए गाँव, बदले हुए परिवार और बदली हुई परिस्थितियों से साक्षात्कार होता है। गोसाईंगंज में सूर्यकान्त की यात्रा के माध्यम से अखिलेश ने ग्रामीण जीवन का काफ़ी दिलचस्प व जीवन्त ख़ाका खींचा है। वहाँ जगदम्बा और प्रधान जैसे दो ऐसे दिलचस्प पात्रों से साक्षात्कार होता है जिनको भुला पाना कठिन है। इसके साथ ही समाज में जाति के प्रश्नों और औरतों की स्थिति पर भी उपन्यासकार ने बख़ूबी प्रकाश डाला है। उचित ही कहते हैं वरिष्ठ कथाकार काशीनाथ सिंह कि निर्वासन भारतीय समाज के विकास मॉडल की सोनोग्राफ़ी है। शिल्पगत रूप से भी उपन्यास में काफ़ी नयापन है। विषय की सम्प्रेषणीयता और विश्वसनीयता के लिए अखिलेश ने उपन्यास के ढाँचे में भी काफ़ी तोड़-फोड़ किया है। और रोचकता का आलम यह है कि एक गम्भीर विषय पर लिखा गया उपन्यास जीवन की तरलता से इतना छलछलाता हुआ भरा है कि कहीं कोई ऊब हावी नहीं होती। उपन्यास समाप्त होने तक सभी पात्रों की मित्रता पाठक से हो चुकी होती है।

यथार्थवादी, आधुनिक और उत्तर-आधुनिक

—शशिभूषण द्विवेदी

वरिष्ठ कथाकार अखिलेश का यह उपन्यास 'निर्वासन' विमर्शों के घटाटोप में ख़ुशनुमा बयार की तरह है। उपन्यास के शीर्षक से लग सकता है कि यह व्यक्ति के भौगोलिक निर्वासन और उससे जुड़ी समस्याओं पर केन्द्रित होगा। लेकिन ऐसा है नहीं। निर्वासन का सन्दर्भ यहाँ काफ़ी बड़ा है। यह एक पूरी सभ्यता और उसके अस्तित्व से जुड़ा निर्वासन है जिसके अपने भूमंडलीय सन्दर्भ हैं। यह सामान्य अर्थ में सभ्यता विमर्श भी नहीं है। यह बहुज सी चीज़ों का देश निकाला भी है, पलायन भी, बेगानापन भी और अपने मूल से उखड़े लोगों के अस्तित्व का संघर्ष भी।

उपन्यास की शुरुआत बड़े दिलचस्प ढंग से होती है। भारत में जब एक नये तरह का सभ्यता विमर्श रचा जा है और पुनरुत्थानवादी शक्तियाँ बड़े विद्रूपपूर्ण ढंग से 'नई हिन्दू सभ्यता' के निर्माण को कृत संकल्प हैं, ऐसे में सूरीनाम का एक अमीर बूढ़ा रामअजोर पांडे अपने अतीत की खोज में भारत आता है। उसे सिर्फ़ इतना पता है कि भारत के गोसाईंगंज नाम के गाँव से उसके बाबा भगेलू पांडे कभी गिरमिटिया मज़दूर के रूप में सूरीनाम गए थे। यहाँ उनके भाई-भतीजे, पत्नी-बेटे भी थे, जो यहीं छूट गए। उनके छूटने की कचोट भगेलू को सूरीनाम में आजीवन रही। बाद में भगेलू ने सूरीनाम में दूसरी शादी कर ली और उसके बेटे ने वहाँ व्यापार में बड़ा पैसा कमाया। बेटे के मरने के बाद पोते रामअजोर पांडे ने उसके व्यापार को सँभाला और उसे अमेरिका तक बढ़ाया और फैला लिया। लेकिन भगेलू को भारत की यादें और यहाँ छूटे अपने परिजनों की स्मृति बुढ़ापे तक परेशान करती रही जिसका गवाह रहा उनका पोता रामअजोर पांडे। रामअजोर पांडे की अपनी शादियाँ असफल रहीं और कोई बाल-बच्चा नहीं हुआ। जिसे वह अपना उत्तराधिकारी बनाना चाहता था वह भी उसे छोड़ गया। ऐसे में तमाम समृद्धि के बीच भी उसे अपना जीवन निरर्थक लगने लगता है। इससे निजात पाने के लिए उसे भारत में अपने बाबा के वंश की खोज का भूत सवार हुआ। इधर उपन्यास का नायक सूर्यकान्त पर्यटन विभाग के अध्यक्ष सम्पूर्णानन्द बृहस्पति की अजीबोग़रीब 'सतयुग' परियोजना के विरोध में नौकरी से

अलग हो जाता है और काम की तलाश में अपने मित्र के ज़रिये रामअजोर पांडे के सम्पर्क में आता है। पर्यटन निदेशालय का नमूना अध्यक्ष सम्पूर्णानन्द बृहस्पति एक दिलचस्प चरित्र है। अखिलेश ने इसे बड़े कॉमिक ढंग से चित्रित किया है। सम्पूर्णानन्द बृहस्पति अपने बारे में तमाम झूठ-सच गढ़कर प्रचारित करता रहता है। उसके अनुसार बृहस्पति उपनाम करपात्री जी महाराज ने उसकी विद्वत्ता से प्रभावित होकर उसे दिया था कि भगवती उसे सिद्ध हैं। पैंतीस किताबें उसने लिखी हैं जिसमें शोध कर उसने देशभर की एक सौ पचास मस्जिदों के मूल रूप से मन्दिर होने का सिद्धान्त प्रतिपादित किया है। कुल मिलाकर सम्पूर्णानन्द बृहस्पति एक टिपिकल संघी चरित्र है जो तमाम धार्मिक क्रियाकलापों और प्रतीकों को अपने निजी हित में इस्तेमाल करने में माहिर है। 'सतयुग परियोजना' उसकी इसी महारत का नमूना है।

इस परियोजना की ज़िम्मेदारी सूर्यकान्त को दी जाती है जिसे वह लेने से इनकार कर देता है। इससे पहले सूर्यकान्त ने पर्यटन निदेशालय की जिस 'मुक्तिपथ' परियोजना का प्रस्ताव दिया था वह 1857 के स्मृति स्थलों को लेकर थी जिसे सम्पूर्णानन्द बृहस्पति ने ख़ारिज कर दिया था और उसकी जगह सतयुग परियोजना का प्रस्ताव दिया था जिसे रीढ़हीन नौकरशाही ने सिर-माथे पर लिया था।

ख़ैर... रामअजोर पांडे सूर्यकान्त को अपने वंशजों की खोज़ का काम सौंपते हैं। कहानी में यहीं से विस्थापन और निर्वासन के नये-नये रूपक सामने आते हैं। गोसाईंगंज में रामअजोर पांडे के परिवार के जगदम्बा प्रजापति मिलते हैं जिनका एक पुरखा सूरीनाम चला गया था लेकिन दिक़्क़त यह है कि जगदम्बा जाति के कुम्हार हैं और रामअजोर ब्राह्मण। लेखक ने यहाँ एक दिलचस्प जाति विमर्श खींचा है क्योंकि इस देश में जाति प्रथा की जड़ें कुछ ऐसी हैं कि ब्राह्मण पेड़, पत्थर कुछ भी हो जाए, शूद्र नहीं हो सकता। न कोई शूद्र ब्राह्मण हो सकता है। जाति विमर्श का एक आयाम सूर्यकान्त के अन्तरजातीय विवाह के प्रसंग में आता है, जब सूर्यकान्त के सज्जन पिता गौरी की जाति को बिलकुल बर्दाश्त नहीं कर पाते और उसे रंडी कहकर घर से निकाल देते हैं। ऐसे में आधी रात को दोनों को सहारा मिलता है चाचा के घर पर। यहाँ चाचा जाति की मीमांसा अपने ढंग से करते हैं। वे कहते हैं—"दरअसल, औरत, जाति और धर्म—इन तीनों के नाम पर बुज़दिल, नरम दिल, नेक दिल भी ख़ौफ़नाक बन जाता है। एक डरपोक इनसान अपनी स्त्री के सामने बाघ बना रहता है। इसी तरह धर्म के नाम पर होने वाले दंगों में देखो, जो लोग रोज़मर्रा की ज़िन्दगी में घायल परिन्दा देखकर दुखी हो जाते हैं...चींटियों को आटा खिलाते हैं, बन्दरों को चना—वे भी दंगों में इनसान के ख़ून की होली खेलने की बात करने लगते हैं...तो ये है वो ख़ुदा का बन्दा, परमेश्वर का सपूत जो दूसरे मज़हब के लोगों की लाशों को धरती का बिछौना बनाना चाहता है...और जो जाति है न, शोर कम मचाती है, ख़ून भी कम बहाती है...पर भीतरी हिंसा करती है।

ये मामूली से मामूली बात में मौजूद रहती है और बड़ी से बड़ी बात में भी। वाक़ई इसकी हिंसा दिखे भले न पर होती हर जगह है। जन्म से मौत तक यह चिपकी रहती है।"

जाति विमर्श की यह मीमांसा आधुनिकता की रफ़्तार के साथ और भी जटिल हो जाती है। जब रफ़्तार की सवारी करने वाले की नियति पर जाति, धर्म और संस्कृति का असर नहीं पड़ता। यहाँ उपन्यास आधुनिकता का भी एक नया विमर्श रचता है जिसमें आधुनिकता एक ऐसा लड्डू है जिसे खाने वाला भी पछताता है और न खाने वाला भी। रामअजोर पांडे, सूर्यकान्त और चाचा जैसे चरित्र इसे खाकर पछता रहे हैं तो शिब्बू, तेंदुलकर, नूपुर, कामना, बहुगुणा जैसे लोग इसे न खाकर। इस आधुनिकता के केन्द्र में रफ़्तार है और तमाम पात्र इस रफ़्तार के ही मारे हैं। इस रफ़्तार पर चढ़कर लोग कहाँ पहुँचना चाहते हैं, उसका कुछ पता नहीं, लेकिन इतना ज़रूर है कि इस रफ़्तार में बहुत सी ज़रूरी चीज़ें छूट जाती हैं या ज़बरदस्ती छोड़ दी जाती हैं। उन्हें देश निकाला दे दिया जाता है। वे अपनी जगह से धकेल दी जाती हैं किसी गुमनाम अँधेरे में। इसमें बहुत से रिश्ते-नाते, जगहें, मौसम, स्वाद, पशु, पक्षी, सपने, स्मृतियाँ, शब्द—बहुत कुछ हैं। यहाँ इतनी चीज़ों का इतनी तरह से बेआवाज़ निर्वासन होता है कि पता ही नहीं चलता। बेशक यह एक निरन्तर प्रक्रिया है लेकिन इसके पीछे कितना बड़ा षड्यंत्र भी चल रहा है, इसका आभास भी सामान्यत: किसी को नहीं होता। और जब होता है तब तक बाज़ी हाथ से निकल चुकी होती है। सूर्यकान्त और उसके चाचा के हाथ से ऐसे ही ज़िन्दगी की एक बड़ी बाज़ी हाथ से निकल चुकी है। यहाँ आदमी धीरे-धीरे अपनी स्मृतियों से ही बेदख़ल होता जा रहा है। और विडम्बना यह है कि उसे इस बेदख़ली का एहसास भी नहीं है बल्कि वह इसका आधुनिकता के नाम पर जश्न मना रहा है। यहाँ ध्यान देने की बात है कि आधुनिकता के विमर्श में अतीत नहीं होता, वहाँ सिर्फ़ वर्तमान होता है। यहाँ वापसी की हूक तो हो सकती है लेकिन वास्तविक वापसी सम्भव नहीं होती। सूर्यकान्त के जीवन में भी ऐसा ही है। चाचा यहाँ सचमुच की वापसी का प्रयास करते हैं लेकिन वह विद्रूप बन जाते हैं। सूर्यकान्त के जीवन में निर्वासन है—सुल्तानपुर से लखनऊ का, लेकिन उसके जीवन में सबसे भीषण निर्वासन स्मृतियों का निर्वासन है जो सबसे निर्मम होता है। वह पुराने को तो छोड़ देता है लेकिन नये का भी स्वागत नहीं कर पाता। पुराने के दकियानूसीपन और नये की क्रूरता के भीषण जाल में वह फँस जाता है।

देखा जाए तो उपन्यास में निर्वासन की त्रासदी कौन नहीं झेल रहा? एक बूढ़ी हो चुकी दादी हैं जो परिवार के लिए लगभग विस्मृत होती जा रही हैं। बूढ़ी होकर वे अपने बुढ़ापे को स्वीकार नहीं कर पा रहीं। विदा हो चुके अपने यौवन को पकड़े रहने के चक्कर में वे हास्यास्पद होती जाती हैं। एक पिता हैं जिन्होंने अपनी सामन्ती

ठसक में सूर्यकान्त और उसकी पत्नी गौरी को प्रेम विवाह के ज़ुर्म में आधी रात को अपने घर से निकाल दिया था। अब वे ख़ुद पर शर्मिंदा होते एक लाचार बूढ़े में बदलते जा रहे हैं। यह एक ऐसी लाचारगी है जिसमें वे 'सबको माफ़ कर देते हैं सिवाय ख़ुद के'। सूर्यकान्त का भाई शिब्बू और जीजा तेंदुलकर हैं जो कैसे भी करके अपने यथार्थ से भागना चाहते हैं। उनके सपनों में भी अमेरिका है। इन झूठे सपनों का प्रत्याख्यान सिर्फ़ चाचा रचते हैं बतर्ज़ हिन्द स्वराज। उपन्यास का यह हिस्सा बहुत मानीखेज़ है। सूर्यकान्त के चाचा जब दुनिया की तमाम आधुनिक चीज़ें छोड़कर ठेठ देहाती ढंग से रहने लगते हैं, तो दुनिया उन्हें पागल समझने लगती है। यहाँ तक कि उनकी पत्नी भी जिसमें कभी उन्हें अपनी प्रेमिका बलवंत कौर दिखती थी। चाची के कहने पर जब सूर्यकान्त चाचा को समझाने जाता है और उनसे पूछता है कि वे ऐसा क्यों कर रहे हैं? क्यों उन्हें नयेपन से परहेज़ है तो चाचा जो जवाब देते हैं वह बहुत महत्त्वपूर्ण है। वे कहते हैं—"कौन ऐसा होगा जिसे बच्चे, कोंपलें, ताज़ा खिले फूल अच्छे नहीं लगेंगे। लेकिन कल्पना करो कोई शिशु अपने से बड़ों को गालियाँ बकना शुरू कर दे या दौड़ा-दौड़ा कर पीटना शुरू कर दे, तो वह सुन्दर लगेगा या तरस खाने योग्य? पुराने का जाना और नये का आकर पुराना होना और जाना इस नियम से मैं भी वाक़िफ़ हूँ किन्तु ऐसा भी नहीं होता कि किसी वृक्ष पर केवल नये पत्तों को ही रहने का अधिकार होता है। पतझड़ एक साथ सभी पुरानी पत्तियों को नहीं उखाड़ देता है। इस तर्क से समाज में जो पिछड़े हैं, जो हाशिये पर हैं उनकी रुचियों, उनके रिवाज़ों, संस्कृतियों के लिए कोई जगह ही नहीं होनी चाहिए। देखो सूर्यकान्त, मुझे नयेपन से बिलकुल परहेज़ नहीं है। तुम भूले नहीं होगे, मैंने हमेशा उसे गले लगाया है। मुझे बस नयेपन का अहंकार और उसकी बेमुरौवती असह्य हो गई। मुझे नफ़रत हो गई उससे। मेरी दिली ख़्वाहिश ऐसे समय में रहने की थी जहाँ नये-पुराने दोनों की सुन्दरताएँ एक-दूसरे को मज़बूती देती हों, लेकिन कम-से-कम मैं ऐसा समय या समय में ऐसी जगह ढूँढ़ने में नाकाम रहा। इसलिए मैं पुराने समय में चला आया हूँ। भविष्य में मैं जा नहीं सकता था क्योंकि अपने सपनों का भविष्य हासिल करना इनसान के अकेले बूते का नहीं होता।" चाचा को बलवंत कौर नहीं भूलती, उसका प्यार नहीं भूलता, आपातकाल नहीं भूलता और हाँ, वह चौरासी भी नहीं भूलता जिसने उनकी बलवंत कौर को छीन लिया था। शादी के बाद बेशक़ चाची के रूप में उन्होंने उस बलवंत कौर को गढ़ने की कोशिश की लेकिन वह आख़िरकार छलावा साबित हुआ। लेकिन क्या यह अकेले चाचा की ही त्रासदी है? क्या इसमें कमोबेश हम सभी का वर्तमान नहीं हैं? ख़ैर...उपन्यास के ब्लर्ब पर वरिष्ठ आलोचक डॉ. राजकुमार इसे सम्भाव्य चेतना का उपन्यास कहते हैं जो बहुत उचित नहीं लगता क्योंकि ऐसा कहकर वे यथार्थ की जिस सम्भाव्यता की ओर इशारा कर रहे हैं वह हमारे सामने यथार्थ बनकर रोज़ घटित हो रहा है।

साम्प्रदायिक फासीवाद की जो प्रतीकात्मक राजनीति हमारे वर्तमान में हो रही है, वह इससे बहुत अलग नहीं है। उपन्यास में सम्पूर्णानन्द बृहस्पति की 'सतयुग परियोजना' के साथ रामअजोर पांडे का जुड़ना एक और आयाम है जो बहुराष्ट्रीय पूँजी के साथ विकास के एक अतीतवादी मॉडल को सामने लाता है जिसमें एक कल्पित भारतीय अतीत के साथ पश्चिमी उपभोक्तावाद का दिलचस्प संयोग बनता है। इसमें भारतीय समाज के अतीत का वह भीषण यथार्थ नहीं है जिसमें भुखमरी के चलते गिरमिटिया मज़दूरों का पलायन होता है, बल्कि एक कल्पित देव संस्कृति का उपभोक्तावाद है जो पश्चिम को भी आकर्षित करता है। 'निर्वासन' की सबसे ख़ास बात है कि यह यथार्थवादी, आधुनिक और उत्तर-आधुनिक तीनों उपन्यास शैलियों के आधार पर रचा गया है। इसमें उत्तर-आधुनिक उपन्यासों की तरह सच का कोई दावा नहीं है और यथार्थवादी उपन्यासों की तरह सच से बिलकुल मुँह भी नहीं मोड़ा गया है। आधुनिक उपन्यासों का खिलंदड़ापन तो इसमें है ही।

'निर्वासन' के निहितार्थ

—नीरज खरे

अखिलेश के उपन्यास 'निर्वासन' के मुख्य पृष्ठ पर ही कथा का मर्मोद्घाटन लिखा है—समय, समाज और भावनाओं की बेदख़ली का आख्यान। इस बेदख़ली के अनेकानेक रूपों को समाहित कर उन्हें एकाग्र कर देने की कला ही इसे अपने समय का वृहद आख्यान निरूपित करती है। आख्यान की इस औपन्यासिक कला में अपने युग में तैरते-दिखने वाले सत्यों को समेटकर उनसे परे वास्तविक सत्यों को फिर से देखने की दृष्टि सम्पन्नता है। पच्चीस अलग-अलग खंडों में लिखे इस उपन्यास की कथा का छोर वैसे तो डेढ़ सौ साल तक पीछे जाता है। पर केन्द्र में बीसवीं सदी का उत्तरार्द्ध और इक्कीसवीं सदी के एक-डेढ़ दशक का समय है। भारतीय समाज में यह दौर भूमंडलीकृत व्यवस्था के आने, फैलने और रचने-बसने का समय है। पूँजी के तांडव का ऐसा उन्मादी समय शायद इतिहास में पहली बार दाख़िल है। इस चमकीले दौर का एजेंडा पूँजीजनित विकास, उपभोक्तावाद और उपयोगितावाद है। ग़ौरतलब है कि इसी दौर में सदियों पहले से चली आ रही जाति, धर्म और सम्प्रदाय की कूपमंडूप जड़ताओं से राजनीति, समाज और इनसान कितना मुक्त हुआ? शताब्दियों के वैचारिक संघर्ष और जागरण से जो कुछ हासिल हुआ—उसका कितना मानवीय विस्तार हो सका! आज प्रगति के किस मुगालते में हमें छोड़ दिया गया है? बाज़ार का बड़ा ख़तरा यह है कि उसने आदमी की मूल्य-चेतना को ही कुंद कर दिया है। आज़ाद देश में अमेरिकी वर्चस्व, ग़ुलामी की यह नई राह भारतीय समाज को ले कहाँ जा रही है? उपन्यास व्यापक रूप से इनकी पड़ताल कर इक्कीसवीं सदी में खड़े मनुष्य की नियति के साथ-साथ, उसके समय की राजनीति, समाज, फ़िल्म, मीडिया और संस्कृति का विचलित करने वाला करुण आख्यान है।

'निर्वासन' की सिर्फ़ एक गाथा नहीं है। उसका सिर्फ़ एक आशय नहीं है। कई-कई निर्वासनों से मिलकर निर्वासन का वृहद् परिप्रेक्ष्य उभरता है। इन निर्वासनों के बीच ही वर्तमान भारतीय समाज और समय के नाना रूपों की क्रमशः आलोचना

करते कथा-प्रवाह बुना गया है। इस प्रक्रिया में भारतीय वर्ण-व्यवस्था की कोख से पैदा जातिगत और धार्मिक विसंगतियों, राजनीति और प्रशासनिक तंत्र की ग़ैर-जनतांत्रिक नीतियाँ और उनका भ्रष्ट आचरण तो इसका रन-वे है। इस पर उपन्यास बराबर उतरता भी है। पर इसकी असल उड़ान तो वहाँ है जहाँ ग्लोबल पूँजी से घिरे भारतीय मध्यवर्गीय समाज की सचाई की शिनाख़्त करते एक साथ कई विमर्शों को छेड़ देता है। जहाँ गाँव, नगर, महानगर, पशु-पक्षी, पेड़-पौधों, प्रकृति की सम्पूर्णता से लेकर, घर-परिवार, नाते-रिश्ते, घरों के रीति-रिवाज, शादी-ब्याह में संयुक्त होकर उसे सेलिब्रेट करने के अवसर तक निर्वासन के निहितार्थ को खोलने पाठ की ज़द में आते हैं।

निर्वासन-कथा के सारे कथासूत्र मुख्यत: सूर्यकान्त से जुड़े हैं। पर इसका पहला सूत्र भगेलू की कथा से आता है। लेखक ने उन्हें उपन्यास का मुख्य पात्र न बनाकर भी डेढ़ सौ साल पहले हुए उनके निर्वासन को आधार की तरह कथानक में विन्यस्त किया है। वे तब गिरमिटिया मज़दूर बनकर सूरीनाम गए थे। उन्होंने तब अकालजनित ग़रीबी-भुखमरी के चलते अपने परिवार की ख़ातिर अपना गाँव-देश छोड़ने का फ़ैसला लिया था। वे गए तो फ़ैज़ाबाद-लखनऊ थे। पर उनके साथ छल हुआ; पहुँच गए कलकत्ता और वहाँ से सूरीनाम, जहाँ से कभी नहीं लौटे। उनका निर्वासन आर्थिक परिस्थितियों और औपनिवेशिक शोषण के चलते था। पर आज के निवार्सन की परिस्थितियाँ बिलकुल अलग हैं। सूर्यकान्त के परिजन शिब्बू, कामना, नूपुर और तेंदुलकर अमेरिका जाने के लिए उतावले हैं। यह ठीक उलट स्थिति है—ग्लोबलाइज़ेशन के दौर में पूँजी और कॉरपोरेट के मेल से दिखने वाली सम्भावित चमकीली-सी, युवा-पीढ़ी को आकर्षित कर रही है। देश से अमेरिका की ओर नौकरियों के लिए युवा वर्ग की दौड़ जारी है। उपन्यास में सूर्यकान्त के चाचा की अत्यन्त सार्थक उपस्थिति उल्लेखनीय है। चाचा और बलवंत कौर के प्रेम का रोचक अध्याय है। पर अपने प्रेम से निर्वासित होने का दुखद प्रसंग भी यहाँ है। बलवंत का परिवार सिख है। इस परिवार के साथ उन्मादी साम्प्रदायिक भीड़ ने एक क़स्बे सुल्तानपुर में भी अमानवीय सलूक किया। जलाया, मारा और प्रताड़ित किया। सन् 1984 के सिख विरोधी साम्प्रदायिक दंगों की आँच से झुलसते क़स्बे की तस्वीर भी यहाँ है। उसी के चलते अन्ततः बलवंत कौर को क़स्बा छोड़ना पड़ा। इस तरह एक राजनीतिक-साम्प्रदायिक घटना ने उनके निजी प्रेम को तोड़ दिया।

उपन्यास में पात्रों की संख्या कम नहीं है। विशेषत: कुछ ऐसे पात्र हैं जो निर्वासन के निहितार्थों को खोलते हैं—जिन्हें समसामयिक स्थितियाँ बेचैन करती हैं। वे संवेदनशील हैं। इस लिहाज़ से चाचा-भतीजे का युग्म, यहाँ महत्त्वपूर्ण है। हालाँकि, भतीजा सूर्यकान्त ही कथा का मुख्य नियामक है। पर चाचा की उपस्थिति के बिना, यह उपन्यास निश्चय ही अधूरा रहता। बहुत से हवाले, जिनसे उपन्यास अटा पड़ा है

और वे निर्वासन के निहितार्थों को खोलने के लिए ही आए हैं—वे सब चाचा के ज़रिये ही पाठक को मिलते हैं। भतीजे सूर्यकान्त का चाचा से साक्षात्कार वाला खंड इस सन्दर्भ में विशेष ध्यातव्य है। चाचा अपने परिवार की उपभोक्तावादी सोच और जीवन-शैली की अन्तहीन होड़ से आजिज़ आकर अपने परिवार से ही निर्वासन का फ़ैसला लेते हैं। वर्तमान से अतीत हो गई चीज़ों को समेटकर घर के पिछवाड़े अपना एकान्त सँजोए चाचा को घरवाले पागल ही समझ बैठे हैं। यह आभासी विकल्प चाचा ने अपनाया है। इसे स्वयं चाचा भी वास्तविक विकल्प नहीं मानते; पर वे अपना आभासी प्रतिरोध रचते हैं। यह प्रतिरोध कितना रचनाकार का भी है? कहा नहीं जा सकता। पर चाचा के इस पूरे प्रसंग की व्यापक और गहरी उपस्थिति के चलते लगता है कि उपन्यासकार एक वैकल्पिक मूल्य देने की सांकेतिक पहल कर देना चाहता है। क्या यह जानते हुए भी कि यह आभासी सत्य; वस्तुतः सत्य नहीं हो सकता! पर चाचा का आत्मिक और बाह्य, दोनों तरह का यह निर्वासन उपन्यास के निहितार्थ को गहराता ज़रूर है। यही नहीं उपन्यास में सूर्यकान्त की दादी अपनी जीने की इच्छा से निर्वासित हैं तो गोसाईंगंज के मुखिया पैसों के लिए अपने ईमान से। देखें तो निर्वासनों का घेरा बड़ा है पर केन्द्र में सूर्यकान्त और चाचा ही हैं।

उपन्यास में कुछ ऐसे पात्र हैं जिन्हें अपने निर्वासन की न ख़बर है न कोई तड़प। वे इस दुनिया की सुन्दरताओं और कुरूपताओं के बीच खपे, समझौतापरस्त सुखी लोग हैं। जैसे—सम्पूर्णानन्द बृहस्पति, सूर्यकान्त का पत्रकार मित्र बहुगुणा और किसी हद तक सूर्यकान्त और चाचा के कुछ परिजन भी। दरअसल यही लोग समाज में बहुसंख्यक हैं। रामअजोर पांडे कथा के नियामक एक और ज़रूरी पात्र हैं। उनकी स्थिति कुछ बीच की है। वे भगेलू के नाती हैं और अपने बाबा के गाँव की तलाश कर अपने मूल वंश की जड़ें खोजना चाहते हैं। वे अमेरिकी धनकुबेर बन चुके हैं पर अपनी जड़ों में लौटना चाहते हैं। अपनी मंशा को एक योजनाबद्ध ढंग से क्रियान्वयन हेतु भारत आए हैं। यह कार्य बहुगुणा के ज़रिये सूर्यकान्त को सुपुर्द कर दिया गया है। अपने मूल्यों के चलते सूर्यकान्त का नौकरी से अस्थायी निर्वासन शुरू ही हुआ था और धनोपार्जन के लिए नये काम की तलाश भी थी। पर सूर्यकान्त जैसे संवेदनशील युवक को इस परियोजना पर कार्य करते दंग रह जानेवाले अनुभवों की शृंखला हाथ लगी। भगेलू पांडे के मूल वंश की जड़ें गोसाईंगंज के जगदम्बा प्रजापति के परिवार में नज़र आईं, वह उसकी खोज का निष्कर्ष है। पर उपन्यासकार का केवल यह लक्ष्य नहीं है। वास्तविक लक्ष्य है, सूर्यकान्त के अनुभव और चाचा से लम्बे साक्षात्कार में उनके गम्भीर बयानों से पाठकों का साझापन। उन अनुभवों के बयानों की औपन्यासिक कला से गुज़रते हुए यह कहने में गुरेज नहीं होगा कि 'नॉस्टेल्जिक' होना रचना में पिछड़ा मूल्य नहीं है। यदि विचारणीय मुद्दे उससे उजागर हो रहे हों।

आजकल बहुत-सी बौद्धिक आलोचना नॉस्टेल्जिया को पुराने से चिपका हुआ मानती है। कम-से-कम यह धारणा उपन्यास ख़ारिज कर देता है। यहाँ नॉस्टेल्जिया को बड़ी गहरी जिरह में लेकर सोचने-विचारने को लेखक विवश करता है। इस पर लम्बी बहस उपन्यास में मौजूद है। 'बतर्ज़ हिन्दुस्तान' खंड में चाचा अपने साक्षात्कार में सूर्यकान्त से कहते हैं—"मेरी दिली ख़्वाहिश ऐसे समय में रहने की थी जहाँ नये-पुराने की सुदरताएँ एक-दूसरे को मज़बूती देती हों; लेकिन कम-से-कम मैं ऐसा समय या समय में ऐसी जगह ढूँढ़ सकने में नाकाम रहा। इसलिए मैं पुराने समय में चला आया हूँ। भविष्य में मैं जा नहीं सकता था क्योंकि अपने सपनों के भविष्य को हासिल करना इनसान के अकेले अपने बूते नहीं होता। और मैं अतीत में आ गया। जानता हूँ कि यह पुराना समय मेरा गढ़ा हुआ है। यह सहज नहीं बनावटी है। लेकिन क्या करता, भविष्य मैं गढ़ नहीं सकता था।" (पृ. 223-24) सूर्यकान्त, चाचा के इस प्रतिरोध और लाचारी को सुनकर हतप्रभ है। वह अपने को अकेला और हताश पाता है। उसका अपना निर्वासन अपने घर से प्रेम के कारण हुआ था। पर जिन निर्वासनों का अनुभव उसने पाया, वह अन्त में 'कुछ न कह पाने' की स्थिति में है। सूर्यकान्त की लखनऊ से सुल्तानपुर की यात्रा अपनी स्मृतियों को पुनः जीने-देखने की मानवीय इच्छा से परिचालित है। पर वहाँ सब कुछ बदल चुका है। अपने क़स्बे से उसे जिन स्मृतियों के कारण लगाव था, उनके कोई चिह्न भी वहाँ नहीं मिले। वह अलगाव और मोहभंग की तीव्र मनोदशा में माँ और परिजनों द्वारा सौंपे गए खाने की अनेक वस्तुओं से भरे थैले का रास्ते में ही अस्थि-कलश की तरह विसर्जन करता है। यह अपने मूल परिवेश से निर्वासित होने की ही प्रतीकात्मक घटना है। पर यह उपन्यास की एक अविश्वसनीय घटना भी है। अपनी यात्रा से लौटा, वह 'मेफ़ेयर रजिस्टर' लेकर सब कुछ लिखकर अपना तनाव कम करना चाहता है। पर सुबह पत्नी गौरी मेफ़ेयर रजिस्टर के पन्ने कोरे ही पाती है।

भूमंडलीकृत आर्थिक विकास के मॉडल की पूरी समीक्षा सूर्यकान्त की खोज यात्रा में अनेक स्मृतियों के सहारे चलती है। उन्हें उपन्यास बार-बार प्रश्नांकित करता है। तत्कालीन राजनीति और सत्ताओं के आर्थिक एजेंडे को लक्ष्य करते हुए उपन्यास व्यंग्य के मारक प्रयोग में राजनीतिक-आर्थिक परिदृश्य को उपस्थित करता है। भगेलू के वंशजों की खोज में चाचा-भतीजा गोसाईंगंज में हैं, तब ग्राम प्रधान के अलावा वंशज होने की दावेदारी अनेक लोग ठोकने लगे हैं। वहाँ खड़े तमाशबीन 'अमेरिका पांडे ज़िन्दाबाद' के नारे लगाते हैं। कुछ लोग ऐसे नारे भी लगाते हैं कि भारत और अमेरिका की राजनीतिक मित्रता के अर्थ भी खुलने लगते हैं। उपन्यास में अपने समय की अनेक सचाइयाँ एक कोलाज़ की तरह दिखती हैं। इतनी यथार्थ छवियों का आख्यानात्मक रूप हासिल करने के लिए अनेक शैल्पिक प्रविधियाँ भी अपनाई गई हैं। यहाँ रूप की कोई जटिल प्रयोगधर्मिता न होते हुए

भी विवरणपरक गद्य में अपने ढंग का विलक्षण भी निर्मित है। यह विलक्षण कथा प्रवाह में लेखक के फ्रेम से पात्रों के छिटककर अलग होने और अपनी स्वाधीन भूमिका में आने से बनता है। इसके चलते वे अपनी रह गई भूमिका स्वयं बतलाने लगते हैं। कभी उपन्यासकार की शिकायत भी करते हैं। इसे इटैलिक अक्षरों में पृथक से रेखांकित किया गया है। दरअसल, पात्रों के ऐसे स्वाधीन बयान कथा के पूरक हैं। दूरदर्शन में वर्षों पहले एक धारावाहिक 'फटीचर' नाम से आता था। उसमें पंकज कपूर ने फटीचर का अभिनय किया था। उस पात्र द्वारा यह टेकनीक अपनाई गई थी। यह उपन्यास पढ़ते अनायास फटीचर याद आया, जहाँ यह पात्र लेखक की स्क्रिप्ट से निकलकर अपनी बात ख़ुद कहने लगता है कि वह लेखक की हाथ की कठपुतली बनकर क्यों रहे! रचना में टेकनीक का भी निहितार्थ होता है। ज़ाहिर है कि निर्वासन के विभिन्न पात्रों की स्वाधीन भूमिका भी विशेष मायने रखती है। अखिलेश प्राय: सारे कथा विवरण पात्रों के ज़रिये ही कहते हैं। इसके अलावा निर्वासन उपन्यास-कला की प्रचलित कोटियों जैसे—यथार्थवादी, सामाजिक यथार्थवादी, अतियथार्थवादी, आत्मकथात्मक, आधुनिकता या उत्तर-आधुनिकतावादी, दलित-स्त्री विमर्श या जादुई यथार्थवादी शिल्प की प्रविधि का नहीं है। पर इनमें से अधिकांश को वह स्पर्श करता है पर उन पर टिका नहीं रहता। इसलिए सबसे मुक्त भी बना रहता है। कई शिल्पगत वैशिष्ट्य सँजोकर उपन्यास कला के लिए बहुत कुछ अलग और अनूठा भी रचता है।

इस नज़रिये से देखें, तो निर्वासन के निहितार्थ में भारतीय जाति व्यवस्था के असन्तोष से उपजे दलित विमर्श को अपनी मुख्य चिन्ता में न लेकर भी वर्ण-व्यवस्था के असन्तोष से उपजी दलित वैचारिकी के आलोचानात्मक पाठ से टेक ऑफ़ कर, उसी पर लैंड भी करता है। भगेलू के सूरीनाम जाने के समय जाति पूछने पर उन्होंने आत्मरक्षा के लिए सवर्ण जाति बतला दी थी। तबसे वे भगेलू पांडे हो गए थे। इस प्रसंग में लेखक ने जाति व्यवस्था के विद्रूप को समझने की एक कड़ी दी है। अन्त में भगेलू के नाती रामअजोर पांडे बृहस्पति जी के कथन को सूर्यकान्त के समक्ष दोहराते हैं—"उनका कहना है कि इस देश में एक पंडित का शूद्र बन जाना या शूद्र का ब्राह्मण होना असम्भव है। यहाँ असंख्य कहानियाँ, लोकगाथाएँ, गीत, शास्त्र, मत-मतान्तर, जादू, फ़ंतासी और चमत्कार हैं पर किसी में ब्राह्मण और शूद्र एकमएक नहीं हुए। एक ब्राह्मण पेड़ में बदल सकता है या पत्थर में, वह जानवर, राक्षस, पहाड़, नदी सब कुछ हुआ है लेकिन वह शूद्र हो गया हो और शूद्र ब्राह्मण, ऐसा अजूबा कभी नहीं घटा।" (पृ. 356) यद्यपि उपन्यास का फ़लक किसी एक यथार्थ वस्तु की डोर थामे नहीं है। अन्य उपन्यासों की तरह कोई एक केन्द्रीयता नहीं है, विस्तृत फ़लक है। पर समग्र आख्यान के दो फोकस-केन्द्र हैं—जिसका एक हिस्सा भारतीय वर्णाश्रमी व्यवस्था के वर्चस्व की समीक्षा है,

तो दूसरा उपभोक्तावादी संस्कृति और पूँजीजनित विकासवादी मॉडल के खोखलेपन और दुष्प्रभावों की गहरी कथात्मक आलोचना।

अखिलेश कथा भाषा में हँसोड़, खिलंदड़ा और ख़ुशनुमा गद्य रचते हैं। वे गद्य की गम्भीरता को जल्दी ही रोचक बना लेते हैं। वे भली-भाँति जानते हैं कि रोचकता अच्छे कथा-शिल्प की निशानी है। जगदम्बा प्रजापति के अपान वायु प्रसंग को ही इसके हवाले उल्लेख किया जा सकता है। अखिलेश विवरणों में कथा कहते हैं। अपनी इस कला को वे अद्भुत आख्यान में ढाल सकते हैं—'निर्वासन' यह साबित कर देता है। पर यह भी कि सूर्यकान्त एक मध्यवर्गीय चेहरा है। जीवन की अनेक अनिश्चितताओं और असुरक्षा की मध्यवर्गीय ऊहापोह से सूर्यकान्त भी ग्रस्त है। पर उसका जीवन की अनेक चीज़ों से अपना रिश्ता है; उन्हें लेकर उसकी एक संवेदनशील प्रतिक्रिया सुल्तानपुर यात्रा से लौटने पर उसकी मनोदशा से जानी जा सकती है। पर लेखक ने कुछ अवसरों पर अग्राह्य त्रुटियाँ छोड़ दी हैं। एक जगह पर आया 'बरगद' के पेड़ पर टँगे घटों का प्रसंग 'लोक' के अनुरूप नहीं है। यहाँ बरगद की जगह 'पीपल' के वृक्ष का उल्लेख होना चाहिए। बहरहाल इतने भर से उपन्यास का विस्तृत फ़लक अप्रभावित रहता है। उपन्यास के कई फ़लक हैं। विस्तार की शृंखला है। कभी-कभी यह पाठक के धैर्य की परीक्षा भी लेने लगता है। इस परीक्षा में उत्तीर्ण पाठक सूर्यकान्त के साथ खड़े होकर ज़रूर सोचेगा कि 'यह जो दुनिया जिसे हम तरक़्क़ी और विकास का नया सोपान मान बैठे हैं—देश का सबसे ख़ुशहाल दौर! न जाने कितनी विरासतों, अस्मिताओं, पर्यावरण-प्रकृति, निजता, प्रेम और भावना के मूल्यों के विसर्जन की शर्त पर खड़ा हुआ है! जिसे पाकर हम फूले नहीं समा रहे हैं। हम जो इतिहास के बेहद चमकीले, लुभावने, लोभ और लालच से भरे उन्मादी दौर की बेहद गतिशील सभ्यता में जी रहे हैं—क्या इसे ही अपना लेना हमने अपनी नियति मान ली है?' अवश्य ही सोचेगा एक बार नहीं, बार-बार। अपने पाठक को इस बिन्दु पर ला खड़े करना ही निर्वासन की सर्जनात्मक उपलब्धि है।

समय, समाज और भावनाओं की बेदख़ली का आख्यान

—अरुणेश शुक्ल

क़स्बाई यथार्थ की सूक्ष्म पकड़ और क़स्बे से शहर के बीच संक्रमण की ठीक समझ के साथ क़िस्सागोई का अद्‌भुत मेल अखिलेश के लेखन को विशिष्ट बनाता है। पिछले कुछ वर्ष भारतीय राजनीतिक व समाजार्थिक व्यवस्था के लिए काफ़ी उथल-पुथल भरे रहे हैं। ग्लोबलाइज़ेशन के इस दौर में परिवर्तन की गति इतनी तीव्र मारक व हिंसक रही है। गाँव, क़स्बे, परिवार, शहर सहित सभी संरचनाएँ इससे बुरी तरह प्रभावित हुई हैं। समाज में हिंसा, उन्माद, नफ़रत में बढ़ोतरी हुई है तो राजनीति में साम्प्रदायिक शक्तियाँ अब सत्ता के केन्द्र में हैं। पूँजी, राज्य, धर्म व जाति के पारस्परिक गठजोड़ ने पारम्परिक भारतीय समरस सामाजिक संरचना को छिन्न-भिन्न करके रख दिया है। इस गति आधारित हिंसक व्यवस्था में ऐसी तमाम चीज़ों की बेदख़ली तय है जो गति के साथ तालमेल नहीं बना पातीं या अपने जातीय प्रतिरोधी चरित्र की वजह से इस हिंसक व मनुष्य विरोधी परिवर्तन को स्वीकार नहीं करती। मसलन शब्द, भावनाएँ, सामाजिक समरसता, पारम्परिक क़िस्सागोई, मनोरंजन के पारम्परिक तरीक़े व साधन आदि ऐसी तमाम चीज़ें हैं जिनकी 'बेदख़ली' ही इस व्यवस्था में उनकी नियति है। यह बेदख़ली अथवा निर्वासन या विस्थापन हमारे समय का सबसे परेशान करने वाला क्रूर सच है। इस बेदख़ली अथवा विस्थापन के कई स्तर व रूप हैं। यह इतने स्तरों पर विभिन्न रूपों में घटित होती है कि रोज़मर्रा के जीवन में हम यह जान ही नहीं पाते कि अमुक चीज़ कब हमारे जीवन, समय व समाज से बेदख़ल कर दी जाती है। कई बार तो हम इनके होने के बावजूद इनके अस्तित्व से ही नावाक़िफ़ हो जाते हैं। दरअसल इस बेदख़ली, निर्वासन अथवा विस्थापन के पीछे एक पूरा तंत्र है जो अमेरिका से लेकर भारत तक समान रूप से सक्रिय है। इस बेदख़ली की एक ऐतिहासिक अवस्थिति भी है। साथ-साथ एक पॉलिटिकल इकोनॉमी भी है। अखिलेश का उपन्यास 'निर्वासन' इस बेदख़ली के

तमाम रूपों को चित्रित करता हुआ, बेदख़ली के कारणों, उसके पीछे काम कर रहे पूरे तंत्र, उसके इतिहास के साथ-साथ उसकी पोलिटकल इकोनॉमी को हमारे सामने खोलता है। भारतीय समाज किस तरह से इस पूरे चक्र में पिसकर बदल रहा है, संवेदनहीन हो रहा है, प्रतिरोध का स्तर कहाँ है, यदि नहीं है तो क्यों, उनका क्या हश्र हुआ, युवाओं की क्या स्थिति है वर्तमान को लेकर उनके मन में किस तरह की उठापटक है, द्वन्द्व है, युवा इन समाजार्थिक परिवर्तनों को किस तरह ले रहा है आदि तमाम बातें भी इस उपन्यास के केन्द्र में हैं। बहरहाल! किसी भी लेखक के लिए यह ज़रूरी होता है कि वह किस समस्या को केन्द्र में रखकर लिख रहा है उसके कारणों की पड़ताल वह इतिहास में भी जाकर करे ताकि वर्तमान को ठीक से समझा जा सके व भविष्य के बारे में सटीक तौर पर कोई अनुमान व्यक्त किया जा सके। 'निर्वासन' के रूप में समय, समाज और भावनाओं की बेदख़ली का आख्यान लिखते हुए अखिलेश पूर्वोक्त पद्धति का प्रयोग करते हैं। दरअसल वह उपन्यास के शुरुआती वाक्यों में ही यह बता देते हैं कि बेदख़ली, या निर्वासन की जड़ें अतीत से जुड़ी हुई हैं। वह लिखते हैं, दाएँ गलफड़े में उभर आया वह नन्हा सा हाला था। हालाँकि सूर्यकान्त के दाएँ गलफड़े में प्रकट होकर वह लौट गया था। वह कुछ ही दिन दिखा था और फिर अदृश्य हो गया था लेकिन उसके गमन के भी पदचिह्नों में इतनी ताक़त, हिंसा और किलेबन्दी थी कि सूर्यकान्त सुख-शान्ति की दिशा में क़दम बढ़ाता, लड़खड़ाकर लुढ़क पड़ता था। इन कुछ वाक्यों में अखिलेश ने विस्थापन या निर्वासन के ऐतिहासिक कारणों की तरफ़ संकेत तो किया ही है, साथ ही साथ इन वाक्यों में इतना स्पेस भी छोड़ते चले हैं कि हम जैसे-जैसे उपन्यास पढ़ते जाते हैं वैसे-वैसे यह वाक्य अपनी पूरी व्याप्ति में हमारे सामने खुलते जाते हैं। इन वाक्यों में अखिलेश ने टाइम और स्पेस का अतिक्रमण कर इन्हें सार्वकालिक बनाया है। अर्थात् इन वाक्यों में इतिहास वर्तमान व भविष्य तीनों एक साथ मौजूद हैं। दरअसल उपन्यास में भगेलू पांडे (प्रजापति) निर्वासित होने वाले पहले व्यक्ति हैं जो उस समय गिरमिटिया मज़दूर के रूप में सूरीनाम गए थे जब गोसाईंगंज (अवध) में भयानक अकाल पड़ा था। यानी 1857 के प्रथम स्वतंत्रता संग्राम के बाद। कहने की ज़रूरत नहीं अंग्रेज़ी राज में जो निर्वासन या विस्थापन प्रारम्भ हुआ था वह अंग्रेज़ी राज ख़त्म हो जाने के बाद आज भी जारी है। जारी क्या अब यह ज़्यादा व्यापक व बृहत् स्तर पर हो रहा है। इतना व्यापक-बृहत् टे यह कि जहाँ पहले विस्थापन परदेस में होता था वहीं अब यह देश में, समाज, परिवार व व्यक्ति के भीतर हो रहा है। बाज़ार के जबड़े ज़्यादा कसे व भिंचे हुए हैं आज। इतना ही नहीं अखिलेश के पूर्वोक्त वाक्य में हाले का दाएँ गलफड़े में प्रकट होना भी बहुत सारगर्भित है। दरअसल उपनिवेशवादी-पूँजीवादी मानसिकता का गठजोड़ दक्षिणपंथी ताक़तों के साथ अनिवार्यत: होता है। अंग्रेज़ी राज के चले जाने के बाद भी उसकी

हिंसक किलेबन्दी...हमें बाज़ार के बढ़ते वर्चस्व, साम्प्रदायिक ताक़तों के उभार के रूप में स्पष्ट दिख रही है। दक्षिणपंथी सत्ता एफ.डी.आई. के नाम पर बाज़ार स्वागत के लिए बाँहें फैलाये खड़ी है। मुज़फ़्फ़रनगर, मेरठ में चाहे जो हो, विदेश नीति पर ज़्यादा ध्यान देना ज़रूरी है।

उपन्यास के प्रारम्भ में सम्पूर्णानन्द बृहस्पति हैं। बृहस्पति पुनरुत्थानवादी हैं। उन्होंने साठ वर्षों में तैंतीस पुस्तिकाएँ लिखकर महान हिन्दू धर्म के बारे में तमाम बातें प्रतिपादित की थीं। जैसे—पाँच सौ मस्जिदों के मूल रूप में हिन्दू मन्दिर होने का सिद्धान्त या कि राम का धनुष, कृष्ण का सुदर्शन चक्र या काली देवी के ख़ंजर के आज भी इस देश में एक स्थान पर मौजूद होने का सिद्धान्त जिसे वे जल्द ही विश्व के दर्शनार्थ प्रस्तुत करने वाले थे। प्रतिभा यह कि तमाम महान विचार इन्हें शौच के समय ही आते थे (वैसे इन विचारों की असली जगह भी वही ही है)। सरकार पक्ष की हो या विपक्ष की, इनकी महत्ता हमेशा बनी रहती थी। वैसे भी अब जिसने 1440 नवरात्र रखकर नब्बे वर्षों की अखंड साधना से देवी माँ को साधा हो उसका इतना प्रतिभावान होना अचरज की बात नहीं है। भगवान और बाज़ार की निकृष्टता व मनुष्य विरोध के प्रतीक गुटखे से इनके व्यक्तित्व को आसानी से समझा जा सकता है। 1857 के मुक्ति संग्राम के 150वीं वर्षगाँठ पर पिछली सरकार द्वारा प्रस्तावित मुक्ति पथयोजना जिसके तहत जिस रास्ते से विद्रोही आगे बढ़े थे उन्हें जोड़कर एक कॉरिडोर का निर्माण कर पर्यटन स्थल के रूप में विकसित करने, संग्रहालय व थीम पार्क बनवाए जाने थे के ये प्रबल विरोधी थे। बृहस्पति (देवगुरु की तरह धूर्त) ने इस योजना को निरस्त कर दूसरी योजना का प्रस्ताव बनाने को कहा। वैसे तो यह हिन्दू राष्ट्र के समर्थक थे इसलिए मूल दिक़्क़त इनको मुसलमानों से थी क्योंकि 1857 की लड़ाई हिन्दू-मुस्लिम एकता का प्रतीक भी है। इसलिए वह इन्हें स्वीकार कैसे हो सकती थी। फिर भी चूँकि यह 2007 के बृहस्पति हैं यानी आधुनिक समय के इसलिए इन्होंने मुक्ति पथ योजना का विरोध तर्कों के आधार पर किया जिसमें इन्होंने मुक्ति पथ योजना के कारण गोरे पर्यटकों के न आने, बच्चे, युवा स्त्रियों की रुचि इतिहास में ख़त्म होने व समय के साथ 1857 को लेकर उत्साह धूमिल पड़ने व बाद में 1857 को ही देश द्वारा भुला दिये जाने का तर्क रखा। इतना ही नहीं, 14,000 करोड़ का सतयुग वापसी का ऐसा प्रोजेक्ट तैयार किया जो सभी हिन्दू धार्मिक स्थलों को जोड़ने वाला और अपने मूल स्वरूप में हिन्दू धर्म की आज के समय के हिसाब से मार्केटिंग वाला था। वह एक ऐसा क्षेत्र बसाना चाहते थे जहाँ हनीमून, ऋषि-मुनि, सुरा, संगीत, ब्राह्मण, शूद्र सब हों। वर्णाश्रम का पावन भी हो। नगरवधुएँ हों, दक्ष शिल्पी हों, अन्तःपुर हो। ऐसे पर्यटक केन्द्र हों जहाँ स्त्रियाँ अपने पतियों से रतिक्रिया के बाद गर्भवती हों और महान धार्मिक वातावरण में जन्म लेने वाली सन्तान अत्यन्त बलवान, वीर्यवान और तेजस्वी तो होगी ही।

सूर्यकान्त उनके इस प्रस्ताव को स्वीकार नहीं करता और उसे नौकरी से हाथ धोना पड़ता है। बहरहाल! हम आगे बढ़ें और उपन्यास के तमाम कथातन्तुओं व विमर्शों को मिलाकर देखने की कोशिश करें उससे पहले यह समझ लेना ज़रूरी है कि सम्पूर्णानन्द बृहस्पति के चरित्र के माध्यम से या कि उपन्यास के शुरुआती अध्याय के द्वारा ही अखिलेश क्या स्पष्ट करना चाहते हैं। वस्तुतः पहला अध्याय हमारे सामने आज की प्रतिक्रियावादी साम्प्रदायिक शक्तियों के एजेंडे को स्पष्ट करता है। उसकी पोलिटिकल इकोनॉमी को अनावृत करता है। चार सौ पचीस करोड़ की जगह चौदह हज़ार करोड़ रुपये ख़र्च करने के तर्क (पीपीपी मॉडल द्वारा) से ही यह तय होता है कि राष्ट्र की दशा व दिशा क्या हो रही है। वर्तमान राजनीतिक अर्थशास्त्र देश को अनिवार्यतः श्मशान व बदहाली में ही ले जाएगा जैसाकि अन्त में सूर्यकान्त बृहस्पति से कहता है कि सर उसके लिए तो देश में अकाल लाना होगा श्मशान में बदलना पड़ेगा। हालाँकि उपन्यास में अखिलेश निष्कर्ष देने से बचे हैं किन्तु भविष्य क्या होगा इसको उपन्यास की शुरुआत में ही स्पष्ट रूप से सुना जा सकता है।

नौकरी जाने के बाद सूर्यकान्त की मुलाक़ात रामअजोर पांडे से होती है। यह रामअजोर पांडे उन्हीं भगेलू पांडे के पोते हैं जो गिरमिटिया मज़दूर बनकर सूरीनाम चले गए थे। अब रामअजोर पांडे भारत पुरखों को खोजने आते हैं। उन्हें सिर्फ़ 'गोसाईंगंज' गाँव का नाम पता है। वह अपने सम्बन्धियों को खोजने का जिम्मा सूर्यकान्त को देते हैं। सूर्यकान्त द्वारा रामअजोर पांडे के परिजनों को खोजने के क्रम में ही यह उपन्यास विस्तारित होता है और अपने भीतर तमाम समाजार्थिक, राजनीतिक विमर्शों व परिवर्तनों को समेटता है। इस उपन्यास की बड़ी ताक़त इसका वितान है। यह समाज में हो रहे प्रत्येक परिवर्तन को बहुत ही बारीकी से नोट करता है। उपन्यास में अखिलेश गाँव, क़स्बों, शहरों में हो रहे परिवर्तन को तो लक्षित करते ही हैं किन्तु वह विकास के उस छद्म...को ज़्यादा बारीकी से उद्घाटित करते हैं जो विकास के नाम पर गढ़ा जा रहा है। विकास का सच यह है कि प्रत्येक व्यक्ति के भीतर 'डर पशु अपनी अयालें हिला रहा है।' सुबह घर से निकलने के बाद शाम को सकुशल घर पहुँचने पर ही वह चैन की साँस लेता है कि आज जीवित बच गया। परिवर्तन या विकास हुआ है गाँवों में भी। अब गाँव पहले जैसे नहीं रहे गौरी कहती है वहाँ भी बहुत सारे मकान होते हैं। लेकिन विकास का सच यह है कि वहाँ भी एक घर को कई सारे मकान छुपा देते हैं या कभी-कभी एक बड़ा सा मकान कई सारे घरों को छुपा देता है। वहाँ कई घरों में रोशनी होती है कई घरों में नहीं। बाज़ार की पैठ इतनी कि टेलीविज़न आदि से अकेलापन बढ़ा है। सामूहिकता नष्ट हुई है। अखिलेश 'डाकू आया' के प्रसंग से यह बताते हैं कि किस तरह से यथार्थ को छाया यथार्थ ने विस्थापित कर दिया है।

यथार्थ की जगह अब छाया यथार्थ ही यथार्थ हो गया है। विकास के नाम पर बाज़ार के लिए स्पेस तैयार किया जा रहा है। लाइट कटौती कर इनवर्टर का बड़ा बाज़ार ही तो बनाया जा रहा है। हालत यह है कि हमारी सोच में भी रोमांस व प्रेम की जगह डर व असुरक्षा बोध ही आता है। पारम्परिक आकाशदीप तो चाइनीज आकाशदीप से कब के विस्थापित हो चुके हैं। सब तरफ़ आर्थिक असमानता को देखा जा सकता है चाहे वह गाँव हो या शहर। विकास यह ख़ास वर्ग के लिए ही है। व्यवस्था चूँकि गति आधारित है इसलिए हमें इससे तालमेल बिठाने हेतु गतिशील होना पड़ता है। यह गतिशीलता अकेलेपन व अपरिचय को बढ़ाती है। गतिशीलता की वाहक संचार क्रान्ति ने हमारे भीतर के डर को और बड़ा किया है। सूर्यकान्त उपन्यास में सोचता है—'हम अपनी रफ़्तार के चलते अपने आसपास से वंचित रहते हैं। बहुत पैनी निगाह से अखिलेश बाज़ार की चालों का विश्लेषण करते हैं। वह लिखते हैं—"उसके मन में उठा—मन्नतें और मौत। शायद इस संसार का तम्बू इन्हीं दो होरों पर टँगा हुआ है। मन्नतें रक्तबीज की तरह होती हैं। एक के पूरी होने पर अनेक जन्म लेती है और मृत्यु ही उनकी उर्वरता का समापन कर पाती है।" दरअसल बाज़ार इन्हीं मन्नतों/इच्छाओं को उभारता है। वह विवेक की जगह इच्छा को केन्द्र में लाता है और मनुष्य को एक मशीनी उपभोक्ता में तब्दील कर देता है और ज़ाहिर तौर पर उपभोग की ललक मृत्यु के साथ ही समाप्त होती है। वैसे भी बाज़ार यह बताता है कि जो लोग ख़रीद नहीं सकते उनका जीना किसी काम का नहीं है। उन्हें मर जाना चाहिए था आत्महत्या कर लेनी चाहिए। बाज़ार हत्याएँ करता है। यह एक ऐसा समय है जिसमें सब कुछ बिकाऊ है। हम मोबाइल पर समय ख़रीदते हैं। विज्ञापन में समय ख़रीदा जाता है। खाद्य, पानी, समय, दुख और मृत्यु सब कुछ बिकाऊ है। शव यात्राओं के बीच में विज्ञापन होते हैं। सूर्यकान्त के कैंसर को समाचार चैनल बेचना चाहता है। क्रूर व संवेदनहीन समाज व समय के यही सच हैं। अखिलेश इस सच को पूरी शिद्दत से 'निर्वासन' में उभारते हैं। वह यह दिखाते हैं कि मनुष्य व मशीन के बीच फ़ासला लगातार कम होता जा रहा है। 'सूर्यकान्त के अलावा सिर्फ़ कंप्यूटर ही था जो नहीं सोया था और उसके इंटरनेट की सेज पर दुनिया चाक-चौबन्द, बनी-ठनी, विराजमान थी।' ज़ाहिर तौर पर मशीन की दुनिया झूठी व वर्चुअल है। यह एक ऐसा बाज़ार है, जहाँ 'खोटे सिक्कों को कोई जाँचता नहीं था, अंगीकार कर लेता था।'

सुल्तानपुर शहर के माध्यम से बाज़ारवाद के कारण हुए परिवर्तन को चित्रित करते हुए अखिलेश लिखते हैं—"दिलचस्प स्थिति थी कि कभी उसे लग रहा था मेरे वक़्त का क़स्बाई शहर बहुत ज़्यादा बदल गया है। और कभी उसे महसूस होता, वह वैसा का वैसा है, जस का तस। ग़ौर करने पर उसने देखा—दुकानों की भरमार हो गई है, सड़कें टूटी-फूटी जिनके दोनों ओर दुकानें ही दुकानें जो बड़े-बड़े शोरूमों से लेकर कोठरियों तक में थीं। दुकानों के सामने ठेले या पटरी पर कोई कुछ बेच रहा था।

थाह लेने पर पता चला कि शहर मोबाइल कम्पनियों के विज्ञापनों से रंगा हुआ था। उनके सुन्दर रंगीन दैत्याकार विज्ञापन स्कूलों, कचहरी, अस्पताल, डाकख़ाना, रेलवे स्टेशन, बस अड्डा आदि के सामने आगे-पीछे मुस्करा रहे थे। इनको टक्कर देने वाला कोई अन्य पदार्थ पृथ्वी पर था तो वह था शीतल पेय। दोनों एक-दूसरे से कम न थे लेकिन दोनों में कोई मुक़ाबला या जीत-हार का जोश नहीं था। दोनों जैसे एक ही नृत्य संरचना की नृत्यांगनाएँ हों। दोनों एक साथ थिरक-झूम रहे थे।" अर्थात् मार्केट का हर जगह बोलबाला है। किन्तु इन पंक्तियों के आगे जो अखिलेश लिखते हैं वह ज़्यादा भयावह सच को व्यक्त करता है। वह लिखते हैं कि "शहर में तहसील, स्कूल और कोतवाली नहीं बदले थे। अर्थात् स्टेट का चरित्र नहीं बदला है। तहसील और कोतवाली के माध्यम से स्टेट अपने पावर व हिंसा का नग्न प्रदर्शन आज ज़्यादा क्रूरता से कर रहा है तो स्कूलों के माध्यम से ऐसी पीढ़ी तैयार कर रहा है जो बाज़ार की एजेंट हैं। निश्चित तौर पर अखिलेश यहाँ स्टेट व बाज़ार के मनुष्य विरोधी गठजोड़ को उजागर करते हैं। बाज़ार यूनीफार्मिटी लाता है। वह विविधता को ख़त्म करता है। वर्तमान राज्य व्यवस्था भी यही चाहती है। इसी को चित्रित करने हेतु उपन्यास में अखिलेश ने चाची के घर में सभी चीज़ों का रंग एक जैसा ही दिखाया है। चाची अपनी पूरी संरचना में बाज़ार की एजेंट हैं। उस बाज़ार की जिसने मानवीय सम्बन्धों को सबसे ज़्यादा क्षति पहुँचाई है। उपन्यास में जब भी दो लोग बात करते हैं या किसी महत्त्वपूर्ण विषय पर बातचीत चल रही होती है मोबाइल की घंटी ज़रूर बजती है। यह भी दर्शाता है कि बेहद निजी मसलों में भी बाज़ार की पहुँच है व उसका हस्तक्षेप निजी जीवन में किस क़दर बढ़ा है। उपन्यास में अखिलेश की निगाह प्रतिरोध के स्पेस के सिकुड़ते जाने व नष्ट होते जाने पर भी है। कॉमरेड कोमल की दुकान जो एक ज़माने में क्रान्तिकारियों का अड्डा हुआ करती थी वहाँ अब प्रॉपर्टी डीलर का ऑफ़िस खुल गया है। और एक सरयूपारी ब्राह्मण वहाँ बैठता है। यह तथ्य यह दिखाता है कि मार्केट ने किस तरह से भारतीय पारम्परिक जाति व्यवस्था (ख़ासकर ब्राह्मण तबक़े से) गठजोड़ कर अपना वर्चस्व कायम किया है और प्रतिरोध के स्पेस को हस्तगत कर उन्हें नष्ट किया है।

निर्वासन में अखिलेश ने कास्ट, क्लास, जेंडर और रिलीजन का एक बृहत् डिस्कोर्स रचा है। ये चारों मुद्दे पूरे उपन्यास में साथ-साथ चलते हैं। कास्ट यानी जाति का मसला उपन्यास में सर्वाधिक केन्द्रीय है। सूर्यकान्त रामअजोर के परिजनों का पता लगाने के क्रम में जिस सच तक पहुँचता है वह यह कि रामअजोर के बाबा भगेलू पांडे वास्तव में कुम्हार थे। लेकिन इसका न तो उसके पास कोई प्रमाण है और न ही उपन्यास में इसकी गुंजाइश बनती है कि वह कहीं से प्रमाणित भी हो सकेगा। क्योंकि बाबा ने कभी अपनी जाति के बारे में बताया नहीं और कोई दूसरा उनकी हक़ीक़त जानता था। ऐसे में निश्चित रूप से यह कहा जा सकता है कि

अखिलेश ने ऐसी स्थितियाँ रची ही इसलिए क्योंकि उनके लिए भगेलू की वास्तविक जाति क्या है इससे ज़्यादा ज़रूरी इस डिस्कोर्स को उभारना था कि भारत में जाति व्यवस्था कितनी अटूट है। उसमें भी उसका सोपानीक्रम जिसमें आप नीचे से ऊपर जा ही नहीं सकते। ऊपर से नीचे भले आ जाएँ। इस व्यवस्था में कोई शूद्र कभी ब्राह्मण नहीं बन सकता। सोच भी नहीं सकता। शम्बूक का उदाहरण सबको पता है। इतना ही नहीं इस पूरे प्रसंग से अखिलेश की मंशा वर्तमान भारत में जाति की स्थिति के विमर्शों के साथ-साथ इंडियन डायस्पोरा या कि प्रवासी भारतीय जाति के बारे में क्या सोचते हैं इसको भी उभारने की कोशिश की है। हालत व हक़ीक़त यह है कि प्रवासी भारतीय समाज भारत को लेकर काफ़ी नॉस्टेल्जिक है। इसीलिए रामअजोर पांडे कहता है कि यह साबित करो कि जगदम्बा ब्राह्मण से कुम्हार कैसे हो गए। ज़ाहिर तौर पर यह साबित नहीं हो सकता क्योंकि न तो इतिहास में ऐसा हुआ है और न ही वर्तमान में ऐसा होने की गुंजाइश है। आख़िर विदुर दासी पुत्र ही रहे। बहरहाल! प्रवासी भारतीय यहाँ के सोशल प्रगति, तनाव, द्वन्द्व, सामाजिक न्याय की लड़ाई आदि से प्राय: अनभिज्ञ रहकर हिन्दू भारत से ही अपने को जोड़ते हैं, भारतीय हिन्दू अस्मिता के निर्माण का प्रयास भी करते हैं। करण जौहर की फ़िल्में, निर्मल वर्मा का लेखन इसी तरह के नॉस्टेल्जिक भावों को कैश करता है। प्रवासियों के लिए अब भी भारत का मतलब रामायण, गंगा, गीता ही है। भारतीय संविधान उसमें कहीं नहीं है। अखिलेश इस पूरे वृहत्तर फेनामिना को 'निर्वासन' में चित्रित करते हैं।

उपन्यास में अखिलेश ने चाचा-भतीजे की जोड़ी रची है। एक कथावाचक भी है। पारम्परिक भारतीय आख्यान शैली में श्रोता-वक्ता युग्म होते हैं। जिसमें नैरेटर कथा लिखते हुए इस प्रविधि का इस्तेमाल करता है। शुक-शुकी संवाद, तोता-मैना संवाद, भृंग-भृंगी संवाद, शंकर-पार्वती संवाद या कि रामचरितमानस के युग्म इसके उदाहरण हैं। निर्वासन में अखिलेश में इस पद्धति को थोड़ा बदला है। इसमें चाचा-भतीजा की जोड़ी कॉमिक सेंस भी रचित करती है और कथा में श्रोता-वक्ता युग्म नहीं अपितु पात्र-युग्म के रूप में हैं। लोक क़िस्सागोई पारम्परिक आख्यान शैली और वर्तमान नॉवेल शैली के मिले-जुले रूप से निर्मित यह पात्र देशजता व आधुनिकता दोनों का प्रतिनिधित्व करते हैं। यह हिन्दी उपन्यास में अखिलेश ने पहली बार किया है कि भविष्य ख़ुद वर्तमान में आकर अपनी कहानी सुना रहा है। अखिलेश 'निर्वासन' में सच से शुरू कर अगत्यात्मक होते हुए हमें भयावह सच तक ले जाते हैं। जातीय वर्चस्व व हिंसा को उन्होंने इस उपन्यास में उसके विविध रूपों में कई जगह अनावृत किया है। इस हिंसा के कितने रूप हैं इसका पता हमें तब चलता है जब हम उपन्यास में अकाल के दौरान निम्न जातियों के विद्रोह को दबाने के लिए सवर्णों की नाकेबन्दी व एकता देखते हैं और एक दूसरे प्रसंग में पण्डित द्वारा हरहू राम की हत्या के सन्दर्भ में इसे और घना पाते हैं।

अखिलेश वर्तमान दलित विमर्श से भी आहत और क्षुब्ध दिखते हैं इसीलिए वह इसके लिए इसके पुरोधाओं अम्बेडकर और फुले को कठघरे में खड़ा करते हैं। वैसे भी वर्तमान दलित विमर्श की स्थिति को देखते हुए यह ज़रूरी जान पड़ता है कि दलित चिन्तक अपनी आत्मालोचना इतिहास से लेकर आज तक की करें।

गौरी उपन्यास की महत्त्वपूर्ण स्त्री पात्र है। वह पूरे उपन्यास में एक स्वाभिमानी, सहृदय, प्रेम के प्रति समर्पित, रेडिकल स्त्री के रूप में उभरती है। गौरी को जिस तरह अपमानित कर सूर्यकान्त के पिता कुहरे की रात में गालियाँ देते हुए घर से बेदख़ल करते हैं वह इसे भूल नहीं पाती और पूरे उपन्यास में वह पीड़ा व आक्रोश से गुज़रती रहती है। गौरी को घर से बेदख़ल किये जाने का प्रसंग अपने भीतरी रचाव में तमाम स्त्री मुद्दों को समेटे हुए है। चाचा कहता है, "दरअसल औरत जाति और धर्म-इन तीनों के नाम पर बुजदिल, नरमदिल, नेकदिल भी ख़ौफ़नाक बन जाता है। एक डरपोक इनसान अपनी स्त्री के सामने बाघ बना रहता है। इसी तरह धर्म के नाम पर होने वाले दंगों को देखो, जो लोग रोज़मर्रा की ज़िन्दगी में घायल परिन्दा देखकर दुखी हो जाते हैं, चींटियों को आटा खिलाते हैं, बन्दरों को चना परोसते हैं वे भी इनसान के ख़ून की होली खेलने की बात करने लगते हैं... तो ये है वो ख़ुदा का बन्दा, परमेश्वर का सपूत जो दूसरे मज़हब के लोगों की लाशों को धरती का बिछौना बनाना चाहता है...। और जो जाति है न, शोर कम मचाती है... ख़ून भी कम बहाती है, ...पर भीतरी हिंसा करती है। ये मामूली से मामूली बात में मौजूद रहती है और बड़ी से बड़ी बात में भी। वाक़ई इसकी हिंसा दिखे भले न पर होती हर जगह है। जन्म से मौत तक चिपकी रहती है। लेकिन गौरी के मामले में तो चौथी ही चीज़ है... इसमें पिछली तीनों के जोखिम हैं और इनके अलावा भी बड़े ऊबड़-खाबड़ हैं।" दरअसल जाति, धर्म और लिंग का वर्चस्व मूलत: हिंसाधारित विमर्श है। यह अपने भीतरी रचाव में हिंसक हैं। गौरी के साथ जो चौथी चीज़ है वह यह कि वह स्त्री है। जिसे अपनी जाति-धर्म के बारे में स्पष्ट पता नहीं। उसे उसकी उस नानी ने पाला जो अकाल के दिनों में बेच दी गई थी। दरअसल इस पितृसत्ताक समाज में स्त्री की अपनी कोई अस्मिता नहीं होती। वह हमेशा पुरुष से निर्मित, परिभाषित होती है। पिता, पति, भाई आदि के हैसियत से उसकी, सामाजिक हैसियत तय होती है। उसकी योनिशुचिता का प्रमाण भी यही होते हैं। अपने दम पर जीवन-यापन करती आत्मनिर्भर स्त्री को हमेशा चालू (रेडी) माना जाता है। इसीलिए सूर्यकान्त को अवध नारायण कहते हैं—'जा साला जाँघ सहला रंडी की।' वस्तुत: अपनी स्वयं की अस्मिता रखने वाली स्त्रियों से यह पुरुषप्रधान समाज ऐसे ही ख़तरा महसूस करता है। वह जानता है कि प्रेम करने वाली स्त्रियाँ या कि स्वतंत्रचेता आत्मनिर्भर स्त्रियाँ इसके सामाजिक-सांस्कृतिक व यौनिक वर्चस्व के लिए ख़तरा हैं इसलिए वह इन्हें स्वीकार नहीं पाता। उन स्त्रियों को तो बिलकुल नहीं जो अपनी जड़ें

किसी स्त्री में तलाशती है और अपने होने को अपनी स्त्री वंशावली स्त्री परम्परा से निर्मित व परिभाषित करती हैं। ज़ाहिर तौर पर ऐसी स्त्रियाँ स्वतंत्रचेता व स्वाभिमानी होती हैं इसलिए यह पितृसत्ताक...पौरुष दम बड़े ही कुटिल व हिंसक तरीक़े से सर्वप्रथम उनके इसी आत्माभिमान को कुचलता है और इसके लिए वह सीधा हमला उनकी देह पर करता है। चाहे वह भौतिक हिंसा के रूप में हो या यौनिक अथवा शाब्दिक/देह को केन्द्र में रखकर दी गई गालियाँ स्त्री देह पर वर्चस्व व अधिकार को प्रदर्शित करती हुई पौरुष दम्भ को तृप्त करती हैं। वह पौरुष दम्भ जो स्त्री को देह, ख़ासकर योनि में रिड्यूस...करके देखता है। गालियाँ दी भले ही पुरुषों को भी जाएँ किन्तु निशाने पर स्त्री देह होती है। इसीलिए सूर्यकान्त को दी जानेवाली गाली उसके भीतर के पौरुष ग्रंथि को उभारने व उसे आहत करने दोनों का प्रयास होती हैं। चूँकि गौरी एक पढ़ी-लिखी चेतना सम्पन्न स्त्री है इसलिए वह इस पूरे षड्यंत्र को समझती है और यह सोचती है कि गाली भले ही सूर्य को दी जा रही हो किन्तु निशाने पर तो वो ही थी। वैसे भी उस समाज में स्त्री के प्रति दृष्टिकोण और हो ही क्या सकता है जिसमें अकाल में बेटियाँ ही बेच दी जाती थीं पर कहीं भी बेटे को बेचने का कोई उदाहरण न मिलता हो। स्त्री को शुरू से ही यह समाज पण्य वस्तु मानता रहा है। गौरी उपन्यास में यह बात उठाती है कि "वंश की आधारशिला पिता के ही कुल में नहीं गड़ी होती, उसका दूसरा सिरा माँ और उसके पुरखों की तरफ़ से भी प्रारम्भ होता है। क्या पिता ही श्रेष्ठ होता है? यह श्रेष्ठता क्या यह रहती है कि रक्त से बढ़कर वीर्य होता है।" इन्हीं सबको लेकर वह अपनी नानी के बारे में पता लगाने के लिए सूर्यकान्त को ई-मेल करती है। किन्तु उस पर सूर्यकान्त का जो जवाब है वह अद्‌भुत है। वह लिखता है—"अगर तुमको इतिहास से इतना अधिक लगाव है तो अपनी क्षमता और ज़रूरत के मुताबिक़ स्वयं एक इतिहास की कल्पना अथवा रचना कर लो। तुम पसोपेश में हो कि इतिहास की कल्पना कैसे हो सकती है? दरअसल सारे इतिहास एक तरह से गढ़ंत ही होते हैं जिसमें कुछ सच्चे नामों, स्थानों, तिथियों की मदद से सत्ता अपनी क्षमता और ज़रूरत के अनुसार किसी गढ़ंत को ही रचती है। तुमको—जिसका अपना कोई इतिहास नहीं है—कुछ झूठे नामों, स्थानों और तारीख़ों का इस्तेमाल करते हुए एक सत्य निर्मित करना चाहिए। इतिहास से बेदख़ल किये गए लोगों का अपना इंतक़ाम लेने का यही तरीक़ा होता है।" यहाँ दरअसल अखिलेश अब तक के इतिहास-लेखन को प्रश्नांकित करते हैं किन्तु सबाल्टर्न इतिहास-लेखन को भी क्लीन चिट नहीं देते। वह भी एक गढ़ंत ही है जिसकी अपनी राजनीति, सामयिकता, कालबोध है। वैसे भी बेकन ने लिखा है—'रिवेंज इज ए काइंड ऑफ़ वाइल्ड जस्टिस'। इसलिए जब सत्य निर्मित किया जाता हो चाहे वह जिस भी कारण से हो, अन्तिम सत्य किसी को नहीं माना जा सकता, सबाल्टर्न इतिहास-लेखन को भी नहीं।

चाचा 'निर्वासन' का सर्वाधिक प्रगतिशील, आधुनिक भावबोध सम्पन्न व चेतस पात्र है। चूँकि उसकी अध्ययन की एक लम्बी रुचि रही है जो क़स्बे की दुकान व लाइब्रेरी से होती हुई कॉलेज तक पहुँचती है इस कारण वह चीज़ों के बारे में अपनी राय (तार्किक राय) कायम करता है। 'बतर्ज़ हिन्द स्वराज' अध्याय में अखिलेश चाचा के माध्यम से पूरी की पूरी सभ्यता समीक्षा प्रस्तुत करते हैं। प्रश्नोत्तर शैली में लिखे गए इस अध्याय में भतीजे के हर सवाल के जवाब में चाचा जो कहता है वह इस सभ्यता का क्रूर सच है। चाचा आधुनिकता विरोधी नहीं है। वह हमेशा नयेपन को गले लगाता रहा है। किन्तु वह इस विकास की हक़ीक़त समझ गया है। करोड़ों वृक्षों का वध कर बनाए गए राजमार्ग को वह सुन्दर मानने को तैयार नहीं। वह कहता है—"आजकल विकास अपने आप में साध्य हो गया है। मैं कहता हूँ साध्य है मनुष्य की बेहतरी और विकास इसका उपाय है लेकिन इन दिनों पहिया उलटा घूम रहा है।" इसलिए विकास के बारे में उसका मत है, "...इस तरह उत्पादन बढ़ाओ कि स्वाद बचा रहे या बेहतर हो जाए। संसार की हर प्रिय वस्तु का रूप, रस, गंध, स्पर्श बचाते हुए तरक़्क़ी की मंज़िलें हासिल हों, ऐसी कोशिश क्यों नहीं होनी चाहिए? विकास करो, जमकर करो पर अच्छी चीज़ों को खोकर उसे पाना अक़्लमन्दी नहीं है।" चाचा के लिए दूसरों की ख़ुशी के लिए मिटना ही ऊँचे उठना है। वस्तुत: चाचा इस समय के सच को जान रहा होता है, तार्किक रूप से समझता है किन्तु वह इस भयानक व्यवस्था के शरीर पर एक खरोंच भी नहीं लगा पाता। वह जानता है कि इस अर्थकेन्द्रित उपभोगवादी व्यवस्था में उसकी ऊँची हैसियत कितनी तुच्छ है इसलिए वह अहिंसक प्रतिरोध के रास्ते अपने ढंग से निकलता है। वह इस समय के होने को ही इनकार कर देता है। कहीं न कहीं अतीत में चला जाता है किन्तु अखिलेश बहुत सचेत ढंग से यह दिखाते हैं कि आज की समस्याओं का समाधान अतीत या पुनरुत्थान नहीं है। वह क्या है यह निष्कर्ष देने से अखिलेश बचे हैं। मेफ़ेयर रजिस्टर के पन्ने कोरे हैं समय उन पर कई इबारत लिखेगा। प्रतिरोध व संघर्ष का रास्ता क्या होगा यह आगे तय होगा, नई पीढ़ी तय करेगी।

इस उपन्यास में अखिलेश ने मानवीय सम्बन्धों का अद्‌भुत ताना-बाना रचा है। देवदत्त, कामना, नूपुर, चाची उनके बच्चे आदि पात्र या कि गोसाईंगंज के तमाम जाति समूह, जिनके सम्बन्ध पैसे से तय होते हैं। अमेरिका जाने की ललक पाले यह सब लोग गप्प कथा गढ़ने में माहिर हैं। रिश्ते-नातों से लेकर गांधी, योग, आयुर्वेद, धर्म तक को विश्व बाज़ार में बेचने को आतुर इन लोगों के पास अपने-अपने तर्क व कहानियाँ हैं। दिलचस्प यह है कि शहर के तथाकथित सीधे-साधे लोग हों या शहर के परम्परा-आधुनिकता के बीच में झूलते लोग, अमेरिका प्रेम सबका देखने लायक है। इच्छा की केन्द्रीयता का यह समाज विवेक को तिलांजलि दे चुका है। इस उपन्यास को अखिलेश ने ह्यूमर, सेटायर, विट आदि का प्रयोग कर एक सिटिंग

में पढ़े जाने हेतु विवश करने वाला बनाया है। पूरा उपन्यास आद्योपान्त हँसाता है। जगदम्बा का पादना हो या उनका ज़्यादा खाना, सब इसे रोचक बनाए रखते हैं। कथाकार इस मामले में सचेत है कि जगदम्बा का पादना या उनकी बेइंतहा भूख को पाठक रचनाकार की संवेदनहीनता न समझ ले इसलिए वह कहते हैं कि भूख के समाजार्थिक कारण रहे हैं। ग़रीबी के ही गोमुख से जगदम्बा का यह दर्दनाक जीवन निकला है। उपन्यास की गढ़न यह कि कथा का सिरा जहाँ से अखिलेश शुरू हुआ जीवन व समय का चक्र जगदम्बा के यहाँ चाक व मिट्टी के विस्थापन से पूरा होता है। अनिवार्यत: उस कला व मिट्टी की बेदख़ली होती है जिसको कुम्हार से पांडे हो जाने व भारत से सूरीनाम पहुँच जाने के बावजूद भगेलू ने ज़िन्दा रखा था। वह कला अपने ही देश व माटी में बेदख़ली भुगतती है, यही आज की व्यवस्था की सबसे निर्मम विडम्बना है। प्रधान द्वारा बोली जानेवाली शुद्ध हिन्दी व उसका पूरा व्यक्तित्व जहाँ इससे पैदा करता है वहीं यह भी दिखाता है कि गाँव व राजनीति कितना बदल चुके हैं। अखिलेश की भाषा में चुहलबाज़ी मौजूद है जो लोकशैली का एक महत्त्वपूर्ण तत्त्व है। अखिलेश ने पारम्परिक कथा शैली की बेदख़ली पर भी उपन्यास में मार्मिक दृश्य खींचा है। आजकल टी.वी. ने पारम्परिक कहन शैली को बदल दिया है। शब्द की जगह दृश्य की प्रधानता वाला यह उपकरण एलियनेशन को बढ़ावा तो देता ही है साथ ही इतनी गति समेटे हुए है कि किसी भी चीज़ को ज़्यादा समय तक मस्तिष्क में टिकने नहीं देता। निर्माण-नाश की इसकी प्रक्रिया बहुत तेज़ है। ऐसे में दादी का अकेलापन सिर्फ़ दादी का अकेलापन नहीं वरन उस पारम्परिक क़िस्सागोई की भी बेदख़ली है जिसमें हुँकारी के माध्यम से दर्जनों श्रोता एक वक्ता से संवाद कायम किये रहते थे। कई-कई रातों तक समूह में क़िस्से कहे-सुनाए जाते थे। अब न तो इतना वक़्त है और न ही किसी की रुचि। ज़ाहिर तौर पर ऐसे में अखिलेश ने इस वर्तमान कहन पद्धति के प्रति इस उपन्यास की संरचना के माध्यम से अपना प्रतिरोध दर्ज कराया है। उपन्यास की गति उन्होंने बहुत तेज़ न रख के कुछ मद्धिम रखी है और इसको पढ़ते हुए पारम्परिक क़िस्सागोई का जो सुख मिलता है वह इसके कम गति के कारण भी है।

इतना विश्वसनीय व प्रामाणिक चित्रण दुर्लभ है। इस उपन्यास में अखिलेश ख़ुद तो आख्यान के भीतर आख्यान गढ़ते ही हैं, उनके पात्र भी आख्यान निर्माण में निपुण हैं। यह भारतीय व लोक पर अखिलेश के पकड़ का शानदार नमूना है। बतरस तो उनकी संरचना में निहित है ही।

'निर्वासन' : बीच राह में यूँ खड़े रह जाने की त्रासदी

—आशुतोष

एक ख़ास सत्य के निर्माण में अनेक छोटी-छोटी सचाइयों का ख़ून-पसीना शामिल रहता है इसलिए किसी इनसान, स्थान, अथवा घटना का यथार्थ जानने की ज़रूरत आन पड़े तो उसे महायथार्थ के रूप में नहीं छोटे-छोटे खंडों में बाँटकर देखना चाहिए।... यथार्थ को पहचानना नहीं जानना है तो उसको मुकम्मिल में नहीं उसके अनगिनत टुकड़ों में बारीकी से देखो।... किसी भी असलियत का साक्षात्कार करना है तो उसे ऐसी दूरबीन से देखो जिससे उस पार स्पष्ट कुछ नहीं दिखता। सब कुछ धुँधला, अमूर्त, मटमैला सा झिलमिल झिलमिल करता हुआ—यहीं से असलियत उग रही होगी—आकार लेती हुई।

उपरोक्त विचार सूर्यकान्त ने अपने मेफ़ेयर रजिस्टर में कुछ साल पहले दर्ज किया था। सूर्यकान्त अखिलेश के सद्यःप्रकाशित उपन्यास 'निर्वासन' का प्रमुख पात्र हैं। अखिलेश ने सूर्यकान्त के उस मेफ़ेयर रजिस्टर के बारे में लिखा है कि 'उसने मेफ़ेयर रजिस्टर में इतने दिनों से और इतने दिनों तक अपने दिल और दिमाग़ को निचोड़ा था कि वे रजिस्टर सिद्ध हो चुके थे शायद। पर्यटन विभाग और सम्पूर्णानन्द से टकराव जैसे प्रसंगों को छोड़ दें तो कई मौक़ों पर सूर्यकान्त के गाढ़े वक़्त में वे मेफ़ेयर रजिस्टर किसी उपाय, किसी रास्ते, किसी आसानी का इशारा कर जाते थे।' सूर्यकान्त के मेफ़ेयर रजिस्टर में दर्ज ब्योरों के बारे में लेखक के इस विश्वास ने ही मुझे प्रेरित किया कि मैं भी 'निर्वासन' उपन्यास के अन्तर्वस्तु तक पहुँचने के लिए उसी प्रविधि का सहारा लूँ, जिस तरह उपन्यास में सूर्यकान्त अमेरिकावासी रामअजोर पांडे के वंश वेल की खोज गोसाईंगंज में करता है।

सबसे पहले 'निर्वासन' के बारे में। दरअसल 'रिफ़्यूजी', 'माइग्रेशन' और 'डिस्प्लेसमेंट' इन तीनों के मूल में 'निर्वासन' है। जिसमें व्यक्ति या चीज़ें अपनी स्वाभाविक जगह से अलग हो जाती हैं या कर दी जाती हैं। इन दोनों में दबाव कार्य करता है।

कभी यह दबाव निर्वासित हुई चीज़ों के भीतर से परिस्थिति वश उत्पन्न होता है और कभी यह दबाव बाहर से कार्य करता है। राजनीतिक कारणों से एक देश से निर्वासित दूसरे देश में शरण लेते हैं जिन्हें 'रिफ़्यूजी' कहा जाता है। ऐसे ही दंगा, उपद्रव, प्राकृतिक आपदा या रोज़गार आदि किसी कारण से एक देश के भीतर एक स्थान से दूसरे स्थान पर लोगों का जाना 'माइग्रेशन' कहा जाता है और विकास आदि परियोजनाओं के कारण अपनी पारम्परिक जगह छोड़ने को 'डिस्प्लेसमेंट' कहा जाता है। आमतौर पर 'रिफ़्यूजी' और 'माइग्रेशन' पुरानी अवधारणा है किन्तु 'डिस्प्लेसमेंट' एक नया टर्म है। इसीलिए संयुक्त राष्ट्र की एक कमेटी United Nation High Commission of Rifuge (UNHCR) 'रिफ़्यूजी' के अधिकारों की रक्षा एवं आंशिक रूप से 'माइग्रेशन' पर बात तो करती है। किन्तु उसकी चिन्ताओं में 'डिस्प्लेसमेंट' शामिल नहीं था। कारण यह भी हो सकता है कि उक्त कमेटी के गठन के समय 'डिस्प्लेसमेंट' की समस्या सतह पर नहीं आई थी। लेकिन हाल के दिनों में 'डिस्प्लेसमेंट' पर भी व्यापक विमर्श शुरू हो चुका है। इन तीनों स्थितियों में परिवार-समाज, देश से व्यक्ति और व्यक्ति से परिवार-समाज, देश का निर्वासन तय है। वास्तव में यदि अपने समय और समाज की दिशा और दशा को तार्किक दृष्टि से देखा जाए तो हम आसानी से इस सचाई तक पहुँच सकते हैं कि निर्वासन, बेदख़ली या विस्थापन हमारे समय की सबसे कठोर सत्य है। यह निर्वासन या बेदख़ली हमारे समय और समाज में इतने स्तरों पर घटित होती है कि हम अपनी रोज़मर्रा के जीवन में यह नहीं जान पाते कि कब और कैसे, कौन सी चीज़ हमारे जीवन व समाज से बेदख़ल कर दी गई है। कई बार तो हम उन चीज़ों की उपस्थिति के बावजूद उनके अस्तित्व से अनजान रह जाते हैं। अखिलेश का उपन्यास 'निर्वासन' इस बेदख़ली को तमाम रूपों में चित्रित करता हुआ बेदख़ली के कारणों, उसके पीछे के कारण तत्त्वों/तंत्रों, उसके इतिहास-भूगोल के साथ-साथ उसके पॉलिटिकल इकोनॉमी को भी पाठकों के समक्ष खोलता है। भारतीय समाज किस तरह इस पूरे चक्र में फँसकर बदल रहा है, संवेदनहीन हो रहा है, प्रतिरोध का स्तर क्या है? यदि नहीं है तो क्यों नहीं है? युवाओं के आकांक्षाओं व सपनों का क्या हुआ? वर्तमान को लेकर युवाओं के मन में किस तरह का द्वन्द्व है? आज के समय में हो रहे समाजार्थिक परिवर्तनों के प्रति युवा वर्ग की प्रतिक्रिया है? ये प्रश्न अखिलेश के उपन्यास 'निर्वासन' के केन्द्र में है।

अखिलेश ने अपने नये उपन्यास 'निर्वासन' में मनुष्य जीवन की इस ट्रेजडी जो कि आज उसकी नियति बन गई है, को एक बड़े फ़लक पर उठाया है। साथ ही वे निर्वासन की इस प्रक्रिया में व्यक्तियों का आत्मनिर्वासन, भाषा, संस्कृति और वस्तुओं के भी निर्वासन को दर्ज करते हैं। 'ग्लोबलाइज़ेशन के इस दौर में परिवर्तन की गति इतनी तीव्र, मारक व हिंसक रही है, गाँवों, क़स्बे, परिवार, शहर, समाज समेत

सभी संरचनाएँ इससे बुरी तरह प्रभावित हुई हैं। समाज में हिंसा, उन्माद, नफ़रत में बढ़ोतरी हुई तो राजनीति में साम्प्रदायिक शक्तियाँ सत्ता के केन्द्र में हैं। पूँजी, राज्य, धर्म व राजनीति के गठजोड़ ने पारम्परिक भारतीय समरस सामाजिक संरचना को छिन्न-भिन्न करके रख दिया है। इस गति आधारित हिंसक व्यवस्था में ऐसी तमाम चीज़ों की बेदख़ली तय है जो गति के साथ तालमेल नहीं बना पाती या अपने जातीय प्रतिरोधी चरित्र की वजह से इस हिंसक, मनुष्य विरोधी परिवर्तन को स्वीकार नहीं करतीं। मसलन शब्द, भावनाएँ, सामाजिक समरसता, पारम्परिक क़िस्सागोई, मनोरंजन के पारम्परिक तरीक़े व साधन आदि तमाम चीज़े हैं जिनकी बेदख़ली उनकी नियति है।'

'निर्वासन' उपन्यास में निर्वासन की कई सारी स्थितियाँ वर्णित हैं। व्यक्ति से लेकर वस्तु जगत तक के कई सारे पात्र और प्रसंग विभिन्न कारणों से निर्वासित हैं। सूर्यकान्त जो कि उस उपन्यास का प्रमुख पात्र है, वह गौरी से प्रेम करता था और उसी प्रेम के चलते पिता द्वारा रात के अँधेरे में गरदन पकड़कर घर से निर्वासित कर दिया गया।

उपन्यास का दूसरा महत्त्वपूर्ण पात्र अमेरिकावासी रामअजोर पांडे है। जिसके बाबा भगेलू पांडे बरसों पहले उ.प्र. के गोसाईंगंज से गिरमिटिया मज़दूर के रूप में सूरीनाम गए थे। एक बार अपने गाँव-घर, देश से निर्वासित हुए तो फिर लौटकर नहीं आए। अब बरसों बाद उनका पोता रामअजोर पांडे भारत में अपनी मातृभूमि और अपने बाबा के कुटुम्ब की खोज में आया है। वह अपने परदादा और उनके मूल परिवार की जीवनी भी लिखवाने की इच्छा रखता है।

एक और पात्र है जिसे चाचा के नाम से सम्बोधित किया गया है। वह रिश्ते में सूर्यकान्त का चाचा है किन्तु विचार-व्यवहार में उसका दोस्त ज़्यादा है। चाचा एक तरह से इस उपन्यास का वैचारिक प्रतिनिधि स्वर है। वह आधुनिक विकास और जीवन-शैली के प्रतिरोध में घर-परिवार से निर्वासित होकर अपने एक वैकल्पिक संसार में रह रहा है। साथ ही सम्पूर्णानन्द बृहस्पति और बहुगुणा जैसे भी पात्र हैं जो घोर दुनियादार और सफल हैं। सम्पूर्णानन्द बृहस्पति उस पर्यटन निदेशालय का अध्यक्ष है जिसमें सूर्यकान्त डिप्टी डायरेक्टर के तौर पर तैनात है। जिसकी अपने अध्यक्ष सम्पूर्णानन्द बृहस्पति से विचार-व्यवहार सभी स्तरों पर मतभेद है। बहुगुणा पत्रकार है। वह अपने पेशे और जीवन की समृद्धि के लिए साम-दाम-दंड-भेद सभी प्रकार के नुस्खों में पारंगत है किन्तु सूर्यकान्त के साथ अपनी मैत्री को लेकर सजग और ईमानदार है। बहुगुणा ने ही सूर्यकान्त को रामअजोर पांडे से मिलवाया था।

निर्वासन का दंश मनुष्य ही नहीं मनुष्येतर जगत भी भुगत रहा है। सुल्तानपुर के अपने पैत्रिक घर से निर्वासन के बरसों बाद जब सूर्यकान्त सुल्तानपुर लौटता है तो रात के अँधेरे में सड़क पर बेतरतीब बैठे जानवरों को देखता है।

रिक्शेवाले से पता चलता है कि गाँवों में ट्रैक्टर आदि आधुनिक संयंत्रों के आगमन के साथ कृषि की पारम्परिक पद्धतियाँ और साधन निर्वासित हो चुके हैं। हल चलाने वाले बैल, कम दूध देने वाले गाय-भैंस अब किसी के काम के नहीं हैं। 'इसलिए उनको गाँव से खदेड़ दिया जाता है। भागकर वे दूसरे गाँव जाते हैं, वहाँ से भी खदेड़ दिये जाते हैं। आख़िरकार शहर में भटकने, पिटने, मार खाने, जलील होने के लिए चले आते हैं।' निर्वासितों की शृंखला यहीं तक नहीं हैं। इसमें भाषा-बोली का वह जातीय स्वरूप भी है जो आज निर्वासित हो गए हैं या कर दिये गए हैं। जिन्हें सूर्यकान्त अपने उसी मेफ़ेयर रजिस्टर में दर्ज किये हुए। अखिलेश ने सूर्यकान्त के मेफ़ेयर रजिस्टर में दर्ज ऐसे चौरासी देशज शब्दों (इनारा, हेंगा, रहट, बरधा, मेहरारू, मनई जैसे) की एक सूची दी है। हमारी भाषा से निर्वासित शब्दों की यह सूची और भी लम्बी हो सकती है और है भी किन्तु सूर्यकान्त के रजिस्टर में दर्ज शब्दों की संख्या का चौरासी होना यूँ ही है या फिर इसका कोई ख़ास अभिप्राय है। जो लोग 'निर्वासन' उपन्यास को अपठनीय मानते हैं उन्हें अपनी पठनीयता का संस्कार करने के लिए इस संयोग को देखना चाहिए। सूर्यकान्त के चाचा अपने युवा दिनों में बलवंत कौर से प्यार करते थे। किन्तु वो अक्टूबर 84 ही था जब इंदिरा गांधी का क़त्ल हुआ था। वो अक्टूबर 84 ही था जब सुल्तानपुर में सिख विरोधी दंगा हुआ था। वो अक्टूबर 84 ही था जब बलवंत कौर के बापू और बड़े भाई को ज़िन्दा जला दिया गया था। वो अक्टूबर 84 ही था जब बलवंत कौर आख़िरी बार चाचा से मिली थी। वो अक्टूबर 84 ही था जब हमेशा-हमेशा के लिए चाचा की ज़िन्दगी से बलवंत कौर और उनका प्रेम निर्वासित हो गए। सूर्यकान्त के मेफ़ेयर रजिस्टर में दर्ज निर्वासित देशज और आत्मीय शब्दों की संख्या भी 84 ही है। और सूर्यकान्त को अपने चाचा से लगाव भी बहुत है। इस प्रसंग में और कुछ कहने से ज़्यादा बेहतर है कि मैं बतौर साक्ष्य काशीनाथ सिंह जी के इस बयान को प्रस्तुत करूँ कि 'फ़िलहाल हिन्दी में गिने-चुने कथाकार हैं जो कलाकार भी हैं और इस मामले में अखिलेश का जोड़ नहीं।' घर में टी.वी. के आने के बाद पुरानी क़िस्सागोई, कथा-कहानियाँ, क़िस्से आदि के निर्वासन के साथ दादी के अप्रासंगिक हो जाने की व्यथा हो या फिर कॉमरेड कोमल की दुकान बन्द होने के साथ ही समाज में परिवर्तनकामी विचारों का निर्वासन हो, अखिलेश की निगाह से कुछ भी ओझल नहीं होता। वीरेन्द्र यादव इसे 'लेखक की सामाजिक भूमिका का निर्वहन' कहते हैं।

बदलते क़स्बाई यथार्थ और एक क़स्बे के शहर में रूपान्तरण की प्रक्रिया को अखिलेश जिस तरह उठाते हैं उसको समझने के लिए एक समाजशास्त्रीय प्रविधि की आवश्यकता है। उपन्यास का स्वर यह है कि निर्वासन को सभ्यता ने बढ़ावा दिया है। जिसको स्पष्ट करने के लिए अखिलेश ने उपन्यास में एक ख़ास अध्याय 'बतर्ज़ हिन्द स्वराज' में चाचा जैसे पात्र को सहारा प्रस्तुत करते हैं।

चाचा का गांधीवादी प्रयोग एक तरह से आज की सभ्यता का प्रतिरोध ही है। 'बतर्ज़ हिन्द स्वराज' आधुनिक विकास के विरुद्ध चाचा की ओर से पेश किया गया एक तरह का महाकाव्यात्मक निजी अध्यादेश है। चाचा ने अपने घर में जुटाए गए आधुनिक संसाधनों और सुविधाओं को अपनी पत्नी-बच्चों के हवाले कर अपना एक अलग ठेठ स्वायत्त देशज संसार निर्मित कर लिया है। उस घर में चाचा के द्वारा जुटाई गई चीज़ों के बारे में जब सूर्यकान्त प्रश्न करता है तो चाचा कहते हैं—'वे ग़ायब नहीं हुई हैं।... वे अपनी-अपनी जगह से धकेल दी गई हैं। मैं समझ रहा हूँ तुम्हारी बात। ये देसी आम, ये बरतन, ढिबरी, लालटेन, ये सिकहर, ये सिल-लोढ़ा, ये सब इसी भारत देश में हैं पर अपनी जगह से धक्का दे दिये गए हैं। ये ऐसे अँधेरे में गिर गए हैं कि तुम लोगों को दिखाई नहीं देते। पर ये हैं।' चाचा आधुनिक सभ्यता, आधुनिक विकास, अमेरिकी संस्कृति का विरोध कथनी ही नहीं करनी के स्तर पर भी करते हैं। आज की सम्यता की गतिशीलता के बारे में वे कहते हैं कि 'स्पीड आज की सभ्यता की बुनियाद है। कम्प्यूटर, वाहन, ज़िन्दगी, तरक़्क़ी सभी में ख़ूब स्पीड हों अच्छी बात है, क्योंकि गति में सौन्दर्य भी है। तेज़ दौड़ते हुए हिरन सबको सुन्दर लगते हैं लेकिन क्या शिकारी के ख़ौफ़ से भागते हुए हिरन भी वैसे ही सुन्दर होते हैं। असलियत यह है कि ये लोग भाग रहे हैं—स्पीड में, शिकारी के डर से दौड़ लगा रहे हैं। ये और बात है कि इन्हें ये बात पता नहीं है। ये जानते नहीं कि इनका आखेट हो रहा है। मेरे प्रिय भतीजे! आसमान में उड़ता पक्षी और बन्दूक़ से निकली गोली की रफ़्तारों को एक ही तराज़ू में नहीं तौल सकते तुम।' तो वहीं ख़ुद के आधुनिकता विरोधी होने के सवाल पर कहते हैं कि 'ये कौन सा आधुनिकपन है रे। आधुनिकता वह है जिसके सामने पुराना मिट जाने में बेहतरी समझे। वह अपने आप चली जाए। जो आधुनिकता पुराने को ज़बरदस्ती मिटाती है, तबाह करती है—पुराने को बरबाद करके क़ाबिज़ होती है वह सच्ची आधुनिकता नहीं है। जो ताक़त, छल, भ्रम, धन और क्रूरता के बल पर अपने को स्वीकार कराता है वह दमनकारी होता है, आधुनिक नहीं।' आधुनिकता के सन्दर्भ में चाचा के इस विचार के पीछे गांधी जी के उस बात की अनुगूँज है जिसमें गांधी जी आधुनिकता के बाबत पूछे जाने पर एक व्यंग्यपूर्ण मुस्कराहट के साथ कहते हैं कि यह एक दिलचस्प विचार है—'इट इज एन इंटेरेस्टिंग आइडिया। चाचा अमेरिका के प्रति उमड़े प्रेम को भी प्रश्नांकित करते हैं तो विकास की आधुनिक परियोजनाओं को हिंसक और मनुष्य विरोधी मानते हैं। 'बतर्ज़ हिन्द स्वराज' में वर्णित चाचा-भतीजे का संवाद कुछ-कुछ नव आज़ाद भारत के भावी स्वरूप को लेकर हुए गांधी-नेहरू संवाद की तरह है।

आज भारत के विकास के लिए अमेरिकी नीतियों को महत्त्वपूर्ण मानना वैसा ही ऐतिहासिक भ्रम है जैसा कि तब सामन्तवाद के पतन और पूँजीवाद के विकास के लिए उपनिवेशवाद को अनिवार्य माना जाता था। इस मत को स्वीकार करने का

तात्पर्य यह मानना है कि पूँजीवाद का विकास उत्पादन-पद्धति के अपने अन्तर्विरोधों की वजह से नहीं, बल्कि विदेशी हस्तक्षेप से होता है। यहाँ ग़ौरतलब है कि वही नेहरू जी जो भारत के विकास के लिए ग्राम स्वराज को ज़रूरी नहीं मानते थे, बाद में स्वीकार करते हैं कि हिन्दुस्तान के ज़्यादा आज़ाद और ख़ुशहाल होने के लिए ब्रिटिश उपनिवेशवाद को स्वीकार करना अनिवार्य नहीं था। वे कहते हैं कि 'यह बात कल्पना में आने वाली नहीं है कि अगर ब्रिटेन ने (उसी के शब्दों में) हिन्दुस्तान का यह बोझ न सँभाला होता और इतने लम्बे अरसे तक ख़ुदमुख़्तारी की मुश्किल कला, जिससे हम इतने ग़ैर-वाक़िफ़ थे, सिखाने की कोशिश न की होती तो हिन्दुस्तान न महज़ ज़्यादा आज़ाद और ख़ुशहाल होता, बल्कि विज्ञान और कला में और उन सभी बातों में जो ज़िन्दगी को जीने के क़ाबिल बनाती हैं, कहीं ज़्यादा तरक़्क़ी कर चुका होता।' नेहरू जी की यह स्वीकारोक्ति एक तरह से औपनिवेशिक नीतियों और मानसिकता की सटीक आलोचना है तो वहीं दूसरी तरफ़ भारतीय स्वत्व-बोध का जागरण भी है। अमेरिकी नीति, संस्कृति, विकास की आधुनिक अवधारणाओं के प्रति चाचा की आलोचना भी भारतीय स्वत्व-बोध और मनुष्यता का जागरण है।

आज के समय के ख़तरों की पहचान करते हुए एन्थोनी स्मिथ ने अपनी पुस्तक 'द जिओपॉलिटिक्स ऑफ़ इंफॉरमेशन : हाउ वेस्टर्न कल्चर डॉमिनेट्स द वर्ल्ड' में कहा है कि 'बीसवीं सदी के आख़िरी वर्षों में नये इलेक्ट्रॉनिक्स मीडिया से आज़ादी को ख़तरा पुराने उपनिवेशवाद के मुक़ाबले कई गुना ज़्यादा है। इस नये मीडिया में पश्चिम की किसी भी पुरानी टेक्नॉलॉजी से कहीं अधिक ग्राही संस्कृतियों के अन्दर की गहराइयों में प्रवेश करने की अद्भुत क्षमता है। उसके परिणाम विकासशील देशों के आन्तरिक अन्तर्विरोधों को तीव्र कर अत्यन्त विनाशकारी साबित हो सकते हैं।' यहाँ देखा जा सकता है कि इस नये इलेक्ट्रॉनिक्स मीडिया के प्रति आग्रह और उसकी अनिवार्यता को तथाकथित आधुनिक मानसिकता ने ही अपरिहार्य बनाया है। विकास की इसी धारणा ने भारत का विकास नहीं किया बल्कि विकास का असन्तुलन पैदा किया है। पिछले साठ साल से हम हरित क्रान्ति, बड़े बाँध, कोयला खनन, खनिज खनन, विशेष आर्थिक क्षेत्र (सेज) जैसे विकास के बड़े उपायों के साथ भारत की समृद्धि का स्वप्न देख रहे हैं। विकास की ये सारी योजनाएँ आयातित हैं। इसलिए इनको लागू करते ही इनके दुष्परिणामों के चलते इन योजनाओं का भारी विरोध भी हो रहा है। बाज़ार केन्द्रित आधुनिकता ने प्रत्येक चीज़ को मॉल में और प्रत्येक मनुष्य को उपभेक्ता में बदल दिया। वस्तुओं और मनुष्यों की क़ीमत उनके उपभोग मूल्य से ही तय की जा रही है। इसी मानसिकता ने हमें रोज़गार, पर्यावरण, नागरिक अधिकार आदि के लिए राज्य के भरोसे कर दिया। इसी का लाभ उठाते हुए सरकारें हमारे अधिकारों को भी सुविधा की तरह हमें देकर अपनी पीठ थपथपा रही हैं।

पीपीपी द्वारा प्रेरित विकास को जी.डी.पी. नाप रही है। समाज एक जैविक इकाई है इसको और इसकी समृद्धि को आँकड़ों में मापने की प्रविधि औपनिवेशिक है। जिसने बहुत लोगों की क़ीमत पर कुछ लोगों का विकास किया है। इस तरह के विकास में त्रुटियाँ हैं। इस मानसिकता से किया गया विकास विकास कम विनाश ज़्यादा है।

औपनिवेशिक मानसिकता के तहत विकास की आयातित प्रारूपों की सचाई के बारे में सेनगुप्त आयोग की रिपोर्ट (2008) यह है कि देश के 42.3 करोड़ लोग असंगठित क्षेत्र में काम करते हैं, जो कुल श्रमशक्ति का 92.4 प्रतिशत है। आज़ादी के साठ सालों के योजनाबद्ध विकास और पिछले डेढ़ दशक के वैश्वीकृत विकास के बावजूद देश के 7.6 प्रतिशत से ज़्यादा लोगों को संगठित क्षेत्र में रोज़गार नहीं मिल पाया है। दूसरी ओर भारी उद्योगों को बढ़ावा देने के लिए विशेष आर्थिक ज़ोन जैसी कर राहतें और प्रोत्साहन की नीति ने भारत में विषमता और विस्थापन की नई लहर तथा संकट पैदा किया है। किन्तु औपनिवेशिक सोच वाली सरकारों ने भारत के विकास के लिए विदेशी पूँजी को अपरिहार्य माना। 21 जनवरी, 1988 के 'टाइम्स ऑफ़ इंडिया' में प्रकाशित एक विवरण के अनुसार 1957 से जून 1987 तक विदेशी पूँजी के सहयोग से उद्योग चलाने के कुल 10,973 समझौते हुए, सालाना औसत 36,572 समझौतों का हुआ अर्थात प्रतिदिन एक समझौता किया गया। विकास के लिए विदेशी पूँजी को आवश्यक मानने की इसी नीति के कारण आज प्रत्येक भारतीय पर लाखों का विदेशी क़र्ज़ है। दूसरे यह कि साम्राज्यवादी ताक़तें समाजवादी देशों को आर्थिक सहायता देकर वहाँ के साम्राज्य-विरोधी वातावरण को कमज़ोर करती हैं। इस तरह विकास का अमेरिकी मॉडल प्रत्येक प्रकार से अनुपयुक्त है। किन्तु सरकारें हैं कि विकास के लिए पीपीपी को सबसे महत्त्वपूर्ण विचार मान रहीं हैं। आश्चर्य नहीं हैं कि सरकार का पोषित कारिन्दा सम्पूर्णानन्द बृहस्पति भी तो प्रदेश के पर्यटन की बढ़ोतरी और विकास के लिए 14000 करोड़ से ऊपर की जिस परियोजना का प्रस्ताव बनवाता है उसका संचालन पीपीपी अर्थात प्राइवेट पब्लिक पार्टनरशिप के तहत ही होना है। किन्तु अखिलेश चाचा जैसे चरित्र के मार्फ़त विकास और आधुनिकता के बरक्स देशज का 'काउंटर डिस्कोर्स' खड़ा करते हैं। चाचा कहते हैं कि 'देखो तो दुनिया की सुन्दरता इसी में है कि मौसम को, नदी को, जंगल को, दिन और रात को मिटाओ नहीं और बर्बाद मत करो, बस उसमें इनसान के लिए थोड़ी गुंजाइश और हिफ़ाज़त का रास्ता निकाल लो।' आधुनिक विकास से चाचा के मोहभंग के माध्यम से अखिलेश ने आधुनिक विकास के प्रतिकार का प्रतीक ही नहीं उससे उपजे पीड़ा और दुख को दिखाया है। गांधी जी कहते थे कि एक व्यक्ति हमेशा ग़लत नहीं होता और बहुमत हमेशा सही नहीं होता। आज बहुमत आधुनिक सभ्यता और विकास के पक्ष में है,

किन्तु अखिलेश का तर्क यह है कि सिर्फ़ इसी बात से आधुनिक सभ्यता और विकास सही नहीं हो सकते। बावजूद इसके अखिलेश चाचा को प्रेरणास्रोत की तरह नहीं बरतते।

निर्वासन की इस महागाथा में सूर्यकान्त, रामअजोर पांडे और चाचा अपने जीवन में निर्वासन का प्रत्यक्ष या अप्रत्यक्ष सामना कर चुके हैं या कर रहें है। किन्तु इस उपन्यास के कथ्य को वे पात्र ज़्यादा गाढ़ा करते हैं जो निर्वासन में अपने जीवन के समस्त सुखों, सपनों की सम्भावना देखते हैं। जैसे सूर्यकान्त का छोटा भाई शिब्बू और उसका बहनोई देवदत्त सचिन तेंदुलकर और इनकी पत्नियाँ क्रमश: कामना और नूपुर। जब सूर्यकान्त रामअजोर पांडे के बाबा के गाँव गोसाईंगंज में उनके कुटुम्ब की खोज में सुल्तानपुर अपने घर आता है; उसी घर में जहाँ से वह रात के ठंडे अँधेरे में अपने प्रेमिका गौरी के साथ बेदख़ल कर दिया गया था, तब शिब्बू-कामना और तेंदुलकर-नूपुर सूर्यकान्त को तरह-तरह से प्रभावित करने की कोशिश करते हैं कि वह रामअजोर पांडे के मार्फ़त उन्हें अमेरिका जाने का बन्दोबस्त करा दे। रामअजोर पांडे अमेरिका से भारत आकर उ.प्र. के गोसाईंगंज में अपने पुरखों की ज़मीन तलाश करना चाहता है तो वहीं शिब्बू रामअजोर पांडे के साथ अमेरिका जाना चाहता है। सूर्यकान्त उससे कहता है कि 'यहीं रहो शिब्बू अपना देश सबसे बढ़िया।' तो शिब्बू कहता है कि 'ये देश नहीं नरक है। भ्रष्टाचार यहाँ की राष्ट्रीय पहचान है, ख़ुद मुझको पाँच लाख देने के बाद ये नौकरी मिली। जबकि मुझसे कई गुना ज़्यादा अमेरिका में धोबी, नाई, प्लम्बर कमाते हैं।' वह सूर्यकान्त को थोड़े भावुक ढंग से भी प्रभावित करने की कोशिश करता है 'आप इतने साल बाद अपने छोटे भाई से मिले हैं। इस बीच मैं बड़ा हुआ, पढ़ाई की पर आपने कोई ज़िम्मेदारी नहीं उठाई। आपको नौकरी मिली, आपने शादी की, आप सारा बकाया बस एक काम करके चुका सकते हैं—मुझे वहाँ भिजवाकर।' शिब्बू आज का आम भारतीय युवा का प्रतिनिधि चरित्र है। जो बरसों बाद मिले अपने भाई से उसके स्थगित कर्तव्यबोध की भरपाई के एवज़ में अमेरिका भिजवाने की गारंटी माँगता है। तो वहीं देवदत्त सचिन तेंदुलकर और उसकी पत्नी नूपुर भी सूर्यकान्त से अमेरिका भिजवाने का आशीष चाहते हैं। अमेरिका प्रवास को ही अपनी समृद्धि का कारण मानने वाले शिब्बू और तेंदुलकर सूर्यकान्त के सामने जिस तरह अपने-अपने दावे प्रस्तुत करते हैं और जिस तरह एक-दूसरे के प्रतिद्वन्द्वी बन जाते हैं वह भारतीय मध्यवर्ग का सर्वाधिक लोलुप वर्ग-चरित्र है जिसे दिखा पाने में अखिलेश को अभूतपूर्व सफलता मिली है।

'निर्वासन' उपन्यास में अखिलेश शिब्बू और तेंदुलकर जैसे पात्रों के अमेरिका-प्रेम के माध्यम से हमारे समय की उस कठोर सचाई को सामने लाते हैं जो हमारे चिकने-चुपड़े देश-प्रेम को मुँह चिढ़ाता है। अखिलेश पूरी तार्किकता के साथ बताते हैं कि किस तरह इस बेदख़ली या निर्वासन के पीछे पूरा एक तंत्र काम कर रहा है।

इस तरह के तंत्र का दायरा अमेरिका से लेकर भारत तक अबाध गति से फैला हुआ है। भारत में जिसकी शुरुआत ब्रिटिश राज्य में लगभग 1857 के आसपास हुई थी। किन्तु तब वह निवार्सन ज़ोर-ज़बरदस्ती से होता था। लेकिन आज यह इस क़दर प्रभावी और अपरिहार्य होता गया है कि लोग स्वयं ही अपने निर्वासन को लेकर आतुर हैं। उस समय जो आकर्षण ब्रिटेन में था उससे कहीं ज़्यादा आजकल अमेरिका आकर्षित कर रहा है। वैसे इस बेदख़ली की एक ऐतिहासिक अवस्थिति और एक ख़ास क़िस्म की पॉलिटिकल इकोनॉमी है।

हमारे समय और इस पर आसन्न ख़तरों की पड़ताल करते हुए एडवर्ड सईद ने अपनी प्रसिद्ध पुस्तक 'कल्चर एंड इंपीरियलिज़्म' में लिखा है कि 'मानव इतिहास में शायद ही कभी एक संस्कृति द्वारा दूसरी संस्कृति पर इतने बड़े पैमाने पर और इतने प्रभावशाली ढंग से ताक़त और विचारों का हस्तक्षेप हुआ है, जितना आज अमेरिका द्वारा शेष दुनिया पर हो रहा है। लेकिन यह भी सही है कि मुख्य रूप से हमने अपने को कभी भी शायद इतना विखंडित, तीक्ष्ण रूप से पराजित और पूर्ण रूप से इतना क्षुद्र महसूस नहीं किया जितना आज इस बात को लेकर करते हैं कि हमारी असली सांस्कृतिक अस्मिता क्या है?' एडवर्ड सईद अमेरिकी हस्तक्षेप से उपजे जिस तरह के विखंडन, पराजय और क्षुद्रता-बोध की बात कर रहे हैं उसी तरह की मन:स्थिति में शिब्बू और तेंदुलकर के अमेरिका जाने की आतुरता को देखकर सूर्यकान्त पहुँच जाता है—'सूर्यकान्त को बेपनाह ऊब महसूस होने लगी। सम्भवत: ऊब भी नहीं, वह ऐसी मनोदशा को प्राप्त हो गया था जिसमें हाँ या न, लगाव और उदासीनता, उपस्थिति और अनुपस्थिति, ग़लत और सही सब एकमएक हो गए थे। इस तरह भी कहा जा सकता है कि उसका मन उचाट हो गया था। उसे लग रहा था कि वह एक बहुत बड़े मरुथल में अकेला खड़ा है और दिशाओं, लक्ष्य और जीवनरस का बोध खो चुका है।' दरअसल अमेरिकी वर्चस्व के सम्बन्ध में प्रत्येक संवेदनशील व्यक्ति का नज़रिया एक सा ही होगा, चाहे वो सईद हो, सूर्यकान्त हो या फिर अखिलेश।

सईद यहाँ जिस ताक़तवर हस्तक्षेप की बात कर रहे हैं उसको मान्यता देने का कार्य आज ग्लोबलाइज़ेशन कर रहा है। ग्लोबलाइज़ेशन आमतौर पर अमेरिकामुखी है तथा भारत के भूत, भविष्य और वर्तमान की व्याख्या और समझ अमेरिकी मानदंडों पर करने का आग्रही है। भारत मे अमेरिकी श्रेष्ठता ने जो कुछ नुक़सान किया था उसमें एक सबसे बड़ा नुक़सान यह था कि उसने भारतीय जनमानस की चेतना को हाइजैक कर लिया। देश का प्रभुवर्ग और उनके हिमायती बुद्धिजीवियों ने अपने अनेक लाभ और हितों के लिए भारत में प्रत्येक प्रकार की श्रेष्ठता का आधार अमेरिका और उसकी संस्कृति को माना और मनवाया। अमेरिकी श्रेष्ठता ने भारतीयों की चेतना और उनकी परम्परागत संस्कृति को धूमिल कर अमेरिकी

नीतियों को ही आज के समय के सबसे बड़े ज्ञान के रूप में पेश किया है। हम जानते हैं कि ज्ञान और उसके बरताव की व्यवस्था ही हमारे मानस और चेतना को परिवर्तित तथा निर्मित करती है।

'निर्वासन' का शिब्बू बहुत ही सहजता से हँसते हुए कहता है कि 'आज के सभी लड़के-लड़की पासपोर्ट बनवा चुके हैं या उसके लिए अप्लाई कर चुके है। इंडिया में कोई सड़ना नहीं चाहता, हर कोई अच्छी लाइफ़ माँगता चाचा।' ज़ाहिर सी बात है कि उस पासपोर्ट का इस्तेमाल अमेरिका जाने में किया जाना है। क्योंकि जिस अच्छी लाइफ़ की दरकार है वह अमेरिका में ही हैं। अखिलेश यहाँ पर बहुत ही सायास ढंग से भारत में अमेरिकी प्रभुत्व से उपजी विकास की 'मास्टर ज्योग्राफ़ी' की अवधारणा की आलोचना प्रस्तुत करते हैं। जिसमें दुनिया के कुछ देशों को विकास का सर्वोत्तम प्रारूप मानकर शेष दुनिया का विकास उन्हीं के तर्ज़ पर करने का प्रस्ताव किया जा रहा है। भारतीय विकास के नीति-निर्माताओं का मुम्बई को हाँगकाँग और बेंगलुरु को सिलिकान वैली बनाने का संकल्प और सोच 'मास्टर ज्योग्राफ़ी' की अवधारणा के द्वारा ही निर्मित हुआ है। अखिलेश शिब्बू-कामना, तेंदुलकर-नूपुर का अमेरिका जाने की आतुरता इस 'मास्टर ज्योग्राफ़ी' की विसंगति और दुष्प्रभाव का बेजोड़ नमूना है।

रामअजोर पांडे के वंशज बनने के लिए गोसाईंगंज के ग्रामीणों की आतुरता और उनके तर्क आज के भारतीय समाज में भयावह त्रासदी है जिसको अखिलेश ने लेखकीय तटस्थता और एक संवेदनशील नागरिक की भावुकता के सन्तुलन के साथ चित्रित किया है। गोसाईंगंज का प्रधान, महेश नारायण श्रीवास्तव, धर्मदेव यादव, राजेन्द्र प्रसाद पांडे, रामनिवास और सुखई आदि तमाम मनगढ़ंत क़िस्सों के साथ ख़ुद को अमेरिका पांडे का वंशज सिद्ध करने में लगे हैं। सुखई ने तो बाक़ायदा अपने एक पुरखे और गाँव की एक नीच जाति की औरत फुग्गी से इश्क की कथा पेश करता है। वह बताता है कि उसी इश्क के कारण उसके वे ब्राह्मण पूर्वज जाति निर्वासित कर दिये गए। वह अपने दावे का निचोड़ प्रस्तुत करता है कि 'आज हम भले पांडे नहीं रहे मुला उनका ख़ून तो हम ही हैं।' गोसाईंगंज के अन्य दावेदारों की कहानियाँ भी इसी तरह की हैं। गाँव का प्रधान तो ख़ुद को अमेरिका पांडे का वारिस सिद्ध करने के लिए सारे हथकंडे अपनाता है। आख़िर में वह सूर्यकान्त को चालीस परसेंट कमीशन का प्रस्ताव भी दे देता है। गोसाईंगंज के प्रधान को देखकर ही अदम गोंडवी ने कहा होगा कि 'जितने हरामख़ोर थे गाँव जवार में, प्रधान बन के आ गए अगली क़तार में।' बभनान के पास वाले गोसाईंगंज और गोंडा में फ़र्क़ ही कितना है। ज़ाहिर है कि किसी को रामअजोर पांडे की चिन्ता नहीं है। सबको रामअजोर पांडे की सम्पत्ति और उनके अमेरिका कनेक्शन में अपनी समृद्धि की राह नज़र आती है। शिब्बू, तेंदुलकर, कामना, नूपुर, गोसाईंगंज के ग्रामीणों की ही

तरह बहुगुणा की भी रुचि रामअजोर पांडे के वारिस बनने में है। यह इस उपन्यास की चरम ट्रेजडी है।

विस्थापन आज के समय की सबसे बड़ी त्रासदी है। इसी त्रासदी से जूझता हुआ रामअजोर पांडे अपनी जड़ों की तलाश में भारत आता है। उपन्यास की दूसरी महत्त्वपूर्ण पात्र गौरी भी कहती है कि 'मुझे अपना इतिहास समझना है।' जबकि हम जानते हैं कि प्रत्येक राष्ट्र अपने निर्माण के बाद अपना अलग इतिहास गढ़ता है। इतिहास निर्माण में स्मृतियों का सहारा लिया जाता है। स्मृतियों के ढेर से अपने पसन्द और रुचि के हिसाब से स्मृतियों का चयन किसा जाता है। इसलिए जब गौरी अपना इतिहास जानने की बात करती है तो वह एक तरह से अपने इतिहास के गढ़ने की भी बात करती है। अखिलेश तो कहते भी हैं कि 'हालाँकि इतिहास गढ़ंत होता है।' दरअसल इन पात्रों के भीतर अपने इतिहास को जानने के लिए जो बेचैनी है उसके मूल में कहीं न कहीं जाति-बोध मौजूद है। बृहस्पति जैसे पुनरुत्थानवादी पात्र के माध्यम से भविष्य के समाज का जो मसौदा/ख़ाका तैयार किया जाता रहा है वो और कुछ नहीं समाज का एकायामी धार्मिक स्वरूप ही है। जिसको राजनीतिक निहितार्थों के तहत खड़ा किया जा रहा है। निर्वासन उपन्यास में प्रत्येक पात्र किसी न किसी तरह के निर्वासन का शिकार है। यह पूरा उपन्यास निर्वासन को मनुष्य मात्र की ट्रेजडी के रूप में प्रस्तुत करता है। अखिलेश निर्वासन की इस ट्रेजडी के कारण तत्त्व के रूप में धर्म, राजनीति, अर्थ-तंत्र, जाति आदि संरचनाओं को प्रश्नांकित करते हैं। अब इसके बावजूद यह उपन्यास किसी को अपठनीय, किसी को अविश्वसनीय लगता है तो चाचा क्या करें, क्या करे सूर्यकान्त और क्या करें अखिलेश। जबकि काशीनाथ सिंह को यह 'भारतीय समाज के विकास के मॉडल की सोनोग्राफ़ी' लगता है। और यह सही भी है।

अखिलेश की रचनात्मकता की एक ख़ास बात है कि वे त्रासद विडम्बनाओं को हास्य की शैली में प्रस्तुत करते हैं। उनकी इस प्रविधि का शिखर स्वरूप उनकी बहुचर्चित कहानी 'चिट्ठी' में उभरकर आया है। इससे चरित्रों और प्रसंगों की द्वन्द्वात्मकता और अधिक उभरकर सामने आती है। 'निर्वासन' उपन्यास में कई बार चरित्र स्वयं ही आकर अपना पक्ष रखते हैं जिससे एक ही प्रसंग या तथ्य के दूसरे पाठ या उपपाठ सामने आते हैं। यह अखिलेश की अपनी निजी और सार्थक चीज़ है।

'निर्वासन' उपन्यास जितना अतीत में निर्वासित व्यक्तियों-वस्तुओं की कथा है उससे ज़्यादा यह भविष्य में निर्वासन के लिए आतुर उत्साह की भी कथा है। ट्रेजडी केवल निर्वासन में नहीं है, जो निर्वासन होने वाला है उसमें भी है। अखिलेश अपने इस उपन्यास में से जो निर्वासन हो चुका है उसकी कथा तो कहते ही हैं साथ ही उनका मक़सद उन स्थितियों की ओर संकेत करना भी है जो भविष्य में निर्वासन को और अधिक बड़े पैमाने पर सम्भव बनाने के लिए आतुर हैं।

इस आलेख का आरम्भ सूर्यकान्त के जिस मेफ़ेयर रजिस्टर के सहारे किया गया था अन्त में उसी को देखना होगा। गौरी भी उसे ही देखती है। पर 'आश्चर्य यह था—मेफ़ेयर रजिस्टर के सारे पृष्ठ कोरे थे।' रजिस्टर के सारे पृष्ठ कोरे थे, उन पर कुछ लिखा नहीं गया था, इसका मतलब यह क़तई नहीं है कि उस पर कुछ लिखा भी नहीं जाएगा। यही अखिलेश का एक समर्थ लेखक का आशावाद है। इसलिए सम्भव है कि गौरी को सूर्यकान्त के रजिस्टर के पृष्ठों का कोरा होना आश्चर्य लगता है विडम्बना नहीं।

बेदख़ली की गहन परतों को उघाड़ते हुए

—अमिय बिन्दु

कुछ अध्ययन बतलाते हैं कि पिछले दशक में सबसे अधिक पुस्तकें नॉस्टेल्जिया पर ख़रीदी गईं। नॉस्टेल्जिक अर्थात अतीतजीवी होना हाल के दशकों में बुद्धिजीवी होने की अनिवार्य और ज़रूरी शर्त बनती गई है। इसे अनायास कहकर ख़ारिज करना समाज के एक हिस्से के भावों और विचारों को नकारने जैसा होगा यह सब ऐसे समय में हो रहा है जबकि हम वैश्वीकरण की ओर अपने पंख पसारे उड़ते चले जा रहे हैं। इस उड़ान का कुल निकष है कि मनुष्य की बेहतरी की बजाय आर्थिक विकास को साध्य माना जाने लगा है गोया सारी समस्याओं का समाधान अर्थव्यवस्था के विकास में छिपा हो। वैश्वीकरण के इस चाल को आर्थिक स्तर पर चुनौती देते हुए शूमाकर ने बहुत पहले ही 'स्माल इज ब्यूटीफुल' को एक प्रसिद्ध नारा बना दिया था मगर आम आदमी आज भी अपने अन्दरूनी ख़ालीपन को भरने के लिए नई चाल की ज़िन्दगी पाने की कोशिश में लगा है। वरिष्ठ कथाकार अखिलेश इस 'नई चाल वाली ज़िन्दगी' की बखिया उधेड़ते हुए अपने उपन्यास 'निर्वासन' में वैश्वीकरण और सांस्कृतिक संक्रमण के दौर में जीवन से बेदख़ल हो रही संवेदनाओं की भयावहता के मंज़र को अपनी क़िस्सागोई से बुनते-उधेड़ते चलते हैं।

निर्वासन, देश से निकाले गए, बेदख़ल किये गए व्यक्ति या व्यक्तियों की दास्तान नहीं है बल्कि वैश्वीकरण और विकास के नये अर्थों के साथ स्वयमेव बेदख़ल होती जाती भावनाओं और रिश्तों की दास्तान अधिक है। मुख्य किरदार सूर्यकान्त उत्तर प्रदेश की राजधानी लखनऊ में सरकारी सेवा में अच्छे पद पर है। वह अपने पीछे सुल्तानपुर में माँ-बाप, भाई-बहन, चाचा-चाची, दादी को छोड़ आया है। नई दक्षिणपंथी सरकार में कुछ नीतिगत विरोधों के चलते उसे अपनी नौकरी पर आँच आती दिखती है और उसी दौरान उसकी मुलाक़ात अमेरिका के एक धनाढ्य रामअजोर पांडे से होती है। रामअजोर रहते अमेरिका में हैं मगर उनके बाबा किसी समय भारत से सूरीनाम चले गए थे। अपने पुरखों के बारे में उनके पास इतनी ही सूचना है कि उनके बाबा के गाँव का नाम गोसाईंगंज था।

जीवन की आपाधापी में अकेले बच गए और निःसन्तान रह गए रामअजोर, बाबा के रिश्तेदारों के रूप में दरअसल अपनी जड़ों की तलाश करना चाहते हैं। नौकरी के विकल्प की तलाश में सूर्यकान्त उनका यह कार्य करने को तैयार हो जाता है, जिसके पीछे मूल वजह होती है कि एक गोसाईंगंज सुल्तानपुर में भी है।

सुल्तानपुर लौटकर सूर्यकान्त को निर्वासित होने जैसा आभास होने लगता है। मगर उसकी यह बेदख़ली समाज से, समय से बेदख़ली नहीं है बल्कि सब कुछ बड़े नियोजित तरीक़े से बाह्य शक्तियों द्वारा की जा रही हैं। उसका तब तक यही मानना था कि इस परिवर्तन को नकारा नहीं जा सकता मगर सब कुछ इतना भयावह हो चुका है, इसका अन्दाज़ा उसे चाचा की ज़िन्दगी को देखकर लगता है। अपने माँ-बाप, भाई-बहन और जीजा से इतना त्रस्त हो जाता है कि उनके दिये हुए सामानों को जिसमें बहन की दी हुई राखी भी होती है, लखनऊ वापसी के रास्ते में फेंक देता है। सुल्तानपुर लौट आने से लग रहा था कि अपनी मर्ज़ी की शादी करने से उसका जो पैतृक संसार उजड़ गया था वह फिर से बस जाएगा मगर उस बैग को ट्रेन के दरवाज़े पर खड़े होकर फेंककर वह अपने को फिर से उखड़ जाने देता है। सम्भवतः निर्वासन मानव की नियति है, जो मात्र भौगोलिक निर्वासन नहीं है जैसाकि फ़िलिस्तीनी कवि महमूद डार्विश कहते हैं आप अपनी जन्मभूमि में, यहाँ तक कि अपने घर में और इतना ही नहीं अपने कमरे में रहते हुए भी ख़ुद को निर्वासित महसूस कर सकते हैं।

भौगोलिक निर्वासन रामअजोर पांडे के बाबा का था जो अकाल के दिनों में अपना गाँव छोड़कर दलालों के चक्कर में सूरीनाम पहुँच गए जहाँ से लौट पाना मुश्किल था। लेकिन अपनी जन्मभूमि में निर्वासित होकर रहने के लिए तो जैसे सभी अभिशप्त हैं। उपन्यास पढ़ते-पढ़ते वह निर्वासन पाठक के भीतर भी बहुत गहरे से उगने लगता है, उसे बेचैनी होने लगती है कि जिसे वह सुख, समृद्धि मानकर चल रहा है वह वास्तव में भयावह भविष्य का रास्ता मात्र है, जिसकी परिणति रामअजोर या चाचा के एकाकी जीवन में होगी। सूर्यकान्त अपने घर से केवल एक सौ अड़तीस किलोमीटर की दूरी पर था, जहाँ से कभी वह रोज़ाना आया-जाया करता था। चाचा अपने ही घर में निर्वासित का जीवन जी रहे थे और घर के पिछवाड़े अपने लिए अलग ठिकाना बना लिए थे। दादी सबके बीच रहती हुई भी पसरती जा रही गँड़खुल्ली संस्कृति से तादात्म्य नहीं बिठा पा रही थीं। क्या यह सच नहीं है कि बड़े होने की प्रक्रिया दरअसल परत-दर-परत निर्वासित होते जाने की प्रक्रिया ही है?

यदि ध्यान से देखें तो हम सभी सूचनाओं का संग्रह मात्र हैं। जितनी बातें, सूचनाएँ बचपन से इकट्ठी होती हैं वही परत-दर-परत हमारे मस्तिष्क का निर्माण करती हैं। यदि किसी ख़ास क्षण में हमारी याददाश्त ग़ायब हो जाए तो हम कैसा महसूस करेंगे? हम कौन हैं, का जवाब क्या होगा? चाचा का जीवन देखते हुए

जैसाकि जोनाथन शपीरो कहते हैं इस निर्वासन को उलटा नहीं जा सकता, हाँ मगर कोई ऐसा रास्ता तलाशा जा सकता है कि परिवर्तन इतनी तेज़ न हो कि वह जीवन को निर्वासित करता चले। कम-से-कम एक व्यक्ति के जीवनकाल में ऐसा न हो, पीढ़ियों के दरम्यान बदलाव उभरे तो ठीक है। विडम्बना यह है कि जो लोग निर्वासित नहीं हैं, जो अपने ही घर में रह रहे हैं वे बाहर जाने को, निर्वासित होने को एक अवसर मानते हैं। सूर्यकान्त के भाई, बहन और बहनोई इस बात पर मुँह फुला लेते हैं कि वह उन्हें अमेरिका भेजने का जुगाड़ नहीं कर सकता।

आधुनिक जीवन पद्धति में मनुष्य के मस्तिष्क में आशंकाएँ गहनता से जमती जा रही हैं। हर क़दम पर आशंकाओं को बढ़ाया भी जा रहा है, हर क्षण जीवन को सहेजने की, उसे बचाने की हमें कोई न कोई हिदायत मिलती रहती है। मसलन पड़ोसियों से बचकर रहो, आसपास के लोगों पर नज़र रखो, आसपास की वस्तुओं पर नज़र रखो इत्यादि। ऑफ़िस से घर पहुँचने के रास्ते में सूर्यकान्त जिस तरह से भयातुर होता है वह कोई असाधारण बात नहीं है और न ही कच्चे मन की कचास है। शहरों में अपनों से कटकर रह रहे लोगों की यह साधारण विचारणा है। इस पर कथाकार का निकष कि 'मन्नतें और मौत। शायद इस संसार का तम्बू इन्हीं दो छोरों पर तना हुआ है। मन्नतें रक्तबीज की तरह होती हैं। एक के पूरी होने पर अनेक जन्म ले लेती हैं और मृत्यु ही उनकी उर्वरता का समापन कर पाती है।' एक सूत्र की तरह उभरता है, सूक्ति की तरह लगता है। ऐसी न जाने कितनी सूक्तियाँ उपन्यास में यत्र-तत्र बिखरी हुई हैं। इसी तरह 'दुनिया में जो भी करो उसकी पीठ पर मुहब्बत होनी चाहिए न कि नफ़रत। और इंतक़ाम की बुनियाद में नफ़रत है।' साधारण सा वाक्य है, मगर कई अनकही बातों को भी गहनता से व्यक्त करता जाता है।

इसी तरह रामअजोर के पुरखों को खोजते हुए गोसाईंगंज पहुँचे सूर्यकान्त के सामने जगदम्बा प्रसाद का चरित्र आता है। उनका चरित्र ग़रीबी, ज़हालत और कष्ट भरी दुनिया को सामने रखता है। जगदम्बा की ख़ुराक और उनके दैनिक व्यवहार को लेकर ख़ूब मज़ाक़ बनाया गया है। बिलकुल उसी तरह जैसे शहर में रहने वालों को अपने यहाँ काम करने वालों मज़दूरों का भोजन देखकर महसूस होता है। वे उनके भोजन की तरफ़ देखकर सोचते हैं कि उनकी ग़रीबी का कारण यही है कि वह खाते ज़्यादा हैं और इससे भी बढ़कर बच्चे ज़्यादा जनते हैं। लेकिन जगदम्बा का पोता जवाब देता है—'नहीं कॉमरेड नहीं...असली वजह धरती की सम्पदा का ग़ैर-बराबर बँटवारा है। देश और दुनिया को किनारे रखो और मेरे गाँव का नमूना लो...। मेरे गाँव के खेत जितना अनाज पैदा करते हैं उतने में इस गाँव बराबर तीन गाँव का पेट भर जाए। तो असली चीज़ है ग़ैर बराबर बँटवारा।' निश्चित रूप से हमारी समस्याएँ रूहानी नहीं हैं और ज़मीनी समस्याओं की ज़मीनी हक़ीक़त यही है। जितना भी हमें मिल सकता है, वह नहीं मिलता।

उपन्यास के अन्त में सूर्यकान्त जो 'मुझे कुछ नहीं कहना है' कहता है वह दरअसल रामअजोर की समस्या हेतु प्रतिक्रिया मात्र नहीं है बल्कि वह निर्वासित होते जाने की पूरी प्रक्रिया के प्रति उसकी हताशा है, पराजय का स्वीकरण है। वह चाचा से लम्बी बहसें करता है, उनकी प्रतिक्रियावादी सोच की जमकर ख़बर लेता है, उनसे पूर्णत: सहमत नहीं होता लेकिन कहीं न कहीं बहुत गहरे वह उनसे प्रभावित भी है। लोगों के अमेरिका जाने के सपनों को निरा लालच मानता है और घरवालों द्वारा दिये बैग को ट्रेन से फेंककर राहत महसूस करता है। वैश्वीकरण और आर्थिक विकास के रास्ते मनुष्य की बेहतरी का जो सपना बुना गया है उपन्यास उसे सार्थक ढंग से प्रश्नगत करता है और कालजयी साहित्य की जमात में शामिल होने की दावेदारी प्रस्तुत करने में सफल होता है।

निर्वासन के बारे में यथार्थवाद, अतियथार्थवाद, आधुनिकतावाद, उत्तर-आधुनिकतावाद, निरर्थकतावाद और न जाने कितने वादों का नाम लेकर और उनके प्रणेताओं की उक्तियाँ लेकर लिखा जा सकता है लेकिन उनका कोई निहितार्थ नहीं है। यह उपन्यास नितान्त भारतीय उपन्यास है, जिसमें भारतीय लेखन परम्पराओं का असर है। भूमंडलीकरण जैसी नीरस बातों पर इतना रसपूर्ण उपन्यास किसी भारतीय के हृदय से ही निकल सकता है। निश्चित रूप से यह हृदय से निकली रचना है जिसकी रचना-प्रक्रिया के बारे में बात करना बेमानी होगा। इसमें विभिन्न वादों को ढूँढ़ना तो और भी कष्टकारी होगा। हजारी प्रसाद द्विवेदी जी में वह गुण था कि वह जीवन के तमाम आध्यात्मिक, ग़ैर-आध्यात्मिक नीरस विषयों पर भी लिखते हुए अपने लेखन से ग़ज़ब का रस पैदा कर देते थे। उनके उपन्यासों का अन्त भी बहुत नायाब तरीक़ों से होता था। बाणभट्ट की आत्मकथा का अन्त तो एक भयानक प्रश्नाकुल चीख़ से होती है। इतना ही नहीं उनके अन्य उपन्यासों चारु चन्द्रलेख और पुनर्नवा में नायिका का मिलन नहीं होता। अनामदास का पोथा एकमात्र उपन्यास है जिसमें नायक-नायिका का मिलन है, मगर विडम्बना यह कि उनके इसी उपन्यास की चर्चा भी सबसे कम हुई है हिन्दी जगत में।

निर्वासन का अन्त भी बिजली गिरने की तरह होता है। सूर्यकान्त न तो घरवालों से जुड़ पाता है और न ही रामअजोर को उनके पूर्वजों के बारे में कुछ ठोस बतलाता है। हालाँकि उसके निष्कर्ष निर्णायक स्तर तक पहुँच चुके होते हैं मगर वह उन्हें कहना नहीं चाहता। अपने को बिलकुल ढीला छोड़ देता है। यह कहन की नई शैली है जो बहुत कुछ अनकहा छोड़ दिये जाने पर विश्वास करती है। उपन्यास का शिल्प वैसे भी भारी-भरकम होने के लिए विवश होता है। इसमें पर्याप्त स्थान होता है कि अन्य विविध विधाओं यथा—नाटक, निबन्ध, रिपोर्ताज, पत्रकारिता का प्रयोग किया जा सके। अखिलेश ने सभी विधाओं का प्रयोग निर्वासन में किया है। एक नई शैली भी उभरकर निकलती है कथानक के चरित्रों द्वारा स्वयं अपने बारे

में टिप्पणी जिसे लेखकीय पूर्वग्रह से दूर रहते हुए उपन्यासकार ने यथास्थान तिरछे अक्षरों में अंकित किया है। इससे कुछ हुआ हो या नहीं भाषा और कथानक की विश्वसनीयता पुरजोर ढंग से बढ़ी है। इस शैली से कथानक रसीला भी हुआ है, इस बात से भी इनकार नहीं किया जा सकता। ऐसे प्रयोगों की ओर हिन्दी साहित्य में ध्यान दिया जाना चाहिए।

हिन्दी उपन्यासों में इधर के वर्षों में अतीतमोह के साथ-साथ कथानकों में आत्मकथ्य या आत्मवृत्त की आवाजाही तेज़ी से बढ़ी है। लेकिन निर्वासन में अतीतमोह केवल प्रतिक्रिया स्वरूप नहीं बल्कि भूमंडलीकरण से लड़ने में कारगर हथियार की तरह प्रयुक्त हुई है। आत्मकथ्य और आत्मवृत्त के बारे में क्या कहा जाए। यदि लेखक की भाषा विश्वसनीय होती है तो पाठक एकबारगी यही विश्वास करता जाता है कि लेखक अपनी ही कथा या किसी की आपबीती सुना रहा है। उसे सब कुछ नितान्त काल्पनिक कभी नहीं लगता चाहे जितनी बार भी उसकी काल्पनिकता और संयोगों के बारे में चेतावनियाँ जारी कर दी गई हों। अखिलेश के पास विश्वसनीय भाषा है जिससे वे पाठकों को विवश कर देते हैं कि वे उनकी क़िस्सागोई पर विश्वास कर लें।

अखिलेश जी की क़िस्सागोई का कोई जवाब भी नहीं है। शरीर पर बैठे मक्खी को उड़ाने, नित्यकर्म की क्रियाओं से लेकर भूमंडलीकरण की समस्याओं तक को उपन्यास में जगह मिली है लेकिन लगता है एक शब्द भी अतिरिक्त नहीं है। आधुनिकता के साथ-साथ पुनरुत्थानवादी सांस्कृतिक संक्रमणता को नकारता हुआ निर्वासन, समाज के विभिन्न वर्गों पर पड़ने वाले इनके प्रभावों को समझने की एक नई दृष्टि देता है। प्रकारान्तर से लखनऊ-सुल्तानपुर-गोसाईंगंज की तिकड़ी विकास की दिशा को निर्दिष्ट करता है जहाँ गाँव से लोग शहरों में, शहरों से महानगरों में और महानगरों से विदेशों में निर्वासित होने के लिए लालायित हैं। निर्वासितों और निर्वासित होने की ललक रखने वालों, दोनों की बिडम्बनाओं को गहरे से उभारता हुआ यह उपन्यास निश्चित रूप से आगे चलकर हिन्दी के कालजयी उपन्यासों में शामिल होगा और साहित्येतिहास में प्रस्थान बिन्दु साबित होगा।

पूँजीवादी व्यवस्था से निर्वासित लोगों का आख्यान

—जीतेन्द्र गुप्त

इस दौर की सबसे बड़ी चुनौती क्या है? बावजूद इसके कि हर कोई इस प्रश्न के उत्तर के लिए प्रतीक्षारत है लेकिन इस प्रश्न की वैधता ही सन्दिग्ध है! कारण यही है कि आख्यान के विखंडन से लेकर 'माइक्रो नैरेटिव' की उपस्थिति तक के किसी भी जुमले को उद्धृत करके पूर्वोक्त प्रश्न को धूल-मिट्टी चटाई जा सकती है। लेकिन इसके बावजूद यह प्रश्न हमारे समय-समाज में इतने भीषण और कई बार इतनी उग्र तिक्तता के साथ मौजूद है कि हम समस्या के हल के लिए नहीं, बल्कि इसके लिए चिन्तित होते हैं कि वह पूरी संरचना ही नष्ट कर दी जाए, जिसमें समस्या मौजूद है। इसके लिए कोई दूर का उदाहरण नहीं, बल्कि अपने समाज के ही राजनीतिक परिदृश्य पर ज़रा सी नज़रे-शानी करने की ज़रूरत है। नई-राजनीति, वैकल्पिक राजनीति, हाशिए की राजनीति जैसी अनगिनत पदावली के बावजूद समाज शक्ति के केन्द्रीकरण, तानाशाही जैसी प्रवृत्तियों का बिना किसी संशय के चुनाव करता है और यह चुनाव निःशंक करता है! ब्रेख़्त को शुक्रिया अदा करते हुए इस तथ्य का आशय केवल और केवल यही निकलता है कि 'जनता ने लोकतंत्र में विश्वास खो दिया है'।

यह अपने आप में विस्मयपूर्ण है कि जिस समानता के विचार पर हमारे वर्तमान वैश्विक समाज की नींव रखी हुई है—वही विचार अपनी वैधता खोता जा रहा है। अकल्पनीय क़िस्म के वैभव में डूबा दुनिया का मध्यवर्ग, जिसने अपनी मेधा, आलोचनात्मक शक्ति से 'समानता' और 'लोकतंत्र' जैसे विचारों के ज़रिये स्वयं को अस्तित्ववान किया, वही लोकतंत्र में अपनी आस्था ख़त्म कर चुका है! ज्ञानोदय के मूल्यों से द्रोह करते हुए यह वर्ग किसी 'त्राता' या 'उद्धारक' की प्रतीक्षा में 'अनिवार्य समाधि' में डूब गया है।

ये स्थितियाँ कुछ वैसी ही हैं, जैसी राजतंत्र से लोकतंत्र के संक्रमणकाल में थीं, यानी भविष्य के लिए बेकल प्रतीक्षा में डूबते हुए यथास्थिति बनाए रखने के लिए स्व-विध्वंसक संघर्ष में शामिल होना। इसी बेचैनी को व्यक्त करते हुए

निकोलाई चेर्नीशेव्स्की ने 1863 में व्हाट इज टू डन? में लिखा था, 'हम लोगों की प्रवृत्ति होती है कि जब तक अपरिहार्य न हो जाए तब तक यथास्थिति बनाई रखी जाए; हमारे स्वभाव में संकीर्णता के तत्त्व इतने गहरे पैठे होते हैं न। हममें से कोई, तब तक अपनी जगह से नहीं हटता, जब तक उसे बलपूर्वक हटा न दिया जाए।' चेर्नीशेव्स्की के पात्र का यह कथन आज 150 वर्ष बाद एक ओर यह बतलाता है कि समय और समाज के आधारभूत अन्तर्द्वन्द्व को पहचानने के लिए 'यथास्थिति' को किस प्रकार पहचाना और प्रश्नांकित किया जाए। वहीं दूसरी ओर यह बतलाता है कि महान साहित्य इसलिए महान होता है कि वह समाज के मूल अन्तर्विरोध पर हाथ रखता है। वह भी तब जब चेर्नीशेव्स्की इस घोषणा के साथ व्हाट इज टू डन? लिखते हैं कि हर एक साहित्य की तरह 'इस कहानी का विषय प्रेम है और नायिका...औरत'।

यह ख़ुशी की बात है कि कहानी 'आख्यानात्मकता की आदिम पिपासा' का अखिलेश ने बहुत आत्मिकता के साथ सम्मान किया है। निर्वासन में सब कुछ होने के बाद भी सूर्यकान्त और गौरी हैं और उनका प्रेम है। समानता-सहअस्तित्व के मूल्यों पर 'स्त्री-पुरुष' के दाम्पत्य की बुनियाद 'नये सम्बन्धों' को रचने के लिए ज़रूरी विद्रोह पर आधारित है। असल में हम हमेशा भूल करते हैं कि विद्रोह कोई भूत या भविष्यकालिक क्रिया है। इसके बजाय 'विद्रोह' वर्तमानकालिक क्रिया है, जहाँ हर पल-हर क्षण अपने 'विद्रोह' को जीवित रखने के लिए विद्रोह करते रहना पड़ता है। यह दाम्पत्य क्यों महत्त्वपूर्ण है, तो इसका उत्तर केवल यह है कि यह समाज के 'नये लोगों' का प्रतिनिधित्व करता है। सूर्यकान्त और गौरी का प्रेम पितृसत्ता में जाकर न्यूनीकृत नहीं हो जाता है, बल्कि हर एक क़िस्म की सम्भावनाओं को हमेशा अपने भीतर जीवित रखता है। यही कारण है कि इस उपन्यास में यह दाम्पत्य इतना महत्त्वपूर्ण हो उठता है। विद्रोह के अनिवार्य मूल्य 'सततता' के कारण यह दाम्पत्य जीवन हमारे समय का सबसे प्रामाणिक लिटमस टेस्ट है। वरना हमारे समाज में (या हर एक समाज में) आज भी स्त्री-पुरुष सम्बन्ध विद्यमान है (वे मनुष्य सभ्यता के लिए ज़रूरी हैं), पितृसत्ता विद्यमान है और क्या कहें—बाल विवाह से लेकर दहेज विवाह जैसी प्रथाएँ विद्यमान हैं!

यही स्थितियाँ हैं, जिस कारण निर्वासन को समझने के लिए पृष्ठभूमि के तौर पर चेर्नीशेव्स्की को सन्दर्भित किया गया है। चेर्नीशेव्स्की के इस उपन्यास के अंग्रेज़ी संस्करण के सम्पादक मिशेल केट्ज और विलियम वागनर ने बिलकुल ठीक लिखा है कि 'रूसी समाज के दृष्टिकोण से तोलस्तोय, तुर्गनेव व चेर्नीशेव्स्की में तुलनात्मक रूप से चेर्नीशेव्स्की या व्हाट इज टू डन? सबसे वरीयतम स्थान पर हैं क्योंकि इसमें कहानी 'नये लोगों' की है।'

अखिलेश 'निर्वासन' शीर्षक की यात्रा सूर्यकान्त और गौरी से आरम्भ करते हैं—इसका पहले और सर्वोच्य स्तर पर मतलब ही यह हो जाता है कि ये 'नये लोग'

वर्तमान समाज की हर एक विद्रूपता सहने के लिए या शिकार होने के लिए अभिशप्त हैं! यह स्वाभाविक भी है क्योंकि 'नये लोगों' का तात्पर्य 'नये मूल्यों' से है और इन 'नये मूल्यों' का समाज के परम्परागत, रूढ़िग्रस्त, विद्रूप, विध्वंसक व मनुष्य को गरिमाहीन करने वाली स्थितियों से संघर्ष अनिवार्य है।

आज हमारे समाज-समय की सबसे बड़ी विशेषता (या विद्रूपता) 'गति' है। मनुष्य समाज से लेकर मनुष्य की आन्तरिकता और स्वतत्त्व तक हर एक चीज़ पर गति इस स्तर पर आरोपित है कि ठहरकर इस पर विचार करने का अवकाश शेष नहीं है कि इस गतिकी की दिशा क्या है—अग्रगामी या पश्चगामी। भारतीय इतिहास में इस तरह की गतिकी का कोई अतीत है तो प्रथम विश्वयुद्ध के आसपास का समय है। उस समय ब्रितानी साम्राज्य के पक्ष में लड़ने के लिए भारतीय पूरी दुनिया में गए—इसी के समानान्तर ही ब्रितानी साम्राज्य के दूसरे उपनिवेशों में बहुत सारे भारतीयों ने कुली, गिरमिटिया मज़दूर के रूप में भारत से पलायन किया। कमोबेश यही स्थितियाँ आज वैश्वीकरण के दौर में पुनः सामने आई हैं—भीषण आन्तरिक और बाह्य पलायन ने समाज के हर एक तन्तु को प्रभावित किया है। और जिन व्यक्तियों की भौगोलिक स्थितियों में परिवर्तन नहीं भी हुआ है—वे भी भीषण मानसिक विस्थापन के शिकार हैं। लेकिन यह सभी पलायन-विस्थापन मनुष्य का स्वाभाविक चुनाव नहीं है—एक समय इसके लिए ब्रितानी साम्राज्यवाद की लालची-लोभी प्रवृत्तियाँ ज़िम्मेदार थीं और आज वैश्वीकरण की नीतियाँ सस्ते श्रम के लिए पलायन-विस्थापन को बढ़ावा दे रही हैं। दूसरे शब्दों में इन स्थितियों को पलायन-विस्थापन कहकर नहीं समझा जा सकता है क्योंकि इसके पीछे कार्यकारी शक्ति 'लाभ के लिए विद्यमान शक्ति-सत्ता का वैश्विक आर्थिक क्रमानुक्रम' ज़िम्मेदार है। इसलिए यह पलायन या विस्थापन नहीं, बल्कि निर्वासन है।

निर्वासन के पहले ही पृष्ठ से एक सतर्क और तार्किक उपन्यासकार का सामना करना अनिवार्य हो जाता है और यह स्थिति शिल्प के स्तर पर एक नवीनता से परिचित कराती है, साथ ही पाठक के समक्ष वैचारिक रूप से उद्भूत कराने में सक्षम कार्य-कारण की एक अद्भुत शृंखला का भी निर्माण होता है। उदाहरणस्वरूप उपन्यासकार की 'उपन्यासकार' के रूप में पहली टिप्पणी या प्राथमिक प्रतिज्ञा को ही लें—

> *इस आख्यान में अनेक बार पात्र स्वयं ही उपस्थित होकर अपनी बातें रखेंगे और कथाकार के अज्ञान, असमर्थता, अयोग्यता, अपर्याप्तता, अशुद्धि को दूर करेंगे। उचित ही। कथाकार को छोड़िए, वह बहुत मामूली चीज़ है, ईश्वर भी अपनी रची हुई सृष्टि में जब अन्याय और अन्यान्य गड़बड़ियाँ करने लगता है तो उसकी सृष्टि के—रचना के—प्रमुख चरित्र यानी कि मनुष्यगण इसमें हस्तक्षेप करके उसे दुरुस्त करते हैं।*

प्लेटो के लिए भी साहित्य से समस्या यही तो थी! और प्लेटो अपनी प्राथमिक मीमांसा में बिलकुल सही थे। लेकिन साहित्यिक कौशल और परम्परा की दृष्टि से निर्वासन मात्र इतने तक ही सीमित नहीं होता। 19वीं शताब्दी में उपन्यासकार के दृष्टा रूप, 20वीं शताब्दी के भोक्ता रूप से कहीं आगे बढ़कर इस उपन्यास में अखिलेश इन दोनों ही 'मूल्यों' को साझा करते हुए 'कथाकार' के रूप में उस वैचारिकता को भी सन्दर्भित करते हैं—जो घटनाओं या कथा को सही परिप्रेक्ष्य में देखने में मदद करता है।

'निर्वासन' वास्तव में एक यात्रा है या कहिए कि कई यात्राएँ हैं। इन यात्राओं के भी स्तर हैं। एक यात्रा गौरी-सूर्यकान्त की है और एक यात्रा भगेलू-रामअजोर पांडे की है और इसी के समानान्तर ब्रितानी उपनिवेशवाद-भारतीय राष्ट्र-राज्य की विकास या अ-विकास की यात्रा है। लेकिन यहाँ कहना ज़रूर है कि ये यात्राएँ जितनी बाह्य हैं—उतनी ही आन्तरिक। इसके साथ यह भी याद रखना ज़रूरी है कि यात्राएँ कथाविस्तार और कथानक की गतिकता के लिए एक साहित्यिक युक्ति भी है। लेकिन इस सबके बावजूद हर यात्रा वर्तमान से मुक्ति और भविष्य की उत्कट आकांक्षा को स्वयं में आत्मसात किये हुए है। भगेलू अपने अतीत और वर्तमान से मुक्ति चाहते थे। 1857 के ख़ौफ़नाक मंज़र ने भगेलू के पूर्वजों को लील लिया था; और उन्हें चिन्ता थी कि 'गोरा साहब की सज़ा बड़ी बेरहम होती है।' और इसके साथ भगेलू को दूसरी अन्य चिन्ताओं के साथ यह भी भय था कि 'एक कुम्हार को सोने की गिन्नी कमाने का अवसर सात जनम में भी नहीं मिल सकता। अगर परदेश में भी उन्हें वही घड़ा, सुराही, खिलौना और दियाली बनाने का काम मिला और मज़दूरी में वही जौ, बाजरा और जड़हन, फिर परदेश जाने का क्या फ़ायदा!!' यहाँ जो कुछ पलायन प्रतीत हो रहा है, यानी अत्याचार, क्रूरता, शोषण, ग़रीबी, वंचन से पलायन प्रतीत हो रहा है—वह असल में पलायन नहीं है, बल्कि निर्वासन है, 'भगेलू और पाँच अन्य लोग भागने के इरादे से जहाज़ पर से कूद गए। देखा-देखी में तीन स्त्रियाँ, पाँच पुरुष और एक बच्चा भी जहाज़ से कूद पड़े थे। इन सभी को बाहर मौजूद पुलिस ने लाठियों से पीटना शुरू कर दिया। पुलिस उन्हें धकेलते हुए जहाज़ पर वापस लाई, जैसे मवेशियों को उनके बाड़े में ढकेल दिया जाता है।' स्पष्ट रूप से यहाँ चिह्नित कर सकते हैं कि भगेलू का जो कार्य पहली नज़र में 'पलायन' की श्रेणी में नज़र आता है, वह पलायन नहीं बल्कि 'निर्वासन' है—और ब्रितानी राज की शोषक प्रवृत्तियाँ उसके मूल में हैं।

इसी तरह की स्थिति जाति के साथ भी होती है। 'अब भगेलू से उनकी जाति पूछी गई तो जवाब के पहले वे ठिठके और काँपे और बेसाख़्ता बोल गए—पांडे हूँ सरकार, बाभन।' लेकिन भगेलू किसी को भी धोखा नहीं देना चाहते थे, इसके बजाय उन्हें अपनी जाति से 'परे' जाना था। इसका दूसरे शब्दों में तात्पर्य है कि भगेलू उस

दौर के सामन्ती उत्पीड़न और सामन्ती व्यवस्था से मुक्ति चाहते थे। अखिलेश की ही तरह हिन्दी के एक दूसरे विलक्षण लेखक देवी प्रसाद मिश्र को भी अपने समय के मूलगामी सवालों-प्रश्नों से मुठभेड़ करने में महारथ हासिल है। देवी ने भी अपनी कहानी 'मैंने पता नहीं कितनी तेज़ या धीरे से दरवाज़ा खटखटाया' विभावरी नामक पात्र का अपने पिता के लिए मूल्यांकन है, 'हम पासी हैं। दलित। बाबा ग़ायब हुए तो शायद इसलिए कि वह जाति से परे जाना चाहते थे। जोगी हो गए।'

असल में यहाँ पलायन और निर्वासन परस्पर अर्थस्थानापन्न में तब्दील होते चले जा रहे हैं। किसी भी तरह का पलायन या कि जिसे पलायन कहा जाता है, वह निर्वासन में तब्दील होता जा रहा है। और निर्वासन जहाँ एक ओर उत्पीड़क राज्य, समाज और आर्थिक व्यवस्था को प्रतीकित करता है, वहीं दूसरी ओर बदलाव की चाह को भी पूरी शिद्दत से व्यक्त करता है। लेकिन मानीखेज़ बात यह है कि बहुराष्ट्रीय कम्पनियों और साम्राज्यवादी शोषकों के बरक्स आम आदमी की दमपस्ती को भी निर्वासन रेखांकित करता है। ज़ाहिर सी बात है कि यह स्थिति ही अखिलेश को हमारे समय का विशिष्ट लेखक बनाने के लिए पर्याप्त है, क्योंकि वह किसी रूमानियत के धुँधलके में हमारे समय के जीवित और कठोर यथार्थ को वह नज़रअन्दाज़ नहीं करते हैं।

'निर्वासन' के एक अन्य पात्र हैं सूर्यकान्त के चाचा। उपन्यास विधा के नज़रिये से यह भी एक असाधारण किरदार है। चाचा एक साधारण, पारम्परिक हिन्दू मध्यवर्गीय परिवारों की भयावह अमानवीय क्रूरता से लेकर वैश्विक आर्थिक क्रमानुक्रम द्वारा आरोपित उपभोक्तावादी पूँजीवाद तक की हर एक चीज़/ संरचना से पलायन करना चाहते हैं, लेकिन अन्त निर्वासन के रूप में होता है। मार्क्स ने पूँजीवादी व्यवस्था के जुड़ी अनिवार्य स्थिति 'अलगाव' (एलिनेशन) का ज़िक्र इन्हीं सन्दर्भों में किया है। पूँजीवादी उत्पादन के साथ मनुष्य के स्वतत्त्व का न शामिल होना अलगाव को निर्मित करता है; जहाँ उत्पादन के साथ जुड़े सृजन का विलोप होता है, मनुष्य का रचनात्मकता का अपमान होता है और अन्ततः मनुष्य समाज की 'रचनात्मक इकाई' होने के बजाय 'यांत्रिक इकाई' में तब्दील होता जाता है। रचनात्मक स्तर पर वर्तमान व्यवस्था के साथ जुड़ी इस स्थिति को अखिलेश ने बख़ूबी यथार्थवादी तरीक़े से समेकित किया है। और ऐसा किसी एक पात्र के साथ नहीं है, बल्कि लगभग हर एक पात्र और सामाजिक स्थितियों के सापेक्ष इस स्थिति को पाठक आसानी से देख-समझ पाते हैं।

'निर्वासन' में रेखांकित की गई स्थितियाँ कुछ और नहीं, बल्कि हमारे समाज की वास्तविक परिस्थितियों को चित्रित और वर्गीकृत करती हैं। अतीत में आर्थिक और राजनीतिक संरचनाएँ मनुष्य जीवन व समाज के भीतर बहुत अधिक धँसी (Penetrate) नहीं थीं—इसीलिए उस दौर के उपन्यासों में डिकेन्सियन पात्र

(उदाहरणस्वरूप कॉपरफील्ड) की मौजूदगी सामान्य नियम की तरह थी या पावेल (माँ, गोर्की) जैसे पात्रों का रंगमंच पर आना स्वाभाविक था। परन्तु अब ये आर्थिक व राजनीतिक संरचनाएँ बहुत भीतर तक धँस चुकी हैं—इसलिए किसी के भी विद्रोह को मुख्य भाग पर दर्ज किया जा पाए, सम्भव नहीं—इसके लिए हाशिए की ज़रूरत है—और हाशिए पर जाना 'निर्वासन' है—और अखिलेश ने यही किया है।

'निर्वासन' एक ऐसे वक़्त, समय की दास्तान को शब्दों में समेटने का उद्यम है, जहाँ 'ऐतिहासिक द्वन्द्व' इस स्तर पर हैं कि हम प्रगति, विचार और विकास की गतिकी को पहचानने में सक्षम हो पाते हैं। भगेलू से सूर्यकान्त के बीच 150 वर्षों का अन्तर भारतीय राष्ट्र-राज्य की निरन्तरता की पहचान में तब्दील हो रहा है। 19वीं शताब्दी से 21वीं शताब्दी के संक्रमण तक यानी भगेलू से सूर्यकान्त तक प्रश्न केवल यही है, 'सूर्यकान्त का जब निर्वासन हुआ था उस दौर में परिवार की समस्या, संघर्ष और स्वप्न के केन्द्र में थे रोज़गार और विवाह।' इस पूरे ऐतिहासिक समय में समाज और परिवार—दोनों की ही संरचनाओं में कोई परिवर्तन नहीं आया है! अज्ञानता, निरक्षरता, औपनिवेशिक क्रूरता से ज्ञान, वैज्ञानिक प्रगति और लोकतांत्रिक सरकार का यह सफ़र इतना निरर्थक कि सब कुछ प्रश्नांकित है—यहाँ तक कि मनुष्यता भी प्रश्नांकित है! सूर्यकान्त का अपने चाचा के साथ संवाद पुनः समय की द्वन्द्वात्मकता को चिह्नित करने में सफल होता है। ज़ाहिर है कि इसके लिए उपन्यासकार ने असाधारण साहित्यिक कौशल का प्रदर्शन किया है, तो दूसरी ओर अर्थ के स्तर पर हमारे समय के विध्वंसक विचारों से परिचित होने का मौक़ा उपलब्ध कराया है।

> *आप विकास विरोधी हैं, चाचा। सभ्यता को आगे न बढ़ने देने की क़सम खा रखी हो जैसे। अरे सभ्यता आगे बढ़ेगी, विकास होगा, तो उजाड़ होगा ही, यही दस्तूर है, ऐसा ही होता है।*
>
> *वज्र गिरे ऐसे दस्तूर पर। विकास, विकास, विकास...। आजकल विकास अपने आप में साध्य हो गया है। मैं कहता हूँ कि साध्य है मनुष्य की बेहतरी और विकास इसका उपाय है, लेकिन इन दिनों पहिया उलटा घूम रहा है। मनुष्य की बेहतरी जाए चूल्हे भाड़ में किन्तु विकास ज़रूर हो। इनसान का भीतर चाहे जितना बरबाद हो पर बाहर ख़ूब चमका हो।*

सूर्यकान्त के चाचा यदि इस उपन्यास के केन्द्रीय पात्र नहीं हैं, तो स्थगित केन्द्रीय पात्र ज़रूर हैं। 'विकास' और 'आधुनिकता' को लेकर एक साधारण व्यक्ति (ले-मैन) के रूप में उनकी टिप्पणी और उनका 'बतर्ज़े हिन्द स्वराज' क़िस्म का विद्रोह पहली नज़र में भले ही साधारण प्रतीत हो, लेकिन जिस उत्तर व विचार के साथ उन्होंने अपने जीवन के दूसरे भाग में अपने जीवन दर्शन को विकसित किया

है, वह हमारे जीवन की 'बौद्धिक ऐयाशियों' को एकबारगी शर्मिंदा करने की हैसियत में ज़रूर है। 'आधुनिकता' के साथ जन्मी विकृतियों या विचलन के लिए 'असमाप्त उद्यम', 'वैज्ञानिकता का अभाव', 'भ्रंश (फ़ैक्चर्ड) आधुनिकता' की मीमांसाओं से लेकर 'उत्तर-आधुनिकता' जैसे प्रत्यय मौजूद हैं—जहाँ हम मनुष्य की हर एक अस्मिता पर विचार करते हैं—लेकिन बस विचार नहीं करते हैं तो एक अस्मिता पर और वह है 'मनुष्य'। निर्वासन प्रकारान्तर से हर एक अस्मिता की सीमाबद्धता को रेखांकित करता है, और 'मनुष्य' जैसी अस्मिता को सार्वभौमिकता प्रदान करता है। अस्मिताएँ एक सीमा के बाद अपना विस्तार करने में सक्षम नहीं होती हैं; क्योंकि अस्मिता अपनी किलेबन्दी ही तात्कालिकता—सामयिक प्रश्नों के आधार पर करती है। इसलिए हर एक अस्मिता जड़ता का शिकार होती है।

आपको तो बस मेरी हर बात को काट देना आता है। फिर मेरी इस बात को काटिये तो जानूँ कि इसी समय दलितों-पिछड़ों की स्थिति बेहतर हुई है।

हाँ, क्योंकि, तुम्हारी इसी इक्कीसवीं सदी में अम्बेडकर, फुले, ताराबाई शिन्दे पैदा हुए हैं, न। फ़ालतू की बात करते हो। अरे उन्होंने जो फ़सल बोई थी उसे ही आज काट रहे हैं। काट क्या रहे हैं उसका व्यापार करके तिजोरी भर रहे हैं। कोई अपने बर्थडे पर करोड़ों की घूस ले रहा है, तो कोई हीरो-हीरोइन नचा रहा है। और गुंडों-बदमाशों की फ़ौज बना रहे हैं। ऐसी फ़ौज से क्रान्ति या बदलाव होता है?

यही कारण है कि 'आधुनिकता' हमारे समय का शायद सबसे अर्थविहीन कर दिया गया शब्द है—

ये कौन सा आधुनिकपन है रे। आधुनिकता वह है जिसके सामने पुराना मिट जाने में बेहतरी समझे। वह अपने आप चली जाए। जो आधुनिकता पुराने को ज़बरदस्ती मिटाती है, तबाह करती है—पुराने को बरबाद करके क़ाबिज़ होती है वह सच्ची आधुनिकता नहीं है। जो ताक़त, छल, भरम, धन और क्रूरता के बल पर अपने को स्वीकार कराता है, वह दमनकारी होता है, आधुनिक नहीं।

और जैसा पहले कहा गया कि इन सभी अभिशप्त सवालों का सामना गौरी-सूर्यकान्त को करना है। नये लोगों का निर्माण सहज नहीं है। सूर्यकान्त की गौरी के 'नयेपन' पर की गई टिप्पणी परिप्रेक्ष्य को सही करने में मदद देती है। गौरी जिसे उसे उसके बचपन में ही बेच दिया गया था। वह गौरी हमारे समय एक आधुनिक व्यक्तित्व को लेकर उपस्थित होती है, 'धर्म और जाति की लम्बी, अगम्य कट्टरता। इस मायने सोचने पर पाओगी कि तुम कितनी बुराइयों से बची हुई हो—

एक ऐसी इनसान जो सही अर्थ में आधुनिक है। तुम जाति, धर्म, कर्मकांड, रूढ़ियों, अन्धविश्वासों से मुक्त अनोखी शै हो जिसे मैं बेइंतिहा प्यार करता हूँ।' अनोखी शै सूर्यकान्त भी है, जिसने स्वयं को 'डिक्लास' और 'डिकास्ट' करके स्वयं को गौरी से प्रेम करने 'लायक' बनाया।

'अस्मिता' और अस्मिता विमर्श कभी भी मनुष्य को उसकी पूरी पहचान देने में सक्षम नहीं होता है। रामअजोर पांडे का 'पांडे' रामअजोर को कभी भी पूर्णता न दे पाने के लिए अभिशप्त है। भगेलू के लिए 'कुम्हार' या 'पांडे' महत्त्वपूर्ण नहीं था, महत्त्वपूर्ण था, 'मनुष्य जीवन' और 'मनुष्य जीवन से जुड़ी गरिमा'। यह विडम्बना ही है कि 'जीवन' (केवल स्वजीवन) की आवश्यक शर्तें पूरी होने के बाद पूँजीवादी व्यवस्था के पास मनुष्य की सांस्कृतिक, सामाजिक और आत्मिक सन्तुष्टि प्रदान करने के लिए कुछ भी नहीं होता है—कुछ भी नहीं! यह 'कुछ भी का न होना' उन सामाजिक विकृतियों को जन्म देता है—जिसके हम आज के दौर में शिकार हैं। पूँजीवादी व्यवस्था के पास यह जो ख़ालीपन है, उसका स्थानापन्न अतीत यानी सामन्ती दौर की सामाजिक संरचनाएँ बनती हैं। जाति, धर्म, सम्प्रदाय, नस्ल आदि इसी तरह की संरचनाएँ हैं। अखिलेश को इन्हीं अर्थों में प्रगतिशील साहित्यिक परम्परा के विस्तारक की हैसियत में रखा जाना चाहिए क्योंकि इन सवालों—विद्रूपताओं के सापेक्ष उन्होंने उन किरदारों को सामने रखा है जो 'टाइप्ड' होने की हैसियत रखते हैं। रामअजोर पांडे क्या हर एक अर्थ में पूँजीवादी सांस्कृतिक रिक्तता को व्यक्त करने वाले किरदार नहीं हैं? 'रामअजोर पांडे स्त्रियों और डॉलर दोनों के मामले में अमीर हो रहा था। उसे शायद यह मालूम नहीं था और उसे कोई बताने वाला नहीं था कि इसी के समानान्तर वह बूढ़ा हो रहा था। और अन्ततः उसने स्वयं एक रोज़ महसूस किया कि उसके संसार में जो एक अभाव था, वह अभी भी उपस्थित था और ख़लिश पैदा कर रहा था।'

ख़लिश सम्पूर्णानन्द 'बृहस्पति' के भीतर भी मौजूद है। वह भी इस ख़लिश को वैसे ही दूर करता है, जैसे रामअजोर पांडे—यानी अतीत की एक रूमानी, अतार्किक-असंगतता से ग्रस्त एक कल्पनालोक के निर्माण द्वारा। भले ही 'बृहस्पति' इस रूमानी अतीत का अपने राजनीतिक स्वार्थ के लिए इस्तेमाल कर रहा है—लेकिन तात्त्विक दृष्टि से पांडे और बृहस्पति में कोई अन्तर नहीं है। बृहस्पति के लिए यह असम्भव है कि जाति व्यवस्था में कोई गतिकी है, 'बृहस्पति का कहना है कि इस देश में एक पंडित का शूद्र बन जाना या शूद्र का ब्राह्मण होना असम्भव है। यहाँ असंख्य कहानियाँ, लोककथाएँ, लोकगाथाएँ, गीत, शास्त्र, मत-मतान्तर, जादू, फ़ंतासी और चमत्कार हैं पर किसी में ब्राह्मण और शूद्र एकमएक नहीं हुए। एक ब्राह्मण पेड़ में बदल सकता है या पत्थर में, वह जानवर, राक्षस, नदी सब कुछ हुआ है, लेकिन वह शूद्र हो गया हो या शूद्र ब्राह्मण, ऐसा अजूबा कभी नहीं घटा।'

उनके लिए यह अजूबा कभी नहीं घटा, इसलिए उन्हें उसी अतीत को जीवित करने की ज़रूरत है जो गौरवमयी है, जहाँ कोई विधर्मी नहीं, जहाँ कोई विपथन नहीं—

> *हमें पर्यटन केन्द्रों के आसपास प्राचीन नगरों की अनुभूति कराने वाला एक क्षेत्र भी बसाना होगा। इस नगर में हरे-भरे वृक्षों से समृद्ध उद्यान होंगे और सरोवर होंगे। ये वृक्ष वैदिक काल से लेकर गुप्तकाल तक के साहित्य में उल्लिखित वृक्ष होने चाहिए। उपवनों में युगल प्रेमक्रीड़ा कर रहे होंगे और नवयुवतियाँ वृक्षों की डालों पर झूले डालकर गीत गाती हुई, खिलखिलाती हुई झूम रही होंगी। और कूकती हुई कोकिलाओं से उन वृक्षों की शोभा निहारते ही बनेगी।*
>
> *इस नगर में गणिकाएँ भी होंगी जो अतीव सौन्दर्य की स्वामिनी होने के साथ-साथ नृत्य, संगीत और विशिष्ट अतिथियों को कामसूत्र का ज्ञान प्रदान करने में निष्णात होंगी।*

यहाँ आसानी से उस मानसिकता, भावबोध के आधारभूत कारणों की पड़ताल कर सकते हैं, जो राष्ट्रवाद, कट्टरपंथी और धार्मिक राष्ट्रवाद की कुत्सित और मनुष्यविरोधी प्रवृत्तियों की ओर ले जाती है। यह कोई आकस्मिक नहीं है कि जिस विचार से हिन्दुस्तानी अपना मोहभंग कर चुके हैं, जिससे आगे बढ़ चुके हैं, वही विचार और परम्पराएँ प्रवासियों (निर्वासित नहीं) को बहुत प्यारी प्रतीत होता है। बाबरी ध्वंस उनके लिए गौरव की बात है; भिंडरा के जिस्म के कपड़े उनके लिए पवित्र हैं! इस तथ्य का बहुत सामयिक उदाहरण टेलीविज़न के पर्दे पर आने वाले विभिन्न क़िस्म के धारावाहिक हैं—भव्य क़िस्म के कपड़े, भयावह क़िस्म के रीति-रिवाज, कर्मकांडों का फूहड़ प्रदर्शन ही इन धारावाहिकों का कोरस है, लेकिन इन्हें शहरों में रहने वाली मध्यवर्गीय जनता बहुत प्रियता के साथ देखती है। ध्यान रखने की बात केवल यह है कि यह जनता अब सामन्ती उत्पीड़न का शिकार नहीं है, पूँजीवाद की चकाचौंध में खोई 'वैयक्तिक स्वतंत्रता' का उपभोग करने वाली जनता है—लेकिन अपनी अभिरुचियों में अतीतजीवी गाँव और परम्पराओं को याद रखती है!

इसके विपरीत 'नये लोग' भी है, जिनका अतीतबोध तार्किक है—जो अपने समय को उसकी गति में देखने के पक्षधर हैं। सुल्तानपुर अब वह नहीं है, जो सूर्यकान्त के 'निर्वासन' से पहले था। सुल्तानपुर का बदलाव सूर्यकान्त के लिए समाजार्थिक परिवर्तन का हिस्सा है। हालाँकि ये परिवर्तन उसकी नज़र में सार्थक नहीं हैं (मेफ़ेयर रजिस्टर इसका सबूत हैं)। लेकिन, उसकी प्रतिक्रिया अतीतजीवी नहीं है। इसी स्वस्थ इतिहासबोध का एक उदाहरण गौरी को उसके अतीत के विषय में दी गई उसकी सलाह है। गौरी अनाथ है, उसकी माँ ने उसे बचपन में ही बेच दिया था; वह गौरी अपने अतीत को लेकर उत्सुक है। सूर्यकान्त का कहना है—'इतिहास वर्तमान के

ज़ख़्मों को स्वस्थ करे, यह इतिहास और वर्तमान के रिश्ते का आदर्श रूप है, यथार्थ नहीं...गौरी यह सही है कि नानी के मूल वंश की जानकारी न होने के कारण तुमने भी बहुत झेला है...लेकिन सोचो, वंश की गुमनामी ने तुम्हें कितनी सामाजिक बुराइयों से बचाया है। वंश का ज्ञान और उसकी प्राचीनता हमें क्या देती है? धर्म और जाति की लम्बी, अगम्य कट्टरता। इस मायने से सोचने पर पाओगी कि तुम कितनी सामाजिक बुराइयों से बची हुई हो—एक ऐसी इनसान जो सही अर्थों में आधुनिक है।'

अखिलेश अतीत से वर्तमान के बीच की जिस यात्रा का 'निर्वासन' में निर्वहन करते हैं; वह युक्ति कुछ वैसी ही है, जिसका इस त्रयी में अमिताभ घोष ने प्रयोग किया है। आब्ज़र्वर के शब्दों में यह युक्ति दूरबीन को उलटा करने की है। यह स्थिति जहाँ वर्तमान के प्रति वस्तुनिष्ठ होने का मौक़ा देती है, वहीं अतीत की रूमानियत से भी मुक्त करती है। निर्वासन वर्तमान की चकाचौध को दर्ज करने के बावजूद भी कहीं भी चकाचौध के व्यामोह में नहीं फँसता है और यह समकालीन हिन्दी लेखन में एक उपलब्धि के समान है। 'हुडी बाबा' के शोर में स्वयं को मशीन या तकनीक के व्यामोह से बचाकर मूलगामी प्रश्नों को सामने लाना जनप्रतिबद्धता का उदाहरण होने के साथ लेखक के असाधारण साहित्यिक कौशल को भी व्यक्त करता है।

भारतीय समाज में एक बड़ा अन्तर्द्वन्द्व यह है कि वह एक ओर वैयक्तिक जीवन और सामाजिकता के स्तर पर कट्टर सामन्ती मूल्यों को जीता है, तो दूसरी ओर आर्थिक जीवन में (और कुछ हद तक राजनीतिक जीवन में भी) पूँजीवादी मूल्यों को आत्मसात किये हुए है। यह भयावह अन्तर्विरोधी स्थिति है और कई समाजशास्त्रियों ने अभी भी इन स्थितियों को देखते हुए मान्यता व्यक्त की है कि भारतीय समाज कुछ हद तक अभी भी सामन्तवाद से पूँजीवाद की ओर सतत संक्रमण की अवस्था में है। लेकिन यह सचाई नहीं है। असल में हम पूँजीवाद को एक मुकम्मल वैचारिकता-दर्शन मानने की भूल करते हैं और इसीलिए पूर्वोक्त विभ्रम पैदा होता है। लाभ के सिवा पूँजीवाद का कोई सिद्धान्त नहीं है—इसीलिए समय की निरन्तरता में पूँजीवाद का चरित्र-विशेषता बदलती जाती है। लाभदायक स्थितियाँ हों तो उसे यानी पूँजीवाद को सामन्ती मूल्यों को अपनाने या छोड़ने में कोई संकोच नहीं होता है।

'निर्वासन' में 'गोसाईंगंज चरित...' अपनी सार्वकालिकता में अद्भुत आख्यानात्मकता और वैचारिक उद्वेलन को समाहित किये हुए है। गोसाईंगंज के हर एक बाशिन्दे के पास सबूत है कि वह भगेलू के वंश का है—केवल वंश का नहीं बल्कि उसके साथ भगेलू का रक्त सम्बन्ध है! भगेलू जैसे कुम्हार पर कट्टर ब्राह्मणों की यह दावेदारी अपने प्राथमिक अर्थ में ज्ञापित करती है कि 'धन' के सिवा कहीं कोई विचारधारा और मूल्य इस समाज में कार्यकारी नहीं है। रक्त शुद्धता,

वंशगत शौर्य, जातिगत उच्चता, ये सारे मूल्य केवल तब तक ही अस्तित्ववान हैं—जब तक इनका आर्थिक मूल्यवत्ता से सामना नहीं होता है। इस तथ्य को समझने के लिए अब एम.एन. श्रीनिवासन को तंग करने की ज़रूरत नहीं रह गई है, न ही ग़ैर-ब्राह्मणीकरण की प्रक्रिया को ही सन्दर्भित करने की ज़रूरत है। यह तथ्य अब सर्वमान्य है—बिलकुल सर्वमान्य। लेकिन 'बृहस्पति' हो या इतिहास का चक्र उलटा घुमाने वाले व्यक्ति—उनकी अतार्किकता ही उनका सम्बल है और शुतुरमुर्ग़ की तरह से रेत में गर्दन गाड़ना उनकी प्रवृत्ति।

असल में 'बृहस्पति' का चरित्र वर्तमान भारतीय शासक वर्ग की मानसिकता को व्यक्त करता है। यहाँ लक्षित करने की ज़रूरत है कि वर्तमान समय की क्रूरता के सापेक्ष जिस आदिकालीन अतीत का स्वप्न वर्तमान शासक वर्ग सामने रख रहा है, वह केवल इस कारण है कि वर्तमान व्यवस्था इस स्थिति में नहीं है कि स्वयं को किसी भी तरह से पुनर्नवा कर सके। ज़ाहिर से बात है कि ऐसे में जनता के समक्ष 'कल्पनालोक' प्रस्तुत करने के सिवा कोई और विकल्प नहीं शेष रहता है। 'बृहस्पति' और उसके माध्यम से व्यक्त राजनीतिक सत्ता का चरित्र पाठक को इस स्तर तक चेतना सम्पन्न करने की स्थिति में है कि वह वर्तमान सत्ता के वास्तविक चरित्र से वाक़िफ़ हो सके।

आर्यों के अतीत से लेकर मूलवंशियों के रूप में आदिवासियों की दावेदारी के लिए ऐतिहासिक तथ्य आज इसीलिए धोखा दे रहे हैं (तात्पर्य कि ये बेमानी हो चुके हैं)। आज तथ्य केवल यही है कि ज़मीन 'विशिष्ट आर्थिक क्षेत्र' बनने के लायक है कि नहीं या परमाणु रिएक्टर लगाने के लायक है कि नहीं। समाज की हर एक गतिविधि, क्रियाकलाप विशुद्ध लाभ के तत्त्व पर निर्भर है—यहाँ तक कि वंचितों द्वारा की जानेवाली कार्यवाही भी। आख़िर इस स्थिति को कैसे समझा जा सकता है कि जो समुदाय अपने जातिगत गौरव के नाम पर पंचायत में प्रेमी जोड़ों की हत्या करने का आदेश देता है, वही समुदाय आरक्षण के लिए स्वयं को ऐतिहासिक रूप से पिछड़े होने के तर्क भी खोज लाता है!

'गोसाईंगंज चरित...' हमारे समाज में मौजूद विद्रूपताओं के स्तर के साथ सामाजिक व्यवहार के लम्पट चरित्र को यथार्थ रूप में व्यक्त करता है। ज़ाहिर सी बात है कि यह उपन्यासकार के यथार्थबोध को भी व्यक्त करता है। समकालीन समय में निरन्तर जटिल होते जा रहे यथार्थ को व्यक्त करने के लिए साहित्यकारों ने जटिल शिल्प से लेकर जटिल कथानकों को अपनी संवेदना का हिस्सा बनाया है। लेकिन यह विडम्बना ही है कि इन सभी प्रयोगों की नियति 'सर्वसत्तावादी पूँजीवाद' के आत्मसाती गर्त में समाहित होने की रही है। वर्तमान समय में साहित्य की सामाजिकी के स्तर पर मूल प्रश्न यह है कि पूँजीवाद की चकाचौंध का साहित्यिक स्तर पर कैसे मुक़ाबला किया जाए और किस प्रकार प्रतिरोध को व्यक्त

किया जाए। वर्तमान समय स्वयं चकाचौंध से सराबोर है, ऐसे में चकाचौंधयुक्त साहित्यिक प्रवृत्तियाँ या शिल्प उसका मुक़ाबला कर पाएँ, असम्भव है। अखिलेश ने निर्वासन में प्रगतिशील साहित्यिक परम्परा के उत्तरजीवी मूल्यों पर विश्वास रखते हुए 'नवीनता' का सृजन किया है।

'निर्वासन' में स्थानीय मानसिकता से लेकर वैश्विक स्तर पर फैले छद्म वैश्विकता के मकड़जाल को समग्रतापूर्वक समेटा गया है। निर्वासन हमारे समय के समुचित सभ्यतागत दस्तावेज़ के भाँति है क्योंकि यह हमारे समय के जटिलतम यथार्थ का सरलीकरण किये बग़ैर उसे सहज व ग्राह्य स्तर पर प्रस्तुत करता है।

‘निर्वासन’ में भारतीय समाज का थ्री-डी विश्लेषण

—उमेश चौहान

वरिष्ठ कवि केदारनाथ सिंह कहते हैं—‘हिन्दी के ज़्यादातर आधुनिक लेखन में विस्थापन की पीड़ा किसी न किसी रूप में ध्वनित होती है, क्योंकि उसमें ज़्यादातर वे लोग हैं, जो गाँव से आए हैं। वे शहर के बन पाते हैं या नहीं बन पाते हैं, लेकिन शहर में अपने आपको एडजस्ट करने में एक बड़ी लड़ाई लड़ते हैं। उस लड़ाई में बहुत कुछ खोते हैं। एक ख़ास तरह का मध्यवर्ग शहर में विकसित होता जा रहा है, जो गाँवों से आया है। आधुनिक हिन्दी साहित्य उन्हीं लोगों का साहित्य है।’ विस्थापन का सबसे कठिनतम स्वरूप है निर्वासन, जहाँ कोई मनुष्य या वस्तु जबरन अपने मूल से अलग की जाती है। विभिन्न प्रकार की प्राकृतिक, सामाजिक अथवा आर्थिक परिस्थितियाँ इसका कारक होती हैं, किन्तु कहीं-कहीं यह सत्ता की क्रूर अथवा स्वार्थपूर्ण नीतियों के चलते भी घटित होता है। निर्वासन की पीड़ा सचमुच ही मनुष्य को जीवन भर कचोटती है, चाहे वह जिन परिस्थितियों में और जैसे हुआ हो और चाहे उसके फलस्वरूप मनुष्य को कितनी ही सुख-सुविधाओं के संसार में प्रवेश करने का मौक़ा मिला हो। अपने अतीत से, पुरखों से, मिट्टी से, वातावरण से, यहाँ तक कि छोटी-छोटी निर्जीव वस्तुओं से मनुष्य को जो लगाव होता है, वह विस्थापन के बावजूद कपड़ों में लिपटी धूल की तरह उसके मन में रमा रहता है। निर्वासन के जीवन पर पड़ने वाले प्रभाव की तीव्रता विस्थापन की दूरी अथवा कालावधि के सापेक्ष बदलती नहीं। निर्वासन चाहे घर से हो रहा हो या गाँव से, शहर से, प्रदेश से अथवा देश से, उसका भावनात्मक असर लगभग एक जैसी तीव्रता वाली संवेदनाएँ जगाता है। निर्वासन केवल भौगोलिक सीमाओं के सन्दर्भ में ही नहीं होता, यह पारिवारिक, सामाजिक अथवा सांस्कृतिक सन्दर्भों में या फिर जीवन के दैनन्दिन उपक्रमों परम्पराओं, मान्यताओं अथवा विश्वासों के सन्दर्भ में भी अनुभूत किया जाता है। अखिलेश का नया उपन्यास ‘निर्वासन’ विस्थापन की ऐसी तमाम प्रकार की संवेदनाओं की बड़े ही विचारपूर्ण एवं मनोवैज्ञानिक तरीक़े से पड़ताल करता है। इसी के साथ, यह वर्तमान समय की पारिवारिक, सामाजिक, राजनीतिक

व आर्थिक परिवेश की भी जमकर विवेचना करता है तथा उसके विद्रूप को पूरी शक्ति के साथ उद्घाटित करता है। भाषा, शैली, कथानक, काल-चेतना आदि की दृष्टि से भी यह उपन्यास समकालीन हिन्दी साहित्य को कई नये आयाम देता है।

'निर्वासन' का कथानक एक ऐसे व्यक्ति के जीवन के आसपास घूमता है जिसे प्रेम-विवाह करने के लिए पिता के द्वारा परिवार से निष्कासित कर दिया जाता है। इस उपन्यास का नायक सूर्यकान्त अपनी प्रेमिका व पत्नी गौरी का पिता के द्वारा किया गया अपमान बर्दाश्त नहीं कर पाता है और तत्काल सुल्तानपुर में स्थित अपना घर त्याग देता है। दोनों पति-पत्नी परिवार व शहर से निर्वासित होकर लखनऊ में आ बसते हैं। गौरी अपने को सूर्यकान्त से भी ज़्यादा अपमानित महसूस करती है और गौरी की सन्तुष्टि के लिए सूर्यकान्त अपने घर, परिवार तथा शहर को मन ही मन निरन्तर याद करते हुए भी हमेशा यही सिद्ध करना चाहता है कि भावनात्मक रूप से ही नहीं मानसिक रूप से भी वह अपने परिवार से बहुत ही दूर है। निर्वासन के इस मुख्य प्रसंग में अखिलेश ब्रिटिशकाल में दुर्भिक्ष से पीड़ित उत्तर प्रदेश के गोसाईंगंज नामक गाँव से पलायन कर गए एक ऐसे व्यक्ति के निर्वासन का आख्यान भी जोड़ देते हैं, जो फ़ैज़ाबाद से वाया कलकत्ता, सूरीनाम पहुँच जाता है और कालान्तर में उसका पोता रामअजोर पांडे अमेरिका का एक सफल उद्यमी बन जाता है। रामअजोर पांडे, अपने परिवार की जड़ों को तलाशना चाहता है और इसी नाते वह सूर्यकान्त के सम्पर्क में आता है। पांडे के पैतृक गाँव गोसाईंगंज की तलाश में सूर्यकान्त के चाचा उसके सहयोगी बनते हैं जो स्वयं अपने परिवार के संग रहते हुए भी परिवार से निर्वासन की पीड़ा भोग रहे होते हैं, क्योंकि सोच के धरातल पर पत्नी और बच्चों से उनका कोई-मेल नहीं खाता और वे घर के पिछवाड़े के एक कमरे में अपनी एक अलग दुनिया बसा लेते हैं। इन्हीं तीनों अलग-अलग क़िस्म के निर्वासन के शिकार पात्रों की जीवन-यात्रा को आधार बनाकर अखिलेश भारत की आज़ादी के कई दशक पहले से लेकर वर्तमान समय तक के लगभग डेढ़ सौ बरस के राष्ट्रीय और अन्तर्राष्ट्रीय परिदृश्य को आधार बनाकर विश्व के एवं विशेष रूप से भारत के सामाजिक, आर्थिक, राजनीतिक एवं सांस्कृतिक परिवर्तनों की व्यापक तौर पर तथा सूक्ष्म दृष्टि के साथ मीमांसा करते हैं। वे भारतीय समाज में व्याप्त ग़रीबी, अशिक्षा, सामाजिक रूढ़ियों व कुरीतियों, राजनीतिक पतन, नीतिगत विसंगतियों, भ्रष्टाचार व नैतिक पतन की शिकार शासकीय व प्रशासनिक मशीनरी आदि का एक ऐसा ख़ाका खींचते हैं, जिससे उसका असली चेहरा तो उजागर होता ही है, अपने घिनौनेपन से वह हमें हतप्रभ भी करता है।

उपन्यास के तीनों निर्वासित पात्रों के चारों तरफ़ दिखने वाले जो परिवारजन, मित्र, सहयोगी या अन्य लोग हैं, उनके सामाजिक सरोकारों, पक्षधरताओं, विचारों तथा स्वार्थ से भरी प्रवृत्तियों को भी अखिलेश ने बख़ूबी चित्रित करते हुए उनका

मनोवैज्ञानिक विश्लेषण किया है। सूर्यकान्त की पत्नी गौरी को पति व बेटे से अनन्य प्रेम है, किन्तु सूर्यकान्त के वापस अपने अतीत से जुड़ जाने की आशंका के कारण उसे यह भय भी होता है कि कहीं वह उसे खो न दे। उसका मित्र बहुगुणा चालाक एवं धन्धेबाज़ क़िस्म का पत्रकार है, किन्तु सूर्यकान्त की मदद वह निष्ठा के साथ करता है। अमेरिका से आया रामअजोर पांडे अपनी जड़ों से तो जुड़ना चाहता है लेकिन अपने कारोबारी हितों को बिना कोई नुक़सान पहुँचाए और इसी के चलते वह एक बड़ी परियोजना में धन लगाकर सरकार में तुरन्त अपनी पैठ बना लेता है। सरकारी पर्यटन निगम का मुखिया सम्पूर्णानन्द 'बृहस्पति' एक रूढ़िवादी, सत्तालोलुप एवं मक्कार क़िस्म का राजनेता है जो अपने स्वार्थ के लिए किसी को भी दूध की मक्खी की तरह निकालकर फेंक सकता है और कभी भी किसी गधे को भी अपना बाप बना सकता है। सूर्यकान्त की बहन नूपुर व बहनोई देवदत्त तेंदुलकर परस्पर प्रगाढ़ प्रेम करने वाले युगल हैं, किन्तु पैसा कमाने के लिए घर से उजड़कर अमेरिका जाने के लिए बेचैन हैं। उसका भाई शिब्बू व उसकी पत्नी कामना भी कुछ ऐसी ही जुगत में हैं। सूर्यकान्त के माँ-बाप पुराने ख़यालात के हैं। उसके पिता अवध नारायण प्रेम-विवाह के कारण बहू को भद्दी-भद्दी गालियाँ देते हुए सूर्यकान्त को घर से निकाल देते हैं। माँ के मन में बेटे से लगाव है, किन्तु वह कोई प्रतिरोध नहीं कर पाती। सूर्यकान्त के चाचा बड़े ही विचारशील किन्तु एक असफल प्रेमी हैं। वे जीवन से समझौता करके शादी तो कर लेते हैं किन्तु स्वार्थी व बिगड़ैल बीवी-बच्चों के रंग-ढंग से विक्षिप्त होकर आत्मनिर्वासन को अपनाते हुए घर के पिछवाड़े के कमरे में अपनी अलग दुनिया रमा लेते हैं और वह भी समाज के हाथों से फिसलती जा रही तमाम चीज़ों व छीजते जा रहे विचारों को समेटकर। सूर्यकान्त की दादी की उपस्थिति उपन्यास में संक्षिप्त रूप से ही होती है, किन्तु बड़े ही संवेदनापूर्ण तरीक़े से पीढ़ियों के बीच के वैचारिक एवं मनोवैज्ञानिक टकराव को तथा घरों में बुज़ुर्गों द्वारा झेली जा रही पीड़ा को अभिव्यक्त कर जाती है। उपन्यास का मुख्य आकर्षण सुल्तानपुर शहर तथा गोसाईंगंज गाँव के वे दृश्य हैं, जो आज के शहरी मध्यवर्ग व पिछड़े ग्रामीण समाज के शोषण व पतन का इतिहास और भूगोल बयान करते हैं और हमारी विकासोन्मुखी राजनीति की मक्कारी की धज्जियाँ उड़ाकर रख देते हैं।

निर्वासन की मन:स्थिति व्यक्ति की संवेदनाओं को किस गहराई तक विचलित कर देती है, यह अखिलेश ने उपन्यास में बख़ूबी दर्शाया है। रामअजोर पांडे अपने बाबा की तरह जीना चाहता है। वह भारत आने पर हौली में घुघरी खाते हुए शराब पीना चाहता है, नाली में लोटना चाहता है। चाचा अपने वैचारिक सिद्धान्तों, अतीत की यादों और हाथ से फिसलती जा रही वस्तुओं में खो जाना चाहता है। सूर्यकान्त अपने पिता से पत्नी गौरी के साथ हुए अपमान का बदला लेना चाहता है। वह इस दुनिया में अपने को मरुथल में भटकने जैसी स्थिति में पाता है।

आज की आपाधापी से भरी भाग-दौड़ वाली ज़िन्दगी के सन्दर्भ में अखिलेश 'हम अपनी रफ़्तार के चलते अपने आसपास से वंचित रहते हैं' कहकर बड़े ही सहज ढंग से वर्तमान समय की सामाजिक त्रासदी का बयान कर देते हैं। 'अब मेरी अन्दरूनी दुनिया का सारा इलाक़ा जीवन भर खँडहर बना रहेगा' कहकर अखिलेश उस विडम्बना की ओर इशारा करते हैं जो एक विस्थापित के जीवन में घटित होती है, भले ही वह कितनी ही सम्पन्नता और सुख-सुविधाओं से भरे बाह्य संसार में जीने लगे। इसी तरह से सत्य की परख और झूठ के मूल्यांकन के सम्बन्ध में अखिलेश का यह कथन भी बहुत ही महत्त्वपूर्ण है, 'संसार में सच की परख उसके उद्देश्य के आधार पर नहीं की जाती है। सत्य स्वयं में कसौटी है। किन्तु झूठ का मूल्यांकन उसके प्रयोग के पीछे निहित मंतव्य के आधार पर होता है। झूठ का इरादा यदि भलाई, करुणा या परहित है तो वह सत्य जैसा दर्जा हासिल कर लेता है।' मानवीय सम्बन्ध चाहे जितने गहरे हों, उन सम्बन्धों में अन्तर्निहित रहस्यों की थाह लेने से भी अखिलेश नहीं चूकते। वैयक्तिक सम्बन्ध परस्पर विश्वास के बने रहने पर ही चलते हैं और इस विश्वास को बनाए रखने के लिए यदि कहीं कुछ छिपाकर रखना होता है तो वह भी काफ़ी ज़रूरी होता है। अखिलेश कहते हैं—'कोई कितना भी अपना क्यों न हो...नज़दीक से नज़दीक—हम उसे पूरा कहाँ जान पाते हैं। उसका कुछ न कुछ ताले के भीतर छुपा रह ही जाता है।' इसी से वे इस अवधारणा पर पहुँचते हैं—'सम्बन्ध सब कुछ बता देने से नहीं चलता है, कुछ न कुछ छिपा लेने से वह बचा रहता है और चलता है।'

'निर्वासन' में अखिलेश मानव-मन की भावनाओं को सहज रूप से स्पर्श करते हुए अपने पात्रों का हर समय मनोविश्लेषण करते दिखते हैं। जब पांडे के पैतृक गाँव की खोज के सिलसिले में सूर्यकान्त वापस सुल्तानपुर जा रहा होता है, तो वह अपने पिता से मिलने के दृश्य की कल्पना में यह सोचकर परेशान हो उठता है कि वह अपने तथा गौरी के प्रति किये गए अपमानजनक व्यवहार के कारण पिता से कोई बात तो करना नहीं चाहता लेकिन यदि उनके सामने जाते ही उन्होंने अतिशय प्रेम-व्यवहार का प्रदर्शन किया तो कहीं वह विचलित न हो जाए और उनसे समझौता न कर बैठे। अखिलेश उसकी इस मानसिक द्वन्द्व का बड़ा ही मार्मिक चित्रण करते हैं—'अगर बाबू ने दरवाज़ा खोलकर उसे बुलाया या गले लगा लिया, इस सम्भावना से वह सर्वाधिक डरा हुआ था। उसे लग रहा था कि इस पर वह भावुक होकर कहीं बाबू से माफ़ी न माँगने लगे। इस स्थिति को वह गौरी और गौरी के प्रति अपने प्रेम का घोर अपमान मानता था। यहाँ आने के विचार की शुरुआत में ही प्राणपण कर लिया था कि अपने प्रेम, अपने विवाह और अपने दाम्पत्य के बारे में वह हर क्षण सिर उठाकर बात करेगा।' लेकिन जब सूर्यकान्त पिता के सामने जाता है तो वह उनकी दयनीय शारीरिक दशा को देखकर

एक ऐसी चिन्ता-भरी स्थिति में पहुँच जाता है, जहाँ वह न ख़ुश हो सकता है और न ही दुखी। यह एक अलग तरह का वैचारिक द्वन्द्व है जिसे अखिलेश ने बख़ूबी चिन्हित किया है—'सूर्यकान्त उन्हें लगातार देख रहा था और वह समझ नहीं पा रहा था कि उनको इस दयनीय दशा में देखकर वह ख़ुश हो रहा है या दुखी। वह जीता हुआ अनुभव कर रहा था अथवा शिकस्त खाया हुआ इसकी एकदम सटीक व्याख्या करना उसके लिए सरल नहीं था।' अपने पिता से अपमान का बदला लेने की स्थिति में अपने को न पाकर सूर्यकान्त स्वयं को एक पराजित व्यक्ति के रूप में देखने लगता है। यह उसकी दोहरी पराजय है। पहले अपमानित किये जाने के कारण हुई पराजय और अब बदला न ले पाने के कारण हो रही पराजय। अखिलेश उसकी इस मन:स्थिति को यूँ अभिव्यक्त करते हैं, 'मगर उसके दिमाग़ में कुछ चमका और उसका समस्त रोष चकनाचूर हो गया, उसने सोचा—अगर उसी वक़्त या उसके साल-दो साल भीतर नहले पर दहला जड़ता तो मैं विजेता होता। लेकिन वह अवध नारायण अपनी उम्र, ताक़त, सत्ता और तन्दुरुस्ती के साथ ही विदा हो गया। यह जो यहाँ है, अवध नारायण की मृत्यु की छाया है। उसने अनुभव किया कि वह हमेशा-हमेशा के लिए अपने पिता से हार गया है। पहले पिता की ताक़त से वह पराजित हुआ था और अब उसे उनकी निर्बलता ने हरा दिया।' जीतने की आकांक्षा और हार जाने की विडम्बना के ऐसे आख्यान हम सबके जीवन में सहज रूप से घटित होते रहते हैं और मनुष्य के जीवन की इसी सहजता को शब्दों में साकार करना अखिलेश की विशेषता है।

जैसा पहले इंगित किया गया है, इस उपन्यास में केवल किसी व्यक्ति के अपने परिवार अथवा समाज से निर्वासित होकर जीने की अनुभूतियों का ही चित्रण नहीं है। भौगोलिक परिस्थितियों की भिन्नता के कारण इस तरह का भौतिक निर्वासन तो आज के वैश्वीकृत मनुष्य के जीवन में होता ही रहता है, जिसमें व्यक्ति अपने मूल स्थान से विस्थापित होकर विभिन्न कारणों से नये-नये स्थानों पर रहने के लिए मजबूर हो जाता है, अपरिचित या असम्बद्ध लोगों के साथ अपना सम्बन्ध स्थापित करता है, अनजानी वस्तुओं के साथ जीता है, अपनी नई पहचान बनाता है, नई भाषाएँ सीखता है और अपने को एक अलग संस्कृति में ढालने की कोशिश करता है। इस उपन्यास में एक दूसरी तरह के निर्वासन का भी चित्रण है, जो जीवन में प्राय: अपने भीतर ख़ुद के साथ ही अथवा अपने आसपास की चीज़ों के साथ घटित होता रहता है। हमें इसका आभास भी नहीं होता कि पुरानी चीज़ें कैसे धीरे-धीरे जीवन से निर्वासित होती चली जाती हैं और नई-नई चीज़ें कैसे उनका स्थान लेती रहती हैं। ये निर्वासित चीज़ें चाहे शब्द हों, विचार हों, मान्यताएँ हों, व्यवस्थाएँ हों, परम्पराएँ हों, इनका अलगाव भी उतना ही कष्टकर होता है, जितना कि भौगोलिक, सामाजिक अथवा सांस्कृतिक दृष्टि से अपने भौतिक संसार से होने वाला अलगाव।

सूर्यकान्त अपने रजिस्टर में उन शब्दों को लिखकर रखता है जो हमारे बीच से ग़ायब हो रहे हैं। गौरी उन शब्दों को सँजोने की उसकी आदत से यह मान बैठती है कि वह उन शब्दों की तरह ही उन रिश्तों को भी ज़रूर अपने मन में सँजोकर रखता होगा जो उसके जीवन में पहले कभी रहे हैं। निर्वासन से पीड़ित व्यक्ति के भीतर अपनी अस्मिता को बचाए रखने की, अपने वजूद को संरक्षित करने की जो छटपटाहट होती है, सूर्यकान्त की खोते जा रहे शब्दों को रजिस्टर में लिखकर रखने की यह प्रवृत्ति उसी का सूचक है। अखिलेश ने गौरी के मानसिक अन्तर्द्वन्द्व का चित्रण करते हुए, सूर्यकान्त के व्यक्तित्व की मनोवैज्ञानिक मीमांसा कुछ इस प्रकार से की है—'इनमें से किसी एक शब्द से भी गौरी वाक़िफ़ न थी लेकिन वह यह जान गई कि ये वे शब्द हैं जिन्हें सूर्य ने अपने गाँव, क़स्बे और माँ-बाप के घर में बोला-सुना था और वहाँ से विच्छेद बाद ये शब्द उसके व्यवहार से धीरे-धीरे विदा हो गए थे। यह कोई ख़ास बात न थी। ऐसा बहुतेरों के साथ होता है। पर रजिस्टर में उनकी इस प्रकार आमद देखकर वह तनावग्रस्त हो गई थी। क्योंकि उसमें यह कौंधा कि ये शब्द जो दफ़्न हो गए थे अभी सूर्य में ज़िन्दा हैं तो वे रिश्ते भी हर हाल में ज़िन्दा होंगे जिन्हें ख़त्म हुआ मानकर वह सुकून से थी। वह जीवन, वह समाज भी सूर्य में बसा हुआ होगा। बल्कि इतने वर्षों के विछोह के कारण वे सारे के सारे ज़्यादा दिलकश और रंग-बिरंगे हो गए होंगे।'

अखिलेश निर्वासन की अनुभूति को नये-नये आयाम देते हुए उसके दायरे को अनुभूतियों के उस व्यापक संसार की ओर ले जाते हैं, जहाँ सामान्यत: हमारी दृष्टि नहीं जाती। उनकी निगाहें प्रकृति में हो रहे उन परिवर्तनों को भी छूती हैं जो स्वाभाविक नहीं हैं। परिवर्तन प्रकृति का नियम है। उसमें नैसर्गिक रूप से विकास की एक प्रक्रिया चलती रहती है, जिसमें भौगोलिक परिवर्तनों के प्रति अनुकूलन तथा सरलता से जटिलता की ओर का प्रस्थान भी शामिल रहता है। लेकिन विकास की नैसर्गिक प्रक्रिया के विपरीत वहाँ विनाशकारी मानवीय गतिविधियों और शोषणकारी प्रवृत्तियों के कारण आज एक ऐसा परिवर्तन भी हो रहा है जो बाहर से थोपा गया है। यह परिवर्तन पूरे इकोसिस्टम को प्रभावित कर रहा है। प्रकृति में समस्त जीव-जन्तु व वनस्पतियाँ एक-दूसरे पर आश्रित रहते हुए एक आपसी सामंजस्य स्थापित कर लेती हैं। इस प्रकार पूरा का पूरा इकोसिस्टम एक समग्र इकाई के रूप में जीता है और अपनी पहचान पर कायम रहता है। जब किसी स्थापित इकोसिस्टम में कोई एक तत्त्व दूसरे पर हावी होने की कोशिश करता तो बिगड़ते हुए बैलेन्स को ठीक करने वाले तत्त्व भी उसके भीतर ही प्रकट हो जाते हैं। लेकिन जब से धरती पर मनुष्य का वर्चस्व बढ़ा है, उसने इस पृथ्वी के समेकित इकोसिस्टम को तथा उसके विभिन्न भू-भागों में स्थापित विविध प्रकार के विशिष्ट पहचान वाले पारिस्थितिक केन्द्रों के बैलेन्स को हिलाकर रख दिया है। मनुष्य के इस हस्तक्षेप की कोई तोड़ नहीं दिखती।

इसकी परिणति सिर्फ़ विनाश की ओर ले जानेवाली लगती है। मनुष्य अपने स्वार्थ में इस इकोसिस्टम से कुछ तत्त्वों को उजाड़ रहा है। इसके चलते दूसरे कुछ तत्त्व इसमें से अपने आप ही उजड़े जा रहे हैं। दिल्ली जैसे महानगरों में गौरैया जैसी घरेलू चिड़िया का लगभग ग़ायब हो जाना इसी तरह का एक परिवर्तन माना जा सकता है। गौरैया इन महानगरों से ख़ुद नहीं ग़ायब हुई है। उसे ग़ायब होने के लिए मजबूर किया गया है। उसे यहाँ से निर्वासित किया गया है। अखिलेश की बायस्कोपी दृष्टि प्रकृति में हो रहे इस तरह के निर्वासन पर भी पड़ती है। वे लिखते हैं—'जब वृक्ष, उनकी शाख़ें, उनके पत्ते नहीं होंगे तो चिड़िया चहकेंगी कहाँ, आख़िर इन चिड़ियाँ चुनमुन ने कहाँ ठिकाना बनाया होगा? क्या इन्होंने अपने प्रति आदमज़ाद की बेमुरौवती, बेरहमी से आजिज़ होकर आत्मनिर्वासन चुन लिया है या डरकर, घबराकर बहुत से पक्षी लोग बचने के लिए किसी गुप्त ठीहे पर चले गए हैं?' अखिलेश द्वारा अभिव्यक्त पक्षियों की यह पीड़ा निर्वासन की उस महावेदना को अभिव्यक्त करती है, जो इस दुनिया के कोने-कोने में व्याप्त है और मनुष्यों की अपनी ही हरक़तों के कारण तीव्र से तीव्रतर होती जा रही है।

'निर्वासन' में 'गोसाईंगंज चरित' के बहाने अखिलेश ने आज के ग्रामीण परिदृश्य का बड़ा ही यथार्थपरक ख़ाका खींचा है। प्रेमचन्द के 'गोदान', फणीश्वरनाथ रेणु के 'मैला आँचल' तथा श्रीलाल शुक्ल के 'राग दरबारी' के बाद एक लम्बे समय के पश्चात हिन्दी के उपन्यास जगत में इस तरह का ग्रामीण अंचल से जुड़ा सामाजिक, राजनीतिक एवं आर्थिक विमर्श हमारे सामने आया है। रेणु और श्रीलाल शुक्ल के ज़माने का गाँव अब पूरी तरह बदल गया है। वहाँ पंचायतीराज संस्थाओं की लूट-खसोट जारी है। सभी के हाथों में मोबाइल है, घरों में टी.वी. सेट है, सरकार लैपटॉप बँटवा रही है, लेकिन बेरोज़गारी बेशुमार है। खेती के तौर-तरीक़े बदल गए हैं। मशीनीकरण के चलते मवेशी ग़ायब हो रहे हैं। अखिलेश ने आज के इस बदले हुए गाँव की बदहाली और व्यथा को तो अपनी कथा में समेटा ही है, रामअजोर के पुरखों की खोज के बहाने उसके अतीत में भी बख़ूबी झाँका है। इस बदलाव के दौरान गाँव से आदमी ही नहीं, और क्या-क्या निर्वासित हुआ है, इसकी भी उन्होंने पड़ताल की है। मसलन उनका यह वर्णन देखिए—'गाँवों में छोटी जाति वाले खेतिहर भी ट्रैक्टर से खेत की जुताई कराते हैं इसलिए बैल बेकार की चीज़ हो गए हैं। यही हाल गाय-भैंसों का है। देशी वाली सेर भर से ज़्यादा दूध नहीं देती तो उनको बैठाकर कोई क्यों खिलायेगा क्योंकि अब उनके बच्चों की भी कोई क़ीमत नहीं रह गई। उन्हें क़साई को देने में कई बार ममता तो कई बार धरम राह रोकता है। इसलिए उनको गाँव से खदेड़ दिया जाता है। भागकर वे दूसरे गाँव जाते हैं, वहाँ से भी खदेड़ दिये जाते हैं। आख़िरकार शहर में भटकने, पिटने, मार खाने, जलील होने के लिए चले आते हैं।' गाँव से मवेशियों का यह निर्वासन दयनीय है

और गाँव से शहर की ओर पलायन करके वहाँ फ़ुटपाथों और फ़्लाई ओवरों के नीचे परिवार-सहित गुज़र-बसर करने वाले भूमिहीन मज़दूरों की दुर्दशा के समान है। जगदम्बा कुम्हार के बाबा भी गाँव से दुर्भिक्ष के समय पलायन करके कलकत्ता चले गए थे। उसके बाद उनका क्या हुआ यह किसी को ज्ञात नहीं। उपनिवेशकाल में विदेशों की ओर पलायन कर गए मज़दूर परिवारों के ऐसे लाखों लोगों के बारे में भारत के हज़ारों गाँवों में किसी को कुछ पता नहीं। परिवार के जो लोग यहाँ बचे, वे धीरे-धीरे उन्हें भूल गए और जो वहाँ जाकर बस गए, उनके पोते-पड़पोते अपनी जड़ें तलाशते घूम रहे हैं। गोसाईंगंज का इतिहास, भूगोल और समाजशास्त्र बताने के लिए अखिलेश ख़ूबसूरती के साथ जगदम्बा के वृत्तान्त का सहारा लेते हुए एक बालक से उपन्यास '2048' लिखवाते हैं और उसमें अपनी कल्पना-शक्ति के सहारे अतीत के गोसाईंगंज का एक ऐसा रूपक खड़ा करते हैं, जो उस ज़माने के इतिहास की गहराई में जाता है, और जहाँ ज़रूरी है, वहाँ उसकी बखिया भी उधेड़ता है। उसमें अवध के किसानों द्वारा ब्रिटिशकाल में ज़मींदारों के विरुद्ध किये गए विद्रोह, आज़ादी के आन्दोलन, स्वतंत्रता सेनानियों की दुर्दशा आदि तमाम बातों का पैना विश्लेषण है।

उपन्यास के कथानक में अखिलेश ने जगह-जगह हमारे चारों तरफ़ बढ़ते जा रहे इस मनुष्यजनित विस्थापन की विवेचना को ख़ूबसूरती से पिरोया है जो हमारे भीतर कथा के आस्वादन को समृद्ध करने के साथ-साथ एक गम्भीर विचारोत्तेजना भी पैदा करता है। चाचा के घर में जब सूर्यकान्त तरह-तरह की पुरानी उन वस्तुओं को देखता है जो अब आमतौर पर घरों में प्रयोग में नहीं लाई जातीं तो वह चकित हो उठता है। चाचा का मानना है, ये वस्तुएँ नैसर्गिक रूप से ग़ायब नहीं हो रहीं, उन्हें जानबूझकर ग़ायब किये जाने की साज़िश रची जा रही है। चाचा इसका ख़ुलासा इस प्रकार से करते हैं—"वे ग़ायब नहीं हुई हैं।" चाचा हँसे—"वे अपनी-अपनी जगह से धकेल दी गई हैं। मैं समझ रहा हूँ तुम्हारी बात। ये देसी आम, ये बरतन ढिबरी, लालटेन, ये सिकहर, ये सिल-लोढ़ा, ये सब इसी भारत देश में हैं पर अपनी अपनी जगह से धक्का दे दिये गए हैं। ये ऐसे अँधेरे में गिर गए हैं कि तुम लोगों को दिखाई नहीं देते। पर ये हैं।" और तो और, अखिलेश ने हमारे आसपास से ग़ायब होती जा रही संज्ञाओं के निर्वासन की ओर भी हमारा ध्यान आकर्षित किया है। ये संज्ञाएँ हमने ही रची थीं और अब हम ही उन्हें देशनिकाला दे रहे हैं। अखिलेश इस बारे में लिखते हैं—"हमारे देश को ग़ुलाम बनाने वाले अंग्रेज़ों ने हमारी इन संज्ञाओं का नाश नहीं किया। उनके समय में और उनके जाने के बाद भी हमारे स्थान, वस्तुएँ, ऋतुएँ, मौसम, दूरियाँ, स्वाद—सब अपनी अनगिनत संज्ञाओं के साथ थे। पर इधर हमने उन्हें कुचला। देशनिकाला दिया। वे मिट गए हैं या बेदख़ली भोग रहे हैं। यह ख़याल कितना भयानक है कि कई मील, कई कोस में फैला एक

जेलख़ाना है जिसमें असंख्य संज्ञाएँ सज़ा भुगत रही हैं। कालकोठरी में मृत्युदंड की सज़ा पाए क़ैदी की तरह।" इसमें भारतीय अस्मिता के क्षरण के कारणों पर एक नया दृष्टिकोण रखा गया है। इसमें उन लोगों को एक करारा जवाब दिया गया है, जो हमारी पहचान के खो जाने का सारा दोष देश की ग़ुलामी और अंग्रेज़ों द्वारा किये गए सांस्कृतिक आक्रमण पर मढ़ते हुए सचाई से मुँह चुराते घूमते हैं। इसमें हमारी अस्मिता पर हो रहे संक्रमण के कारक तत्त्वों की ओर इशारा किया गया है और इस ऐतिहासिक तथ्य को रेखांकित किया गया है कि यह संक्रमण और संज्ञाओं का विलोपन औपनिवेशिक काल में नहीं हुआ है। यह सब तो आज़ादी के बाद हो रहा है, जिसके लिए अंग्रेज़ नहीं, सिर्फ़ हम ज़िम्मेदार हैं, हमारी नीतियाँ ज़िम्मेदार हैं। यहाँ इस बात की ओर भी एक इशारा है कि हमारी वास्तविक पहचान कहीं खोई नहीं है, वह तो बस बेदख़ल करके गाँवों में बसने वाले उस भारत की ओर धकेल दी गई है, जो इस बदले हुए भारत के भीतर डरा-सहमा किसी क़ैदी की तरह रहता है। अखिलेश का यह विमर्श 'भारत बनाम इंडिया' के विमर्श जैसा है। अखिलेश का हमारी मौलिक संज्ञाओं का यह क़ैदख़ाना अरविन्द अडिगा के उपन्यास 'द व्हाइट टाइगर' में वर्णित बहुचर्चित 'अँधेरे भारत' जैसा है। अखिलेश ने इस उपन्यास के माध्यम से हमारे देश में वर्तमान सभ्यता के भीतर मुँह छिपाकर जीने वाली मौलिक सभ्यता, आधुनिकता के आवरण में ढकी छद्म-वैचारिकता, वैश्वीकरण के प्रभाव से बढ़ती जा रही सामाजिक एवं सांस्कृतिक विषमता आदि का एक ऐसा ख़ाका खींचा है, जो हमें बहुत कुछ सोचने पर मजबूर कर देता है।

अखिलेश ने 'निर्वासन' में विश्व भर में और विशेष रूप से भारतीय समाज में व्याप्त असहिष्णुता और हाशिए पर फेंक दिये गए, या कह लें, धकेल दिये गए लोगों के प्रति उसकी संवेदनहीनता के प्रतिरोध में भी आवाज़ उठाई है। 'निर्वासन' में 'बतर्ज़ हिन्द स्वराज' अध्याय में चाचा-भतीजे के संवाद के बहाने उन्होंने इन मुद्दों पर जमकर अपनी बात कही है। वे लिखते हैं—'पुराने का जाना और नये को आकर पुराना होना और जाना, इस नियम से मैं भी वाक़िफ़ हूँ किन्तु ऐसा भी नहीं होता कि किसी वृक्ष पर केवल नये पत्तों को ही रहने का अधिकार होता है। पतझड़ एक साथ सभी पुरानी पत्तियों को नहीं उखाड़ देता है। इस तर्क से समाज में जो पिछड़े हैं, जो हाशिए पर हैं, उनकी संस्कृतियों, उनके रिवाज़ों, उनकी रुचियों के लिए कोई जगह ही नहीं होनी चाहिए।' अखिलेश की दृष्टि में स्वार्थपरता और आपाधापी से भरे इस संसार में मनुष्य अपनी उलटी गंगा बहा रहा है। यहाँ ताक़तवर इनसान अपने हित को ही आगे रखकर विकास का फ़ार्मूला तय करता है और कमज़ोर लोगों की राहों में काँटे बोता हुआ चलता है। बाद में जब यही दबे-कुचले लोग संघर्षरत हो उठते हैं तो उसकी ऐयाशी की हवा भी निकल जाती है। इस प्रकार मनुष्य ही यहाँ मनुष्य का सबसे बड़ा दुश्मन बना हुआ है।

अखिलेश इस सन्दर्भ में स्पष्ट लिखते हैं—'मौजूदा सभ्यता तो अपने आप में एक आभासी संसार है जिसमें बाशिन्दों के साथ एक कपटलीला हो रही है। वे समझते हैं कि पा रहे हैं लेकिन दरअसल वे खो रहे हैं। जिसे वे अमीरी, सुख, सुरक्षा जान रहे हैं वह असल में दारिद्र्य, दुख और ख़तरा है। जो बहुत चमकीला है वह बहुत बदरंग है। उलटबाँसी ही आज का यथार्थ है।' मेरे विचार में 'निर्वासन' के 'बतर्ज़ हिन्द स्वराज' अध्याय में दर्ज चाचा-भतीजे के संवाद का वैचारिक विमर्श और भारत की स्थिति की सामाजिक, राजनीतिक व आर्थिक विवेचना, या कह लें, चीर-फाड़ साहित्यिक दृष्टि से बेजोड़ है। इसमें वर्णित चाचा के आत्मनिर्वासन का रहस्य, उनके दौलत की दासता से छोड़कर सादगी के रास्ते पर बढ़ चलने का कारण, ऊपर उद्धृत आधुनिकता की उलटबाँसी, यौन-शुचिता की अवधारणा, विलोम से भरी व्यवस्था, विकास-परियोजनाओं का विद्रूप, समष्टि के विकास का फ़ार्मूला, समृद्ध और ताक़तवर देशों की हिंसात्मक व साम्राज्यवादी प्रवृत्ति, तरक़्क़ी की स्पीड के पीछे छिपा शोषण का आखेट, दलित-आन्दोलन की विफलता, आधुनिकता की मीमांसा, सभी कुछ आज के साहित्य और समाज में वही महत्त्व अर्जित करता है, जैसाकि मध्यकाल में सामाजिक नीति और आचरण के सम्बन्ध में तुलसी के 'रामचरितमानस' में दर्ज राम और भरत के संवाद ने अर्जित किया था।

'निर्वासन' के चाचा को नयेपन से परहेज़ नहीं है, किन्तु उनके लिए उसका अहंकार और बेमुरौवती असह्य है। इसीलिए उन्हें नयेपन से घृणा है। वे ऐसे समय में रहना चाहते थे जहाँ नये-पुराने दोनों की सुन्दरताएँ एक-दूसरे को मज़बूती देती हों, लेकिन ऐसी जगह कहीं मिली नहीं। वे जानते हैं कि मनुष्य अकेले अपने सपनों के भविष्य को हासिल नहीं कर सकता, इसीलिए वे भविष्य में न जाकर अतीत में चले गए। वे जानते हैं कि यह पुराना समय सहज नहीं, बनावटी है, किन्तु फिर भी उन्हें सन्तुष्टि है कि यह उन्हीं का गढ़ा हुआ है। उन्हें अश्लीलता परोसते टेलीविज़न-कार्यक्रमों और सिनेमा में कोई रुचि नहीं और न ही अर्धनग्न अभिनेत्रियों में। वे यौन-शुचिता में भले ही विश्वास न करते हों किन्तु वे सोचते हैं कि स्त्री हो या पुरुष, यदि वह प्रेम करेगा तो वह केवल मन के स्तर पर ही न होकर शरीर के स्तर पर भी ज़रूर होगा, इसलिए यदि भावना के स्तर पर साथी की हिस्सेदारी पसन्द नहीं की जा सकती तो फिर शरीर के स्तर पर वह कैसे स्वीकार्य हो सकती है। व्यक्ति जब प्यार करने वाले को ही अपनी आत्मा का समूचा अमृत पिलाना चाहता है, तो फिर वह शरीर का सारा वैभव और सौन्दर्य भी उसे ही अर्पित करना चाहेगा। उन्हें यह देखकर दुख होता है कि न्याय, स्वास्थ्य, शिक्षा, राजनीति जैसी चीज़ें जो समाज को सुन्दर बनाने के लिए रची गई हैं, वे ही इनसान को आज के ज़माने में सबसे ज़्यादा डरा रही हैं, अपने मक़सद के विलोम से भरी हुई हैं। उनका मानना है कि सुन्दरता तभी जन्म लेती है जब उसमें इनसान, पशु, पक्षी किसी का भी जीवन भीतर से ख़ुशी पाए।

ये राष्ट्रीय राजमार्ग जो करोड़ों वृक्षों का वध करके बने हैं, ख़ूबसूरत कैसे हो सकते हैं? ये औद्योगिक विकास के उपक्रम जो किसानों की ज़मीन छीनकर तैयार हो रहे हैं, ये बाँध, बिजली परियोजनाएँ जो इलाक़े की पूरी-पूरी आबादी को बेघर, विस्थापित करके प्रकट हो रही हैं, सुन्दर कैसे हो सकती हैं? ये विकास दरअसल लूट-खसोट है। मनुष्य की बेहतरी ही असली विकास है। कोशिश यही होनी चाहिए कि संसार की हर प्रिय चीज़ का रूप, रस, गंध, स्पर्श बचाते हुए तरक़्क़ी की मंज़िलें हासिल हों। अच्छी चीज़ों को खोकर विकास को पाना अक़्लमन्दी नहीं। विकास और आज की सभ्यता का यही शऊर है कि आने वाली पीढ़ियों और आने वाले समय के बारे में मत सोचो, सब कुछ आज ही दुह लो। अपना भला कर लो, भविष्य अन्धकारमय हो तो होता रहे। आज जो जितना ही समृद्ध है उतना ही हिंसक है और जो जितना ही ताक़तवर है, वह उतना ही असहिष्णु। लोग नहीं समझते कि दूसरों को अशान्त करके, सता करके, दुखी करके, हड़प करके कोई शान्त और सुखी नहीं रह सकता, पनप नहीं सकता। स्पीड आज की सभ्यता की बुनियाद भले ही हो, किन्तु शिकारी के डर से दौड़ लगाने वाले सुन्दर नहीं लग सकते। आज जो लोग भाग रहे हैं, उन्हें तो पता भी नहीं कि उनका आखेट हो रहा है। उनकी धारणा है कि आधुनिकता वह होती है जिसके सामने पुराना स्वयं मिट जाए। जो आधुनिकता पुराने को ज़बरदस्ती मिटाती है, उसे तबाह करके क़ाबिज़ होती है, वह सच्ची आधुनिकता नहीं है। जो ताक़त, छल, भरम, धन और क्रूरता के बल पर अपने को स्वीकार कराता है, वह दमनकारी होता है, आधुनिक नहीं। नयापन वह है जो ईश्वर और मृत्यु को चुनौती दे। असलियत यह है साइंस और नयेपन का उद्देश्य सभी को हराना, उन्हें अपना ग़ुलाम बनाना हो गया है। वे मूर्ख होते हैं जो मानते हैं कि हथियार ख़ुद निर्णय नहीं लेते, वे केवल हमारी इच्छाओं के मुताबिक़ चलते हैं और उनकी अपनी कोई इच्छा नहीं होती। आदमी ने तकनीक और तरक़्क़ी को हथियार बनाया है मगर अन्ततः वह ख़ुद उनका हथियार साबित हो रहा है।

अखिलेश का यह उपन्यास भारत की आर्थिक एवं सामाजिक विषमताओं, औपनिवेशिक काल से लेकर आज तक उसके आर्थिक व सामाजिक ढाँचे में आए बदलावों, वर्तमान राजनीतिक व प्रशासनिक विद्रूपताओं आदि पर एक यथार्थपरक एवं वृहत्तर दृष्टिकोण हमारे सामने रखता है। भारत में सामाजिक विषमता ने ही किसी न किसी रूप में आर्थिक विषमता को भी बढ़ावा दिया है, ऐसी सर्वमान्य धारणा है। इसके लिए वह मनुवादी व्यवस्था ज़िम्मेदार है, जिसने जन्म के आधार पर मनुष्यों को ऊँची-नीची जातियों के ख़ाँचे में फिट कर दिया है और उनके जीवन भर के काम-काज व श्रम के विनियोग की दिशा तय कर दी है। अलग-अलग जातियों के लिए निर्धारित कर्म के आधार पर ही उनके बीच आर्थिक संसाधनों का बँटवारा भी होने से आर्थिक विषमता सीधे-सीधे सामाजिक विषमता से जुड़ गई।

जातिगत ऊँच-नीच को तथा उससे सम्बद्ध श्रम के विभाजन को एक दंडविधान के सहारे इतना मज़बूत बना दिया गया कोई भी उसके विरुद्ध चूँ भी नहीं कर पाया था। सदियों से चली आ रही इस विषमताकारी व्यवस्था को आज़ाद भारत में संवैधानिक प्रावधानों के सहारे तोड़ने और मिटाने का सपना ज़रूर देखा गया किन्तु यह विषमता है कि मिटती ही नहीं। ऊँच-नीच की मानसिकता हमारे भीतर इतने गहरे पैठी हुई है कि लाख पढ़-लिख जाने के बाद और सामाजिक समता के सिद्धान्तों के बीच जी लेने के बाद भी कोई उससे पूरी तरह उबर नहीं पाता। और तो और जो इस सामाजिक सीढ़ी में आरक्षण आदि के सहारे नीचे से ऊपर आ जाता है, वह पलटकर अपनी ही जाति के अन्य लोगों को नीचे ही बनाए रखने में अपना हित देखने लगता है। अखिलेश ने इन सभी सामाजिक तथ्यों का यथार्थपरक और तटस्थ रूप से चित्रण किया है। रामअजोर पांडे के पूर्वजों की वस्तुस्थिति गोसाईंगंज के जगदम्बा कुम्हार के पूर्वजों से मेल खाती है, तो भी जातीय चश्मे से ही सारे रिश्ते-नाते जाँचने-परखने वाले भारतीय समाज में यह शोध-परिणाम मान्य नहीं होगा, इस यथार्थ को सामने रखकर ही अखिलेश उपन्यास में सूर्यकान्त से रामअजोर पांडे को ऐसी अप्रिय रिपोर्ट नहीं दिलवाते हैं। उनकी डीएनए मैचिंग कराए जाने पर रामअजोर पांडे के समाजच्युत हो जाने का ख़तरा है। रामअजोर पांडे के पूर्वज ब्राह्मण नहीं थे, कुम्हार थे, यह बात वह अमेरिकावासी हो जाने के बाद भी नहीं स्वीकारेगा, यही दुनिया भर में फैले भारतीय डायस्पोरा का यथार्थ है। अखिलेश इस यथार्थ को बेबाकी से सामने रखते हुए हमारी जातिवादी मानसिकता की डीएनए मैपिंग इस प्रकार से करते हैं—'इस देश में एक पंडित का शूद्र बन जाना या शूद्र का ब्राह्मण होना असम्भव है। यहाँ असंख्य कहानियाँ, लोकगाथाएँ, गीत, शास्त्र, मत-मतान्तर, जादू, फ़ंतासी और चमत्कार हैं पर किसी में ब्राह्मण और शूद्र एकमएक नहीं हुए। एक ब्राह्मण पेड़ में बदल सकता है या पत्थर में; वह जानवर, राक्षस, पहाड़, नदी सब कुछ हुआ है, लेकिन वह शूद्र हो गया हो और शूद्र ब्राह्मण, ऐसा अजूबा कभी नहीं घटा।' अखिलेश की यह व्यंग्योक्ति भारतीय वर्ण-व्यवस्था के क्रूर चेहरे पर एक ज़ोरदार तमाचा है।

चूँकि उपनिवेशकाल में आर्थिक रूप से वही ज़्यादा पिछड़े व विपन्न थे, जो वर्ण-विधान में निचले पायदान पर थे और सामाजिक रूप से हाशिये पर थे, इसलिए किसी भी आपदा का सबसे ज़्यादा दुष्प्रभाव भी उन्हीं पर पड़ता था। 'निर्वासन' में अखिलेश ने उस समय की इस ऐतिहासिक सचाई को सामने लाने की कोशिश की है। जो अकाल के कारण अपने गाँवों से देश के अन्य हिस्सों अथवा गिरमिटिया मज़दूर आदि बनकर अंग्रेज़ों की चाकरी करने के लिए विदेशों की तरफ़ पलायन करने को मजबूर हुए, वे ज़्यादातर भूमिहीन खेतिहर मज़दूर आदि थे और निम्न मानी जानेवाली जातियों से ही थे। सम्पन्न घरों के लोग भी प्राय: उच्च शिक्षा या काम-धन्धे

की तलाश में उपनिवेशकाल में अपनी जड़ों से दूर जाते थे, किन्तु या तो वे एक निश्चित अवधि के बाद वापस लौट आते थे या फिर वे जहाँ भी बसते थे, वहाँ से अपने घर-परिवार से सम्पर्क बनाए रखते थे और आवाजाही करते रहते थे। वे आज भी ऐसा ही करते हैं और उनका अपनी जड़ों से कभी भी ऐसा विलगाव नहीं होता कि वे उनकी तलाश में छटपटाते रहें किन्तु उन तक पहुँच न पाएँ। उपनिवेशकाल के आपदाजन्य विस्थापन की पड़ताल करते हुए अखिलेश 'निर्वासन' में लिखते हैं—'जब अकाल पड़ा था तब सवर्ण जातियों, जिनके अनेक लोग अपने को आपके बाबा के कुल का दीपक बता रहे हैं, से कोई भी गाँव गोसाईंगंज से विस्थापित नहीं हुआ था। काम-धन्धा, रोज़गार के चक्कर में फ़ैज़ाबाद या पास के किसी दूसरे शहर तक नहीं गया था, शायद इसकी ज़्यादा ज़रूरत नहीं पड़ी थी। उस दौर में गाँव से विस्थापन, पलायन करने वाले अधिसंख्य लोग पिछड़ी और अस्पृश्य जातियों के थे। चमार, तेली, यादव, कुम्हार, धोबी, नाई, केवट जातियों के लोगों का कोई ऐसा घर नहीं था जिसका कम-से-कम एक सदस्य कमाई के सिलसिले में गाँव छोड़ने के लिए मजबूर न हुआ हो।' पलायन के झटके का सामना करने वालों को कहीं अपनी पहचान छिपाने की ज़रूरत पड़ी, तो कहीं उसको बदलने की। ऐसा होना स्वाभाविक था, कहीं कुछ पाने के लिए, कहीं बेइज़्ज़ती से बचने के लिए। आज से सौ साल पहले तो पिछड़ी और दलित जाति वाले व्यक्ति के लिए वर्ण-विधान से अलग होने या उसे तोड़ने की न तो कोई मंशा ही हो सकती थी और न ही उनके लिए इसका कोई अवसर हो सकता था। उस समय आज की भाँति अपनी पहचान का प्रमाण-पत्र देने से उन्हें किसी आरक्षण या विशेषाधिकार का लाभ भी नहीं मिलने वाला था, बल्कि उस पहचान से घाटा ही घाटा था। अत: जो भी अपनी पहचान छिपाकर कुछ बेहतर हासिल कर सकता था, उसने चुपचाप वैसा कर लिया। अखिलेश उस काल की इस स्थिति को अपने उपन्यास में यूँ बयान करते हैं—'भगेलू कुम्हार यानी कि रामअजोर के बाबा द्वारा अपनी जाति असत्य बतलाने के पीछे कोई सुनियोजित रणनीति नहीं थी। ऐसा भी नहीं था कि वर्णाश्रम व्यवस्था में ऊँचे पायदान पर पहुँचने की कोई आकांक्षा थी उनके मन में। क्योंकि वर्णाश्रम में यह कभी सम्भव ही नहीं था और न किसी के भीतर ऐसी हसरत पैदा होने की गुंजाइश थी।'

अखिलेश ने आधुनिकता के प्रश्न से जुड़े विचारों को अपने उपन्यास में जगह-जगह उलट-पलटकर परखा है और विभिन्न पात्रों के माध्यम से अपने निष्कर्षों को हमारे सामने रखा है। निर्वासन की बात पर केन्द्रित रहते हुए वे पुरानी चीज़ों, शब्दों व विचारों के ग़ायब होने का प्रश्न ज़रूर सामने रखते हैं, किन्तु ऐसा नहीं है कि वे अतीत के मोह में प्रतिक्रियावादी बन रहे हों। चाचा-भतीजे के संवाद से इसका स्पष्ट ख़ुलासा होता है कि वे अतीत के कायल नहीं, किन्तु वर्तमान की भयावहता से वे इस क़दर व्यथित हैं कि पुराने में रमे रहने का मन करता है।

यहाँ आधुनिकता के प्रति मोह-भंग की स्थिति है। इस संवाद में चाचा कहते हैं—'मैं बिलकुल पुरातनपंथी नहीं हूँ न मैं इसका क़ायल हूँ कि सचाई और सुन्दरता पुराने में ही बसती है। लेकिन मैं क्या करूँ...जो वर्तमान है इन दिनों, इसका हर मंज़र देखकर, इसकी हर ध्वनि सुनकर मेरा माथा फटने लगता है। महसूस होता है संसार इतना बदसूरत कभी नहीं रहा होगा। मैं यह सोचते हुए थर्रा उठता हूँ कि ज़माना इसी रफ़्तार से चलता रहा तो हमारा भविष्य और आने वाला संसार कितना घटिया और भयंकर होगा।' भविष्य की यही चिन्ता उन्हें आधुनिक एवं उत्तर-आधुनिक सोच से परे हटकर कुछ नया सोचने को मजबूर करती है। वैसे भी अखिलेश स्वभाव से भविष्य-चिन्तक लेखक हैं। वे किसी भविष्यदृष्टा की तरह भविष्य में घटित होने वाली बातों को भाँपकर अपने आख्यान में शामिल कर लेते हैं। सच्ची आधुनिकता क्या है, इसे स्पष्ट करते हुए सूर्यकान्त 'निर्वासन' में गौरी से कहता है—'लेकिन सोचो कि वंश की गुमनामी ने तुम्हें कितनी सामाजिक बुराइयों से बचाया है। वंश का ज्ञान और उसकी प्राचीनता हमें क्या देती है धर्म और जाति की लम्बी, अगम्य कट्टरता। इस मायने से सोचने पर पाओगी कि तुम कितनी सामाजिक बुराइयों से बची हुई हो—एक ऐसी इनसान हो जो सही अर्थ में आधुनिक है। तुम जाति, धर्म, कर्मकांड, रूढ़ियों, अन्धविश्वासों से मुक्त अनोखी शै हो जिसे मैं बेइंतिहा प्यार करता हूँ। तुम क्यों इतिहास और जड़ों के नाम पर, अपने प्राचीन की पहचान के नाम पर अपने लिए एक क़ैदख़ाना बनाना चाहती हो।' जातीय और धार्मिक कट्टरता अतीत के मोह से बढ़ती है। उसकी पहचान मनुष्य को संकीर्णता में जकड़ देती है। जो इस पहचान से मुक्त हो जाता है, वही सही मायने में आधुनिक है। राजकुमार अपने लेख 'निर्वासन-बहुरि नहिं आवना ये देस' (नया ज्ञानोदय, अंक 134, अप्रैल 14) में लिखते हैं—'आधुनिकता के सांस्कृतिक मूल्यों में अन्तर्निहित विडम्बनाओं का उद्घाटन करने वाला अपने तरह का हिन्दी में लिखा गया यह पहला उपन्यास है।... यह उपन्यास आधुनिकता के मूल्यों की ही नहीं, भारतीयता की उस अवधारणा की भी आलोचना करता है, जिसमें जाति-प्रथा, पितृ-सत्ता और हिन्दू-साम्प्रदायिकता को गौरवान्वित किया जाता है।' राजकुमार की यह निष्पत्ति पूरी तरह से सही लगती है।

'निर्वासन' की सबसे विशिष्ट और मज़ेदार बाद यह है कि जहाँ अभी तक के सभी महत्त्वपूर्ण उपन्यासों में लेखकगण पात्रों के चरित्र और विचारों में घुसकर अपनी बात कहते हुए समाज की विसंगतियों का प्रतिपक्ष बनते रहे हैं, इस उपन्यास में अखिलेश ने जगह-जगह पात्रों को लेखक के प्रतिपक्ष के रूप में खड़ा किया है। यह एकदम नई शैली है। इसमें अनोखा अर्थ भी निहित है। यहाँ आत्मालोचना व आत्म-विश्लेषण भी है। यह आत्म-विश्लेषण तुलसी के 'कवि न होंउ' जैसी विनम्र अभ्युक्ति जैसा नहीं है, जहाँ लोगों को अपने ऊपर भरोसा बढ़ाने के लिए अपने कृत्य का साधारणीकरण किया गया। यहाँ पात्रों की कथाकार से जमकर भिड़ंत होती है।

तर्क-वितर्क होता है। कथा की प्रतिकथा सृजित की जाती है। कहे गए सच के पीछे छिपा झूठ उजागर किया जाता है। मसलन जगदम्बा के पोते का यह सोचना देखिए, 'मेरे बाबा श्रीयुत जगदम्बा की भूख का चित्रण लेखक द्वारा बड़ा रस लेकर किया गया है। मेरा इस पर सख़्त एतराज़ है। मुझे लगता है लेखक को ग़रीबों की भूख का एहसास ही नहीं है अथवा वह ग़रीबों को भूखा रखने वाली सरमायादार ताक़तों का एजेंट है।' इसी तरह का एक अन्य सन्दर्भ देखिए—'मैं उपन्यासकार साहेब से एक सवाल करना चाहूँगा कि ठीक है समस्या की वजह ज़्यादा प्रजनन है और ज़्यादा प्रजनन की वजह हमारा असभ्य और अशिक्षित होना है। तो कॉमरेड ख़ता हमारी है कि इस समाज व्यवस्था की, जिसने हमें असभ्य-अशिक्षित बनाया और बना रहने दिया। यह कलंक हमारे माथे पर नहीं लिखा जाना चाहिए कि भूख लगने की बीमारी के कारण हम परेशान हैं, बल्कि इस मुल्क की उन पूँजीवादी, सामन्तवादी सत्ताओं के माथे को दाग देना चाहिए कि यदि यह बीमारी है तो उसका तुम्हारे पास इलाज क्यों नहीं है? कोई भी इनसान भूखा, अशिक्षित, बीमार और तंगहाल होता है तो ग़लती उसकी नहीं, सरमायादार ताक़तों की होती है।' अखिलेश ने इस तरह के अंशों को जोड़कर उपन्यास-कला को एक नया आयाम दिया है। उपन्यासकार की तरफ़ से लिखे गए कथानक व पात्रों के संवादों से अलग इस तरह के कथ्य उस सम्भावना का आगाज़ हैं, जिसमें रचनाकार स्वयं आभासी पाठक बनकर अपने लेखकीय प्रतिरूप से अपनी मनमर्ज़ी के अनुरूप सवाल कर सकता है। यह निश्चित ही रचनाकार एवं रचना की विश्वसनीयता को बढ़ाने वाला क़दम है।

भाषा की दृष्टि से अखिलेश एक अतिसम्पन्न कथाकार तो हैं ही, किन्तु 'निर्वासन' में उन्होंने अपनी विशिष्ट शैली के साथ-साथ भाषा की प्रयोगशाला-सी स्थापित कर दी है। प्रचलित शब्दों का तिलिस्म रचने के साथ-साथ उन्होंने इस उपन्यास में भाषा से निर्वासित शब्दों को खोजने और उन्हें सामने रखने का काम किया है। दाल पकाने के लिए पुराने ज़माने में इस्तेमाल किये जानेवाले अदहन को वे सामने लाते हैं। उन्होंने लड़बहेर, लाल बुझनी, गँड़खुल्ली जैसे अनेक अज़ीबोग़रीब देशज शब्दों का प्रयोग भी किया है। उन्हें अंग्रेज़ी और उर्दू के प्रचलित शब्दों से भी कोई परहेज़ नहीं, क्योंकि इनका प्रयोग तो भाषा को सम्पन्न ही बनाता है। 'ग़रीब की लुगाई, गाँव भर की भौजाई', 'जिसको मौज़ आए मज़ाक़ करे', 'अम्मा मेरे लिए एक तपता की तरह रहीं जो जाड़े के मौसम को बदल नहीं सकता मगर उसकी आँच में आप कैसी भी सर्द रात काट सकते हो', 'आग के दो पेड़ दौड़े जो थोड़ी ही दूरी पर अरराकर गिर गए' जैसे अनेक ज़ुमलों का प्रयोग करके उन्होंने अपनी भाषा को अत्यन्त प्रभावशाली बना दिया है। इस उपन्यास से उनकी भाषा और शैली का एक बेहतरीन नमूना देखिए—"निवेदन करना है मान्यवर कि आप गुटखा, तम्बाकू, सुपाड़ी आदि का इस्तेमाल कदापि न करें। सर स्वास्थ्य और

जीवन अमूल्य है जबकि ये खाद्य पदार्थ अनेक मारक रोगों के कारक बनते हैं। उनमें एक रोग ऐसा है जो असाध्य और प्राणहंता होता है। इसलिए मैं करबद्ध प्रार्थना करता हूँ कि आप गुटखा, तम्बाकू आदि लेना बन्द कर दें।"... अभी-अभी उसने सम्पूर्णानन्द 'बृहस्पति' से जो कहा था उसका भावानुवाद इस प्रकार है—"अबे बदमाश! गुटखा-तम्बाकू वग़ैरह जो हमेशा तू खाता रहता है, छोड़ दे! कंजूस की दुम, इससे तेरा पैसा बचेगा और तन्दुरुस्ती भी ठीक रहेगी। अगर अपनी आदत से बाज़ नहीं आया तो तुझको कैंसर हो सकता है। तब एक दिन तू नहीं तेरी लाश ही खाएगी गुटखा और तम्बाकू। नाली के कीड़े! बेग़ैरत! तम्बाकू, गुटखा ज़हर है ज़हर, इसे छोड़ देने में ही तेरी भलाई है।" उपन्यास पढ़ने के बाद लगता है कि 'निर्वासन' के कवर पर सुप्रसिद्ध लेखक काशीनाथ सिंह द्वारा 'हिन्दी में गिने-चुने कथाकार हैं जो कलाकार भी हैं और इस मामले में अखिलेश का कोई जोड़ नहीं', कहा जाना कहीं से भी अतिशयोक्ति नहीं।

औपन्यासिक कला की दृष्टि से 'निर्वासन' निश्चित ही अन्य सारे समकालीन उपन्यासों से हटकर है। इसके कथानक में कुछ अलग क़िस्म की रोचकता है। किसी स्थान, व्यक्ति, विकार या विचार के वर्णन की अखिलेश की शैली शुरू से ही निराली रही है। यह हमने उनकी कहानियों में भी देखा है। वे घटनाओं एवं विचारों का सूक्ष्म विश्लेषण करना पसन्द करते हैं। उनसे जुड़े विभिन्न पहलुओं पर एक साथ नज़र डालते हुए वे उनके गुण-दोषों का परीक्षण करते हैं। मुख्य कथानक के बीच-बीच में छोटी-छोटी अन्तर्कथाओं को या ऐसे अन्य प्रसंगों को समेट लाते हैं, जो विषयवस्तु को विस्तार देते हुए उसकी सारगर्भिता को कई गुना बढ़ा देते हैं, किन्तु कहीं से पैचवर्क न लगकर मुख्य कथानक में पूरी तरह घुले-मिले या अन्तस्थ लगते हैं। मनोविनोद उनके व्यक्तित्व का अभिन्न हिस्सा है और उनके लेखन का भी। वे बीच-बीच में हास्य का भाव पैदा करने वाले तत्त्व अपने कथानक में, पात्रों के स्वभाव में एवं उनके संवादों में ज़रूर शामिल करते हैं। 'निर्वासन' में जगदम्बा का बेहिसाब पादना व अतिशय भुक्खड़ होना, प्रधान का सूर्यकान्त के गाँव आने पर पेड़ पर छिप जाना, गाँव वालों का उसका मखौल उड़ाना आदि ऐसे अनेक दृश्य हैं जो हास्य का संचार करते हैं। यौनिकता के सूक्ष्म मनोभावों व कामुक-व्यवहार की विभिन्न अन्तरंग स्थितियों के ऐसे चित्र भी इस उपन्यास में हैं, जो इसकी रोचकता में अभिवृद्धि करते हैं। उपन्यास का अन्त भी अखिलेश एक अलग ही अन्दाज़ में कथानायक सूर्यकान्त के मुँह से अपने पुरखों का गाँव ढुँढ़वा रहे पांडे से—'मुझे कुछ नहीं कहना है' कहलवाकर करते हैं। आज के समय का सच ही यही है कि किसी भी समस्या या प्रश्न के बारे में कोई भी अन्तिम रूप से कुछ कहने की स्थिति में नहीं है। कभी यह सही लगता है, कभी वह। सब कुछ गड्डमड्ड-सा, संकरित एवं असमंजस-भरा हो गया है।

न पूँजीवाद ठीक लगता है, न मार्क्सवाद से सन्तुष्टि मिलती है। मिश्रित व्यवस्था की अपनी समस्याएँ हैं। विभ्रम की यह स्थिति ही आज का यथार्थ है। पांडे के बाबा के परिजनों की तलाश में गाँव से लेकर शहर तक के अतीत एवं वर्तमान दोनों ही तरह के परिदृश्यों के सच को जान-समझकर उपन्यास का अन्त होते-होते उसका नायक सूर्यकान्त भी कुछ ऐसी ही विभ्रम की स्थिति में पहुँच जाता है और अपने संघर्ष के आभासी हथियारों को नीचे डाल देता है। वह घर वापस लौटकर बहुत कुछ लिखना चाहता है, किन्तु रात भर जागने के बाद भी उसके मेफ़ेयर रजिस्टर के पन्ने कोरे ही रहते हैं। महाभारत के युद्ध से पूर्व अर्जुन जिस विभ्रम की स्थिति में थे, सूर्यकान्त अपने महायुद्ध के अन्त में लगभग उसी स्थिति में पहुँचा दिखाई देता है। 'निर्वासन' का आख्यान एक तरह से आज के अर्जुन की युद्धोत्तर विभ्रम की स्थिति का आख्यान है। लेकिन अखिलेश उपन्यास के ख़त्म होने की घोषणा करने के पश्चात भी अपने आख्यान का समापन नहीं करते हैं, और गौरी से यह कहलवाकर ही पाठकों से विदा लेते हैं—'बहरहाल मेरे पास उस रोज़ के कुछ अन्य ब्योरे, सूचनाएँ और वृत्तान्त हैं जिनके ज़रिये कोई चाहे तो अपना मनपसन्द समापन गढ़ सकता है।' इस प्रकार तमाम निराशा और विभ्रम की स्थिति के बावजूद अखिलेश एक सम्भावना को ज़िन्दा रखकर ही उपन्यास का समापन करते हैं।

काशीनाथ सिंह ने 'निर्वासन' मेरी नज़र में भारतीय समाज के विकास के मॉडल की सोनोग्रॉफ़ी है, कहकर जिस चर्चा को जन्म दिया है, वह निश्चित ही एक लम्बे समय तक चलेगी। कुछ लोगों के अभिमत तो सामने आ भी चुके हैं। वीरेन्द्र यादव ने 'हंस' पत्रिका में लिखा है—'निर्वासन समूचे वर्तमान भारतीय समाज और समय की कथात्मक आलोचना है।' अजय वर्मा 'उम्मीद' (अंक 3, जुलाई-सितम्बर 2014) में प्रकाशित अपने लेख 'मनुष्य की बेदख़ली का आख्यान' में कहते हैं—'अगर इस उपन्यास को आधुनिकता से उत्तर-आधुनिकता तक का महाआख्यान कहा जाए तो अतिशयोक्ति न होगी।' राहुल सिंह 'उम्मीद' के इसी अंक में छपे अपने लेख 'निर्वासन : कृति का मर्म एक विस्तार है' में कहते हैं—'निर्वासन कथ्य के स्तर पर आधुनिकतापरक है और बरतने (ट्रीटमेंट) के स्तर पर उत्तर-आधुनिक।' श्रीप्रकाश शुक्ल 'परिचय' (अंक 14) के अपने सम्पादकीय में लिखते हैं—'यह उपन्यास साम्राज्यवाद/ औपनिवेशिकता का विरोध करता हुआ हर क्षण बदल रही दुनिया में स्थिरता की तलाश का उपन्यास है, जो कि वास्तव में कहीं नहीं है।... यह देशज आधुनिकता का संकेत भी है और इससे विच्छिन्न होने की पीड़ा भी।' राजकुमार ने नया ज्ञानोदय (अंक 134, अप्रैल 14) में प्रकाशित अपने लेख 'निर्वासन : बहुरि नहिं आवना ये देस' में कहा है—'अखिलेश का उपन्यास 'निर्वासन' पारम्परिक ढंग का यथार्थवादी उपन्यास नहीं है।

यह आधुनिकतावादी या उत्तर-आधुनिकतावादी ढंग का भी उपन्यास नहीं। यथार्थवादी, आधुनिकतावादी और उत्तर-आधुनिकतावादी उपन्यासों की ख़ूबियाँ सँजोए असल में यह भारतीय ढंग का उपन्यास है।' मेरी समझ में अखिलेश ने इस उपन्यास में साधारण आँखों न दिखाई पड़ने वाले भारतीय समाज के बनते-बिगड़ते स्वरूप, या कह लें, आज के विद्रूप को सूक्ष्मदर्शी यंत्र के लेन्स लगाकर देखा है। उन्होंने उसका थ्री-डी विश्लेषण किया है। मेरा मानना है कि हर काल में लोगों में एक अपनी ही तरह की आधुनिकता की सोच होती है और उसके बाद के काल की आधुनिकता पूर्व की आधुनिकता के सापेक्ष उत्तर-आधुनिक विचारों वाली कही जा सकती है। अत: जो पिछली शताब्दी के पूर्वार्द्ध में आधुनिक था या उत्तरार्द्ध में उत्तर-आधुनिक, वह आज इक्कीसवीं सदी के नवाधुनिक विचारों या अद्यतन आधुनिकतावाद से मेल नहीं खा सकता। अत: मैं इस सैद्धान्तिक बहस में नहीं जाऊँगा कि यह उपन्यास कितना यथार्थवादी है अथवा कितना आधुनिकतावादी या उत्तर-आधुनिकतावादी। मैं तो बस यही निष्कर्ष निकालना चाहूँगा कि यह उपन्यास एक रोचक कथावृत्त एवं शब्द-सम्पन्न भाषा व नूतन शैली के सहारे भारतीय समाज के वर्तमान समय की सामाजिक विडम्बनाओं, राजनीतिक दिशाहीनता, आर्थिक विषमता, वैचारिक घुटन आदि को उनकी पूरी पृष्ठभूमि के साथ हमारे सामने प्रकट करते हुए हमारी सोच व चेतना को झकझोर देता है। निश्चित ही 'निर्वासन' की यह विशिष्टता पाठकों को एक लम्बे समय तक अपनी ओर आकर्षित करती रहेगी तथा साहित्य में उसकी एक अमिट पहचान बनेगी।

महत्त्वपूर्ण उपन्यासों की श्रृंखला में 'निर्वासन'

—ममता कालिया

हम लेखकों की जमात लेखक बाद में हैं, पहले हैं पाठक। जितनी पुस्तकें लेखक एक साल में पढ़ लेते हैं उतनी पुस्तकें हिन्दी के शोधपरक छात्र भी न पढ़ते होंगे। तीन-चौथाई दिन हम पढ़ते-गुनते रहते हैं बाक़ी एक-चौथाई में बुनते कम उधेड़ते ज़्यादा हैं।

जितना यह सच है उतना ही सच यह भी है कि हमारी मेज़ पर जिन किताबों का अंबार लगा रहता है उनमें अधिसंख्य इस इन्तज़ार में होती है कि उन्हें कोई उठाए, पन्ना खोले और पढ़ना शुरू करे। कई बार मेज़ पर पड़े-पड़े उन पर धूल चढ़ जाती है, जाले लग जाते हैं या वे बिन पढ़े ही अलमारी में सज जाती हैं। दूसरी तरफ़ वे किताबें हैं जिनका हम इन्तज़ार करते हैं। लेखकों में आपस में होड़ रहती है कौन इसे पहले पढ़ लेगा। सब एक-दूसरे की प्रतिक्रिया की प्रतीक्षा, आशा, प्रत्याशा या दुराशा से करते हैं। निश्चय ही बहुप्रतीक्षित पुस्तक के रचनाकार की स्थिति भी नाजुक होती होगी। पाठकों की उम्मीदों पर खरा उतरना जोखिम और ज़िम्मेदारी का मामला है।

ऐसी एक पुस्तक पिछले दिनों आई। इस औपन्यासिक कृति के रचनाकार हैं अखिलेश। और इस उपन्यास का शीर्षक है 'निर्वासन'। शीर्षक पर मत जाइए। उपन्यास न तो नकारात्मक है न निराशावादी। इसमें चालू उपन्यासों वाला चपटा यथार्थ विमर्श भी नहीं है। यह जीवन के सन्ताप व उत्ताप को अभिव्यक्ति देने वाला सकारात्मक आख्यान है। एक तरह से नायक सूर्यकान्त के जीवन संघर्ष को वाणी देकर यह उन अनगिनत युवाओं की गाथा बन जाता है जो परिवार और रोज़गार के दो पाटों में पिसकर चूर नहीं होना चाहते।

सूर्यकान्त पर्यटन निदेशालय में एक वाहियात अधिकारी सम्पूर्णानन्द बृहस्पति के अधीन काम करता है। अधिकारी के दुष्ट और भ्रष्ट कार्यकलापों में उसकी रुचि शून्य है, यह तथ्य वह गोपनीय नहीं रख पाता। अख़बारों में प्रतिकूल टिप्पणी आने पर बृहस्पति सोचते हैं, ज़रूर यह सूर्यकान्त की हरकत है। आरोप और प्रताड़ना के बीच झूलता नायक नौकरी छोड़ने का मन बनाता है। इस आख्यान के आरम्भ में ही व्यंग्य और हास्यमिश्रित विडम्बना से भरपूर उन स्थितियों का जीवन्त चित्र है

जिनके तहत अफ़सरशाही के मनमानेपन के आगे युवा वर्ग निहत्था होता जाता है। सूर्यकान्त के जीवन-समर का पुनआर्रम्भ यहीं से होता है। उसे इस बात की भनक तक नहीं है कि अमेरिका निवासी भारतीय रामअजोर पांडे के पुरखों की तलाश उसे कितनी प्रकार की जटिलताओं की ओर ले जाएगी। यहाँ भी विडम्बना यह है कि रामअजोर पांडे अपने पुरखों और जन्मभूमि की तलाश का दायित्व सूर्यकान्त को देता है जो स्वयं अपने पिता द्वारा घर से निष्कासित, निर्वासित है। उसने गौरी से प्रेम-विवाह किया जिसे माता-पिता ने स्वीकृति नहीं दी। उसने अपना क़स्बा सुल्तानपुर त्यागकर लखनऊ में डेरा डाला।

पांडे के निर्देश पर सूर्यकान्त गोसाईंगंज में उनके परिवार की जड़ें ढूँढ़ना आरम्भ करता है। बेरोज़गार नायक के पास अन्य कोई विकल्प भी नहीं है। यहाँ अखिलेश उस फ़ैशन पर भी कटाक्ष करते दिखते हैं जिसके अन्तर्गत आजकल प्रवासी भारतीय के अन्दर अपनी जड़ें ढूँढ़ने की सनक हावी होती जा रही है। पांडे इस अभियान पर कितना भी व्यय करने को तत्पर है। उसकी सम्पन्नता के क़िस्से, गोसाईंगंज पहले ही पहुँच जाते हैं कुछ इस तरह कि जब सूर्यकान्त अपना अन्वेषण आरम्भ करता है, लगभग हर परिवार अपने को उनका रिश्तेदार बताता है। कहाँ वह रामअजोर पांडे के पुरखों का अता-पता ढूँढ़ रहा है जो बरसों पहले यहाँ से निर्वासित हुए थे, कहाँ उसके अपने परिवार के सदस्य येन-केन-प्रकारेण अमेरिका प्रवास की इच्छा से भकभकाए हुए हैं। यह हिस्सा उस मनोविज्ञान को सम्बोधित है जिसके अन्तर्गत युवा वर्ग शिक्षित होते ही विदेश जाकर काम करना, धनोपार्जन करना अपनी सफलता मानता है। यह निर्वासन से कहीं ज़्यादा दुखद परिणति है जिसमें अपने घर-परिवार, समाज और देश के प्रति प्रतिबद्धता सिरे से ग़ायब है। पांडे जी के बाबा भगेलू पांडे हर तरफ़ से निराश होकर, चार पैसा कमाने की ख़ातिर, मज़दूरों के दलाल के झाँसे में आए थे। उनसे बताया गया था कि उन्हें कलकत्ता ले जाएँगे जबकि अनगिनत उन जैसे निरीह-निरुपाय लोगों को पानी के जहाज़ द्वारा सूरीनाम लाकर पटक दिया गया। जहाज़ को मजिस्ट्रेटी जाँच में वे भगेलू कुम्हार से भगेलू पांडे बन गए। उनका निर्वासन, वर्तमान समय की प्रवास कामना से एकदम अलग और करुण था।

इस उपन्यास में एक विशेषता यह है कि यहाँ बिना कथाडम्बर के छोटे-छोटे प्रसंग इस तरह पिरोये गए हैं कि इसे ऐपिक (महाकाव्यात्मक) आयाम देते हैं। इनसे रचनाकार की अद्‌भुत दृष्टि का पता चलता है, जैसे वरुणा एक्सप्रेस रेल के विषय में। लखनऊ से जोड़ने वाली यह गाड़ी जब सुल्तानपुर से शुरू हुई, वह महज़ एक रेल का चलना नहीं वरन् एक महानगरीय संस्कृति का क़स्बे में प्रवेश भी था। घर की जकड़बन्दी से भाग निकलने के विकल्प सामने आए। जैसा हर संवेदनशील निष्कासित, निर्वासित के साथ होता है सूर्यकान्त भी अपने गृहनगर सुल्तानपुर के बारे में एक रोमांटिक ख़याल रखता है अर्थात् दूर जाकर वह अपने नगर के ज़्यादा क़रीब आ जाता है।

वह गौरी को इस स्थान का पौराणिक माहात्म्य समझाने लगता है—लंका युद्ध के बाद तमाम हत्याओं के पाप से मुक्त होने के लिए राम मेरे ज़िले के धेपाप नामक स्थान में आए थे। असलियत में धेपाप उस सरोवर का नाम है जिसमें स्नान करने पर सारे पाप धुल जाते हैं। गौरी अपनी स्वभावगत विनोदप्रियता से सूर्यकान्त को वापस समकालीनता में लौटाती है—क्या धरती है जनाब आपके सुल्तानपुर की। पापियों को सज़ा नहीं सबाब देती है। हत्यारे क़त्ल करें, डाकू डाका डालें और पहुँच जाएँ तुम्हारे धेपाप में डुबकी मारने। तस्कर तस्करी करें, भ्रष्टाचारी भ्रष्टाचार, जाकर नहा लें वहाँ—ग़लती ख़तम। इस उपन्यास में एक और बृहत् आयाम चाचा नामक पात्र से जुड़ता है जिसके माध्यम से भौतिकता और संस्कृति-बोध के बीच फैलती, गहराती खाई का खलबलाता ख़ाका खींचा गया है। विचारों से प्रगतिशील, अग्रगामी होते हुए भी चाचा अपने परिवार के भौतिकता व नव-आधुनिकतावाद से समझौता नहीं कर पाते। यह रास्ता सीधे आवारा पूँजी और उपभोक्तावाद में पसरता है। एक ही घर में दो दृष्टिकोण, दो जीवन-शैली एक-दूसरे के बरक्स नज़र आती हैं। चाची को सलीके से पहने आधुनिक कपड़े पसन्द हैं तो चाचा उठंग पतलून, उलटे मोजे और टेढ़े-सीधे बटन लगे लिबास। बच्चों और चाची को टी.वी. देखने में रुचि है तो चाचा अपने रेडियो का कान आख़िरी छोर तक उमेठ देते। दोनों कार्यक्रम तबाह हो जाते। परिवार को मस्ती, मनोरंजन से लगाव है तो चाचा को चिढ़। वे उनकी अंग्रेज़ियत के विरुद्ध खांटी देशज शब्दों का इस्तेमाल करते जैसे बैगन को भंटा कहते, गुड़ को भेली, लेटने को ओलरना, टॉयलेट को पाखाना, पैर को गोड़, कच्छी को जाँघिया की संज्ञा से नवाजते। उन्होंने काम पर जाना बन्द कर दिया। अपने घर के पिछवाड़े दो कमरे बनवाकर उन्होंने अलग जीवन जीने की तैयारी कर ली। यहाँ कॉलबेल की जगह कुंडी, पलंग की जगह फ़र्श पर चटाई, फ्रिज की बजाय सुराही, बिजली की जगह ढिबरी, कुकिंग गैस की जगह मिट्टी का चूल्हा और पारम्परिक बर्तन हैं। जब भतीजा सूर्यकान्त अचरज करता है कि ये विलुप्त चीज़ें वे कहाँ से उठा लाए। चाचा कहते हैं, ग़ायब नहीं हुई हैं, वे अपनी जगह से धकेल दी गई हैं...पर ये हैं। चाचा का विचार है कि आज विकास साधन नहीं साध्य बन गया है। उन्हें नयेपन का अहंकार नागवार लगता है। प्रतिरोध में जोगी की तरह रहते हैं।

इस उपन्यास में अनेक उपाख्यान आते हैं। इन सभी का मक़सद आज के समय की समीक्षा है। सम्पूर्ण उपन्यास में इतने चरित्र हैं कि उनकी सूची बनाकर पहले पृष्ठ पर देना सुसंगत होता। ये समस्त तत्त्व कथा का आकार ही नहीं आधार भी विशद बनाते हैं। लेखक आभिजात्य के प्रचलित अर्थ पर लगातार आघात करता चलता है चाहे वह प्रेमालाप का प्रसंग हो अथवा वार्तालाप का। भगेलू पांडे का वंशानुक्रम ढूँढ़ने में भी यह प्रक्रिया चलती है। ख़ुद अपने परिवार से सूर्यकान्त मिलकर भी सम्बद्ध नहीं महसूस करता। माँ और पिता का पश्चात्ताप उसमें करुणा नहीं, ऊब पैदा करता है।

रामअजोर पांडे के पुरखों की तलाश का सुराग उसे जगदम्बा प्रजापति के परिवार के वंशवृक्ष में मिलता है। वयोवृद्ध जगदम्बा बताते हैं कि उनके सगे बाबा क़रीब सौ साल पहले, अकाल के दिनों में गाँव छोड़कर फ़ैज़ाबाद गए थे और वहाँ से कभी नहीं लौटे।

यह एक नाजुक और पेचीदा सुराग है क्योंकि पांडे ने अपने बाबा को ब्राह्मण बताया था। उनका ब्राह्मणत्व इस जानकारी से चोट खाएगा, यह निश्चित है। फिर भी चाचा-भतीजा जगदम्बा के घर में उपेक्षित पड़े चाक की और समस्त परिवेश की तस्वीरें खींच लेते हैं। गाँव का प्रधान अपने परिवार को पांडे वंश से जोड़ने का प्रस्ताव सूर्यकान्त को देता है तो उसका सहयोगी महेश नारायण श्रीवास्तव इस बात को पूरे गाँव गोसाईंगंज में प्रचारित कर देता है। नतीजतन, जत्थे के जत्थे लोग अमेरिका पांडे से वंशानुक्रम बैठाने के दावेदार बनकर इकट्ठे हो जाते हैं। इन सबसे छुटकारा पाकर सूर्यकान्त अपने दोस्त बहुगुणा से जब अपनी परेशानी बताता है वह एकदम मनगढ़ंत नया क़िस्सा पेश करता है कि वह इसे अपनी रिपोर्ट की तरह प्रस्तुत कर दे। इन सब सुझावों को ख़ारिज कर सूर्यकान्त अपनी सच्ची रिपोर्ट पांडे को भिजवाता है। रामअजोर पांडे भड़कता नहीं है वरन् उसे तार्किक उत्तर देता है। लेकिन अन्ततः उसका मनोविज्ञान इस बात को स्वीकार नहीं करता कि जातियों का फेरबदल हो सकता है। वह सूर्यकान्त से कुछ और तथ्य चाहता है। सूर्यकान्त कहता है, मुझे कुछ नहीं कहना है।

समाज के झूठे जाति गर्व का गुब्बारा यहीं फूटता है कि समस्त साक्ष्य जुटाने के बावजूद हम सत्य से आँख मिलाने में चूक जाते हैं। एक बहुस्तरीय यथार्थ को बहुस्तरीय प्रवीणता से प्रस्तुत कर अखिलेश ने सिद्ध कर दिया है कि वे न सिर्फ़ अच्छे कथाकार हैं वरन् अच्छे कलाकार भी। उपन्यास की भाषा-शैली अलग क़िस्म की है। कहीं रिपोर्ताज का सहारा लिया गया है तो कहीं क़िस्सागोई का। सर्वत्र व्यंग्य और विनोद कथा को चपल बनाए रखता है। इस कथा-क्रम में कई बार रवीन्द्र कालिया की व्यंग्यात्मक क्षमता की स्मृति उभरती है तो कई बार श्रीलाल शुक्ल की। बहुत दिनों बाद महत्त्वपूर्ण उपन्यासों की शृंखला में रखने योग्य यह रचना सम्भव हुई है।

'निर्वासन' इक्कीसवीं सदी के प्रश्नों का गम्भीर और भयावह उत्तर है

—काशीनाथ सिंह

मन भर गया था एक अरसे से विमर्शों के सादे और सपाट निर्जीव यथार्थ से भरे उपन्यासों को पढ़ते हुए। ऐसे ही में कथाकार अखिलेश का यह उपन्यास—जैसे भीड़-भाड़ और गर्द-गुबार से बाहर ताज़ी हवा का झोंका।

नाम है 'निर्वासन'। निर्वासन माने क्या? देशनिकाला, पलायन, विस्थापन, बेगानापन या और कुछ या इसी तरह का सब कुछ? मेरे दिमाग़ में सवाल यह उठा कि जब हम इक्कीसवीं सदी में हैं, भूमंडलीकृत हैं, विकास की कई मंज़िलें प्राप्त कर चुके हैं और लिखने के लिए इतनी भौतिक समस्याएँ हैं तो अखिलेश जैसे लेखक ने निर्वासन को क्यों चुना? पढ़ने पर पता चला कि पूरा उपन्यास इन्हीं सारे प्रश्नों का गम्भीर और भयावह उत्तर है।

'निर्वासन' को कई सारे चेहरे दिये हैं इक्कीसवीं सदी के विकास के मॉडल ने। एक तो यह कि सूर्यकान्त गौरी से प्रेम के कारण अपने माँ-बाप के घर से निर्वासित है, उसके चाचा चाची की अति-आधुनिकता, समृद्धि की होड़, प्रदर्शन के कारण अपनी बीवी-बच्चे के परिवार से, बूढ़ी दादी जीवन की इच्छा से ही निर्वासित हैं। निर्वासन का दूसरा चेहरा मानवीय रिश्तों से बाहर के जगत में है जहाँ पानी नदियों से, पानी की मिठास कुओं से, हरियाली पेड़-पौधों से, जंगलों-पहाड़ों से, गंध फूलों से, स्वाद अन्न, फलों, सब्ज़ियों से बाहर हो चुके हैं।

तीसरा चेहरा इस उपन्यास के केन्द्रीय आख्यान में दिखाई पड़ता है जिसे ढूँढ़ते हुए अखिलेश सवा सौ साल पहले उन्नीसवीं सदी में जाते हैं। यह खोज लखनऊ से सुल्तानपुर और सुल्तानपुर से गोसाईंगंज तक चलती है। इसी यात्रा में हमारी मुलाक़ात चाचा, जगदम्बा, प्रधान जी, नूपुर, कामना जैसे पात्रों से होती है जिन्हें भुलाया नहीं जा सकता। इस आख्यान के केन्द्र में हैं रामअजोर पांडे, सूरीनाम से लखनऊ पधारे एक अरबपति। वे गोसाईंगंज के उसी भगेलू के पोता हैं जो क़रीब

सवा सौ साल पहले 'गिरमिटिया' मज़दूर होकर सूरीनाम गए थे। भगेलू स्वेच्छा से नहीं गए थे सूरीनाम। उन्हें जाना पड़ा था—मजबूरी में, लाचारी में। अकाल, सूखा, भुखमरी, महामारी के कारण। पीने को पानी नहीं, खाने को अन्न नहीं, धन्धे का काम नहीं। करें तो क्या करें? काम की खोज में कलकत्ता गए, दलाल के चक्कर में फँसकर सूरीनाम पहुँच गए। फिर सारी ज़िन्दगी बिसूरते रह गए अपनी धरती, आकाश और गोसाईंगंज के लिए लेकिन नहीं लौट सके।

वह उन्नीसवीं सदी थी और आज इक्कीसवीं सदी है जब उसी सुल्तानपुर-गोसाईंगंज के खाते-पीते घर के युवा डॉक्टर-इंजीनियर मुँह बाए अमेरिका के लिए मारामारी कर रहे हैं—जैसे न उनकी अपनी धरती हो, न आकाश, न जड़ें। इनकी कौन सी मजबूरी है? अगर वह निर्वासन था तो यह क्या है? क्यों है? ऐसे सवालों के साथ उपन्यास ख़त्म करते-करते लगने लगा था—जैसे गोसाईंगंज छोटी-मोटी बस्ती नहीं, पूरा देश हो।

इस तरह 'निर्वासन' मेरी नज़र में भारतीय समाज के विकास के मॉडल की सोनोग्राफ़ी है। रही बात उपन्यास की संरचना, शिल्प और भाषा की तो फ़िलहाल मैं इस बारे में इतना ही कहना चाहूँगा कि हिन्दी में गिने-चुने कथाकार हैं जो कलाकार भी हैं और इस मामले में अखिलेश का जोड़ नहीं।